프랑스어
사회언어학사

R. 앤서니 로지 지음 | 김현권 옮김

French:
From Dialect to Standard

에피스테메
EPISTEME

프랑스어 사회언어학사

초판 1쇄 펴낸날 | 2015년 10월 30일

지은이 | R. 앤서니 로지
옮긴이 | 김현권
펴낸이 | 이동국
펴낸곳 | (사)한국방송통신대학교출판문화원
　　　　 서울특별시 종로구 이화장길 54 (03088)
　　　　 전화 02-3668-4764
　　　　 팩스 02-741-4570
　　　　 홈페이지 http://press.knou.ac.kr
　　　　 출판등록 1982년 6월 7일 제1-491호

출판위원장 | 권수열
편집 | 마윤희 · 정미용
본문 디자인 | 티디디자인
표지 디자인 | 이상선
인쇄 | (주)동화인쇄공사

ISBN 978-89-20-01719-3 93760

값 22,000원

French: From Dialect to Standard
Copyright © 1993 R. Anthony Lodge
All rights reserved. Authorised translation from the English language edition
published by Routledge, a member of Taylor & Francis Group
Korean translation copyright © 2015 by Korea National Open University Press
Korean translation rights arranged with Taylor & Francis Group through EYA(Eric Yang Agency).

역자 서문

이 책은 영국의 프랑스어 언어학자인 R. 앤서니 로지가 쓴 『프랑스어 사회언어학사』이다. 언어의 역사는 내적 역사와 외적 역사로 나눌 수 있다. 내적 역사는 언어구조의 변화를 다루고, 외적 역사는 여러 관점에서 언어와 관련하여 외적 현상의 역사를 같이 조명한다.

이 책은 제목이 보여 주는 바처럼 프랑스어 구조의 변화를 다루는 내적 언어사가 아니라 세계적인 프랑스어가 되기까지 그것을 뒷받침하는 사회사를 다루고 있다. 문화, 문학, 정치 및 행정, 사회제도, 경제, 인구, 도시화 등의 문제와 함께 프랑스 내의 프랑스어, 지방어와 지역어 등의 여러 언어변이체의 사회언어학적 변동 양상을 자세하게 다룬다.

서로 경쟁하는 여러 지방어 또는 방언들이 어떤 과정을 거쳐 통일이 되면서 표준어로 성립되고, 그 과정에서 국가와 사회의 정체성이 어떻게 형성되고 그 기능을 행하는지를 명쾌하게 제시하고 있다. 프랑스어를 대상으로 하우겐, 퍼거슨, 밀로이 등의 사회언어학자들의 이론에 기대어 저자의 생각을 피력하면서 규범화와 표준화를 통해 프랑스어가 '가장 올바르고 훌륭하고 이성적' 언어라는 신화를 만들어 내게 된 사회적 배경을 설명하고 있다. 프랑스는 특히 '사회적 합의' 개념이 매우 중요하다. 프랑스에서 앙투안 메이예의 언어사회학파가 생겨난 것도 우연이 아니다.

이와 같은 사회언어학적 관점에서 한국어사를 기술할 수 있으며, 한국어의 이해와 함께 한국사회와 문화 이해에 크게 도움이 되리라고 생각된다. 아르놀트 하우저의 『문학과 예술의 사회사』처럼 언어의 사회사도 시대정신 및 사회제도와 역사 이해에 크게 기여하기 때문이다.

번역 저본은 R. Anthony Lodge, *French: From Dialect to Standard*. London & N.Y.: Routledge(1993)이다. 프랑스어 번역본은 *Le français: histoire d'un dialecte devenu langue*. Paris: Fayard, 1997로 출간되었다.

감사의 말

어떤 책은 매우 빨리 쓰고, 또 어떤 책은 무척 느린 속도로 쓴다. 스탕달의 『파름의 대수도원 *La Chartreuse de Parme*』은 58일 만에 썼다고 한다. 이 책을 쓰기까지 상당히 오랜 시간이 걸렸는데, 필자가 아무 도움을 받지 못했기 때문만은 결코 아니다.

무엇보다도 영국 아카데미와 뉴캐슬 대학 산하 타인Tyne 연구위원회의 너그러운 재정 지원으로 수차례에 걸쳐 프랑스 도서관들을 방문할 수 있었기에 가능했다. 수차례 방문을 통해 필자는 클레르몽페랑 대학의 언어학 연구소에 소장된 알베르 도자 문고를 자주 접할 수 있었다. 방문 기회는 아드자르지 부인과 그분의 동료들이 크게 도와준 덕택이다. 또한 같은 대학의 프랑스어 연구소의 자크-필리프 생-제랑도 계속 도움을 주었다. 이 자리를 빌려 그분들께 깊은 감사를 드리고 싶다.

한편 제임스 밀로이, 존 스미스, 글랜빌 프라이스에게 각별히 감사드린다. 그들은 이 저서의 여러 곳을 수정하는 데 필요한 유용한 고견(高見)을 많이 주셨다. 마지막으로 애버딘과 뉴캐슬에서 다년간 강의를 들은 학생들에게도 고마움을 전한다. 그들은 프랑스어사에 대한 내 견해를 듣고 이를 계속 재고(再考)하도록 만들었기 때문이다.

지도와 그림을 다시 이용하거나 인용하도록 허락해 준 아르토 출판사, 차토 앤드 윈더스, 아르망 콜랭, 폴 엘렉(하퍼콜린스 출판사의 판권 표시), 플라마리옹, 갈리마르 출판사, 마시프 상트랄 연구소, 미국 언어학회, 맥밀런 출판사, 우브리에르 출판사, 로망문헌학지에도 고마움을 전하고 싶다.

차 례

역자 서문　iii

감사의 말　v

음성 기호　viii

제1장　언어변동, 언어변화, 표준어　　　　　　　1

제2장　골 지방의 라틴어화　　　　　　　　　　35

제3장　갈로로망어의 방언 분화　　　　　　　　65

제4장　규범의 선택　　　　　　　　　　　　101

제5장　기능의 세련화　　　　　　　　　　　141

제6장　체계적 규범화　　　　　　　　　　　185

제7장　수 용　　　　　　　　　　　　　　　227

제8장　표준어의 유지　　　　　　　　　　　275

참고문헌　311

찾아보기　339

음성 기호

a	p*a*tte, 북부 영국 p*a*t
ɑ	p*â*te, 표준 영어 p*a*rt
ɛ	f*ai*t
e	th*é*
i	s*i*
ɔ	c*o*l
o	p*ô*le
u	s*ou*s
y	t*u*
œ	doul*eur*
ə	d*e*mande
ɑ̃	b*an*c
ɛ̃	p*ain*
œ̃	*un*
w	*ou*i
ɥ	h*u*it
b	*b*al
d	*d*ans
g	*g*rand
ĩ	f*i*m (포르투갈어)
j	envo*y*er
k	*qu*and
l	*l*ent
m	*m*aman
n	*n*uit
p	*P*aul
r	*r*at (영어)
R	*r*ose
s	*c*ertain
t	*t*ant
v	*v*ous
ŋ	park*ing*
ʃ	*ch*ose
ʒ	*g*ens
z	pe*s*er

제1장

언어변동,
언어변화, 표준어

이 책은 프랑스 밖에서는 별로 호소력이 없는 주제인 프랑스어의 역사를 다루고 있다. 지난 한 세기 반 동안에 걸쳐 프랑스어, 라틴어와 다른 로망어들 사이의 역사적 연관성을 탐구한 학자들이 찾아낸 주요 발견은 이제 거의 대부분 소화되었고, 그들이 제기한 문제는 새로운 관심사로 인해 언어학자들의 연구의 최전선에서 밀려났다. 30년 전 대부분의 프랑스어 전문가를 열렬히 열광시켰던 중세 프랑스어는 이제 사라져 가는 소수의 연구자 사이에 단지 호기심 어린 전율만을 불러일으키고 있다. 더욱이 '**프랑스어의 역사**'란 제목의 많은 저서가 지난 수년간 출간되었고, 서지학자들이 별도의 장르로 분류해도 용인될 만큼 많다. 이 모든 것에 비추어 볼 때, 20세기 마지막 10년 동안에 이처럼 널리 잘 알려진 주제를 누가 감히 나서서 연구를 재개하겠느냐고 묻지 않을 수 없다. 거기에 더 할 말이 있겠는가?

이런 질문에 대한 아주 분명한 대답은 이처럼 광범위한 연구 주제는 아무리 연구해도 결코 고갈될 수 없다는 것이다. 프랑스어 역사에서 지금까지 축적한 연구가 아주 많더라도 엄청나게 많은 흥미로운 문제가 여전히 해결되지 않은 채로 남아 있으며, 수없이 많은 다양한 의문은 해답을 기다리고 있다. 한편 과거의 새로운 언어자료가 끊임없이 밝혀지고 있고, 지금까지 학자들의 접근이 불가능했던 고문서(古文書) 도서관에서 흔히 텍스트의 형태로 그 자료들을 찾아내고 있다. 프랑스라는 나라의 국가 규모와 과

거의 수 세기에 걸쳐 축적된 부와 인기를 감안할 때, 대부분의 다른 유럽 국가에 비해 프랑스는 이 자료원이 훨씬 풍부할 것이다. 또 다른 한편 이용 가능한 자료에 대한 새로운 가설과 새로운 해석이 끊임없이 요청되고, 언어의 본질에 대한 현행 언어이론 덕택에 과거 언어에 대한 학자들의 견해를 이제 새롭게 조명할 수 있게 되었다.

그리하여 이 책은 '**프랑스어 역사**'라는 별로 유행을 타지 않는 분야를 감히 다룬다. 왜냐하면 필자는 새롭게 주장할 사실이 많고, 또 새로운 해석 패턴을 발견할 수 있다고 확신하기 때문이다. 하지만 이 책의 범위는 전통적인 프랑스어 역사서가 포괄하는 것보다는 훨씬 좁은 범위일 것이다. 이전에 알려져 있지 않던 새로운 자료들을 제시하기보다는 프랑스어 역사의 몇몇 변모를 새로운 방식으로 해석하는 데 관심이 더 많기 때문이다. 나아가 프랑스어의 **내적** 언어사(음성체계, 형태론 등의 발달)와 프랑스어의 **외적** 사회언어사(프랑스어와 이 언어를 사용하는 주민의 발전적 관계)를 흔히 구별한다. 비록 언어변동과 언어변화의 밀접한 관계를 밝힌다는 것은 곧 언어사의 언어적 측면과 사회언어학적 측면의 구별이 과거보다도 훨씬 불분명해졌다는 것을 의미하지만 말이다. '**언어의 역사**'를 기술하는 학자들은 보통 이 두 측면을―철저함이란 관점에서는 서로 다르지만―모두 다루지만, 이 책에서는 전자보다는 후자에, 즉 언어적 측면보다는 사회언어학적 측면에 더 많은 관심을 갖고 있다. 왜냐하면 지난 30여 간간 사회언어학적 연구가 폭발적으로 증가하여 언어역사가에게는 매우 희망적인 것으로 증명된 유익한 결과가 많이 나왔기 때문이다. 사회언어학자는 현재 사용되는 언어에서 이끌어 낸 자료들에 근거해 과거로 투사될 수 있는 분석적 프레임과 통찰력을 제시하며, 먼 과거에 사용된 언어변화의 패턴을 밝힐 수 있도록 도와준다. 이 책의 핵심 주제를 제공하는 사회언어학의 연구 범위는 미시 언어학적이라기보다는 거시 언어학적이다. 구체적으로 말해서 그것은 언어표준화(standardization)라는 주제를 다룬다.

유럽의 주요 표준어의 발생은 유럽 문화에 깊은 흔적을 남겼다. 특히 유럽인이 거의 무의식적으로 언어와 각 사회에서 표준어가 갖는 역할을 바라보는 방식에 영향을 크게 미쳤다. 예컨대 언어의 이상적 상태는 (다양성보다는) 동질성과 통일성이라는 것, 이상적 형태는 (말보다) 글에서 찾아야 한다는 것, 그리고 언어의 이상적 분포는 모든 '**국가**'마다 각기 독자적인 개별어가 있어야 한다는 것 등의 견해가 널리 받아들여졌다(Deutsch 1968 참조). 이러한 견해의 기반은 근대 이전의 유럽에는 있지도 않았고, 또 주요 공리(公理)도 오늘날 대부분의 유럽 이외의 사회에는 없다. 이런 견해는 표준어의 발달과 문해력(literacy)의 확산과 관련 있으며, 유럽사의 특정 단계에서 발생했던 일련의 특수한 사회문화적 발달의 결과라고 할 수 있다. 유럽 사회 그 어느 곳에서도 프랑스보다 더욱 깊이 뿌리내린 나라는 없으며, 그 흔적도 프랑스 문화의 여러 국면에 걸쳐 나타난다. 예컨대 '**훌륭한 프랑스어**(la belle langue)'의 창조자로서의 문학자에 대해 느끼는 무한한 존경심과 핵심적 '**국가적 자산**'으로서의 프랑스어 교육이 그 증거이다. 이러한 견해는 또한 지금까지 기술된 프랑스어 역사의 서술 방식에도 큰 영향을 끼쳤다. 제1장에서 우리는 프랑스인의 자국어에 대한 주관적 태도가 프랑스 언어사의 서술에 얼마나 큰 영향을 미쳤는지를 검토하고, 그런 다음 프랑스어 역사에 대한 별도의 다른 접근 방식을 적용하여 프랑스어 역사를 기술할 것이다.

프랑스어 역사와 주관적 태도

현재 프랑스에 널리 퍼져 있는 프랑스인의 자국어에 대한 주관적 태도를 살펴보면, 가장 놀라운 사실은 사회 각 부문에 걸쳐 표준 프랑스어에 대한 깊은 존경심이다. 언어 **처방주의**(언어에 대한 비표준적 사용을 적극 처단하는 자세)와 언어 **순수주의**(전통적인 표준 프랑스어를 외래 차용어나 자국 내의 언어변동과 변화 등의 여러 요인으로부터 보존하려는 의지)는 프랑스 문화에 상당히 오랫동안 깊이 뿌리박고 있다. 프랑스어의 이상적 상태는 통일 상태이며, 언어 이질성은 효율적 의사소통에 방해가 된다는 신념이 확고히 자리 잡고 있다. 따라서 프랑스어는 엄격히 체계화된 표준 형태가 있으며,

이것이 프랑스어 화자에게 강력한 압력을 행사하는 것은 이 신념이 표출된 것이다. 프랑스의 프랑스어 화자는 아카데미 프랑세즈Académie française 회원의 입에서 흘러나오는 말 한마디 한마디에 좌우되는 것은 아니지만, 대다수의 프랑스인은 프랑스어의 정확한 용법에 대한 세련된 감각을 길렀고, 그 결과 프랑스인은 실제로 자신이 말하는 태도와 방식에 아주 예민하게 반응을 보인다. 언어변동(variation)을 불허하는 프랑스어의 변화에 대한 거부감은 특정 지역의 프랑스인에게는 특히 강력하게 나타나는데, 바로 이러한 이유 때문에 프랑스어의 '정확한' 형태와 구어 형태 간의 격차가 오늘날 아주 심각해졌다는 것은 매우 역설적이다. 즉 억압적인 강제 규범이 언제나 반동에 대한 선동으로 작용한다.

더욱이 프랑스인은 일반적으로 프랑스어가 글에서는 아주 순수 형태 그대로 살아 있으며, 발화는 보통 이상형으로부터 다소 타락된 것으로 믿는다. 어쨌든 언어학자가 아닌 일반인들 사이에서는, 언어체계로서 표준 프랑스어(문어)는 프랑스 언어공동체 내에서 통용되는 다른 프랑스어 변이체(예컨대 구어, 지방어, 하층민의 말, **지역어** 등)보다 내재적으로 '**더욱 훌륭하다**'(즉 더욱 명료하고, 논리적이다)는 일반적 합의가 있다. 프랑스 표준어에 내재하는 '**명료성**'과 '**논리성**'에 대한 신화는 프랑스인의 의식에 깊이 못 박혀 있다. 언어관용이 이처럼 잘 표준화된 나라는 세계 어디에도 없으며, 발화가 사회규범과 일치해야 된다는 압력도 훨씬 약하다. 프랑스인의 프랑스어에 대한 태도의 중요성에 비추어 볼 때, 일반 프랑스인이 프랑스 내의 프랑스어 변이체에 대해 전형적으로 보이는 반응을 좀 더 자세히 살펴볼 필요가 있다.

평균적인 프랑스 일반인은 다른 언어의 화자와 마찬가지로 프랑스에서 일어나는 언어변동을 익히 잘 인식한다. 그들은 자신이 들은 특정한 '**악센트**'나 말씨의 아주 미묘한 뉘앙스에까지 예민한 반응을 보인다. 하지만 다른 프랑스어 변이체를 묘사할 때 사용하는 용어(또는 메타언어)는 흔히 오래된 강력한 처방주의(prescriptivism)의 전통에서 유래하는 가치판단에 깊이 젖어 있다. 가령 프랑스어에서 일어나는 언어변동 기술에 사용되는 전통적 용어를 보면 이 점이 즉각 명확히 드러난다. 프랑스의 보통 사람에게 프랑스어가 어떤 언어냐고 물어보면, 그들은 곧장 **프랑스어**(langue française)는 표준 프랑스어의 형태(흔히 문어)와 동일한 것이라고 대답한다. 교육을 받은 중류계층의 비공식 회화어(전통적으로 **친밀 프랑스어**français familier)를 '프랑스어'라는 일반 범주로 간주하면서도―왜냐하면 표준 프랑스어는 일반적으로 공식적 변이체와 비공식적 변이체가 있는 것으로 간주되기 때문에―그 외의 변이체는 프랑스어에서 모두 제외시킨다. 그래서 프랑스어에서는 속어(argot)나 지방어 형태는 전혀 프랑스어가 아닌 것으로 간주하는 것이 프랑스 일반인의 습성이다. "야, 그건 프랑스어가 아냐. 그건 속어야(Ce n'est pas du français ça, c'est de l'argot)"라고 말한다.

일반인이 확인하는 '**비표준**' 프랑스어 변이체 가운데 가장 널리 퍼져 있는 것은 보통 **민중 프랑스어**(français populaire)로 불리는 노동계층의 발화이다. **민중 프랑스어**의 어휘는 **속어**와 관계가 밀접하며, 이는 파리의 저변 세계에서 기원하는 것으로 생각되어 낙인이 찍힌 어휘들의 집합이다. **친밀 프랑스어**와 **민중 프랑스어**를 넘어서면, **방언**(dialecte)이나 **지역어**(patois)가 있는데, 프랑스의 여러 지방(노르망디, 피카르디, 부르고뉴 등)의 시골 대중이 사용하는 변이체로서, 일반인은 이 언어들을 프랑스어가 타락한 저속 형태로 간주한다.

방언은 보통 **지역어**보다는 좀 더 품위가 있는데, 문어 형태가 있고, 표준화가 좀 더 진전된 층위라고들 주장하기 때문이다. 사실상 많은 프랑스 일반인에게 **지역어**는 가장 저급한 언어생활의 형태이며, 시골의 천박한 문화와 관련 있고, 엄청나게 변동이 심한 것으로 생각한다. **지역어**와 **프랑스어** 사이에는 중간 단계로서 지방의 **악센트**가 있는 프랑스어 변이체가 있다. 변이체들은 발음상으로는 파리의 규범에서 벗어나고, 일반적으로 **지방 프랑스어**(français régionaux)와 밀접한 연관이 있다. 지방 프랑스어는 **지방어**(langues régionales)(바스크어, 브르타뉴어, 플랑드르어, 알자스어, 코르시카어, 카탈루냐어, 오크어)와 명확히 구별되며, 발생론적으로 프랑스어와는 다르고, 각기 다양한 수준의 특색과 표식이 있다.

지역에 사는 프랑스 일반인의 메타언어에는 주관적 판단 요소가 크게 개입된다. 일반인은 사회에서 통용되는 다른 언어의 발화 변이체를 거리를 두고 바라보는 것이 아니라 발화체 각각에 문화적으로 전수된 획일화된 전형(典型)에 근거하는 **사회적** 의미를 부여한다. 우리가 일상생활에서 사람들을 피상적으로 대할 때, 상투적 전형에 근거하여 이들을 판단한다. 영국처럼 프랑스에서도 비표준 프랑스어에 대한 사회적 태도는 반드시 우호적인 것만은 아니다. 비표준 프랑스어 변이체는 보호와 친밀감이 섞여 있는 애정을 가지고 관찰한다. 예컨대 자기 출신 지방의 언어에 대한 호감은 전체 언어사회의 공동체 집단의 소속감과 결부되는 경향이 있다. 비공식 말투는 보통 공식적 말투보다 더욱 친근감이 있다. 시골말의 변이체는 흔히 도시말의 변이체보다 더욱 정감이 있는 것으로 간주된다(Ryan & Giles 1982 22-27 참조). 하지만 프랑스에서도 영국에서처럼 그러한 비표준적인 프랑스어 변이체는 폭넓은 사회 규범의 수용이라는 점에서 판단해 볼 때, 거의 높은 지위를 부여받지 못한다. 이러한 나라에서 표준어의 언어관습에 부응하려는 제도적 압력은 아주 오랫동안 강하게 전승되었기 때문에 표준어가 모국어의 유일하고 정확한 형태이며, 그 외의 모든 언어변이체는 생각을 적절히 표현하지 못하는 시도라고 말한다. 일반인의 언어태도 모형은 〈그림 1〉과 같은 형태인 것 같다.

표준 프랑스어가 보여 주는 사회 규범은 대부분 프랑스 사회가 파리를 중심으로 고도로 중앙집권화되었기 때문에 힘을 발휘한다. 하지만 이 규범은 지난 두 세기에 걸쳐 프랑스의 국가적 정체성을 규정하는 핵심 역할을 했기 때문에 크게 강화되었다. 즉, 표준 프랑스어 변이체는 프랑스의 전 지역에 걸쳐 효율적 의사소통의 수단 이상의 역할을 했고, 프랑스인들 사이에 국가적 연대의식(내적 응집력)과 다른 나라와 비교해 자국의 유일성(외적 차별성)을 형성시킨 강력한 상징으로 사용되었다. 프랑스 대혁명 당시에 최초로 천명된 원리, 즉 "La langue doit être une comme la République(공화국처럼 프랑스어도 하나가 되어야 한다)"는 원리를 추구하는

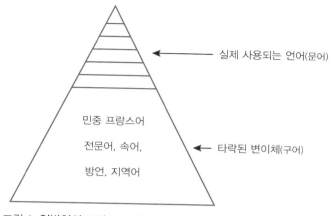

그림 1 일반인의 프랑스어 변이체에 대한 견해

과정에서 비표준 프랑스어와 방언은 무자비하게 핍박을 받았다. 프랑스에 생겨난 표준어의 압도적으로 지배적인 위치(Grillo 1989 참조)는 다른 많은 사회에 나타난 상황과는 극명하게 대조된다. 이 나라들에서는 **'한 국가— 한 언어'**라는 이상은 별로 구현되지 못하고 있다. 이는 곧 둘 또는 셋 이상의 언어가 어느 사회에서나 널리 통용되며, 기능적(인도의 영어와 힌디어)으로, 지리적(캐나다의 영어와 프랑스어)으로, 사회적(중세 영국에서 앵글로노르만어와 중기 영어)으로 분포되어 사용된다는 것을 의미한다. 외적으로 볼 때 많은 프랑스인에게 자국의 언어는 프랑스 국가의 정체성과 문화, 세계에서의 우월한 지위를 나타내기 때문에 프랑스어를 국제어로 계속 사용하고 유지하고, 자국어에 대한 외국어의 영향(대부분 어휘적 영향)을 마치 외침이라도 되는 듯이 막아 내려는 집요한 노력이 과거에도 전개되었고, 지금까지도 계속 전개되고 있다. 영어권을 포함하여 다른 많은 사회에서 언어의 상징적 잠재력은 점점 약화되어 가고 있다. 왜냐하면 언어는 더 이상 국가적 정체성을 나타내는 상징이 아니므로 화자들은 세계 내에서 갖는 자국어의 역할과 외국어의 영향에 태도가 한층 완화되었기 때문이다.

방금 간략히 살펴본 바대로 표준 프랑스어에 대해 경외심에 찬 프랑스인의 태도는 대부분의 유럽 사회에서도 어느 정도는 발견된다. 그것은 이들이 문자 전통과 국체(國體)에 대한 태도가 유사하기 때문에 그렇다. 하지만 이러한 신념이 프랑스에서는 특히 광범위하게 침투되어 있고, 따라서 프랑스 일반인의 언어태도에서 분명히 나타날 뿐만 아니라 또한 저명한 학자들, 특히 언어 역사가들이 프랑스어로 쓴 저술에도 암암리에 분명히 존재한다.

프랑스어의 역사가 사실상 표준 프랑스어와 언어 처방주의에 대한 존경심에서 깊은 영향을 받아 씌어졌다는 주장은 부당한 것이 아니다. 이러한 점을 입증하기 위해서는 프랑스어에 대한 많은 전통 역사서가 공유하는 몇 가지 기본적 특징을 살펴보면 된다. 즉 (1) 많은 역사서가 일차원적으로 기술되어 있다는 점, (2) 프랑스어와 프랑스어의 근본적 독자성에 대한 믿음이 특히 강하다는 점이 그것이다.

전통적인 프랑스어사는 '**프랑스어**'가 의미하는 바가 정확히 무엇이냐는 근본적 물음에 비추어 볼 때 명백히 정의를 내리기는 어렵지만, 이 문제가 갖는 잠재적 범위는 일반적으로 '**표준 프랑스어**'에 국한된다. (시간상 과거로 더 거슬러 올라가 확장한다면, 프랑스어 역사가들이 프랑스어의 합법적 선조로 간주하는 '**일드프랑스어**(francien)', 즉 중세 '파리 지방의 방언'이 보통 포함된다). 이처럼 많은 연구는 본질적으로 오직 표준 프랑스어 변이체의 역사(주로 문헌으로 실현된 변이체)이며, 다른 프랑스어 변이체(예컨대 구어 프랑스어, 민중 프랑스어, 지방 프랑스어의 형태)는 거의 관심 대상이 아니었다. 물론 구어 프랑스어를 탐구하려는 언어사가들은 남아 있는 자료의 성격에 따라 자유를 크게 제한받지만, 그렇다고 이것이 문헌(특히 문학작품)에서 발견되는 프랑스어 변이체가 프랑스어의 진수(眞髓)라는 것, 따라서 프랑스 사회 상층부의 언어관용은 진정한 역사적 의미를 갖는 유일한 용법이라는 극히 일반적인 가정을 정당화시키지는 못한다. 예컨대 와일드H. C. Wyld의 『현대 구어 영어사 *A History of Modern Colloquial English*』(Wyld 1920)에 비견할 수 있는 광범위한 '**구어 프랑스어사**'는 아직 없다. 하지만 슈팀H. Stimm(1980)을 참조하라.

이처럼 단 하나의 프랑스어 변이체의 발달에만 집중함으로써 언어의 동질성에 대한 역사가들의 목적론적 갈망은 흔히 감춰진다. 다시 말해서 수많은 전통적인 역사가의 잠재된 목적은 언어통일에 방해되는 것은 점차 감소하는 것으로 추적하고, 표준어의 외적 승리의 길을 제시하려고 한다는 것을 의미한다. 어떤 경우에는 이 목적이 실제로 표준어의 승리를 합법화하는 것이라고까지 생각한다. 그러한 접근방식은 전통이 오래되었다. 즉 16세기에 기술되기 시작한 초기 프랑스어 역사서들의 기능은 새로이 형성되던 표준 프랑스어에 역사적 법통을 부여하려는 것이 명백했다. 프랑스어는 당시의 사회에서 통용되던 프랑스어 변이체들과 불평등한 관계를 맺는 한편, 그리스어, 라틴어, 이탈리아어 같은 더욱 고상한 언어와의 자리다툼하는 과정에 있었다. 이에 대한 놀라운 한 예는 클로드 포셰 Claude Fauchet의 『프랑스어 기원과 프랑스 시, 각운과 로망 선집 *Recueil de l'origine de la langue et poésie françoise, ryme et romans*』(1581)이다. 언어사에 대한 이러한 접근방식은 비단 프랑스어 역사가들에게만 국한된 것은 아니라는 점을 공평하게 말해야겠다. 즉 표준어는 '**회고적 역사**(retrospective historicity)'로 부를 수 있는 이름을 얻는다. 다시 말해서 사건이 일어난 뒤에 언어사회에서 특권을 누리지 못한 변이체들과 차별화해서 과거의 영광을 부여받는다는 뜻이다(Haugen 1972 참조).

다차원의 언어사는 이처럼 폭을 좁게 초점을 맞추어서는 안 된다. 어떤 언어공동체도 결코 과거에 언어적으로 동질적이었던 적은 없다는 것을 가정하고, 따라서 이용 가능한 증거가 부여하는 엄격한 한계 내에서 '**그 언어**'를 구성하는 전체 언어변이체의 통일된 모습의 발달을 추적해야 할 것이다. 이는 물론 언어기술의 '**이상화**(理想化)'라는 일반적인 문제를 야기한다. 즉 언어발달을 일반적으로 진술한다면 물론 다소의 이상화는 불가피하다. 하지만 전통적인 역사가들은 너무나도 많은 가변요소를 역사로부터 제거하려는 경향을 보여 왔고, 따라서 언어변화가 언어변동에 뿌리를 둔다는 사실을 아마 제대로 이해하지 못했던 것 같다(이 책 p.23 참조).

프랑스어사를 저술하는 데 크게 자극이 된 것은 19세기 전반의 비교문헌학의 발달과 낭만주의적 민족주의에 대한 관념이다. 인간 정신의 표현으로서의 언어에 대한 훔볼트W. von Humboldt(1836)의 언어관에서 영향을 분명히 받아 당시 프랑스 문화의 특수성, 즉 프랑스 국민을 독특하게 만든 것이 무엇인지, '프랑스 국민이 천재성을 갖게 만든 것'이 무엇인지를 탐구하고 규정하는 문제에 엄청나게 노력을 기울였다. 프랑스어가 (대다수의 프랑스인의 눈에는) 프랑스 국가의 정체성을 상징하는 까닭에 많은 사람이 프랑스어의 발흥이 곧 프랑스 국민의 부흥을 의미한다는 견해를 갖게 되었다.

언어역사가들이 프랑스어의 외적 역사에 일어난 사건과 프랑스인의 정치, 사회, 문학사에서 주춧돌로 간주되는 특수한 일련의 사건을 연결지으려고 했던 태도는 이 접근방식과 완전히 일치한다. 역사적 사건들은 각기 다른 사건과 서로 필연적으로 연결되며, 이 둘은 근본적으로 특이한 것으로 간주되었다.

기본적으로 역사에 대한 낭만주의적인 견해는 150년간의 프랑스어 역사에서 논제를 설정하고, 기본 규칙을 확립하는 데 크게 기여했다. 극히 최근에 씌어진 프랑스어 역사조차도 아주 근본적 차원에서는 역시 이러한 접근방식을 채택하고 있다. 이제 전통이 되어 버린 프랑스어사의 시대구분은 프랑스어의 과거에 대한 역사가의 견해를 계속 구속하는데, 이를 고찰해 보면 그 접근방식이 분명해진다.

- 500~842   원시 프랑스어
- 842~1100   초기 고대 프랑스어
- 1100~1350   '**고전**' 고대 프랑스어
- 1350~1500   중기 프랑스어
- 1500~1600   문예부흥 프랑스어
- 1600~1789   고전 프랑스어
- 1789~현재   근대 프랑스어

(예컨대 Picoche & Marchello-Nizia 1989: 341-65; Rickard 1989; Caput

1972: I, 317-19; Chaurand 1972 참조).

이 시기구분의 근간을 고찰할 때, 때로는 정치적이고, 때로는 문학적이고, 어떤 경우는 언어적 사건과 연관된 일련의 다양한 기준들의 집합에 준거해서 설정되었음을 알 수 있다. 842년은 '**스트라스부르 서약**(Serments de Strasbourg)'을 맹세한 해이다. 1000년에서 기원하는 필사본에서 나타나는 이 서약의 전문을 신뢰한다면 (이를 의심할 만한 뚜렷한 이유는 없기에) 이 텍스트는 라틴어와는 '**별개의 언어**'로서 프랑스어가 존재했음을 확인하는 최초의 증거이다. 그리고 고대 프랑스어(ancien français)의 '**고전**' 시기와 고전 프랑스어(français classique) 시기는 프랑스 문화에서 탁월한 지위를 평가받는 문학작품을 산출한 때이며, 중기 프랑스어(moyen français)는 '**전이단계**'로서 프랑스어의 구조는 사람들이 주장하는 13세기의 안정 상태로부터 강제로 부과된 17세기의 안정 상태로 이행하는 시기였다. 16세기의 문예부흥은 가장 심미적 활동이 활발했던 시기이다. 1789년은 순전히 정치적인 해이다. 이 시기구분은 언어적·사회언어학적 발전의 현실보다는 정치사와 문학사에 상당 부분 기인하며, 또한 프랑스의 국수주의적 '**신화**'에 기인한 바 크다(Citron 1987 참조).

흔히 프랑스어 역사의 시대구분에 대한 접근은 은유적인 표현으로 특별히 설명되기도 한다. 때로는 이 구분이 건축 구조물과도 같다고 한다. 즉 프랑스어는 9세기에 대부분 기초가 닦였고, 13세기에 봉건적 요새가 구축되었고, 16세기에 문예부흥의 **성**(城)이 쌓였고, 한 세기 뒤에 균형 잡힌 고전적 건물로 건축된 것으로 생각한다. 또한 어린아이가 성인으로 성장해 가는 과정처럼 프랑스어 역사의 9세기는 '최초의 말옹알이' 시기였고, 13세기는 유년기, 15~16세기는 사춘기, 17세기는 성숙한 성인으로 묘사되기도 한다(Guiraud 1966: 13 참조). 이러한 접근방식은 물론 처방주의에 깊이 뿌리박고 있지만, 더욱 중요하게는 이념적으로 순수한 것이 아니라는 점이다. 즉 이들은 역사에서 특정 사건이 상대적으로 중요하다고 가정하지만 다른 정치철학적 세계관을 가진 사람에게는 논란거리가 된다. 예컨대 이러한 접근방식은 프랑스의 중앙집권적 통치체제를 위해 좌지우지하던 시기를 유별나게 부각시킨다는 것이다. 예를 들면 샤를마뉴(768~814), 필리프 오귀스트와 루이 9세(1180~1271), 루이 14세(1643~1715), 프랑스 대혁명과 나폴레옹(1789~1815) 시대가 그것이다.

프랑스어에 대한 이러한 접근방식의 결과는 '**프랑스어의 언어사**'라기보다는 '**언어의 관점에서 본 프랑스의 역사**'가 된다는 것이다(파리 표준 프랑스어의 전파를 추적하면서도 분명히 이를 합리화하는 것을 강조한다). 또 다른 결과는 이러한 접근방식의 (보통은 말로 표현되지 않는) 목표가 궁극적으로 프랑스의 특이성과 국가어를 발달시키는 것이기 때문이다. 프랑스어의 사회언어학적 발달에서 관찰되는 바와 동일한 사실을 확인하려는 시도는 거의 없었다. 요점은 언어표준화라는 핵심 문제가 제공한다. 전통적인 프랑스어 역사(예컨대 '프랑스 국내의 프랑스어의 확산' 등의 제목 아래)는 프랑스어가 '**방언**'으로부터 '**표준어**'에 이르는 단계들을 조심스레 추적한다. 그래서 제시 방식은 마치 프랑스어만이 이런 과정을 겪은 유일한 언어인 양 가정한다. 광범위한 여러 언어의 표준화에 대한 최근 연구는 프랑스어의 역사적 발달이 많은 점에서 프랑스어 자체에 특수한 것이지만, 다른 많은 언어에서도 광범위하게 확인되는 진화의 기저 패턴을 따른다는 것을 보여 준다. 이 책의 주요 목적 중 하나는 프랑스어의 외적 역사를 민족주의(특히 프랑스 민족)가 아니라 사회언어학적인 틀에 맞추어 더욱 일반적으로 적용 가능한 방식으로, 특히 언어표준화의 이론과 관련된 최근 연구가 제시하는 연구틀로 기술하려는 것이다.

그리하여 일반이론의 틀을 자세하고 명확하게 설명하고, 주요 전문용어를 논의하려고 한다. 그리고 오랫동안 사회언어학자들의 관심을 사로잡았던 개념을 고찰할 것이다. 이 점이 이들 학자에게는 잘 알려져 있겠지만, 이 논의의 기본 논리가 타당하지 않은 것으로도 보일 수 있겠다. 하지만 이 문제에 대한 사회언어학적 고찰이 그렇게 널리, 체계적으로 프랑스어 역사에는 적용되지 않았다는 이유에서 우리 접근방식은 타당성이 있다. 우리의 일반적인 견해는 언어는 쉽게 변동과 변화에 노출된다는 것과 언어표준화에 관한 것이다.

언어변동과 언어변화

사회언어학자들의 언어변동에 대한 견해는 일반인과는 전혀 다르다. 그들은 자연언어의 동질성 개념을 순수한 허구로 간주한다. 그들에게 언어는 '비자연적인' 표준화된 언어변이체이며, "다양성의 결여라는 점에서 병리적이다"(Hudson 1980: 34). 다른 언어변이체에 대한 사회언어학자들의 태도는 평가적이거나 처방적이라기보다는 **기술적**(descriptive)이다. 언어학적 관점에서 언어변이체는 모두 똑같이 의사소통으로서 유효하다고 생각한다. 다시 말해서 비표준어 변이체의 화자들은 정의상 표준어의 규칙을 위반하지만, 그들의 발화는 여전히 규칙 지배적이다. 그것은 문제의 방언 규칙이나 화체(話體)의 규칙에 지배된다. 앞에서 살펴보았듯이 방언과 화체에 대한 평등주의적 견해는 일반인들이 가지고 있는 견해는 아니다. 일반인들은 언어변이체를 사회의 권력구조를 반영하는 세력들의 위계에 부당하게 배치시키기 때문이다. 언어학자들은 오랫동안 언어에 대한 일반인들이 지닌 태도의 중요성을 비과학적이고 가치없는 반대론이라는 근거에서 무시했다.

하지만 이런 주관적인 태도가 사람들의 언어수행에 중요한 역할을 한다는 것이 점차 분명해졌다(Giles 1970 참조). 언어에 대한 처방적 태도의 사회적 결과는 사실상 영향력이 크고 넓다. 즉 표준어 화자는 다른 언어변이체 '**위로 상승할**' 수 없는 화자들보다 더 큰 지성, 신뢰 등을 지니는 경향이 있기 때문에, 사회적 신분 상승은 비표준어 화자에게는 거부될 수 있다. 따라서 이 책의 많은 부분은 갈로로망어의 특정 변이체에 대한 사회적 태도의 진화를 추적하는 데 할애할 것이다.

언어의 가변성 연구를 위해 사회언어학자들은 자신에게 도움이 되는 고도로 정밀한 용어를 개발해야 했다. 영어나 프랑스어 같은 자연언어는 산뜻한 단일 구조로 된 실체가 아니라 유동적 변이체의 중합체이다. **언어변이체**(variety)는 다양한 언어실현체—이들이 서로 다른 화체든 방언이든—를 가리키는 아주 일반적인 사회언어학적 용어이다. 특정 언어변이체를 산출하는 변동 요인은 때로는 **'사용에 따른 변동'**과 **'사용자에 따른 변동'**이라는 제목하에 분류된다(Halliday 1964).

언어변동은 주로 언어가 사용되는 용도(발화 대 글, 비공식 맥락 대 공식적 맥락, 무계획적·청자 지향적 담화 대 계획적·메시지 지향적 담화 등)에서 생겨나며, **양식**(mode), **화체**(style), **분야**(field) 같은 명칭을 부여받는다. 이러한 접근방법에 잠재하는 개념은 개인 화자의 **'언어목록**(verbal repertory)**'**이다. "언어를 발화한다는 것은 단지 수동적으로 언어변이체의 전체 목록을 습득한다는 것을 의미한다"(Valdman in Vermes 1988: I, 15). 화자의 의사소통 능력의 핵심적인 특징은 타인의 면전에서 발화를 변경시킬 수 있는 능력('**적응이론**'; Trudgill 1986: 1-28 참조), 사용상황에 따라 **화체**를 **'전환'**시킬 수 있는 능력, 이언어병용 또는 이층어상황의 사회에서 사는 화자들의 경우에는 **코드**를 **'변환'**시킬 수 있는 능력이다.

이층어상황(diglossia)이란 용어는 찰스 퍼거슨Charles Ferguson(1959)이 독일어 사용권 스위스와 아랍 사용권 국가에서 볼 수 있는 사회언어학적 상황을 기술하려는 시도에서 나온 널리 통용되는 용어이다. 여기에서 별개의 두 언어변이체는 언어공동체 전체를 통해 광범위하게 사용된다. 한 언어변이체는 퍼거슨이 상위(High, H) 변이체로 명명한 것으로 공식 맥락에서 사용되고, 다른 언어변이체는 하위(Low, L) 변이체로 명명한 것으로 비공식 맥락에서 사용된다. 퍼거슨은 다음과 같이 상위 변이체와 하위 변이체를 구별했다.

(1) **기능**

	H	**L**
종교	+	
대화		+
교육/학습	+	
행정/법	+	

	H	**L**
하인에 대한 명령		+
'진정한' 문학	+	
민속 문학		+

(2) **위세**

상위 변이체는 하위 변이체에 비해 더욱 아름답고, 논리적이며, 중요 사상을 더 잘 표현할 수 있다. 종교와 깊은 관련이 있다.

(3) **문학 유산**

상위 변이체에는 있고, 하위 변이체에는 없다.

(4) **습득**

상위 변이체는 명시적으로 교육되고, 하위 변이체는 어머니의 무릎에서 배운다.

(5) **표준화**

상위 변이체는 규칙으로 체계화되고, 통일적이지만(문법서 등), 하위 변이체는 방언적 분화와 변동으로 표시된다.

(6) **안정성**

이층어상황은 적어도 몇 세기 동안 전형적으로 지속되는 안정된 언어 상황이다.

퍼거슨의 이층어상황에 대한 고전적 연구 이래로 다른 사회언어학자들은 이 용어를, 유사하지만 다소 다른 사회언어학적 상황에 적용시키려고 했다. 퍼거슨의 **고전적 이층어상황**에는 사용 영역에 따라 '동일 언어'의 여러 '방언'을 전환하는 것도 포함된다. 우리는 앞서 **언어**와 **방언**의 구별에 개입되는 몇 가지 문제를 지적했다. 피시먼J. Fishman(1967)은 이 용어를 '별개의 언어들', 예컨대 파라과이의 에스파냐어와 과라니어 사이의 전환이 일어나는 '중첩된 이언어병용' 상황에도 확대하여 적용시키려고 했다. 마지막으로 패솔드R. Fasold(1984)는 '**이층어상황**'이란 용어가 '동일 언어'의 서로 다른 화체들 사이의 전환을 포괄하는 의미로 확장하는 데는 다소 난점이 있다고 지적했다. 모든 사회언어학적 상황에 **이층어상황**이란 용어를 사용하는 데 동의하든 반대하든 한 사회의 고귀한 가치가 있는 언어목록의 일부는 규제된 공식적 상황에 국한되는 반면, 고귀한 가치가 없는 사항은 더 비공식적 상황에 사용된다는 견해가 널리 공인된 사실이다.

이층어상황이나 기타 여러 형태의 이언어병용의 상황들은 지속되는 정도가 다양하다. 퍼거슨에 따르면, 이층어상황은 비교적 안정된 언어상황이지만, 어느 사회언어학적 상태도 언어변화에 무관할 수 없다. 시간이 지남에 따라 기능의 누수가 상위 언어와 하위 언어 사이에 일어난다. 사회 전체를 통해 널리 사용되는 이 두 언어의 균형은 다른 언어의 이익을 위해서 어느 한 언어를 희생하면 바뀔 수 있다. 그래서 주민들이 다른 언어를 전적으로 포기하는데, 500년경에 골족이 켈트어를 버리고, 로마인이 골 지방에 들여온 라틴어를 어떻게 점진적으로 채택했는지를 살펴보면 알 수 있다. 이러한 사태가 발전되면, 소위 **언어전이**(language shift)(Gal 1979 참조)라는 현상을 보거나 폐기된 언어의 관점에서 보면 **언어사멸**(language death)(Dorian 1973 참조) 현상을 관찰하게 된다. 대부분의 언어전이는 세대 간의 전이를 통해서 일어난다(Weinreich 1968: 106-10 참조). 다른 말로 해서 두 언어를 병용하는 화자는 일생 동안 한 언어 사용을 완전히 포기하고, 다른 언어로 대체하지는 않는다. 전형적으로 한 세대는 두 언어를 병용하다가 두 언어 중 오직 어느 한 언어만이 다음 세대로 전이된다. 그렇지만 이언어병용은 한 언어가 소멸되기 전에 수십 년 또는 수 세기 동안 살아남아 지속된다. 정말 사회적으로 이언어병용이 이루어진다고 해도 언어전이는 반드시 일어나지는 않는다.

언어변동은 언어가 사용되는 용도뿐만 아니라 사용자, 즉 지리적 출신, 사회계층, 인종 집단, 나이, 성 등의 '**화자 변인**'에서도 생겨난다. 우리들은 이미 **방언**이란 용어가 얼마나 광범위하며, 일반인이 특정한 (보통 부정적) 의미와 연상을 지니고 사용되는지를 살펴보았다. 이제 사회언어학자들도 이 용어를 사용하지만, 전혀 다른 방식으로 사용하며, 이렇게 다른 방식으로 사용함으로써 **방언**과 **언어**란 두 용어의 관계를 근본적으로 변경시키는 것을 살펴볼 것이다(Chambers & Trudgill 1980: 3-14 참조).

'**방언**'은 "전체 화자 공동체보다 더 작은 집단이 사용하는 언어변이체"(Francis 1983: 1)라고 아주 광범위하게 정의할 수 있다. 방언에 대한 전통적 견해와는 반대로 **방언**과 **언어**의 관계는 배타적이라기보다는 포괄적이다. 한 **언어**에 속하는 다수의 방언과 화체를 포함하는 상위의 총칭 개념이다(p.20 〈그림 2〉 참조).

어떤 방언이 일정한 '**언어**'에 포함되느냐 않느냐 하는 골치 아픈 문제를 살펴보려고 한다. 하지만 이보다 먼저 한 언어에 속하는 방언들의 상호 관계를 살펴보자. 언어와 방언의 관계에 대한 견해에 따르면, 표준어도 다른 방언과 마찬가지로 방언이다. 즉 모든 사람은 자기가 사용하는 방언이 표준어라고 해도 하나의 방언을 사용한다. 영국에서는 사실상 단지 인구의 3~5%만이 표준 영어와 아주 근접한 말을 사용하는 것으로 추산된다. 방언적 다양성은 집단 간 의사소통의 고립 정도와 비례해 증가하는 경향이 있다. 사람 집단을 분리하는 장벽이 지리적인 것일 수도 있지만, 사회계층의 구분일 수도 있다. 그래서 방언은 지리적 기반(노르만어, 피카르디어 등)일 수도 있고, 사회적 기반일 수도 있다(예컨대 **상류 부르주아지**의 특이한 발화와 공립학교의 발화). 어떤 언어학자는 후자를 가리키기 위해 **사회방언**(sociolect)이란 용어를 쓰기도 한다. 결국 모든 개인 화자는 **개인어**(idiolect)로 지칭하는 개인적 언어변이체의 보고를 지닌다.

〈그림 2〉(p.20)에서 받는 인상과는 반대로, 한 언어를 구성하는 여러 변이체는 실제로는 범위가 한정된 불연속적 실체가 아니라 서로 섞여 **연속체**(continua)를 형성한다. 예컨대 프랑스의 옛 시골 방언을 생각해 보면,

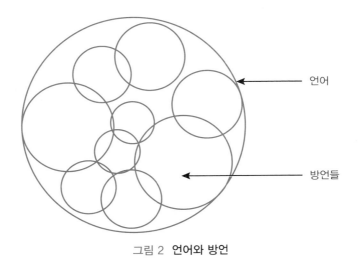

그림 2 **언어와 방언**

공간적 연속체라고 말할 수 있다. 즉 시골 방언은 크게 남과 북, 서와 동으로 나뉘는 서로 다른 방언이지만 분명한 경계선은 거의 없다.

국가 영토의 한 극지로부터 다른 극지에 이르기까지 대중 구어 발화는 거대한 융단을 형성하며, 각기 다채로운 색상은 모든 지점에서 알아차릴 수 없을 정도로 색도가 미세하게 서로 뒤섞여 있다.

Du bout à l'autre du sol national nos parlers populaires étendent une vaste tapisserie dont les couleurs variées se fondent sur tous les points en nuances insensiblement dégradées.

(Paris 1888: 3)

마찬가지로 **사회적 연속체**, 즉 하류계층 노동자의 발화는 상류계층 노동자의 발화와 뒤섞이고, 중하류계층을 통해 중상류계층에 이르는 연속체나 **화체적 연속체**, 즉 비공식적 화체로부터 공식적 화체에 이르기까지 화체의 스펙트럼을 통해 이동한다고 말할 수 있다(Joos 1962 참조). 이처럼 전통적인 명칭, 예컨대 **친밀 프랑스어, 민중 프랑스어** 등을 사용하는 것은 자칫하면 오도될 수 있다. 왜냐하면 이 언어들은 완연하게 구별되는 언어 변이체라는 것을 함축하기 때문이다. 공간적·사회적·화체적 변인은 일반적으로 극히 자연스러운 약간의 단절이 있지만, 연속체를 형성할 뿐만 아니라 일반적으로 서로 결합해 가변적 매개변인의 범위를 넓게 확장하기도 한다.

한 언어 **내**의 변이체들이 보통 자연적 단절 없이 서로 뒤섞이는 것과 마찬가지로 언어들 **사이**의 경계구분도 언어적 근거에서 확정하기가 항상 쉬운 것만은 아니다. 어느 방언이 A 언어에 '포함되는지' 또는 '**다른 언어**' B에 속하거나 이 언어를 형성하는지를 어떻게 결정하는가? 상식적인 접근방식은 상호 이해 가능성의 기준을 이용하는 것이다. 웨일스어, 영어, 프랑스어와 바스크어가 '별개의 다른 언어'라고 하는 것에 모두가 동의한다. 왜냐하면 이들은 계통적으로 연관이 없거니와(서로 밀접한 관계는 결코 아니다), 일반인들에게 더욱 중요한 것은 이들 간에 상호 이해가 불가능하기 때문이다. 그렇지만 계통적으로 관련된 언어들 간에도 상호 이해 불가능성(unintelligibility)이라는 변별적 기준을 적용하는 것이 항상 쉬운 것만은 아니다. 코크베르 몽브레Coquebert-Monbret는 9세기 초에 다음과 같은 현상을 관찰했다.

우리가 프랑스어 사용 국가에서 이탈리아어나 에스파냐어 사용 국가로 넘어가면, 명확한 경계선을 건너는 것이 아니라 다소간의 폭이 있는 전이지대를 넘어서는 것이다. 이 전이지대에서 프랑스어 유형의 발화는 국경에 접근함에 따라 여러 지역어의 영향으로 이미 변경되어 있는 데다가 변화가 더욱 빨리 이루어지고, 언제나 거의 알아차릴 수 없는 뉘앙스의 연속체를 통해서 이 변화가 계속된다. 마찬가지로 이탈리아어는 프로방스어를 계승하고, 카스티야어는 가스코뉴어를 점진적으로 계승한다.

lorsqu'on passe d'un pays de langue française à un pays de
langue italienne, ou espagnole: ce n'est plus alors une ligne
tranchée qu'on franchit mais une bande plus ou moins large, où le
type de la langue française, déjà altéré à mesure qu'on approche
des frontières, par l'effet des divers patois, continue à changer plus
ou moins rapidement, toujours par une succession de nuances à
peine sensibles. C'est ainsi que l'italien succède peu à peu au
provençal, et le castillan au gascon.

(Coquebert-Monbret 1831: 9)

벨기에에서 시칠리아에 이르기까지 옛 로망어 연속체는 중앙으로부터
정치적 국경에 이르기까지 상호 이해 **불가능한** 표준어가 부과되면서 해체
되었다. 그렇지만 '**언어**' 경계에 서로 걸쳐 있는 공간적 방언 연속체를 여
전히 발견할 수 있는 사례들이 많다. 예컨대 오크어와 카탈루냐어, 갈리시
아어와 포르투갈어, 저지 독일어와 네덜란드어, 덴마크어, 노르웨이어와
스웨덴어 등이다. 이 언어변이체들은 서로 알아차릴 수 없을 정도로 서로
뒤섞여 있고 상호 이해 가능성이 상당히 많음에도 불구하고 이 언어들을
사용하는 화자 공동체는 자신들이 '**별개의 언어**'를 사용한다고 주장한다.
언어변이체의 내부 구조를 분석하는 언어학자에게는 갈리시아어와 포르
투갈어가 '별개의 언어'인지 아니면 '동일한 언어'의 방언인지가 중요하지
않지만, 이 언어변이체 사용 화자들에게는 흔히 큰 문제가 된다. 왜 이러
한 사태가 발생할까?

　언어는 정보를 전달하는 의사소통 수단 이상의 기능을 발휘한다. 언어
는 보통 정체성의 상징으로 사용되기 때문이다. '**국가**' 같은 집단은 자국과
다른 '**나라**'를 구별하기 위해 자국 국경선의 방편으로 언어를 이용한다. 한
국가는 방언을 '**국가어**'나 '**공식어**'로 채택할 수 있고, 국가에 충성하는 국
민은 일반적으로 이 방언을 (다른 외부 집단과 공유하는) 다른 언어의 '**방언**'
이 아니라 자신들의 고유한 '**언어**'로 부르는데, 언어가 훨씬 큰 권위가 있

기 때문이다. 그리하여 어느 언어변이체를 '**방언**' 또는 '**언어**'로 명명할지의 결정 문제는 보통 집단의 정체성과 방언 지위의 문제와 연관이 있다. 언어와 집단의 정체성 문제는 잠시 후에 다시 살펴보자. 방언의 사회적 지위는 일반적으로 사용자들의 정치적·경제적 권력과 관련되고('언어는 육군과 해군을 지닌 방언이다', '언어는 사회 내에서 생겨난 방언이며, 다른 방언은 이 방언과의 가난한 친척이다'), 또한 문학적 목적을 위해 방언을 사용하는 작가의 위세와도 연결되고, 아마도 가장 중요한 것은 방언이 획득한 표준화와 통일성의 정도와 관련된다. 어쨌든 '**방언**'과 '**언어**'의 구별은 흔히 언어적 문제라기보다는 보통 사회정치적 문제이다.

사회 내에 **언어변동**이 있다는 것은 필연적이고 불가피한 결과로서 **언어변화**(language change)가 있다는 것을 의미한다. 언어 순수주의자들은 언어변동처럼 언어변화에도 적대적이다. 그들에게 언어변화는 타락을 의미하며, 문법, 어휘, 발음 등 '이전 시대에' 달성한 것으로 추정되는 고도의 표준 단계로부터 쇠락한 것을 의미한다. 하지만 언어변화는 **생명**과 관련된 사실로 간주하여 언어변화가 없다는 것은 사어(死語)의 내재적 특징이라고 보는 것이 더욱 현실적이다. 끊임없이 사용되는 언어에 내재하는 가변성과 불안정성은 언어변화를 자동적으로 일으킨다. 소쉬르F. de. Saussure(1915: 138)는 이러한 견해를 반대의 관점에서 표현하면서 다음과 같이 말했다. "언어 내의 통시적인 모든 것은 오직 발화(parole)를 통해서만 일어난다."

많은 역사언어학적 연구는 언어사의 기원과 언어혁신의 내적 메커니즘에 기여했다. 넓게 말해서 이들이 내적으로나 외적으로 생겨난 것으로 간주한다. 내적으로 생성된 언어변화는 최소의 노력으로 의사소통을 최대화하려는 화자의 경향에 따라 야기된 변화이거나〔예컨대 후기 라틴어의 비강세 모음의 탈락이다. computàre → compter(계산하다)〕 언어체계 내의 어느 곳에서 일어난 변화로 인한 구조 조정으로 일어난 변화이다〔예컨대 유추변화이다. 고대 프랑스어에는 남성과 여성의 형태가 전혀 구별되지 않은 형용사 부류, 남성 grant(큰) — 여성 grant 같은 것이 있었다. 이 부류는 결국 유추에 의해 형용사 남성 rond(둥근) — 여성 ronde처럼 남성과 여성에 e를 첨가해서 성을 표시하는 대부분의 형용사의 형태를 따랐다]. 외적으로 생겨난 변화는 다양한 언어전통의 상황에서 다른 방언이나 언어의 간섭으로 야기되는 변화이다(Weinreich 1968 참조). 여러 유형의 언어간섭을 가리키는 용어들은 지질학 분야에서 차용한 것이다. 즉 **인접층**(adstratum)의 영향은 두 언어가 다소 영속적으로 접촉하는 상황에서 나란히 인접해서 존재할 때 나타난다(예컨대 벨기에의 프랑스어와 플랑드르어), **기층**(substratum)의 영향은 모어 화자들이 '침입' 언어로 전환될 때 일어나는 상황이다(예컨대 오크어 화자들이 프랑스어로 전환할 때). **상층**(superstratum)의 영향은 '침입' 언어의 화자들이 토착 주민의 언어로 전환할 때 일어나는 상황이다(예컨대 영국을 지배한 노르만족이 12세기에 영어로 전환한 것).

극단적인 언어간섭의 예는 **피진어**에서 발견된다.

> 피진어는 모어 화자가 없는 **공통어**(lingua franca)이다. 연대기적으로 말해서 피진어는 단순화 과정을 통해 '정상' 언어로부터 파생된 것이다. 대부분의 경우 어휘와 문법의 축소, 복잡한 사항과 불규칙한 사항은 제거된다. 보통 모어나 모어를 사용하는 사람들의 입장에서 보면, 특히 발음에 관한 한, 흔히 상당한 많은 혼합이 일어난다. 적어도 피진어는 초기 발달단계에서는 보통 단지 상거래나 기타의 제한된 접촉상황에서만 사용된다.
>
> (Trudgill 1983: 179)

사회언어학자들은 언어변화에 깊은 관심이 있다. 하지만 그들은 주로 언어혁신의 기원과 내적 메커니즘에 주로 관심이 있어서 공동체를 통해 언어혁신이 확산되는 방식에도 각별한 관심을 갖는다. 언어변동이 있다는 것을 사회집단이나 화체에서 일어난 변화 속도가 다르다는 점에 근거해 어느 정도 설명한다. 즉 한 언어의 모든 변이체는 같은 비율로 변화하는 것은 아니라는 점이다. 예컨대 표준 방언의 많은 특징은 정의상 변화 속도가 느리고 보수적이다. 언어의 어느 부분에서 시작된 혁신이 나머지 전체 체계로 확산되는 데는 시간이 걸리는데, 그것은 마치 발화 공동체의 어느 지역에서 일어난 언어혁신이 다른 지역에서 채택되는 데 오랜 시간이 걸리는 것과도 같다(Aichison 1981: 63-107 참조). 사회의 언어변화의 속도는 대개 특정 언어변화가 공동체 전체에 확산되는 데 걸리는 시간으로 결정된다. 그리하여 사회언어학자는 특정한 언어혁신이 퍼지는 확산 비율을 결정하는 원인이 무엇인지를 탐구한다. 밀로이J. Milroy와 밀로이M. Milroy의 주장을 따른다면, 언어혁신이 확산되는 데 걸리는 시간은 그것이 진정 아주 널리 확산된다는 가정하에서 관련 집단의 사회구조와 그 집단 내의 사회적 네트워크의 성질에 따라 결정된다. '**사회적 네트워크**'(social network)가 의미하는 바는 무엇인가? 모든 인간집단은 구성원이 서로 결속하는 관계의 '**밀도**'와 '**복잡성**'으로 특징지을 수 있는 구조적 속성을 지닌다. "네트워크는 다수의 연관된 사람이 서로 관계를 맺고 있을 때, 비교적 밀도가 높다고 말한다"(Milroy 1987: 50). 물론 이런 연관성의 성질은 명세화해야 한다. 문제의 연관성이 단지 한 개인의 단일 라인에만 관계하는 경우(예컨대 자신을 신문 판매원과 연관 짓는 경제적 유대관계)라면, 이 관계는 **단선적**(uniplex)이라고 말한다. 반면 문제의 연관이 한 개인의 여러 라인과 관련되는 경우에는 **다중적**(multiplex)이라고 말한다. "부족사회, 촌락과 전통적 노동계층 사회에서 이 네트워크 관계는 전형적으로 다중적이고 밀집된 것이다. 반면 지리적·사회적으로 이동성이 강한 산업사회에서 이 네트워크 관계는 단선적이고 분산적이다"(Milroy 1987: 52). 이것이 언어변화와 무슨 관계가 있는가? 비교적 밀집한 네트워크는 일반적으로 강제적 규범 메커니즘이 효과적으로 기능하는 것으로 생각되는데, 이러한 견해는 잠시 뒤(이 책 p.28) '고도로 집중화된 사회'의 언어규범의 강도를 예측한다. 다른 말로 해서 비교적 밀집된 네트워크는 언어변화의 확산을 저해하는 보수적인 힘이 있고, 반면에 비교적 이완된 네트워크는 그 반대의 효과가 있다. "관련 집단이 잘 확립되어 정착되고, 강한 유대관계로 서로 묶여 있으면 언어변화는 천천히 일어나는 반면, 주민들이 맺는 연대관계가 약한 경우에는 언어변화가 빨리 확산된다"(Milroy & Milroy 1985b: 375).

흔히 언어사에서 이민족의 침입 같은 대변혁(예컨대 5세기 로마 치하의 골 지방에 침입한 게르만족)은 침입당한 국가의 사회적 네트워크에 파괴적인 효과를 미친다. 그 결과 언어변화의 속도는 아주 급격하게 전개된다. 하지만 정상적인 언어변화는 점진적이며, 느리고 단편적인 성질을 지니므로 언어사의 시대구분에 내적·언어적 기준을 사용하기가 어렵다. 그리하여 다소 자의적인 시대구분을 전통적인 프랑스어사에서 발견할 수 있다(이 책 pp.12~13 참조). 사실상 언어역사가는 언어지리학자가 지리적 방언의 공간적 연속체의 명확한 경계를 설정하는 문제와 유사한 문제에 당면한다. 언어가 끊임없이 변화한다는 사실에도 불구하고, '연속적 화자 세대들'의 상호 이해 가능성은 대개 영속적으로 유지된다. 그리하여 이 책의 장 제목들은 프랑스어의 구조에 일어난 내적 변화와는 전혀 연관이 없다. 프랑스어 표준화와 관련한 외적 사회언어학적 과정으로부터 도출된 것이기 때문이다.

언어표준화

언어학자들은 일반적으로 다른 언어의 내적 구조가 (피진어 같은 특수어를 제외하면) 대개 거의 비슷하게 복잡하다는 것을 가정하는 것 같다. 예컨대 영어는 라틴어보다 형태는 단순하지만 통사론이 상대적으로 복잡하여 단순함을 충분히 보상받는다. 순수히 **언어학적인** 관점에서 볼 때, 언어학자들은 **'원시언어'**란 없다는 데 동의한다. 하지만 여러 언어의 사회언어학적 구조나 프로필을 고려할 때 평등주의는 없다. 다시 말해서 언어는 사용자들의 복잡성을 거울처럼 반영하며, 화자의 수와 언어가 갖춘 수행기능의 범위를 서로 적절히 비교할 수 있다. 발드먼A. Valdman〔Vermes(ed.) 1988: I, 17〕은 네 가지 광범한 언어기능을 논의했다. 즉 토착적(비공식적 구어로서 집단 내에서 사용), 수단적(집단 간의 의사소통에 사용), 지시적(공식적 목적과 지식 및 문화가치의 전달에 사용), 종교적(종교의례에 사용) 기능이 그 것이다. 지역 주민의 구어적 필요에 따라 사용되는 토착구어(oral vernacular) 는 많은 주민이 사용하기 때문에 광범위한 사회언어학적 기능을 수행하는 표준어보다 '덜 발달된' 것으로—아무 편견 없이—간주될 수 있다. 퍼거 슨(1968)은 '덜 발달된' 언어와 '더 발달된' 언어의 차이를 설명함으로써 후 자가 세 관점의 대상이 되었다는 점을 지적한다. 즉 (1) 문자화(문자체계의 발달), (2) 표준화(언어변동의 제거), (3) 근대화(진보한 도시사회의 필요에 부응 하기 위해 통사적·어휘적 도구의 확장 개발).

모든 활동영역에서 표준화는 대상 부류에 통일성을 부여하고, 변동에 제약을 가한다. 표준어는 화자 집단이 공유한 언어규범들의 집합이 필요 하기 때문에 생겨난다. 영어와 프랑스어 역사의 초기 단계에서 이루어진 표준화 과정은 어떤 의미에서 자발적이었지만, 현대의 언어표준화 과정을 겪는 나라의 경우 표준화는 의도적인 정부정책의 결과로 생겨난다. 언어 다양성이 어떤 방식으로든 존재한다면, 그것은 현대 국가에는 문젯거리이 며, 언어계획에 따른 정책('코퍼스 계획'과 '지위 계획' 또는 둘 중 어느 한 가지) 이 개입된다. 국가의 변방 지대에서 사용되는 언어들에 대해 국가는 여러 가지 태도를 취한다. 극단적으로 언어동화 정책을 택하여 국가어 이외의 언어들을 지정하여 제거하기도 한다. 최근까지 프랑스가 자국의 국경 지 방에서 사용하는 소수 언어에 대해 실시한 정책이 그것이다. 또 다른 극단 적 방식은 국가가 언어 다원주의를 포괄하는 다양한 정책을 채택하는 것 이다. "벨기에(프랑스어와 네덜란드어)와 캐나다(영어와 프랑스어)처럼 두세 언어에 '공식적 지위'를 부여해서 사용하는데, 이 국가들에는 적어도 이론 적으로는 국가의 모든 영역에서 두 언어 사용이 허용된다. 한편 언어가 단 지 지역 기반에서만 공식적 지위를 갖는 수도 있다. 예컨대 스위스의 그리 종 주에서 사용되는 레토로망어가 그렇다. 또 다른 언어사회에서는 소수 언어가 '승격된 지위'를 부여받을 수도 있는데, 이는 특정 권위기관이 특수 목적을 위해서만 사용하는 언어이다. 예컨대 뉴멕시코의 에스파냐어 같은 언어이다. 또한 '허용된 지위'를 부여받기도 하는데, 이는 '승격되거나 금지된 것'은 아니지만, 특정 방식으로 사용되기도 한다. 예컨대 프랑스의 바스크어 같은 경우이다(Wardhaugh 1986: 337-38). 이러한 사정에 비추어 보면, '국가어', '공용어', '표준어'가 반드시 동일한 것이 아니라는 점이 분명해진다.

공유하는 언어규범에 대한 필요성은 부분적으로 기능적 효율에 대한 압력 때문에 생겨난다. 예컨대 프랑스 대혁명 시기에 도량형 표준체계를 채택하는 것과도 같다. 다시 말해서 언어변동을 제거하는 것은 최소한의 오해를 풀고 시공간을 초월해 의사소통을 가능하게 한다. 게다가 사회집단의 필요 때문에 통일된 언어를 요구하고, 이를 집단의 정체성을 알리는 상징이나 표지로 채택한다. 사회집단은 예컨대 국가이건 억압받는 소수집단이건 범죄조직 같은 주변집단이건 지배 엘리트 계층이든, 이들은 다른 집단의 위협에 대항해서 자기 정체성을 방어하는 수단으로 언어를 이용한다. 어떤 경우에는 다른 집단에 대해 그 집단의 정체성을 차별화하는 수단으로 언어를 공격적으로 이용하기도 한다. 르 파주Le Page와 태브레-켈러 Tabouret-Keller(1985)는 공유 언어규범에 대한 예민한 감각을 지닌 집단은 '집중적 조명을 받는 공동체 집단'의 명칭을 갖는 특징이 있다는 점을 관찰했다. '집중적 조명'을 받는 요인은 (1) 집단 내의 돈독한 사회적 네트워크, (2) 공통의 대의명분을 갖는 외적 위협, (3) 강력한 모델(예컨대 강력한 지도자나 특권 집단)이다. 벨기에와 캐나다의 프랑스어 사례가 명백히 보여 주듯이 언어 충성심이란 매우 강하다. 그렇지만 여기서 지적하고자 하는 일반적 요점은 언어표준화가 객관적인 압력(기능적 효율)뿐만 아니라 주관적인 압력(집단의 정체성)에서도 생겨난다는 것이다. 언어가 의사소통의 기능뿐만 아니라 차별화의 기능으로도 사용되는 영국과 프랑스에서, 표준어 증진에 관여하는 사람이나 기관은 항상 이 후자 요인을 강조했다. 그래서 이들은 전자의 역할에는 더욱 유보적 태도이다.

몇 가지 명확한 이유 때문에 언어표준화는 구어보다 문어에서 더욱 쉽게 이루어진다. 15세기 인쇄술의 발명으로 인해 문어의 동질적인 측면은 용이하게 부각되었지만, 구어 변동은 쉽게 없어지지 않았다. 어떤 규범을 따라야 하는가? '정확한' 구어 모델은 사회의 특권층이 제공했지만, 이 모델을 안정적이고 동질적인 것으로 신뢰할 수 없었다. 그러한 이유로 더욱 안정된 문어를 구어의 최종 모델로 간주하려는 경향이 생겨났고, 문어가 구어보다 언어의 우월한 형태라는 일반적 신조가 생겨났다. 그렇지만 사회언어학자들은 표준어의 정확한 정의에는 동의한 바가 없다. 리스D. Leith(1983: 33)는 다른 언어변이체처럼 표준어도 공식·비공식의 변동을 포함해 변동의 차원이 있다고 주장한다. 왜냐하면 많은 사람에게 표준어는 일상 대화의 수단으로 기능해야 되기 때문이다. 표준어는 많은 사람이 상상하는 것보다 덜 고정되고 덜 단선적이다. 반면 구어의 절대적 표준화는 결코 달성할 수 없기 때문에 밀로이 등(1985a: 22-23)은 "언어표준화는 **이데올로기**라고 추상적으로 말하는 것이 훨씬 적절하며, 따라서 표준어는 실제라기보다는 마음속에 있는 관념으로 보는 것, 즉 실제의 언어관용이 다소 일치하는 추상적 규범의 집합으로 간주하는 것이 적절하다"고 선언했다.

이 책에서 채택한 언어표준화의 접근방식은 스칸디나비아의 언어학자 하우겐E. Haugen이 1966년에 출간하여 크게 영향을 미친 『방언, 언어, 국가Dialect, Language, Nation』에서 제안한 아주 광범위한 접근방식이다. 하우겐은 언어표준화가 작용하는 두 가지 광범위한 과정, 즉 **사회적 과정**(social process)과 **언어적 과정**(linguistic process)을 구별했다.

사회적 과정은 일정한 언어공동체에서 표준어로 채택한 특정 언어변이체의 지위 변경과 관련 있다. 첫 단계는 특정 지역에 걸쳐 사용되는 방언들 중 정치적·경제적 영역에서 특권적으로 이용되는 한 방언을 **선택**하는 것이다. 선택된 방언은 보통 그 사회의 지배집단의 방언이다. 선택된 방언은 지리적으로 위치가 중앙이어서 **공통어**의 지위를 얻지만, 다른 방언에 비해 선호할 만한 내재적 우월성이 있는 것은 아니다. 일단 선택된 언어변이체는 관련 주민에게 퍼져 **수용**된다. 관련 주민이 무엇인가에 대한 정의가 여기서 문제시된다. 왜냐하면 지배집단이 이웃 집단으로 권력을 확장하면 그 집단의 성질 자체를 변화시키기 때문이다. 이 공동체가 1차 집단을 넘어 확장되어 더 큰 지리적·정치적 집단을 포함할 수도 있다. 다시 말해서 이는 선진화된 경제발달로 더 큰 시장의 성장 및 '국가적 정부'로 알려진 집단의 발달과 연계된다. 그 후 이 표준어는 내적 유대와 외적 차별이라는 두 가지 목적에 사용되는 새로운 '국가적' 정체성의 상징이 되면서 새로운 공통의 '국가적' 결속으로 묶어 이 '국가'를 주변 '국가들'과 차별화시키는 데 이용한다.

표준화에 개입된 **언어적** 과정은 언어 자체의 코퍼스 발전과 관련 있다. 하우겐은 여기서 두 과정, 즉 **기능의 세련화**(elaboration)와 **체계적 규범화**(codification)를 구별한다. 토착구어가 발전된 사회의 다기능적 언어가 되면, 그것은 확장된 기능수행에 필요한 언어수단을 개발한다. 즉 문어 형식(문자화)을 개발하고, 문서기록에 요구되는 통사법(구어 문법과는 아주 다른 방식의 문어 기능의 문법)을 개발해야 하며, 더 광범위한 분야에서 기능을 수행할 수 있도록 어휘부(lexicon)를 개발해야 한다. 이는 토착구어가 관련 공동체에서 문화적으로 중요한 분야의 아주 복잡한 정교한 전문어휘를 가지고 있지 않다는 것을 의미하지는 않는다. 예컨대 몇몇 전통적 시골사회에서 축산이나 건초 제조의 어휘는 아주 정교하다. 그것은 단지 각 토착구어의 어휘목록의 범위가 한정되어 있고, 어휘가 포괄하지 못하는 전문화되고 발전된 사회의 인간활동 영역이 있다는 것을 의미한다. 미래의 표준어가 될 언어변이체가 다른 변이체에 비해 특수한 지위를 부여받은 뒤에도 그 변이체 자체 내에는 상당한 유동성이 있다. 표준어가 되려면 이 가변성을 제거해야 한다. 이를 위한 주요 수단은 문법적 법제화, 즉 **규범화**이며, 이로써 문법가들은 어떤 (문법적·어휘적) 형태가 '**옳은**' 것인가를 처방하고, 규범에서 벗어난 형태는 처단하는 것이다. 하우겐(1966: 107)은 이 표준화의 언어적 과정의 목표를 '**기능의 최대 변동과 형태의 최소 변동**'으로 정의했다. 그의 언어표준화의 전체 모델은 다음과 같이 요약된다.

	형태	기능
사회	선택	수용
언어	규범화	세련화

이 책에서는 하우겐이 제안한 모델에 근거해 프랑스어가 '**방언**'에서 '**표준어**'로 발전하는 과정을 추적하려고 한다. 그렇지만 어떤 면에서는 하우겐의 견해를 넘어서는데, 언어표준화는 결코 완성된 적이 없는 역사적 과정이기 때문이다. 표준적 언어변이체가 전체 언어공동체에 '**수용되면**', 그 표준어는 가장 우월한 지위를 계속해서 **유지하려는** 투쟁이 끊임없이 일어난다. 표준어를 유지하려고 노력하는 강력한 세력도 있지만, 또한 사회 내에는 언어의 우월적 기능 수행이 지배하는 것을 '억제시키려는' 알 수 없는 반대 세력도 있다. 영국이나 프랑스와 같이 중앙집권적이고, 도시화되고, 사회적으로 계층화된 사회에는 언어행동을 광범위한 사회규범에 일치시키려는 강력한 제도적 압력이 있다. 그러나 이 '**외재적 특권**'과 연계된 지위 기반의 이데올로기는 일반사회 내의 소수집단에서 자기 정체성을 확립하려는 개개인의 욕구로 인해 균형이 잡힌다. 이들 집단(계층적, 지역적, 인종적, 연령적 등의 집단)은 집단 연대의 표지로 비표준어를 사용하려는 경향이 있다. 집단 내의 우월성('**잠재적 특권**'으로 불리는)은 광범위한 사회 규범과 일치하는 개인의 능력이 아니라 공동체 규범과 일치하는 능력과 연계되어 있다. 표준어의 이데올로기 힘이 강력할수록 사회집단들은 언어행동의 공동체 규범을 보호하고 결속시켜야 한다는 압력을 그만큼 더 거세게 받는다.

이 책의 구도

이 책은 무엇보다도 프랑스어의 사회언어학적 발달을 다루므로 집필을 준비하면서 전통적 시대구분(이 책 pp.12~13 참조)이 전혀 도움이 되지 않는다는 것을 알았다. 그래서 시대구분별로 장을 나누기보다는 언어표준화와 관련된 기본적 사회언어학적 과정, 특히 하우겐이 밝혀낸 과정(이 책 pp.29~31 참조)을 중심으로 구성했다. 첫 두 장은 라틴어의 방언화를 다룬다. 이 책의 중심 부분은 프랑스 표준어의 발달, 즉, '**선택**', '**기능의 세련화**', '**규범화**', '**수용**'의 여러 과정을 살펴볼 것이다. 마지막 장은 현대 프랑스의 '**표준어의 유지**'와 관련된 문제를 논의할 것이다.

하지만 우리의 접근방식은 이와 같은 간단한 요약이 함축하는 것처럼 산뜻하지 않다. 실제로 **언어적** 과정과 동시에 일어나는 **사회적** 과정('**선택**'과 '**수용**')에 대한 언급 없이 언어표준화와 관련된 언어적 과정('**기능의 세련화**'와 '**규범화**')을 이해하기는 불가능하다. 그래서 우리가 취한 순서는 대략적으로 말해서 연대기적이다. 다시 말해 특정 사회언어학적 과정(예컨대 '**규범의 선택**', '**기능의 세련화**')이 특정한 역사 시대에 지배적이었던 것으로 제시하려고 한다. 하지만 특정 시기에 지배적이었던 과정이 유일한 과정이 아니라는 점도 염두에 둬야 한다. 더욱이 언어표준화에 개입된 과정이 지속적이며, 명백한 시대구분으로 서로 별개로 분리되는 것이 아니라는 점도 강조할 필요가 있다. 예컨대 '**규범의 선택**' 과정은 '**수용**' 과정과 거의 알아차릴 수 없게 뒤섞여 있다. 마지막으로 언어공동체 전체를 통해 특정 규범의 '**수용**'은 결코 완결될 수 없다는 점을 깨달아야 한다. 왜냐하면 기존의 규범이 새로운 규범의 발달로 인해 계속 위협받기 때문이다. 마찬가지로 새로운 언어기능은 끊임없이 '**세련화**'되어 기존의 '**규범화**'를 개정할 필요성을 언제나 야기하기 때문이다.

이 책이 지나치게 갈리아 중심으로 전개되어 있다는 점, 오늘날 프랑스의 정치적 경계 밖의 프랑스어권, 즉 앵글로노르만의 영국, 오늘날의 벨기에, 스위스, 캐나다, 프랑스어권 아프리카 등에 대해서는 거의 할애하지 않았다고 반론을 제기할 수도 있다. 이 반론은 전적으로 타당하다. 이처럼 전문화된 이유는 기본적으로 지면 제약 때문이다. 즉 이러한 국가들의 프랑스어에 대한 사회언어학적 역사는 아주 흥미롭기 때문에 제2권을 집필할 충분한 사유가 된다(Valdman 1979 참조). 그리고 '보다 넓은 프랑스어권'에 대한 귀중한 연구는 최근 피코슈J. Picoche와 마르셸로-니지아C. Marchello-Nizia(1989)가 발표했다. 이는 주목할 만한 연구이다. 하지만 이 책의 주된 관심사인 프랑스어의 표준화는 적어도 최근까지는 기본적으로 프랑스에서 이루어졌다는 것도 엄연한 사실이다.

제 2 장

골 지방의 라틴어화

프랑스어는 대중 라틴어에서 유래하는 어군에 속하는 언어이다. 대중 라틴어는 5세기에 로마 제국이 최종적으로 해체된 이후에 점진적으로 생겨났다. 로마인의 발화에서 생겨난 언어들은 '**로망어**(Romance languages)'로 부르며, 주요 로망어는 프랑스어, 이탈리아어, 에스파냐어, 포르투갈어, 루마니아어, 카탈루냐어, 오크어, 사르데냐어, 레토로망어이다(Harris & Vincent 1988 참조). 방언에서 표준어로 발달한 프랑스어의 진화에 대한 논의는 갈로로망어 방언의 형성을 서술하는 절(節)에서 시작하는 것이 합당하다. 이 작업을 다음 두 장에서 실시하려고 한다. 하지만 라틴어의 분화 문제는 로망어학에서 가장 핵심적 위치를 차지하고, 따라서 수많은 참고서지가 있으므로 이 두 장은 비독창성과 피상성이란 함정을 피해갈 도리가 없다.

오랫동안 골 지방에서 이루어진 라틴어의 방언화 과정은 **기층어**와 **상층어**의 논란을 불러일으켰다(Jochnowitz 1973: 152-59 참조). 한편의 대표적 기수는 오귀스트 브룅Auguste Brun으로, 갈로로망어의 방언 분화는 아주 오래되었고, 주로 로마 식민지배자와 상인들이 골 지방에 들여온 라틴어에 미친 그 이전의 언어(특히 골어), 즉 **기층어**의 영향에서 유래한다고 주장한다. 다른 한편의 대표적 학자는 바르트부르크W. von Wartburg인데, 라틴어의 방언 분화는 그 후에 일어났으며, 주로 5세기에 로마 치하의 골 지방을 침략한 게르만족의 게르만어에서 영향을 받은 **상층어** 영향의 결과라고 주장한다(Wartburg 1939, 1967). 하지만 다음 논의에서 괄목할 만한 대부분의 방언화 단계는 로마 제국의 멸망 이후 사회경제적 붕괴가 오랜 기간에 걸쳐 일어났지만 이 방언화 과정의 기원은 분명히 이보다 더 이른 시기에서 찾아야 한다는 것, 즉 여느 자연언어나 마찬가지로 라틴어는 가변적 대상이며, 라틴어가 골 지방에 확산된 사회언어학적 조건은 시공간상으로 매우 다양하고, 따라서 로마 제국 후기에 방언 분화를 거의 상상할 수 없는, 라틴어가 사용된 골 지방을 상정하기란 불가능하다는 사실을 알게 된다. 하지만 이와 같은 방언화 과정을 이해하려면, 직접적 언어간섭 현상(즉 **기층어, 상층어**의 영향)만을 고려하는 것으로는 충분하지 못하고, 많은 사회언어학적 요인을 고려해야 한다. 다시 말해서 일정 지역의 라틴어 규범의 강도, 골 지방의 사회구조의 안정성이나 그 밖의 성질, 사회구조들 사이에 이루어지고 또한 사회구조 내부에서 이루어지는 사회적 네트워크와 의사소통의 패턴이 그것이다. 그렇지만 이에 대한 직접적인 문헌증거가 없다는 것은 프랑스어 발달의 초기 단계에 살았던 사람들이 말하는 방식을 기술하는 대부분의 진술에는 다소 추측이 섞여 있다는 것을 의미한다는 점을 애초부터 이해할 필요가 있다.

라틴어와 로마 제국

'라틴어(Latin)'란 단어는 로마가 위치한 중부 이탈리아의 '**티베르**Tiber 강' 어귀 지역을 가리키는 지명인 '**라티움**Latium'에서 유래한다. 전설에 따르면, 도시국가 로마는 기원전 753년에 세워졌다. 로마의 권력은 점차 강력해졌고, 기원전 270년경 로마 시민은 남부와 중부 이탈리아의 모든 다른 민족을 굴복시켰다. 시칠리아, 코르시카와 사르데냐 섬도 그 후 곧 정복되었다. 그다음 두 세기 동안 로마인은 고대 세계에서 가장 강력하고 지속적인 제국을 구축했을 뿐만 아니라 정치집단으로서 로마 제국이 붕괴된 이후에도 1,000년 이상 유럽에 문화적으로나 언어적으로 크게 영향을 끼쳤다. 기원전 2세기에 먼저 카르타고인이, 그다음에는 그리스인이 로마에 패배했다. 에스파냐, 일리리아(옛 유고슬라비아 연방 지역), 북아프리카, 그리스, 소아시아가 계속해서 로마의 지배하에 들어갔다. 기원전 120년에 알프스 산맥과 피레네 산맥 사이의 지중해 해안지대가 로마에 합병되자 이곳은 에스파냐 속주(屬州)와의 연계 역할을 했다. 기원전 1세기에 북이탈리아(갈리아 키살피나Gallia Cisalpina)와 고유한 의미의 골 지방(갈리아 트란살피나Gallia Transalpina)으로 부르는 지역에 사는 켈트족이 정복되었다. 갈리아 정복 직후 이집트와 시리아가 정복되면서 로마는 지중해 전역의 맹주가 되었다. 1세기에 로마는 남부 독일, 브리타니아, 다키아(현재의 루마니아)까지 패권을 확장시켰다(p.40 〈지도 1〉 참조).

　　로마 군인, 상인, 식민 지배자들은 로마 제국의 곳곳에 자신들의 언어인 라틴어를 가지고 들어갔으며, 어디서든 라틴어의 매개를 통해서 권력을 행사했다. 라틴어는 로마 역사의 초기 단계에서 서사(書辭) 형태를 획득했다. 즉 라틴어로 부를 수 있는 최초의 명문(銘文)은 기원전 600년경에서 기원한다(Meillet 1928: 95-97 참조). 문어 라틴어는 점차 표준화되었고, 마침내 로마 제국의 서부에서 잠정적으로 문헌기록의 유일한 언어가 되었다. 16세기까지 라틴어는 서유럽의 주요 문어로 지속될 운명이었다. 기원전 3세기경에 문학 라틴어 변이체가 발달했으며, 통사법은 보수적이었다. 특히 어휘는 그리스어의 강한 영향을 보여준다(Meillet 1928: 191 이하). 이처럼 고도의 세련된 문학어 변이체는 수 세대의 문법가에 의해 체계화되었고, 키케로, 카이사르, 오비디우스, 베르길리우스 같은 위대한 작가들의 저작으로 인증받아 소위 '고전 라틴어(Classical Latin)'로 알려지게 되었다. 그것은 중세 이래로 근대까지 '교실(class)'에서 따라야 할 언어모델로 추천되었다. 이러한 배경에서 라틴어의 신화, 즉 라틴어는 다른 모든 언어보다 탁월하며, 고차원의 사상 표현에 극히 적합하며, 끊임없는 변화와 변동의 영향을 받지 않는다는 신화가 생겨났다.

　　이상적 언어, 통일되고 불변하는 언어로서의 라틴어 이미지는 유럽과 서구 사람들이 언어와 문화를 인식하는 방식에 큰 영향을 미쳤지만, 동시에 고대 로마의 언어 실체에 대한 견해를 크게 왜곡시켰다. 골 지방의 라

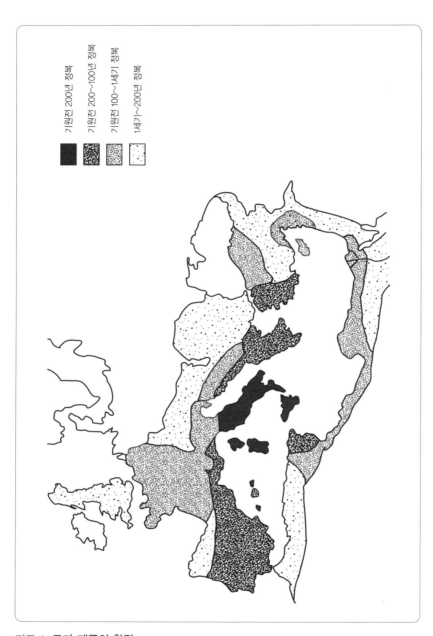

기원전 200년 정복
기원전 200~100년 정복
기원전 100~1세기 정복
1세기~200년 정복

지도 1 **로마 제국의 확장**

틴어화 과정을 조사하기에 앞서 로마에서 로마 제국으로 이입된 라틴어 이미지를 '비신화화'해 보자. 즉 한편으로 라틴어가 획득한 사회언어학적 기능은 로마 제국을 구성하는 다양한 인종적·문화적·언어적 집단을 넘어서 크게 변동을 보이며, 다른 한편으로는 여타의 자연언어처럼 라틴어가 변동과 변화의 정상적 압력을 계속 받았다.

로마 제국 전체를 통하여 라틴어는 행정과 공공기관의 언어로 사용되었다. 그렇지만 라틴어가 로마 사회 내에서 다른 기능도 얼마나 했는지 그 사정은 속주마다 크게 달랐다. 로마 제국 동부의 사회언어학적 상황은 아주 복잡했다. 라틴어는 공용어로서의 지위에도 불구하고 행정, 교육, 상업의 주요 언어인 그리스어를 결코 배제할 수 없었기 때문이다. 서부 속주에서 라틴어의 사회언어학적 상황은 합병 시기와 로마화의 정도에 따라 큰 차이를 보인다. 초기에 합병되어 로마화가 강력히 이루어진 속주들, 예컨대 이탈리아, 코르시카, 사르데냐, 시칠리아, 골 지방과 에스파냐의 지중해 연안 지역은 기원전 1세기 중엽에 라틴어만을 사용하는 단일어 사용권이 되었다고들 생각했다. 그러나 이는 너무나 순진한 생각이다. 다만 한 가지 예를 인용하자면, 에트루리아어처럼 로마에 아주 인접한 언어(Bonfante & Bonfante 1983)는 1세기에도 여전히 사용되었으며, 어떤 학자는 5세기까지도 잔존했다고 주장하기도 한다(Doblhofer 1959: 311). 증거에 따르면, 골 지방 같은 공동체는 오랫동안 이언어병용 상태로 남아 있었으며, 라틴어가 공용어의 역할을 수행했고, 수많은 지방 토착어가 지방 주민의 필요에 부응해서 사용되었다는 것을 암시한다. 브르타뉴에서는 켈트어를 대신해 라틴어가 구어로서 아주 제한적으로 사용되었을 것이다. 따라서 로마 제국은 언어변동이 없는 라틴어를 중심으로 구성된 단일 언어권의 제국이라기보다는 다언어적이고, 다문화적 공동체로 간주하는 것이 더욱 정확하다.

비록 기원전 1세기의 로마에서 교육받은 도시화된 엘리트들이 증가하여 고도로 표준화된 문어 라틴어를 개발했어도 구어 라틴어에서 일어나는 변동을 정리하는 일은 결코 똑같이 완벽할 수는 없었을 것이다. 구어 라틴어의 성질은 로망어 학자들에게는 각별한 관심사인데, 그것은 자신이 연구하는 언어의 기원을 여기서 찾아야 하기 때문이다. 사실상 라틴어가 서부 로마 제국에서 고도의 위세를 지닌 표준어로서보다는 비공식적 구어형태로 더욱 광범위하게 퍼져 있었을 가능성이 매우 크다. 언어는 문어보다는 비공식적인 구어로 비공식적 사회상황에서 더욱 널리 사용되는 까닭이다. 이 과정은 근대 스위스에서도 관찰되었고, 여기서는

> 몇 세대의 레토로망인이 표준 게르만어를 잘 알았지만 …… (레토로망어의) 실질적인 언어전이에 위협을 가한 것은 몇몇 지역의 비표준화된 스위스 방언에 대한 지식이었다. 그리하여 사람들이 일상회화의 기능이 없는 표준 게르만어보다도 비표준화된 지방 토착어를 채택하는 것이 더욱 쉬웠다.
>
> (Weinreich 1968: 107)

고대 세계에서 널리 사용되던 비고전적 라틴어 변이체를 가리키는 전통적 용어는 '**대중 라틴어**(vulgar Latin)'이다(Herman 1967 참조). 이 용어는 다소 문제가 있기 때문에 논의가 약간 필요하다. '**대중적**(vulgar)'이란 단어는 라틴어 'vulgus(대중, 군중, 민중)'에 대응하고, 라틴어로는 단순히 '민중, 대중에 속하는'을 의미하며, 필요한 처방적인 함의는 전혀 없다. 그것이 최초로 출현한 곳은 19세기의 문헌학적 저술(Lloyd 1979는 1842년이라는 연대를 제시한다)인데, 이 시기에 와서 언어학자들이 라틴어의 이질성을 비로소 완전히 이해했기 때문이다. 즉 이들은 로망 문헌학의 발달로 이 기본 개념을 포착하기에 이르렀고, 나아가 분명 폼페이와 헤라클라네움 같은 지역에서 발굴된 고고학적 유물에서도 자극을 받았을 것이다. 이 두 지역은 고전 라틴어의 규범에서 아주 이탈된, 라틴어로 쓰인 중요한 수많은 명문들이 발굴된 곳이다. 그렇지만 비표준적 라틴어 변이체에 대한 정보자료들이 다른 곳에서도 발견되었다. 예컨대 페트로니우스Petronius 같은 작가가 묘사한 문맹 화자들의 언어나 플라우투스

Plautus와 테렌티우스Terentius 같은 희극 작가들에게서 발견되는 구어 발화, 문법가들이 지적한 처방적인 논평들이 그것이다. 초기에 '**대중 라틴어**'라는 용어는 한편으로는 상류층의 문헌 라틴어와 다른 한편으로 하류층의 비교육자 라틴어의 사회적 경계를 단순히 양분하는 의미로 사용되었다. 그 후 대중 라틴어에 대한 정의가 많이 쏟아져 나왔다. 그러자 하층 라틴어, 중류층 라틴어, 회화 라틴어, 구어 라틴어, 로마 제국의 비로마인 거주자의 라틴어, 재구(再構)된 라틴어 같은 명칭이 출현했다. 이 가운데 어떤 용어는 서로 상치되며, 다른 용어는 수용이 불가능할 정도로 모호하다. 이 용어와 관련된 문제의 가장 근본 원인은 지칭하려는 라틴어 실체의 성질이 광범위하고 유동적이며, 직접적 증거가 빈약하기 때문이다.

구어 라틴어의 변동 요인은 다른 언어에서 발견되는 변동 요인과 동일한 것으로 드러난다. 고전 시기(B.C. 약 100년~A.D. 약 100년)의 수사학자들, 예컨대 퀸틸리아누스Quintilianus와 바로Varro 같은 학자들은 라틴어의 변동 가능성에 아주 민감했다. 이들은 아주 강력한 처방적 편견을 가지고 있었다. 예컨대 "Latinitas est incorrupta observatio loquendi secundum Romanam linguam(진정한 라틴어는 로마의 라틴어를 따르는 발화를 순수하게 관찰한 데서 발견될 수 있다)"(Richter 1983: 439에서 인용) 같은 것이다. 다음 명칭이 증거하듯이 그들은 라틴어의 변동을 주로 사회적·지리적 용어로, 즉 도시 대 시골, 교육받은 사람 대 교육을 받지 않은 사람의 변동으로 파악했다. 'sermo urbanus(도시말)', 'sermo rusticus(시골말)', 'sermo plebeius(평민말)', 'sermo vulgaris(대중말)' 같은 용어가 그 증거이다(라틴어 sermo＝발화). 그들은 또한 문맥에 따른 변동(즉 문체)도 잘 알고 있었다. 그래서 그들이 칭한 명칭 'sermo cotidianus(일상말)'는 형식성의 척도를 의미하는 것으로, 사적인 일상 대화의 라틴어는 공식적·공공상황에서 사용된 라틴어와 구별되었다. 그들은 또한 지방적 악센트의 형태를 통한 공간적 변동도 잘 알고 있었다. 기원전 1세기경 키케로Cicero는 글을 아주 잘 아는 화자들 사이에서조차 인지되는, 변별적인 에스파냐어의 '**악센트**'

를 이미 지적하고 있다.

> [메텔루스 피우스] …… 그는 자기 공적(功績)이 기록되기를 심히 원해
> 서 외국어처럼 들리는 무거운 악센트를 가진 코르도바에서 출생한 시
> 인들에게까지 깊은 관심을 기울였다는 점을 각별히 고려하여 ……

> [Metellus Pius]... qui praesertim usque eo de suis rebus scribi
> cuperet ut etiam Cornubiae natis poetis pingue quiddam sonantibus
> atque peregrinum tamen aures suas dederet.
>
> *(Pro Archia*, 10.26)*

라틴어의 지방적 변동 문제는 차후에 재론하기로 한다. 우리가 여기서
확정하려는 것은 라틴어가 다른 여타의 언어처럼 '라틴어 신화'로 묘사된
동질적 단일어가 아니라 라틴어 변이체들의 종합체라는 것이다.

언어변동과 같이 동시에 일어나는 자연스러운 현상은 언어변화이다.
라틴어는 오랫동안 '영원한 도시' 로마처럼 로마 제국의 말기(5세기)까지
대규모의 진화를 겪지 않은 것으로 간주되었다. 규범 전통의 압력이 문학
라틴어의 형태 변화를 금지시키고, 서사체계를 고도로 안정시켰지만, 구
어 라틴어는 어쩔 수 없이 계속해서 진화했다(Janson 1979 참조). 명문 분
석(Väänänen 1959 참조)과 클라우디우스 테렌티우스(2세기 초)의 비공식적
글의 분석(Wright 1982: 48에서 재인용)에 따르면, 주요 언어변화, 예컨대
구어 라틴어에서 일어난 것으로 예측되는 광범위한 변화는 제정 시대에도
계속 이어졌다. 그리하여 라틴어 문체의 스펙트럼의 양극은 점진적으로
확대되었고, 교회 같은 종교기관은 문맹 민중을 교화하는 데 관심을 가지
고 느리게 변화하는 고전적 라틴어 용법의 규범에서 실질적으로 이탈한
라틴어 변이체를 이용했다. 초기 교회에서 사용된 라틴어의 서사형태는
때로는 **'저급한 라틴어(Low Latin)'**로 명명되었고, 이 저급한 라틴어의 예
가 4세기 성 히에로니무스가 번역한 성경의 **'대중판(Vulgate Version)'**에 나

온다. 이 성경 텍스트의 라틴어는 아주 흥미롭다. 왜냐하면 그것은 히브리어와 그리스어 원서의 영향을 전혀 보여 주지 않을 뿐만 아니라 구어 라틴어의 많은 특징을 특히 통사론에서 반영하기 때문이다. 다른 교부(敎父)들의 말에 따르면, 성 아우구스티누스는 5세기경에 다음과 같이 쓰고 있다. "Melius est reprehendant nos grammatici quam non intelligant populi(대중이 이해하지 못하는 것보다는 차라리 문법가들이 우리를 비판하는 것이 오히려 더 바람직하다)." **대중판** 성경보다 구어 라틴어의 변화를 잘 반영하는 문헌은 『아에테리아 성지 순례기 *Peregrinatio Aetheriae*』이다. 5세기 초에 에게리아Egeria라는 에스파냐 수녀가 지은 것으로 추정된다(Löfstedt 1959 참조). 그리하여 로마 제국이 건재한 수 세기 동안에 라틴어는 변화에 무관한 채로 있을 수는 없었다. 그것은 기원전 2세기에 이탈리아로부터 외부로 퍼져 나간 라틴어는 아니었으며, 따라서 로마 제국의 여러 속주에서 일어난 라틴어화에 아주 중요한 결과를 초래했다. 이 문제를 더욱 상론하기 전에 이 세기에 걸쳐 일어난 가장 격심한 라틴어의 변화를 예시하는 것이 도움이 될 것이다.

음운론 층위에서 일어난 가장 심한 변화는 모음체계에 영향을 미쳤다. 라틴어의 초기 형태에서 모음은 조음방식(예컨대 혀의 위치, 입술 위치 등)에 따라 구별될 뿐만 아니라 또한 모음 길이에 근거해서도 구별되었다. 기원전 1세기의 위대한 작가들의 글에 나오는 라틴어에서 모음 길이가 의미에 영향을 미친 것이 분명하다. 예컨대 단모음 pŏpŭlum(백성), 장모음 pōpŭlum(포플러 나무)과 같다. 사실상 모든 모음은 두 가지 형태로 출현한다. 즉 장모음 형태(현대판으로는 ⁻로 표시)와 단모음 형태(˘로 표시)이다. 모음 길이(때로는 모음 음량으로 지칭한다)의 구별은 구어 라틴어에는 점차 희미해졌고, 이는 결국 모음을 오직 모음 음가(音價), 다시 말해서 모음의 조음점이 높으냐 낮으냐, 후설이냐 전설이냐에만 근거해서 구별하기에 이르렀다.

고전 라틴어		후기 라틴어
ă ā }	→	/a/
ĕ	→	/ɛ/
ē ĭ }	→	/e/
ī	→	/i/
ŏ	→	/ɔ/
ō ŭ }	→	/o/
ū	→	/u/

형태론 층위에서 라틴어의 초기 형태는 고도로 복잡한 동사, 명사, 형용사의 굴절체계가 특징이다. 동사의 각 인칭은 어미가 달랐다.

직설법 현재	직설법 미완료
amo	amabam
amas	amabas
amat	amabat
amamus	amabamus
amatis	amabatis
amant	amabant
(사랑한다)	(사랑하고 있었다)

각 동사는 법(직설법/접속법), 태(능동/수동), 시제(현재/미래/완료/미완료 등)에 따라서 굴절하는 어미들이 달랐다. 모든 명사와 형용사는 수행하는 문법기능(격)에 따라 다섯 가지 다른 방식으로 어미가 변했다. 고전 라틴어의 격은 주격(주어격), 호격(호칭격), 대격(목적어격), 속격(소유격), 여격('부

여하는' 격), 탈격('빼앗는' 격)이다.

격	1곡용	2곡용	3곡용
주격	femina	amicus	miles
호격	femina	amice	miles
대격	feminam	amicum	militem
속격	feminae	amici	militis
여격	feminae	amico	militi
탈격	femina	amico	milite
	(여자)	(친구)	(군인)

시간이 지나면서 고도로 복잡한 이 굴절체계는 구어 라틴어에서 단순화되었다. 동사 시제는 감소되었고, 각기 다른 수동태 활용도 소실되었으며, 6격도 감소되어 대강 말해서 주격과 대격의 두 격으로 줄어들었다.

이러한 형태론적 변화는 동시에 구어 라틴어의 **통사법**에도 영향을 미쳤다. 즉 속격과 여격의 기능은 이제 굴절어미보다는 전치사로 표현되었다. 예컨대 amici → de amicum(친구의), amico → ad amicum(친구에게)이다. 그리고 문장에서 주어와 목적어의 위치는 상당히 고정되었다. 예컨대 Brutus militem necavit → Brutus necavit militem(브루투스는 그 군인을 죽였다)이다.

우리가 앞에서 언급한 음성변화는 분명 방금 기술한 유형의 형태론적·통사론적 변화를 야기하는 역할을 했다. 그렇지만 형태론적 구조가 음성변화의 확산을 '억제시켜' 역사언어학자들에게 '닭과 달걀' 같은 사건을 유발했다는 사실은 잘 알려져 있다. 그리하여 이 모든 언어변화의 '**원인들**'을 좀 더 추상적인 차원에서 발견할 가능성도 있었다. 예컨대 라틴어 기저구조의 통합적 구조가 분석적 구조로 바뀐 유형 변화에서 발견된다. 이상적인 **통합적**(synthetic) 언어에서는 개별 단어의 정보량(어휘적·문법적)은 주로 어간에 첨가되는 굴절형태에 있다. 예컨대 고전 라틴어 militi(군인에게)는 어휘적 정보인 '군인'은 어간(milit-)이 지니며, '단수 대격'이라는 문법 정보는 어미(-i)가 지닌다. 이상적인 **분석적**(analytic) 언어에서는 각 개별 단어의 언어정보는 보다 적으며, 전달할 어휘적 개념과 문법적 개념은 각기 분석되어 개별 단어에 할당된다. 그래서 구어 라틴어에서 여격 militi는 '분석되어' ad(전치사 '~에게') militem(군인)[군인에게]이 되었다.

라틴어의 어휘체계도 끊임없는 변혁과 갱신을 겪었다. 그리하여 equum (말), virum(남자), uxorem(아내) 같은 옛 단어는 caballum(말), hominem (남자), sponsam(아내) 같은 단어로 교체되었다. 이 단어들은 근대 프랑스어의 대응형 cheval, homme, épouse와 쉽게 연결된다.

골 지방의 라틴어화

로마인이 '**갈리아**Gallia'로 불렸던 지리적 영토는 근대 프랑스의 정치적 경계나 프랑스어를 사용하는 유럽의 현재의 언어경계와도 일치하지 않는다. '**갈리아 트란살피나**Gallia Transalpina'는 지금의 프랑스 전역뿐만 아니라 현재의 벨기에, 라인 강까지의 독일, 제네바로부터 콘스탄츠 호수에 이르는 스위스까지도 포함한다. '**갈리아 키살피나**Gallia Cisalpina'는 켈트족이 거주한 북부 이탈리아의 광활한 지역이다. 이후의 글에서 혼동을 피하기 위해 '**골**Gaule'이라는 용어는 갈리아 트란살피나에 국한시키고, 이 용어가 지닌 광범위한 지리적 지시대상을 염두에 두자.

골 지방이 포괄하는 거대한 지리적 영역과 물리적 영토의 다양한 성질은 암암리에 이 지역의 인종적·언어적 다양성을 포함한다. 로마인이 기원전 2세기와 1세기에 골 지방으로 세력을 확장하기 시작했을 때, 이 지방에는 적어도 네 종족이 거주했다. 이들은 알프스와 세벤Cévennes 산맥의 해안 남부 지역에서 골족과 함께 고대 지중해 민족인 리구리아족과 조우했는데, 이 종족들이나 언어는 알려진 바가 거의 없다. 더욱 중요한 것은 이 해안 지역에는 중요한 무역 중심지(아그데, 마르세유, 앙티브, 니스)가 많이 있었고, 기원전 7세기에 그리스인이 세워서 거주했던 곳이다(Duval 1972: 31). 그리스어 알파벳은 골족의 명문에 사용되었다(Whatmough 1970: 60-61). 가론 강과 피레네 산맥에 이르는 서부와 대서양 연안은 아키타니아 Aquitania 지방이고, 여기에는 에스파냐의 이베리아족과 관련 있는 주민이 거주했고, 바스크어의 조어(祖語)로 추정되는 선인도유럽어(pre-Indo-European language)를 사용했다(Rohlfs 1970: 17-22). 이 지역의 북쪽 땅에는 기원전 8세기경 이후 남부 독일의 중심부로부터 유럽의 여러 지역(아일랜드, 브리타니아, 골 중앙부, 북서 에스파냐, 북이탈리아)으로 이주한 켈트족이 주로 점유하고 있었다(Duval 1972: 31 참조). 골 지방의 켈트족은 동질 집단을 구성하지 않았다. 켈트족이 살던 대부분의 골 지방은 엄밀한 의미의 **'갈리아족'**이 거주했으며, 센 강과 마른 강의 북부와 동부에는 로마인에게 **'벨가족'**으로 알려진 다른 켈트족이 살았다. 이들은 더 최근(기원전 4세기)에 와서 라인 강을 건너 골 지방으로 이주했으며, 그 주민에는 상당수의 게르만어 사용자들이 포함되어 있었을 가능성이 아주 농후하다 (Whatmough 1970: 37).

골족과 **벨가족**은 드루이드교를 공통의 종교로 가진 듯하며, 친근관계가 있는 켈트 방언을 사용했던 것 같지만(Dottin 1920 참조), 이들 사회 내의 결속력은 느슨했다.

> 골족의 주요 하위 세 종족은 **벨가족, 켈트족, 아키타니아족**이었으며, 이들은 해당 **도시 공동체**(civitates)에 근거해 살았다. 각 종족은 라틴어로 **집단 부락**(pagi)으로 부르는 공동 집체로 구성되었고, 이들의 상호관계는 단지 이웃하는 종족관계에 지나지 않았다. 비록 그 종족관계가 통상적으로 실제적이든 잠재적이든 혈연관계를 의미하지만, 주민들은 크고 작은 소수의 도시 공동체와 더불어 작은 집단 부락에 분산되어 살았다. 경제는 대부분 노예 노동에 기반한 농업이었다.
>
> (Whatmough 1970: 46)

골어는 '**미개의 토착어**'로 부를 수 있다. 이 언어는 글로 쓰인 문헌이 거의 없다. 왜냐하면 골족은 아마도 종교적 이유로 결코 서사체계를 개발하지 않았지만(Whatmough 1970: 47), 분명 광범위한 방언적 변동이 있었을 것이기 때문이다. 그 증거는 오직 간접적이기는 하지만, 카이사르가 다음과 같이 쓴 것을 보면 의심의 여지가 없다. "Hi omnes lingua, institutis, legibus inter se differunt(이 민족은 언어도 제도도 법도 모두 서로 다르다)"

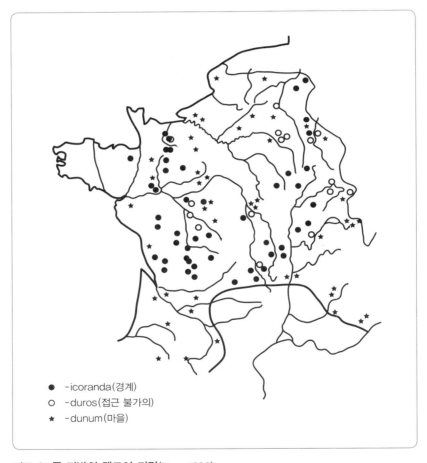

● -icoranda(경계)
○ -duros(접근 불가의)
★ -dunum(마을)

지도 2 골 지방의 켈트어 지명(Brun 1936)

(『갈리아 전기 De Bello Gallico』 1.1). 옛 골어의 흔적은 근대 프랑스어에도 남아 있다. 70여 종의 식물, 나무, 농업 관련 식수(植樹)를 가리키는 '일상 명칭'〔예컨대 bouleau(자작나무), chêne(떡갈나무), arpent(평), bief(수로), charrue(쟁기), benne(바구니), charpente(골조)〕과 더욱 중요한 수많은 강(마른 Marne, 센 Seine, 우아즈 Oise), 산맥(세벤, 보주 Voges), 도시(보르도 Bordeaux, 카르팡트라 Carpentras, 믈룅 Melun, 샤랑통 Charenton)를 가리키는 지명이다. 골 지명의 분포는 흔히 골족의 거주지에 대한 유일한 단서이기도 하다(p.50 〈지도 2〉 참조).

로마는 몇 단계에 걸쳐 골 지방을 군사적으로 정복했다. 기원전 2세기 말(B.C. 118)에 로마는 알프스 산맥으로부터 피레네 산맥에 이르는 지중해 지역을 통솔했다. 이는 이탈리아로부터 새로이 정복한 에스파냐 속주에 이르는 중간 교량이 되었고, 'Via Domitia〔도미티아 가도(街道)〕'와 'Via Aurelia(아우렐리아 가도)'로 알려진 전략적 도로도 같이 건설했다. 남부 골 지방의 새로운 로마 속주는 나르보넨시스에서 통치했고, 여기에서 'Provincia Narbonensis(프로윈키아 나르보넨시스)'라는 명칭이 생겨났다. 이곳은 이탈리아의 외부에 있는 주요한 로마 속주—특히 '**속주**'—였기 때문에 단순히 'Provincia'로 알려졌다. 여기서 'Provence(프로방스)'가 생겨났다. 그다음 70년 동안 나머지 골 지방은 기원전 55년 율리우스 카이사르가 **아키타니아족, 켈트족, 벨가족**을 군사적으로 정복할 때까지 '평화로운' 로마화의 시기를 경험했다. 골 지방을 군사적으로 합병할 무렵에 로마화와 라틴어화의 연관 과정은 좋은 계기를 획득했다. 골 지방의 점진적 로마화에 대한 상세한 연구는 역사가들이 수행한 바 있다(Hatt 1959, 1972 참조). 여기서 이 문제를 자세히 검토할 게재는 못 된다. 다만 독자들은 p.53의 〈지도 3〉을 참조하라. 이 지도는 역사지리학자 보노 P. Bonnaud(1981: I, 109-10)가 골 지방의 로마화에 대한 조망을 시각적으로 요약, 제시하고 있다.

갈로로망어 시대 이래로 남아 있는 풍부한 고고학적 기록 덕택에 역사가들은 골 지방에 로마 문명이 분산된 과정을 어느 정도 자세히 추적할 수 있다(Thévenot 1948 참조). 라틴어화 과정은 분명 로마화 과정의 뒤를 따랐겠지만, 이 시기의 라틴어 역사와 관련된 직접적 증거는 빈약하다. 처음부터 거의 모든 기록문헌이 라틴어로 기록되었다는 사실 때문에 토착어로부터 라틴어로 언어가 전이되는 과정이 급속하다거나 통일된 모습을 지녔다고 생각해서는 안 된다. 현대에 기록이 잘 보존된 상황에서 일어난 언어전이에 대한 최근 연구는 라틴어의 전이가 그와 같지 않다는 점을 분명히 보여 준다(Weinreich 1968: 106-09 참조). 골 지방의 라틴어화는 아주 **점진적**이었을 가능성이 아주 크다. 토착 주민이 이언어병용의 여러 단계를 거치면서 라틴어화는 아주 **부분부분** 이루어진 것 같은데, 그것은 (1) 라틴어가 서로 다른 사회언어학적 기능(즉 상거래, 행정, 문서 작성, 비공식 발화 등)을 초월해서 분산되었고, 또한 (2) 서로 다른 사회계층에 걸쳐 사용되고, (3) 지리적 영토를 초월해서 전이되었기 때문이다. 앞으로 하나하나를 차례로 살펴보겠지만, 앞의 다른 두 이유보다는 (3)을 더욱 상세히 논의할 것이다. 무엇보다 이 측면과 관련된 증거가 훨씬 더 풍부하다는 단순한 이유 때문이다.

골 지방에서 일어난 라틴어의 **기능적** 확산에 대해 말할 수 있는 것은 무엇인가? 로마와의 합병 덕택에 3세기 초에 라틴어는 즉시 문서 작성, 행정, 정치와 법률의 언어가 되었다(Berschin et al. 1978: 16 참조). 도시 공동체가 성장함에 따라 학교가 세워지고, 토착 상류층 사람들에게는 로마 세계에 진출하는 데 필요한 언어적·사회적 기술이 갖추어졌다(Haarhoff 1958: 33-38; Duval 1952: 201-02 참조). 라틴어는 골 지방이 합병되기 이전에도 지방 간의 상거래 목적을 위해 골 지방 북부에서 사용된 것 같다. 예컨대 라틴어는 군사도로 건설과 **로마의 평화**(pax romana)의 구축으로 분명히 사용이 더 촉진되었을 것이다. 그렇지만 순수히 지방의 상거래에서 라틴어가 사용된 것은 아마도 그 후의 일이었을 듯하다. 이를 보여주는 실례가 프랑스어에 간직된 골어 단어에 나온다. 이 단어들은 일반적으로 순수히 지역적 가내수공업에 속하는 품목, 예컨대 char(수레), soc(보습의 날), charrue(쟁기) 같은 농기구나 시골 환경의 특징을 나타내는 단어들, 예컨대 if(주목), bouleau(자작나무), chêne(떡갈나무)와, 집 안에서 생산되거나 소

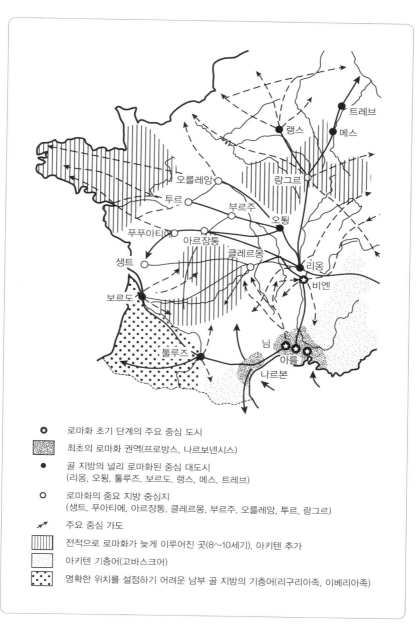

⊙	로마화 초기 단계의 주요 중심 도시
▨	최초의 로마화 권역(프로방스, 나르보넨시스)
●	골 지방의 널리 로마화된 중심 대도시 (리옹, 오툉, 툴루즈, 보르도, 랭스, 메스, 트레브)
○	로마화의 중요 지방 중심지 (생트, 푸아티에, 아르장통, 클레르몽, 부르주, 오를레앙, 투르, 랑그르)
↗	주요 중심 가도
▥	전적으로 로마화가 늦게 이루어진 곳(8~10세기), 아키텐 추가
░	아키텐 기층어(고바스크어)
⠿	명확한 위치를 설정하기 어려운 남부 골 지방의 기층어(리구리아족, 이베리아족)

지도 3 **골 지방의 로마화**(Bonnaud 1981)

비되지만 시장에 매매용으로 나오지 않는 제품들, 예컨대 suie(그을음), lie(찌끼), mègue(유장) — 이 단어는 현대의 여러 프랑스 방언에 남아 있으며, 구어 프랑스어 파생어 mégot(담배꽁초)를 통해 더 잘 알려져 있다 (Monfrin 1972: 746-47 참조) — 같은 것이다. 라틴어는 곧 공공생활에서 필수적이 된 반면에, 지방 토착어는 오랫동안 비공식 담화에 사용되는 것으로 충분했다(Hubschmied 1938). 달리 말해서 로마 정복 이후 골 지방은 오랫동안 이언어병용의 상황에 돌입하여, 라틴어는 사회의 고차원 기능을 담당했고, 토착구어(주로 골어)는 하위 차원의 기능을 담당했다(이 용어들에 대한 설명은 이 책 pp.16~18 참조).

이제 라틴어의 **사회적** 전파를 살펴보자. 골 지방을 군사적으로 정복한 이후에 라틴어 화자들은 이 지방에 행정가, 상인, 군인으로서 들어왔고, 나중에는 이탈리아 태생의 농부들과 (로마 제국 전 지역의) 퇴역 군인들이 **식민지배지**(coloniae)의 토지를 제공받아 들어왔다. 그렇지만 모어 화자 이주자의 비율을 과장해서는 안 된다. 뒤발P.-M. Duval(1952)은 2세기에 이주자들의 수를 50만 명 정도로 추산하는데, 당시 전체 인구는 1,200만 명 정도였다. 라틴어 화자 이주자들은 골족을 강제로 동화시키려고 하지 않았다. 대부분의 지역에서 이주자들은 수적으로 매우 열세였다. 이들은 문화적으로 통일하려고 하기보다는 로마 제국의 자연자원을 개발하는 데 관심이 더 많았다. 따라서 라틴어 화자들은 식민 원주민에게 상당한 자치권을 허용했고, 지역 문화와 종교관행을 지원했으며, 기존의 권력구조를 통해서 (범법을 저지르고, 분명 정치적으로 크게 위협을 느꼈던 드루이드파는 제외하고) 통치했다. 로마의 침략에도 불구하고 이러한 방식으로 전통적인 골족 귀족체제가 여전히 건재했으며, 이는 로마 제국 내의 지배 역할을 영속화시키는 수단이 되었다. 라틴어와 로마 시민권 및 정치권력의 결합은 골 지방의 사회 엘리트 층이 라틴어를 배우는 데 강력한 동기가 되었음을 의미한다. 엘리트층은 스스로 재빨리 로마화되었고, 정치적 직무와 로마 황제의 인정을 받을 것으로 생각하여 도시로 몰려들었다. 하지만 그 나머지 골 인구의 라틴어화는 극히 미미했다. 대부분의 시골 주민은 4세기에 기독교 선교사들이 라틴어를 통해 시골을 교화할 때까지는 라틴어를 모르는 채로 지냈다(Polomé 1983: 530-31 참조). 언어전이의 과정은 분명 이언어 병용기와 세대 간의 언어전이 시기를 거쳤겠지만, 이에 대한 증거와 예컨대 여성의 라틴어화에 대한 증거는 쉽사리 이용할 수 없다.

골 지방에서 라틴어의 **공간적** 진화는 당연히 느리고도 불균형적인 과정을 겪었다. 로마인이 골 지방을 행정적으로 분할한 것을 우선 일별해 보자. 로마 지배하의 골 지방은 제국 초기에는 네 속주로 나뉘어 있었다. 즉 **나르보넨시스**(주도 나르본), **루그두넨시스**(주도 리옹), **아키타니아**(주도 보르도), **벨기카**(주도 오퇭)가 그것이다(p.56 〈지도 4〉 참조). 로마 행정은 전반적인 로마 지배구조 내에서 문화적 다양성을 상당히 허용했다. 그리하여 기존의 종족 경계는 대체로 그대로 유지되었다. 그래서 각 속주는 **도시 공동체**(civitates)로 분할되었다. 각 도시 공동체는 주도(主都)가 있었으며, 이들은 **집단 부락**(pagi)과 일반적으로 서로마의 사회집단을 그대로 반영하는 **촌락**(vici)으로 하위 분할되었다.

로마 지배하의 골 지방에 라틴어 화자들이 정착한 이후의 분포는 분명히 결코 통일된 것은 아니었다(Duval 1972: 28 참조). 로마인은 알프스 산맥과 에스파냐 사이의 남부 지방과, 론 강 계곡과 모젤 강 사이의 동부에 밀집해서 거주했다. 이 지역의 라틴어화에 미친 특정 무역로의 상대적 중요성에 큰 관심이 있었지만(Lüdtke 1962 참조) 라틴어화의 중심지는 도회 마을이었다. 골 지방 전체를 통해 로마의 도회 마을의 분포는 지역적 편차를 상당히 크게 보인다. 라이헨크론G. Reichenkron(1965: 171)은 골 지방의 네 속주의 도회 마을과 종족 간의 비율을 비교하고, 그 비율이 나르보넨시스는 1:1, 아키타니아는 1:2, 루그두넨시스는 1:4, 벨기카는 1:3.5라는 것을 밝혀냈다. 이 도회 마을은 상업 중심지여서 언어 배경이 아주 다른 상인들을 끌어들였으며, 라틴어(주로 비공식적 형태의 구어 변이체로 추정된다)는 **공통어**로서 주요한 역할을 했다. 라인 강 같은 국경 지대에는 라틴어화 과정이 있었다는 증거가 있다. 그렇지만 골 지방 토착민의 대다수(Braudel 1986: II, 75의 견해에 따르면 90%)가 도회 마을과 관공서를 단지 간헐적으

지도 4 **골 지방의 로마 속주**(Drinkwater 1983)

로 이용하는 시골 사람들이었으며, 따라서 우리가 살펴본 바대로 로마 정
복 이후 수 세기 동안에도 그들은 여러 지역에서 자신의 지역 토착어를 계
속 사용한 것으로 드러난다. 이 문제를 지방별로 고찰해 보자.

　　나르보넨시스의 주민은 초기에 라틴어화되었는데, 이 도시의 지도자들
이 로마 토가toga 복장을 급속히 받아들인 데서 상징적으로 드러난다. 토
가로 인해 그들은 전통 의상인 braccae(바지)를 계속 입은 나머지 골족 귀
족과 구별되었다. 사실상 나르보넨시스는 'Gallia comata(장발의 골족)'나
'Gallia braccata(바지를 입은 골족)'와는 구별된 'Gallia togata(토가를 입은

골족)'로 지칭되었다. 로마화는 나르보넨시스의 상업도시들과 론 강 하구에서 시작되었으며, 아그데, 마르세유, 앙티브, 니스 등은 오래된 그리스 도시와 인접한 지역에 위치했다. 이 시기에 로마인은 알프스 산맥에서 피레네 산맥에 이르기까지 지중해 연안을 모두 지배했다. 로마인 주거지의 인구밀도는 북부 속주의 주민 밀도보다 한층 더 집중적이었다. 이런 점에서 골 지방의 도시 주거지의 명칭은 흥미롭다. 로마화가 심화된 나르보넨시스에는 라틴어화된 지명이나 라틴어 지명이 오늘날까지 그대로 사용되고 있다. 예컨대 Nemausus(님 Nîmes), Aquae Sextiae(엑스 Aix), Apta Julia(압트 Apt) 등이다. 로마화가 덜 된 북부에서 도회 마을은 일반적으로 두 가지 명칭이 있다. 이 명칭의 둘째 부분은 그 지역에 살던 골족의 명칭을 가리킨다. 예컨대 Lutetia Parisiorum(파리시족의 루테티아)(파리 Paris), 'Agedincum Senonum(세노누네스족의 아게딘쿰)(상스 Sens), Avaricum Biturigum(비투리게스족의 아와리쿰)(부르주 Bourges), Limonum Picta-vorum(픽타위족의 리모눔)(푸아티에 Poitiers), Caesarodunum Turonum(투로네스족의 카이사로두눔)(투르 Tours)이다. 프랑크족과 알라마니족이 론 강의 경계 지역을 돌파하여 골 지방 내부 깊숙이 침투했을 당시, 소위 '3세기 위기' 후에 북부 상당수의 도회 마을은 공식적인 로마 명칭을 버리고, 과거의 부족적 정체를 보여 주는 명칭으로 회귀하여 단지 둘째 부분의 명칭만 취했고, 이것이 오늘날의 지명이 되었다는 점은 의미심장하다.

　남부의 지명 증거는 고대 리구리아족의 언어가 접근 불가능한 알프스 지방에 얼마 동안 사용되었다는 것을 암시한다(Bonnaud 1981: I, 89, 257 참조). 우리가 살펴보았듯이 그리스어는 몇몇 지방에서 사용되었으며, 분명 마르세유에는 그리스어가 계속 사용된 것 같지만 이 지역에 사용된 그 후의 로망어에는 거의 흔적이 남아 있지 않다(Cohen 1987: 60 참조). 더욱 중요한 것은 아마도 켈트어 사용 지방이 거의 없었다는 점이다. 대부분의 나르보넨시스는 사실상 카이사르가 기원전 55년 북부 골 지방을 침입했을 때 라틴어를 사용했다. 그는 이 속주가 골 지방의 일부가 되리라고는 생각지 못했다(Berschin et al. 1978: 159 참조). 마찬가지로 플리니우스 마요르

Plinius Maior(1세기)는 이 지방을 단지 이탈리아가 확장된 곳으로 간주했다(Whatmough 1970: 55 참조). 초기의 라틴어화, 로마화의 강력한 결속, 상당수의 교육받은 도시 주민은 수도 로마와 서부 지중해의 라틴어 규범을 확실하게 유지했다.

아키타니아의 서부 속주의 라틴어화는 더욱 점진적이었다(Rouche 1979: 150-60 참조). 주요 라틴어화의 이동 경로는 툴루즈에서 보르도에 이르는 가도를 따른 듯이 보인다(Dudley 1975: 229 참조). 4세기에 보르도는 그 대학과 더불어 서부 로마 제국의 가장 중요한 로마 문화의 중심지가 되었고, 5세기의 침략 전쟁 때는 로마 권력의 방해물이 되었다. 이 거대한 양대축의 모든 곳에서 라틴어화는 점진적으로 이루어졌고, 특히 가론 강의 남부 지역, 소택 지대와 서부 피레네 산맥의 고립 지대에서 그러했다. 여기서는 선인도유럽 아키타니아어(바스크어의 조어로 추정된다)가 강하게 남아 있었다. 3세기 후반에 이 지역이 아키타니아의 나머지 지역과 행정적으로 분리된 것은 이 지역의 민족적·언어적 특성이 여전히 아주 강했다는 것을 시사한다. 이곳은 **노웸포풀라니아**Novempopulania(아홉 민족의 고장)란 이름으로 불렸다. 사실상 아키타니아어는 제정 시대에도 여전히 사용된 것으로 보인다.

이 모든 사실로 인해 아키타니아에서 사용된 고대어는 로마화에 저항했으며, 그 계승 형태를 오늘날 바스크에서 발견할 수 있을 것으로 생각된다. -an, -ac, -os로 된 지명 연구를 통해서 우리는 바스크어 사용 지역이 현대의 언어경계를 훨씬 넘어 확장되었다는 결론을 내리게 된다. 라틴과 로마 문명은 저지대 지역에 쉽게 침투한 반면, 이 토착어는 서남부 끝 지역과 피레네 산맥의 계곡 지역에서 오랜 기간 저항한 듯이 보인다.

Tout porte à croire que l'ancienne langue parlée en Aquitaine a résisté à la romanisation et qu'elle est continuée par le basque actuel. L'examen de la diffusion des noms de lieux terminés en *-an,* *-ac* et *-os* nous a permis en même temps de conclure que le domaine de la langue basque s'étendait autrefois bien au-delà de la limite linguistique actuelle. Tandis que le latin, avec la civilisation romaine, pénétrait assez facilement dans les régions de la plaine, la langue indigène semble avoir opposé aux conquérants romains une résistance prolongée dans l'extrême Sud-Ouest et dans les hautes vallées pyrénéennes.

(Rohlfs 1970: 36)

가론 강의 북동부에 중앙 산악지대와 오베르뉴가 위치한다. 여기에 3~4세기에 골어가 광범하게 사용되었다. 시도니우스 아폴리나리스 Sidonius Apollinaris(430~489)는 그 시대에 오베르뉴의 귀족들이 아주 근자에 와서 라틴어를 배웠다고 지적한다(Falc'hun 1963: 33-34 참조). 좀 더 접근이 쉬운 지역에서 골어는 적어도 6세기까지 모어로 사용되었다 (Fournier 1955; Rouche 1979: 150-51 참조). 보노(1981: 38)는 9세기까지도 여전히 골어가 남아 있었다는 증거를 발견했다.

루그두넨시스와 **벨기카**의 라틴어화는 리옹과 비엔을 중심지로 하여 방사형으로 이루어졌다. 리옹은 5개의 간선도로 체계의 허브로서 각 도로는 가론 강 하구, 영불해협, 라인 강 연안, 포 계곡, 론 강의 하구로 연결된다. 나르보넨시스와 아키타니아에는 라틴어를 사용하는 이주자들이 주로 지중해 연안으로부터 이동했으나 루그두넨시스와 벨기카에는 이주자들이 연안에서 론 강으로 왔고, 많은 이주자는 알프스 산맥을 넘어 이탈리아나 북부의 켈트화가 심했던 지역에서 직접 이동했다(Gardette 1983c 참조). 따라서 루그두넨시스와 벨기카에서 진화된 라틴어는 남부에서 분산된 라틴어와는 다른 변이체일 가능성이 크다.

루그두넨시스의 로마화는 북서부의 손 강 계곡의 오툉으로 전개되었고, 따라서 영불해협으로 전개되었다. 이 축을 쭉 따라가면 로마의 영향이 감소된다. 5세기에 루아르 강과 센 강 사이의 이 지역은 여전히 아주 표면적으로만 로마화되었다(Rouche 1979: 24 참조). 뮐러B. Müller(1971, 1974)는 북서부의 라틴어화는 아키타니아로부터 거의 영향을 받지 않았는데, 그것은 루아르 강과 가론 강 사이의 서부 푸아투에 광활한 습지와 삼림이 있어 이 두 지역의 접촉을 방해했기 때문이다. 아르모니카 반도(차후에 브르타뉴로 개명된다)에서 라틴어는 더욱 약하게 전파되었다. 따라서 영국 출신의 켈트어 화자가 5세기에 이곳으로 이주했을 때, 토착민의 다수가 여전히 친근관계가 있는 골어를 사용했다는 것은 불가능한 일이 아니다(Fleuriot 1982: 77 참조).

갈리아 벨기카의 로마화는 레미족의 영토(현대의 랭스 인근)와 전략적인 이유로 모젤 강 계곡과 트리어에서 쾰른에 이르는 라인 강을 따라 이루어졌다. 3세기(286)에 국경(limes)을 더욱 직접적으로 통제하기 위해 골 지방의 수도를 리옹에서 트리어로 이전했다. 갈리아 벨기카에 침투한 라틴어는 아마도 다른 곳과는 다른 조건에서 침투했을 것이다. 라틴어는 공용어였고, 정치적·사회적 엘리트의 언어였지만, 루그두넨시스처럼 다수의 토착민은 오랫동안 켈트어 사용자로 남아 있었음이 분명하다(Lévy 1929: I, 57-62 참조). 사실상 성 히에로니무스는 켈트어 발화가 4세기 후반에 트리어 지방에서 여전히 위세를 떨치고 있었으며, 그것은 또한 갈라티아(소아시아)에서 다른 켈트어 화자 집단이 사용한 것과 거의 동일한 언어였다는 점을 지적한다(Fac'hun 1963: 33 참조). 오늘날 독일어 사용권 스위스에서 켈트어가 5세기까지 잔존한 것으로 확인되며(Polomé 1983: 530 참조), 아마도 8세기까지도 확인되는 것 같다(Falc'hun 1977: 55 참조). 하지만 속주 동부에는 상당수의 게르만어 화자도 발견된다(Polomé 1983: 531-32 참조). 1세기 이후부터 다양한 게르만족 집단은 특히 국경 수비군의 용병으로서 골 지방을 흐르는 라인 강의 경계 지역에 평화롭게 정착했다. 기네L. Guinet(1982: 10)는 다음과 같은 견해를 표명했다.

게르만족, 로마화된 켈트족과 로마인의 끊임없는 접촉으로 라인란트

에는 이언어병용의 상태가 생겨났고, 심지어는 진정한 게르만어, 갈리
아어, 로마어의 공생이라고도 말할 수 있는 세 언어의 병용도 생겨났다.

> les contacts permanents entre Germains, Celtes romanisés et
> Romains créèrent en Rhénanie un bilinguisme et même un
> trilinguisme qui autorise à parler d'une véritable symboise
> Germano-gallo-romaine.

게르만어 화자의 수는 침입한 프랑크족과 알라마니족이 로마 제국 내
의 영토를 양보하면서 화해를 맺었을 때―그리하여 더 지속된 외세 침략
에 대항해서 국경을 수호하는 기득권을 받아 'foederati(동맹민족)'이 되었
다―소위 '**3세기 위기**'의 시기에 상당히 팽창되었다. 프랑크족은 오늘날
로렌과 플랑드르 지역으로 물방울이 떨어지듯이 점진적으로 이동했다. 게
르만족은 평화스럽게 계속 침입했다. 상당수의 게르만족 출신의 로마 시
민이 골 지방의 여러 지역에 'laeti'(로마 제국 내 땅을 소유하고 경작하는 외국
농노)로 할당되었으며, 그 목적은 '**3세기 위기**'의 시기에 토착 시골의 인구
감소를 보충하기 위한 것이었다. 그 후 갈리아 벨기카의 북동부는 나머지
지방과 행정적으로 분리되었고, '**게르마니아**Germania'로 개명되었다. 골
지방 내의 이 지역에 대한 사회언어학적 내력은 일찍부터 골 지방의 다른
속주의 사회언어학적 모습과 아주 달랐던 것 같고, 3세기 말 이후는 차이
가 더욱 커졌다.

골 지방 라틴어의 변동성

5세기경 라틴어화 과정은 대부분의 지역에서 상당히 진척되었고, 결국
라틴어는 게르만족의 침입 후에는 골 지방의 구어로 남은―그러나 이웃
영국에서는 불가능했다(Price 1984: 158-69 참조)―것으로 확실히 말할 수
있지만, 로마 지배 아래 골 지방의 사회언어학적 상황은 전통적으로 상정

했던 것보다도 변동이 훨씬 더 심했던 것이 분명하다(Polomé 1983: 529-30 참조). 골 지방에 라틴어로 언어전환이 이루어지면서 침입 언어인 라틴어가 지방적·사회적 변동을 크게 겪었다는 것은 설득력이 있다. 한 가지 극단적인 경우를 예로 들자면, 어떤 지역에서는 피진어화된 라틴어 형태가 라틴어 화자와 켈트어 화자의 원활한 의사소통을 위해 실제적 목적에서 만들어졌고, 진정한 의미에서 라틴어-켈트어의 혼합어가 4세기 명문에서 발견되었을 가능성은 상당히 크다(Polomé 1983: 21-23 참조). "하지만 로망어를 설명하기 위한 피진어화와 크레올어화의 거대한 이론을 구축하기 위해 극소수의 이용 가능한 자료만을 근거로 사용하는 것은 정당하지 못하다"(Polomé 1980: 193; Schlieben-Lange 1976을 근거로 함). 광범위하게 퍼진 피진어화까지 가지 않더라도 골 지방의 라틴어에 일어난 공간적·사회적 변동을 일으키는 사회언어학적 압력이 너무 강력해서 여기에 영향을 미친 것은 분명하다.

골 지방 라틴어의 지역적 차이가 있을 것이라고 지적하는 것과 이 사태가 정말 그렇다고 확고한 증거를 갖다 대는 것은 별개의 문제이다. 제정 시대 이후로 잔존하는 문헌에서 지방적 변동의 증거를 발견하기는 매우 어렵다. 그것은 문어 라틴어는 제정 시기와 그 이후의 로마 세계를 통틀어 상당한 정도로 동질적이었기 때문이다. 소수의 직접적 확증들은 에르망J. Herman(1978, 1985: 45-50 참조)의 연구에서 볼 수 있는데, 그는 로마 제국 전역의 라틴어 명문에서 발견되는 비표준적 라틴어의 특징을 정량적으로 상세히 분석했다. 그렇지만 전체적으로 로망어권 출신 학자들은 양자택일을 해야만 한다. 즉 문자 그대로 (일반적인) 부정적 문헌 증거를 취하여 라틴어의 방언화는 9세기에 최초의 로망어 텍스트가 산출되기 직전까지는 일어나지 않았다고 주장하거나(Muller 1929 참조), 아니면 문헌 텍스트의 증거를 평가절하하고, 구어 라틴어의 지방적 변동 가능성을 귀납적으로 가정하든가(Hall 1950 참조)를 택일해야 한다. 어떤 학자들은 골 지방에서 일어난 라틴어의 지방적 분화는 골 지방 자체의 라틴어화와 동시에 시작되었다고 보지만(Krepinsky 1958 참조), 또 어떤 학자들은 부각시키려는 언어전환 과정의 측면에 의거해 이 방언들이 연속적으로 다양한 시점에서 분화하기 시작했을 것으로 가정한다. 그렇지만 오늘날 많은 학자는 라틴어의 다소간의 지방적 변동이 로마 제국의 분화 이전에 있었다는 사실을 적극 수용하려는 태도를 보인다(Väänänen 1983 참조). 물론 골 지방의 여러 지역에서 구어로 사용된 라틴어의 다양한 형태들의 깊은 차이는 여전히 알 수 없을 것이다.

골 지방의 라틴어에 지방적 변동이 있었다는 것에 대한 확증은 당대 학자들의 언어상황에 대한 논평에서 찾아볼 수 있다. 술피키우스 세웨루스 Sulpicius Severus(5세기)는 중부 골 지방에서 들은 라틴어의 특이한 형태를 말하는 사람들을 "celtice/gallice loqui(켈트어/갈리아어 방식으로 말하는)" (Polomé 1983: 528 참조)로 언급한다. 그 밖에도 그는 골 지방 라틴어의 남북 지역의 차이를 명시적으로 지적한다. 예컨대 그는 갈리아 루그두넨시스 출신의 사람이 아키타니아족인 줄 알고 촌스런 자기 말에 대해 사과하는 것을 보고한다. "내가 골족이라는 것, 그리고 아키타니아족의 면전에 나아가려는 것을 떠올리면, 나의 아주 촌스런 발화가 여러분의 아주 세련된 귀를 불쾌하게 만들까 봐 아주 겁납니다"(James 1982: 14에서 재인용). 이는 슈미트C. Schmidt(1974)가 골 지방 라틴어의 어휘 분석을 통해 도달한 결론과 큰 차이가 없다. 그는 다수의 라틴어 어휘가 현대 프랑스어 방언 전체를 통해 지방적으로 분산된 모습을 조사하여 어떤 지역은 로마화 시기에 따라 다른 지역보다 더욱더 상당히 체계적으로 '근대적' 라틴어 단어를 받아들였다고 주장했다. 이러한 사실을 통해 뮐러B. Müller(1974: 22)는 로마 지배 아래 골 지방의 언어지도를 세 권역으로 구분할 것을 제안했다.

(1) 루아르 강의 갈로로망어 남부
(2) 론 강 계곡을 남부와의 접촉 지역으로 하는 론 강 계곡/벨기카, 라인 강의 축을 따라 형성된 갈로로망어
(3) 중부 프랑스의 갈로로망어

결론

이 책의 제2장과 제3장에서 골 지방의 라틴어의 방언화 과정을 이해하려고 했는데, 우선 다양한 기저층의 언어들이 라틴어에 미친 서로 다른 효과를 살피는 것이 매우 중요하다. 즉 남서부의 아키타니아어, 중부와 북서부의 켈트어, 북동부의 켈트어-게르만어 기층어이다(Delattre 1970 참조). 이 기층어들이 라틴어의 잔존 방언에 미친 직접적인 언어간섭의 증거는 발견하기는 어렵지만, 언어변화를 일으킨 원인으로 언어들 간의 접촉은 엄청나게 중요하다는 점은 인정해야 할 것이다(Weinreich 1968 참조). 다시 말하지만 골 지방의 언어간섭 영향은 라틴어의 변화와는 자동적으로 구별될 수 없다. 왜냐하면 라틴어의 변화는 관련 지역에서 주어진 특정 사회언어학적 상황으로 생겨난 결과이며, 단지 지역적으로 일어날 수도 있기 때문이다. 예컨대 이는 분명히 관련 주민 공동체의 유형과 이 공동체 내부의 사회적 네트워크, 이 공동체와 인접 공동체들 간의 사회적 네트워크에 따라 변한다. 몇몇 지역, 특히 지중해 연안에서 쉽게 접근이 가능한 지역들은 다른 지역보다 전통적인 라틴어 형태를 더욱 확고하게 유지했다. 이는 분명 로마와의 지속적이고도 빈번한 접촉을 통해서 그리고 서부 지중해의 경제체제와의 확고한 통합을 통해서 이루어진 것이다. 다른 지역들, 특히 루아르 강의 북부 지역은 지중해권 경제와 그리 밀접한 관계가 없어서 그 후에 라틴어화되었고, 그만큼 라틴어화의 심도도 얕다. 더욱이 이 지역들은 고유의 켈트족의 사회구조를 더욱 오랜 기간 유지했다. 우리는 앞에서 골 지방의 로마 행정구획이 기존의 종족적 영토의 구분을 어떻게 반영하는지 그리고 '3세기 위기'가 어떻게 특히 일반적으로 북부에서 고대의 종족적 정체성을 재확인하게 되었는지를 살펴본 바 있다. 그래서 전통적 라틴어의 규범 형태가 어떻게 남부보다 북부에서 더욱 약화되었는지, 5세기 게르만족 침입의 파괴적 효과가 나타나기 전에 라틴어를 더욱 급진적으로 변화시켰는지를 쉽게 알 수 있다.

제 3 장

갈로로망어의
방언 분화

골 지방의 사회언어학적 상황이 로마 제국의 정치적·사회적 안정기에 일어난 변동으로 표시된다면, 5세기의 게르만족의 대이동으로 야기된 격변은 라틴어의 전반적인 방언화 과정을 촉발시켰다. 로마 제국의 서부 주변지역(p.68 〈지도 5〉의 빗금친 부분)인 라틴어 발화는 북아프리카, 영국, 브르타뉴, 벨기에, 알자스로렌과 남부 독일의 여러 지역에서 완전히 제거되었다. 그 밖의 지역에서는 2세기 동안 일어난 사회경제적 해체로 라틴어 발화는 세분화되었고, 여기에서 결국 로망어들이 생겨났다.

제3장의 중심 주제는 5세기 로마 제국 멸망 뒤 골 지방 라틴어의 다양한 공간적 분화이다〔이 주제에 대한 상세한 검토는 뷔에스트 J. Wüest(1979) 참조〕. 그 후의 여러 세기에 걸쳐 갈로로망어는 북부 유형의 방언과 남부 유형의 방언으로 양분화되고, 중세기에는 두 표준어(오일어 langue d'oïl와 오크어 langue d'oc)가 탄생했다. '새로운 언어'의 초기 단계에 늘 그렇듯이 전통적으로 '암흑기'로 불리는 이 시기에 라틴어가 사용된 다양한 조건 구어 라틴어의 구조를 보여 주는 직접적 증거는 언어학자들에게는 아예 없거나 거의 없다. 그래서 우리가 말하려는 내용의 상당 부분은 대단히 사변적이다. 즉, 이 시기에 대한 기초적 사실들 가운데 많은 역사적 사실은 알려져 있지 않다. 그렇지만 언어학자가 확실히 아는 바는 900년경에 라틴 세계의 라틴어 통일이 상대적으로 파괴되었다는 점이다. 그러면 왜, 어떻게 이

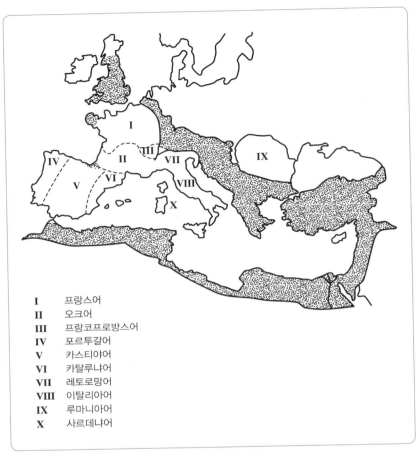

I	프랑스어
II	오크어
III	프랑코프로방스어
IV	포르투갈어
V	카스티야어
VI	카탈루냐어
VII	레토로망어
VIII	이탈리아어
IX	루마니아어
X	사르데냐어

지도 5 **로망어들**

러한 사태가 일어났는가?

전통적으로 언어학자들은 라틴어의 세분화를 라틴어가 접촉한 언어들의 영향을 받은 언어간섭 현상으로 설명했다. 논의의 중심은 갈로로망어의 세분화에 더욱 결정적 영향을 미친 것이 기본적으로 골어 **기층어**(substratum)였는지 아니면 이 역할을 게르만어 **상층어**(superstratum)가 담당했는지에 대한 것이었다. 이 장에서는 언어변화에 미치는 언어간섭 현상의 역할을 과소평가하지 않으면서도 게르만족의 이동이 미친 라틴어의 분화 효과를 검토할 뿐만 아니라 또한 라틴어 변화의 분산(또는 확산)의 중요성도 고찰하고자 한다. 어떤 원인에서 야기된 언어혁신이든 그것은 정태적 상태로 머물지 않는 경향이 있다. 언어변동은 일반적으로 새로운 언어형태를 서로 다른 비율로 채택하는 여러 화자 집단에서 유래한다. 그래서 어떤 지방이 다른 지방보다 더욱 새로운 언어혁신을 훨씬 잘 수용했는지 그 요인을 살펴보아야 한다.

로마 제국의 멸망에 내재하는 사회적 붕괴에 대한 전체 논의를 통해서 로마 제국은 과거와 결코 완전히 단절된 것이 아니라는 점을 염두에 두어야 한다. 사실상 상당 부분의 로마 문화와 많은 로마 제도가 게르만족의 침입을 받고도 별로 훼손되지 않고 그대로 살아남았다. 특히 이탈리아, 에스파냐, 남부 골 지방이 그러했다. 수많은 활동영역에서 교황과 교회 계층은 로마 황제가 벗어버린 정치적·행정적 외투를 거저 받기만 했다. 그리하여 많은 지역에서 교구의 경계선은 과거의 로마 제국의 분할 구획을 고스란히 계승했다. 우리가 살펴보았듯이 로마 제국의 경계는 최초의 켈트족의 경계와도 일치한다. 정치·군사 영역에서 일어난 혼란에도 불구하고, 교회는 서부 유럽에 사회적·이념적 지속성을 상당히 보장해 주었다. 교회의 언어로는 물론 라틴어가 계속 사용되었고, 따라서 라틴어가 글쓰기의 주요 언어로 남아 그다음 1,000년간 서유럽의 진정한 위세를 떨친 유일한 언어가 되었다.

야만족의 이주

로마 제국이 붕괴하면서 서유럽은 4세기부터 10세기까지 계속해서 민족의 이동을 연거푸 겪는데, 이는 다른 지역과 마찬가지로 로마 지배하의 골 지방의 사회구조에 치명적 영향을 미쳤다. 이주민들은 주로 게르만 세계로부터 이동해 왔으나 브리타니아족, 아랍족, 바이킹족 등의 다른 민족도 그 뒤를 이었다. 게르만족 침입이 골 사회와 골어에 미친 영향은 이주

집단이 어떤 사람들이었는지와 골의 어느 지역이냐에 따라서 달랐다. 이 장에서 다른 침입자들도 언급했지만, 우리의 주된 관심사는 주로 게르만 침략자들이다. 골 지방에 정착한 주요한 세 게르만족 집단은 프랑크족, 비시고트족, 부르군트족이다. 이들은 상당히 차이가 나는 게르만어 방언 을 사용한 듯이 보이며(Keller 1964b 참조), 이들의 정착 패턴과 영향은 결

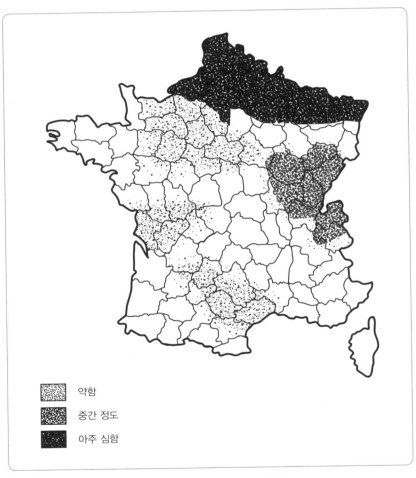

약함

중간 정도

아주 심함

지도 6 **게르만족의 골 정착지**(Gamillscheg 1937에서 인용)

코 동일하지 않다. 이러한 이유로 제3장에서 전체 골 지방을 목표로 하는 단선적 접근방식은 불가능하다. 이 주제를 지방별로 하나씩 나누어 조사해야 할 것이다. 70쪽의 〈지도 6〉은 가밀셰크E. Gamillscheg(1938: 지도 14)에 기초한 것이며, 페트리F. Petri(1937)가 수집한 고고학적 증거를 토대로 5~6세기 골 지방에 거주한 게르만족 정착민들의 분포를 개관한 것이다. 더욱 짙은색으로 표시한 지역은 게르만족의 정착이 그만큼 더 심했던 곳이다.

북부

로마 제국의 게르만 국경과 접해 있는 골 지방 북부는 야만족의 침입으로 인해 가장 큰 영향을 받은 지방이다. 5세기에 북서부는 브리타니아족(아르모리카 지역)과 색슨족(영국 해협)에게 점령되고, 북동부는 알라마니족(알자스 지역)에게 점령되었다. 그러나 지배집단으로 등장한 것은 북부의 프랑크족이었다. 차후에 골 지방 전체에 새로운 명칭인 'Francia(프랑치아)'를 부여한 것도 이들의 이름이었다.

5세기에 영국으로부터 아르모리카로 이주한 브리타니아족은 반(半)로 마화되었고, 전문적으로 말한다면 야만족은 아니었다. 그들은 주로 로마 군단이 철수한 다음에 영국에서 색슨족이 침입하자 고향을 어쩔 수 없이 떠나야 했던 피난민들이었다. 브리타니아족의 수는 아주 많아서 그 지방의 명칭을 변경시킬 정도였다. 그리하여 이 지역은 이들이 떠나온 '대(大)브리타니아(Great Britain)'와 반대되는 '소(小)브리타니아(Little Britain)'로 알려졌다. 또한 그들은 주요 언어로 자기 언어 대신에 갈로로망어를 사용했다. 이 침입자들이 사용한 켈트어 발화는 골 지방의 선(先)로마 주민이 사용한 골어와 밀접한 관계가 있다. 따라서 대륙 켈트어 변이체(반어 Vannetais)가 이 영국 이주민이 이동해 들어왔을 때 아르모리카 반도의 서부 지역에서 여전히 사용되고 있었다는 것은 오늘날 확인된 사실이다(이 책 p.60 참조). 브르타뉴어(Breton)는 오늘날까지도 이 지방에서 널리 사용되고 있다. 비록 브르타뉴어와 프랑스어의 경계가 수 세기에 걸쳐 불안정하고, 중세기 이래로 훨씬 북쪽으로 이동했지만, 브르타뉴어의 사용 지역은 4개의 방어권으로 나뉜다. 즉, **코르누아유어**(Cornouaillais), **레옹어**(Léonnais), **트레골어**(Trégorrois), **반어**(Vannetais)이다. 영국에서 들어온 켈트어와는 구별되는 초기 골어의 발화에서 가장 큰 영향을 받은 것으로 간주되는 언어는 반 지역의 발화인 반어이다(Falc'hun 1977, 1981 참조).

프랑크족은 라인 강 하구 인근에 사는 게르만족의 느슨한 연합집단이었다. 오늘날 네덜란드에 사는 살리계(Salii) 프랑크족과 오늘날 독일 서부 지역에 사는 로마화된 라인란트 프랑크족은 구별된다. 프랑크족은 오랫동안 로마군에게 병기를 제공했고, 그중 상당수는 로마 지배 아래 골 지방의 여러 곳에 토지 개간을 위해 **이방인**(laeti)으로 거주했다. 그렇지만 '3세기 위기' 이후에 상당수가 국경을 넘어 이동하기 시작했다. 이를 알아차린 로마 군은 국경선을 라인 강 하류로 조정했다. 새로운 방어체계가 쾰른에서 통그르Tongres, 바베Bavai, 불로뉴Boulogne에 이르는 도로 경계를 따라 라인 강의 남부에 구축되었다(Musset 1975: 73 참조). 살리계 프랑크족은 분명 4세기에 **동맹군**(foederati)으로서 버려진 황무지로 이주했으며, 같은 시기에 색슨족도 영국 해협의 해안가에 정착한 것으로 알려졌다(Keller 1964a 참조).

비시고트족, 부르군트족과는 달리 프랑크족 침입자들은 군대나 정치세력을 습격하는 약탈자가 아니라 농토를 찾아 나선 농부들이었다. 이들은 루아르 강 남쪽까지 내려와 로마 귀족이 버리고 간 땅에 조금씩 정착했다. 기네L. Guinet(1982: 5)에 따르면, 이들의 수는 6세기 초 클로비스 왕이 영토를 정치적·행정적 조직체로 만들기까지 그리 많지 않았다.

5~8세기에 프랑크 왕국의 정치사는 비교적 문서화가 잘 되어 있다. 486년 갈로로망의 왕 시아그리우스의 패배와 로마에 대한 조직적 저항으로 인한 최후 영토의 타도, 클로비스의 메로빙거 왕조 통치하에 분산된 프랑크족 집단의 통일과 후에 일드프랑스로 알려진 곳에 메로빙거 왕조의 창건, 581년 프랑크족의 비시고트족 분쇄와 534년 부르군트족의 패배, 독일 남부에 대한 프랑크족의 섭정 확대, "7세기 서부의 뇌스트리아Neustria —

여기서 프랑크족은 단지 소수의 지배족이었다—와 동부의 아우스트라시아Austrasia—이곳은 성격상 훨씬 더 게르만적이었다—사이의 기나긴 경쟁관계"(James 1982: 30)의 전개 과정, 8세기에 아우스트라시아에 근거지를 둔 카롤링거 왕조가 거둔 승리 등에 대한 기록이다. 훨씬 더 추적하기 어렵고, 언어사의 관점에서 훨씬 더 중요한 것은 게르만어와 로망어의 언어경계, 게르만족의 골 지방 정착 패턴과 언어적 동화와 문화적 동화의 연계이다.

게르만족이 침입한 대부분의 골 지방에서 게르만어 화자들은 결국 로망어 주민에게 언어적으로 동화되었다. 그렇지만 몇몇 지역에서, 특히 라인 강 인접 지역에서는 그 반대 현상이 일어났으며, 로망어가 게르만어로 대체되었다. 시도니우스 아폴리나리스는 5세기에 글을 쓰면서 가장 큰 영향을 입은 골 지방의 지역을 명시적으로 언급한다. "로망어는 벨기에와 라인 강에서 오랫동안 추방되었다"(James 1982:28에서 재인용).

벨기에와 라인 강을 따라 이루어지는 현대의 언어경계는 자연적 경계 및 정치적 경계와 일치하지 않는다. 그리하여 오늘날까지 벨기에의 플랑드르어와 왈로니어의 치열한 반목(Genicot et al. 1973 참조)과 알자스로렌을 두고 일어난 프랑스와 독일의 해묵은 갈등이 생겨났다. 라인 강의 서안에 획정된 새로운 국경선에 대한 설명은 많은 논쟁을 불러일으켰다 (Verlinden 1956, Gysseling 1962 참조). 여기에 국가적 편견도 가세되었는데(Joris 1966 참조), 이는 놀랄 일이 아니다. 여기서 이 논란에 깊이 개입할 여유는 없지만, 강이 가장 효과적인 운송과 의사소통 수단이었던 시대에 라인 강을 두고 민족들 간의 접촉이 금지되기도 했지만, 다른 한편 강줄기를 따라 접촉도 용이했다는 점도 염두에 두는 것이 좋다. 게르만어 발화는 라인 강 서안에 일단 정착하면서 유럽의 대통로인 강의 양안을 따라 뻗어나갔다는 것은 전혀 놀랄 일이 아니다.

페트러(1937)는 벨기에에서 게르만어는 원래 현재의 국경선보다는 훨씬 더 서쪽으로 더 넓게 사용되었으며, 게르만족의 '퇴각'은 9~15세기에 일어났다고 주장했다(p.74 〈지도 7〉 참조). 하지만 이 점을 생각하면서, 국

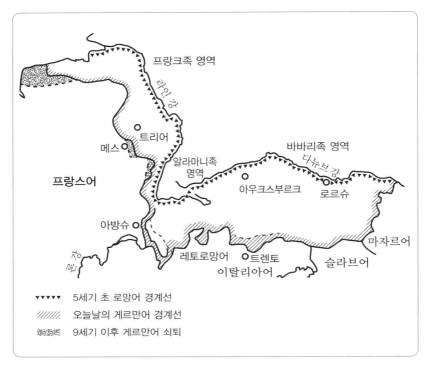

프랑크족 영역

라인강

트리어

메스

바바리족 영역

다뉴브강

알라마니족 영역

아우크스부르크

로르슈

프랑스어

아방슈

마자르어

론강

레토로망어

트렌토

이탈리아어

슬라브어

▼▼▼▼▼ 5세기 초 로망어 경계선

////// 오늘날의 게르만어 경계선

▨▨▨▨ 9세기 이후 게르만어 쇠퇴

지도 7 **새로 생긴 언어 경계**(Musset 1975에서 인용)

가적 정부와 관련한 표준어의 발달 이래로 우리가 친숙히 아는 언어경계
와도 같은 명확한 언어경계의 실체가 그 이전 시기에는 전혀 없었다는 점
을 염두에 두어야 한다. 게르만어와 로망어의 언어경계는 훨씬 더 모호하
고, 이 두 언어를 병용하는 사회가 있는 전이지대도 있었고, 이 경계 양쪽
에 각 언어집단이 거주하는 구역들도 있었다. 아헨Aachen, 프륌Prüm, 트
리어Trier, 신트트루이덴Sint-Truiden 주변에는 11세기까지 로망어를 사용
하는 집단 거주구역들이 있었고, 현재의 프랑스어 사용권 지역에도 게르
만어를 사용하는 집단 거주지들이 있었을 가능성이 아주 농후하다는 점은
잘 알려진 사실이다(James 1988: 119-20 참조). 공간적으로 볼 때 골 지방
에 게르만어를 사용하는 이질적 지역의 밀집도는 낮았는데, 이곳은 게르

만어만을 사용하는 단일어 사용 지역과의 접촉이 그리 빈번하지 않은 곳이었기 때문이다. 통시적으로 볼 때, 골 지방에서 게르만족의 퇴각은 침입 때와 동일한 패턴으로 계속 이루어졌을 가능성이 있다. 이와 대조적으로 동부에서는 게르만어와 로망어 사이의 전이지대가 발달하지 않은 것 같은데, 그곳은 라인 강, 보주 산맥과 스위스 사이에 위치한 지역(알자스)이었기 때문이다. 이 지방은 5세기에 알라마니족이 휩쓸고 지나갔고, 이들의 후손 언어(알자스어)가 오늘날까지도 자연적으로 정해진 그 지역에 끈기 있게 뿌리를 내리고 있다. 하지만 지명 증거들은 로망어를 사용하는 집단의 거주지역이 한동안 알자스 지방의 내부 깊숙한 지역에서도 존속했다는 것을 보여 준다(Lévy 1929: 1096-08 참조).

골 지방의 '**내부**'에 프랑크족의 침입이 가져온 영향은 무엇이었는가? 골 지방에 정착한 프랑크족의 수효에 대해서는 평가가 아주 다양하다. 브로델F. Braudel(1986: II, 93)은 5세기경 골 지방의 인구를 약 600만 명으로 추산했다. 페트리(1937: II, 910)는 센 강 북부에서 프랑크족이 다수를 점하는 것으로 보았다. 다른 학자들은 프랑크족의 숫자를 인구의 3%로 잡았다. 바르트부르크(1951: 124)는 그 수를 15~20% 사이로 추정했다. 이러한 통계치는 막연한 추정에 근거하는 것 같기 때문에 미심쩍고, 따라서 이 지역 전체를 통해 프랑크족의 불균형적인 지역적 분포를 충분히 설명하지 못한다.

골 지방의 프랑크족 정착지를 확인하고 그 입지를 결정하려는 시도도 역시 난관에 빠진다. 고고학적 증거에 대한 해석도 결코 직접적이지는 않지만(James 1988: 109-16 참조), **일렬 분묘**(row-graves)로 알려진 게르만족의 매장 방식 연구를 통해 골 지방의 북부와 북동부에 프랑크족이 침투한 밀도가 엄청나게 높았던 것을 알 수 있다(Petri 1973: 123 참조). 바르트부르크(1939: 105-10)는 지명의 어미 -anges, -court, -ville, -villier를 프랑크족의 정착지 표시로 이용하는데(또한 Johnson 1946, Walter 1987 참조), 어느 지역에 신흥 지배계급으로 정착한 프랑크족은 자기 출신지 지명을 부여하는 것이 관례였기 때문이다. 토착 지명의 교체가 곧 토착 주민의 교체를 자연적으로 의미하는 것은 아니지만, 특정 지역에서 골 지명과 프랑크 지명이 다양한 비율로 나타나는 것은 프랑크족 정착의 **상대적인** 밀도에 대한 대강의 개념을 얻을 수 있다. 그리하여 솜 강 북부 지역의 지명의 약 70%가 게르만어이며, 반면 일드프랑스에는 단지 50%를 헤아린다 (Berschin et al. 1978: 173 참조). 그러면 골 지방에서 게르만족의 정착 밀도 는 플랑드르와 로렌이 높았으며, 이들 침입자의 밀도는 게르만어를 사용 하는 원거주지에서 멀어지면서 점차 더욱 분산되고 옅어졌다는 것이 여기 에서 드러난다. 다시 말해 솜 강의 북부는 게르만족 정착민의 수가 상당히 많았고, 센 강의 북부는 다소 많았고, 센 강과 루아르 강 사이는 소수였으 며, 루아르 강 남부는 거의 무시할 정도로 수가 적었다. 현대의 피카르디 방언과 왈로니 방언이 제공하는 증거는 게르만족의 영향이 가장 심했던 지역은 아베빌, 베르사유, 낭시를 잇는 선의 북부라는 것을 보여 준다 (Pfister 1973a 참조).

골 지방 '**내부**'의 사회언어학적 발달과 언어경계에 위치한 지역의 사회 언어학적 발달의 가장 명확한 차이가 드러나는데, 전자는 침입한 프랑크 족이 로망어 사용 주민에게 문화적·언어적으로 동화되었다는 점이다. 증 거 부족으로 언어전이의 과정을 추적하기는 극히 어렵다. 과거에 일어난 사태를 재구하려면, 현대 사회에서 관찰 가능한 변화의 사례를 과거로 투 사해야 한다. 골 지방에 들어온 프랑크족의 경우에는 언어전이의 과정이 몇 세기 동안에 걸쳐 확산되었다는 점과 또 이때 널리 퍼진 접촉 형태의 유형과 중간언어(interlanguages)가 분명 빈번히 사용되었다는 점을 분명히 말할 수 있다. 하지만 이 과정에 개입된 시간폭은 분명 사회계급, 도시-시 골 거주지, 독일어 사용 중심권과의 원근에 따라 가변적이다.

초기부터 귀족계급(프랑크족과 로마인)이 메로빙거 왕국에서 직책을 갖 기를 원했다면 분명 라틴어와 게르만어의 두 언어 사용자였을 것으로 보 인다. 얼마 동안 로마인과 프랑크족은 각각 로마법과 살리법에 따라 통치 되었지만 인종분리 정책은 없었고, 점차 로마인과 프랑크족의 법적 차별도 없어졌다. 예컨대 6세기에 '**프랑크**(Frank)'란 단어는 게르만어 사용권에 속하는 사람을 가리켰으며, 8세기경 그것은 '북부 골 지방의 거주자' 이상의 의미는 없었다. 그리하여 '**프랑크**'란 단어는 이 세기를 거치면서 인종적 의미에서 영토적 의미로 바뀌었다(James 1982: 31 참조). 뇌스트리아의 귀족계층이 로망어 지역에서 단일어 사용자가 된 것은 바로 이 시기라고 추론하는 것이 합리적인 듯하다. 10세기에 카롤링거 왕조는 여전히 제1언어로서 프랑크어(Frankish)를 사용했다는 사실과 위그 카페(941~996)가 모어로 프랑스어를 사용했던 최초의 왕이었다는 사실은 큰 주목을 받았다. 왕족의 언어관용에 대한 증거는 다른 사회계층에서 나타나는 언어사용을 보여 주는 특이한 전형은 아니다. 카롤링거 왕조의 경우에는 이들이 뇌스트리아 가문이 아니라 아우스트라시아 가문(후예)이라는 점과 또한 이들의 고향은 아헨의 게르만 지방이라는 점을 염두에 두어야 한다. 9세기에 북부 골 지방의 카롤링거 귀족계급은 자녀들에게 프랑크어를 배우도록 하기 위해 프랑크어 사용 지역에 보냈다(Berschin et al. 1978: 172 참조)고 해서 골 지방에서 프랑크어가 광범위하게 사용되었다는 것이 증명되지는 않는다. 사실은 이와 정반대이다! 그들이 자녀를 그곳으로 보낸 것은 귀족 전통에 따라 관례적으로 한 것이며, 골 지방에서는 프랑크어를 더 이상 배울 수가 없었기 때문이라는 사실을 쉽사리 추측할 수 있다.

더 아래의 사회계층에 위치하는 프랑크족의 발화에 대한 정보는 거의 없다. 북부 골 지방의 도시는 5세기에 규모가 축소되었지만 여전히 라틴어를 사용한 것으로 알려져 있다. 이 도시에 거주하는 프랑크족은 꽤 빨리 라틴어로 전이한 것같이 보인다. "산업 중심지건 상업 중심지건 도시에 사는 사람들이 소수집단의 언어를 사용하는 경우에는 다른 사람들보다 더욱 널리 사용되는 언어로 전이하는 경향이 있다"(Fasold 1984: 241)는 사실이 확인되었다. 대부분의 프랑크족은 상인이나 장인이 아니라 농부로서 이주했기 때문에 주로 갈로로망족과 함께 시골에 거주했다. 그럼으로써 이들은 시골생활과 관련되는 많은 단어를 갈로로망어에 이입시켰다. 예컨대 haie(울타리), halle(지붕이 있는 시장), jardin(정원), loge(오두막집), hêtre(너

도밤나무) 같은 단어이다. 대부분의 지역에서 프랑크족 주민에 따라 분명히 가변적이기는 하지만 이언어병용이 상당히 빠르게 확산되었고, 이언어병용 부모들이 자녀들에게 오직 갈로로망어만을 전이시키는 데 시간이 얼마나 걸렸는지는 단지 추측할 수 있을 뿐이다. 프랑크족과 로마인의 분리 매장 관습은 7세기경에 끝이 난다. 이 사실은 이 두 집단의 융합 시기를 대강이나마 알려 준다. 물론 이 시기를 넘어서도 게르만어를 사용하는 시골의 고립 지역들이 그대로 있었다는 것은 배제할 수 없고, 또 분명 더욱 강력하게 게르만어를 사용하는 지방과의 유대관계 정도에 따라 가변적이었을 것이다.

프랑크족의 언어전이의 마지막 중요한 국면은, 골 지방은 정복 로마인들이 몇 세기 전에 벌써 라틴어를 성공적으로 정착시킨 지역이었는데 **왜** 정복 프랑크족은 여기에서 게르만어를 이식하지 못하고 버렸느냐는 것이다. 분명히 여러 가지 요인, 특히 인구학적 요인이 작용했겠지만, 주요 동기가 되는 요소가 있다. 즉 언어전이는 오직 어느 공동체가 자기 정체성을 포기하고, 더 큰 다른 공동체의 일원으로서 정체성을 갖는 경우에만 일어난다는 것이다(Fasold 1984: 24 참조). 우리는 프랑크족이 그에 앞서 온 골족처럼 여러 중요한 면에서 라틴 문화가 자신의 문화보다 더 우월하다는 것을 느낀 것으로 결론지을 수 있다. 프랑크족은 자신들이 우월한 것으로 느낀 여러 생활영역에는 상당수의 프랑크어 차용어를 도입하여 라틴어를 변경시키기도 했다. 그리하여 봉건제 어휘인 baron(남작), franc(자유민의), lige(가신), fief(봉토), marquis(공작), ban(추방) 등과 중세 전쟁 어휘 bouclier(방패), heaume(투구), guetter(감시하다), adouber(준비하다) 등의 상당수 어휘가 게르만어에서 기원한다는 사실이 설명된다.

북부 골 지방을 떠나 다른 몇몇 지방을 고찰하기 전에 사회언어학적 역사가 다소 별개로 간주되는 북부 지방인 노르망디를 언급해 보자. 서부 기독교 세계에 마지막으로 들어온 야만족은 9세기의 바이킹족이다. 이들은 북부 지방에 영국과 밀착해서 거주했으며, 몇 십 년간 골 지방을 영토로

삼았다. 이들이 가장 밀집해서 거주한 골 지방의 지역은 센 강 하류와 하구였다. 오늘날 노르망디로 불리는 골 지역이 911년에 이들에게 양도된 뒤에 노르만 침입자들은 루앙에 근거를 두고 놀라운 공국을 세우기에 이르렀다. 이들은 즉시 로망어 사용 주민에 동화되었고, 940년 이후에는 이들이 사용한 노르만어의 흔적을 찾아볼 수 없다(Vial 1983: 213 참조). (아마도 놀라운 사실이지만) 노르망디 방언에 남아 있는 노르만어의 수는 적지만, 노르만족의 문화와 언어는 가장 오랫동안 바외Bayeux 지역에 남았다. 그것은 노르망디의 공작들이 적어도 10세기 중반까지 자녀들을 조상 언어를 배우게 하려고 그곳에 보냈기 때문이다(Gorog 1958, Loriot 1967: 127-28 참조). 이 지역에서 성장한 역동적이고 잘 통합된 노르만 사회는 고유한 갈로로망어 변이체를 발달시켰다. 얼마 동안 노르망디의 공작들은 프랑스 왕에게는 큰 도전이었고, 11세기에는 영국과 시칠리아에 노르망디 왕국의 고유 식민지를 세웠다. 중세기 영국에 사용된 앵글로노르만어는 영어 발달에 중요한 역할을 했다(Price 1984: 217-31 참조).

남서부

루아르 강에서 피레네 산맥에 이르는 골 지방의 서부는 게르만족 집단으로부터 피해를 가장 적게 입었다. 5세기 초에 골 지방을 침공한 비시고트족은 413년 아키타니아 지방에서 **동맹군**으로 아주 평화롭게 흡수되었다. 식량과 영토에 대한 대가로 이들은 아르모니카로부터 들어온 다른 야만족의 습격을 물리쳐 갈로로망인을 군사적으로 후원했다(Rouche 1979: 152 참조). 이후 몇 년간 로마의 중심 세력이 소멸될 정도로 약화되었을 때, 비시고트족은 툴루즈에 근거지를 두고, 군사적 우위를 이용해 반독립적이지만 친(親)로마적 왕국을 세웠고, 얼마 동안 비시고트족의 왕들은 루아르 강으로부터 론 강과 지중해에 이르기까지 광대한 영토를 지배했다. 심지어 피레네 산맥 너머까지 세력을 뻗쳤다. 지명 증거는 비시고트족의 주거지가 아키타니아의 넓은 지역을 가로질러 루아르 강과 가론 강 사이에 있었음을 보여 준다. 이들은 툴루즈 시를 중심으로 그 인근에 가장 빽

빽이 밀집하여 집중적으로 거주했다.

하지만 이들은 소수 민족이었다. 416년의 조약에 따라 이들에게 약정된 연간 식량 분량에 근거해서 루슈M. Rouche(1979: 167)는 이 시기의 비시고트족의 주민을 5만~10만 명 사이로 추정한다. 더욱이 비시고트족은 갈로로망 원주민과는 의식적으로 멀리 떨어져 지내려고 한 듯이 보인다. 예컨대 이들은 로마가 이단으로 간주한 기독교의 아리우스파에 집요하게 집착했다. 그리고 비시고트족의 법체계는 갈로로망족과의 상호 혼인을 금지했다(Rouche 1979: 171 참조). 그리하여 북부 지방으로부터 온 프랑크족과의 불가피한 투쟁이 있었을 때(507) 비시고트족 전사들은 상대적으로 편안함을 느끼면서 패망했다. 이들은 에스파냐의 톨레도Toledo에 기반을 두고 왕국을 건설했지만 프랑스로부터 피레네 산맥에 이르는 해안 지역—그 당시에는 셉티마니아Septimania로 알려졌다—을 지배했다. 랑그도크와 카탈루냐 사이의 피레네 산맥을 가로지르는 연계 강화는 분명 이 지역의 언어지리에 영향을 미쳤겠지만 비시고트족이 아키타니아 지방의 언어발달에 미친 언어적 기여는 사실상 거의 없는 듯하다.

> 507년 프랑크족이 툴루즈의 비시고트족 왕국을 파괴한 것은 루아르 강의 남부 로마 사회에 어떤 변화도 일으키지 못했다. 극소수의 프랑크족이 이 지역에 거주했으며, 따라서 로마 지주들은 사회적 지위와 교회 통제를 통해서 계속 지배했다. 메로빙거 왕들은 대부분 멀리서 아키타니아를 착취하는 것으로 만족했다. 문화적·역사적 전통과 사회 엘리트의 전통 덕택에 아키타니아인 역시 메로빙거 왕조 시대에 다소의 인종적 정체성을 보존하거나 이를 아마도 되찾은 듯이 보인다.
>
> (James 1982: 19)

그리하여 507년 아키타니아가 프랑크 왕국에 명목상 편입된 이후 2세기 이상이나 루아르 강 남부의 광대한 지방은 로마 방식대로 계속 남아 있었고(James 1988: 107 참조), 북으로는 게르만 세계에 등을 돌린 채로 거의 완전히 자치를 누릴 수 있었다.

6~7세기에 유럽의 많은 지역이 경제적 퇴보를 겪었으나 아키타니아는 상대적으로 번영을 누린 시기였다. 이는 이 지방의 대도시 발달, 예컨대 보르도, 푸아티에, 부르주, 클레르몽, 로데스, 툴루즈의 발달에서 확인된다. 다른 지역의 많은 로마 도시의 운명처럼 쇠퇴하기는커녕 이 도시들은 실제로 확장되었고, 경제·행정·종교 영역에서 주위 지방에 대한 주요 견인축을 형성했다. 주교와 로마 요새가 동시에 같이 건재한 것이 결정적으로 중요한 요인이었던 것 같다(Rouche 1979: 298 참조). 이런 방식으로 아키타니아는 로마 사회의 구조, 상황 패턴, 분명히 언어에 이르기까지 8세기까지 그대로 지속되었다.

이에 대한 중요한 예외는 가론 강과 피레네 산맥 사이에 위치한 지방인 노웸포풀라니아Novempopulania였다. 이 지역은 단지 표면적으로만 로마화되었고, 6세기까지 바스크족(Vascones)이 피레네의 고립 지역을 탈피하여 이곳을 침입했다. 이들을 몰아내려는 시도는 9세기까지는 무력했고, 이 기간에 바스코니아(Vasconia=가스코뉴Gascogne)란 명칭은 전체 지방으로 확산되었다. "가론 강을 경계로 한 아키타니아족과 바스크족의 땅(Garonam fluvuim, Aquitanorum et Wasconorum conterminem)"(Rouche 1979: 156. 87-98 참조)이었다. 비록 바스크족은 이 지역의 라틴어 사용 주민이 언어를 바꾸도록 강요하지는 않았지만, 가스코뉴의 로마 방언과 아키타니아의 나머지 지방의 방언들 간의 근대적 방언 경계는 가론 강과 여전히 일치한다.

8세기가 되어 아키타니아 지방이 누리던, 프랑크 왕국으로부터의 진정한—공식적인 것은 아니지만—독립은 크게 훼손되었다. 711년 아랍족이 에스파냐에서 비시고트족 왕국을 타도하고, 곧이어 골 지방 공략을 위한 전진 기지로 셉티마니아를 사용하기 시작했을 때, 샤를 마르텔Charles Martel 휘하의 프랑크족은 아우스트라시아로부터 남쪽으로 이동하여 이들의 진격을 막았다. 프랑크족은 이 기회를 이용하여 골 지방 남부를 더욱 효과적으로 북부의 지배하에 두려고 시도했다. 샤를 마르텔이 전쟁 동안에 자행한 파괴로 인해 남부는 경제적으로 쇠퇴했고, 결국 로마 원로 가문의 세력을 분쇄했다. 그럼에도 불구하고 보르도, 푸아티에, 클레르몽, 툴루즈를 경계로 한 남부 지방은 북부 영향에서 멀리 떨어져 있었고, 문화적·언어적 발달도 이를 그대로 반영했다.

이 지역의 라틴어 발달은 전반적으로 북부 지역보다는 훨씬 느리게 이루어졌다. 이 지방의 오래된 사회구조의 상대적 안정성, 도시의 전통적 규범의 강한 잔존, 지중해 세계와의 더 끈끈한 접촉은 분명 랑그도크 지방 방언의 보수성을 더욱 강화시켰다(p.87 〈지도 8〉 참조). 가스코뉴 방언을 특징짓는 아주 변별적 특징에 대한 설명은 논란이 많았다. 이에 대해서는 여러 요인이 있는 듯하다. 즉 라틴어 이전의 아키타니아어 **기층**, 라틴어 이후의 바스크어 **상층**, 피레네 남부의 로망어 화자와의 밀접한 의사소통 네트워크, 이 모든 요인이 제각기 거기에 일정 역할을 담당했다(Rohlfs 1970 참조). 방언 연속체의 상황에서 예상할 수 있는 것처럼, 북부 아키타니아의 방언(리무쟁어, 오베르뉴어)은 '**크루아상**Croissant'으로 알려진 과도기적인 갈로로망어 변이체의 광범위한 밴드(band)를 형성하면서 뒤섞였고, 북부 프랑스 방언들과 많은 특징을 공유한다.

남동부

쥐라 산맥에서 지중해에 이르는 골 지방의 남동부 지역은 아키타니아 지방이 누렸던 바와 같은, 당시의 사회적·인구학적 변화로부터 고립되지 않았다. 지리적으로 이 지역은 게르만 세계와 더욱 인접하며, 서유럽의 주요 통행로 중 하나인 론 계곡이 지나고 있다. 로마 제국이 패망할 때, 이 지역은 골 지방의 나머지 지역처럼 게르만 야만족이 침입한 곳이기도 하다.

침략을 가장 적게 받은 남동부 골 지방은 프로방스였다. 이 지역은 북부 지방의 불안을 피해서 온 수많은 로마 원로원 가문을 위한 피난처였다. 5세기에 몇 년 동안 이곳은 로마 황제가 머무는 거소였다. 프로방스는 처음에도 그랬던 것처럼 로마인이 거주하던 최후의 지방 소재지였다. 프로방스는 비시고트족(482), 오스트로고트족(507), 프랑크족(536)에게 차례로 정치적으로 지배를 받았지만, 오랜 지주 가문과 교회의 권세로 후원을 받아 6세기 동안에 일어난 로마화는 이 시기에 와서 소수의 제한된 게르만어 사용 주민이 이입되었지만 소멸되지 않았다. 프로방스의 프랑크족 세력은 약하고 미미했다. 아키타니아의 많은 지역처럼 이 지방도 로마 제국의 붕괴 후에 거의 3세기 동안 지중해 무역을 연계하면서 전통적 생활 패턴에 따라 계속 삶을 영위했다. 8세기에 아랍족의 침공은 샤를 마르텔이 남부를 초토화하기 전까지 아키타니아, 부르군디아, 아우스트라시아와 함께 여전히 **프로윈키아**Provincia로 불렸다(Busquet et al. 1976: 29 참조). 그리하여 골 지방의 지중해 지역(특히 프로방스)의 라틴어는 서부 지중해에서 통용되는 나머지 로망어 발화와는 달리 약간의 차이만 있었을 뿐이라는 것은 당연하다.

그렇지만 더욱 북쪽으로는 5세기에 야만족의 침입이 더욱더 파괴적인 효과를 초래했다. 리옹과 제네바 사이의 이 지역은 부르군트족에게 점령되었다(Perrin 1968 참조). 비시고트족처럼 부르군트족은 5세기 초반에 의도적인 로마 정책의 일환으로 골 지방에 이미 정착해 있었다. 이들은 리옹과 제네바 사이의 지역에 **동맹군**으로 정착했다. 그리고 그 전략적 이유는 쥐라 산맥과 알프스 산맥 사이의 간극을 메우는 것이었고, 라인 강의 남부의 동안(東岸)에 정착한 알라마니족으로부터 계곡의 번창하는 도시들을 보호하는 것이었다.

부르군트족의 거주지는 주로 -ingos(프랑스어 -ans 또는 -ens)를 붙이는 지명에서 드러나는데, 이들은 현대 스위스의 프랑스어권, 쥐라 산맥, 손 평원에 몰려 있다. 이들 거주지는 사부아, 부르고뉴 지방에는 드물었고, 이제르 강의 남부에는 없었다. 534년 이전 시기의 부르군트족 유형의 고고학적 발견은 다소 비슷한 분포 패턴을 보인다.

(Musset 1975: 64)

(또한 Perrenot 1942 참조).

부르군트족은 비시고트족처럼 로마 제국이 건재할 때까지 로마의 충실한 동맹군이었다. 그러나 로마 제국의 권세가 쇠락하면서 이들은 리옹에 근거지를 두고 독립 왕국을 건설했다. 하지만 이는 지방의 로마 원로원 가문의 권세의 종말을 의미하는 것은 아니었다. 이들은 부르군트 왕국에서 시민관리로서의 영향력이 컸으며, 대다수의 주교도 지원했다. 원로원 귀족은 아키타니아처럼 카롤링거 왕조 시기까지는 권위 있는 지위를 계속 유지했다. 이에 대한 놀랄 만한 사례는 시아그리우스 가문에서 발견된다. 이 가문의 최후 후손은 759년 난투아Natua의 수사(修士)로 알려져 있다 (Musset 1975: 127 참조). 많은 라틴 수사학파가 분명 리옹에서, 6세기 초에는 아마도 비엔에서도 여전히 번성했다. 부르군트족은 로마인과 소원한 채로 있지 않았다. 그 대신 이들은 로마인과 밀접하게 공동 작업을 했고, 로마인과 부르군트족은 각자의 인접한 공동체 도시를 통치했다. 부르군트족의 법률은 기본적으로 게르만족의 법률이지만, 로마법의 영향을 아주 강하게 받았다. 로마법은 통혼을 허용했다. 라틴어와 부르군트족의 이언어병용은 5세기에 지배 엘리트 계층에게는 정상적이었고, 단지 부르군트 종족들 사이에는 이중언어가 사용되지 않았다. 시도니우스 아폴리나리스는, 원로원 위원인 시아그리우스가 아주 유창한 부르군트어를 구사해 부르군트족 친구들의 문법 오류를 교정해 주곤 했다는 사실을 보고하고 있다(James 1982: 23 참조). 점차 부르군트 왕국은 도시생활과 라틴 문명에 스스로를 완전히 적응시켜 나갔다. 이를 보여 주는 증거로는 적어도 최상류층에서는 부르군트족이 초기에 로마 문화에 철저하게 동화되었다는 점이다. 부르군트족의 하류계층으로 내려갈수록 이것이 얼마나 사실인지, 그리고 얼마나 오랫동안 지속적으로 부르군트족이 자기 언어를 사용했는지는 단지 추측일 뿐이다. 뮈세(1975: 64)에 따르면, 부르군트어는 7세기 초까지 골 지방에서 여전히 사용되었다. 그는 이 시기에 유래하는 아르귀엘(두Doubs 지방)과 샤르네(손에루아르Saône-et-Loire 지방)에서 발견된 룬 문자로 기록된 텍스트 증거를 인용한다. 그렇지만 '**부르군트**'라는 명칭에 대한 언급의 변화는 7세기 말경 게르만 부르군트족의 언어적 정체성과 인종적 정체성의 분리가 사라졌음을 의미한다. 즉 그레구아르 드 투르 Grégoire de Tours는 6세기에 게르만 주민에 대한 절(節)과 갈로로망 주민에 대한 절을 구별해 썼지만, 7세기 말에 사람들은 'Burgundiones'를 '골 지방 남동부의 모든 주민'의 의미로 사용했다고 썼다(James 1982: 24 참조).

부르고뉴는 정치적으로 프랑크 왕국에 편입되었으며, 뇌스트리아, 아우스트라시아와 더불어 이 왕국의 제3의 주요 지방이 되었다. 부르군트족은 9세기까지 프랑크 왕국 내에서 독자적인 법적 지위를 누렸다. 부르군트 법은 프랑크 법을 낳은 최후의 야만 법률체계 중 하나였다. 그러나 인종적 정체성이 기본적으로 게르만적 특성을 지니는지 아니면 비교적 피상적인 부르군트적 요소를 지닌, 리옹의 로마 문화에 흡수된 것에서 유래하는 것인지? 사회적 · 지리적 조직체로서 부르고뉴는 응집력도 영속성도 없었는데, 이는 그 후 몇 세기에 이 영토가 수없이 분할되고 재조정된 데서도 나타난다(James 1982: 25 참조).

프랑스의 언어지도

로마 제국의 몰락 이후 몇 세기 동안 골 지방에서 일어난 인구이동에 대한 (대강의) 개요를 마치고 이제 아마도 9~10세기에 출현한 듯이 보이는 골 지방의 새로운 언어지도에 대해 살펴보자. 그다음에 왜 라틴어가 다른 지역들보다 어느 특정 지역에서 더욱 실질적으로 변화했는지에 대한 일반적 문제를 논의해 보자.

10세기경 골 지방의 일상구어는 지방 경계선을 따라 아주 다양하게 분화되었다고 가정하는 편이 합당하고 안전할 것이다. 이 가정을 뒷받침하는 몇몇 증거는 제4장의 초반부에서 논의할 것이다. 문제의 방언 구분은 주로 근세까지 존속했던 구분과 일치한다. 즉, 중세 문헌에서 발견되는 지방의 지리적 분포와 현재의 방언지도에 표시된 이들의 분포를 비교해 보면, 상당히 안정성이 나타난다(Dees 1985: 112 참조). 87쪽의 〈지도 8〉은 근대 프랑스의 시골말의 주요 방언 구분 개요를 보여 준다. 다음으로 **오크**

어(이전의 학자들은 이를 주로 '**프로방스어**Provençal'로 불렀다)와 **오일어**의 주요한 차이점을 살펴보고, 마지막으로 **프랑코프로방스어**(Franco-Provençal)를 살펴보고자 한다.

언어지리학자들은 특정한 언어 특징이 나타나는 것으로 예상되는 경계선('**등어선**'으로 알려져 있다)을 표시한 지도선을 긋는다. 정상적으로는 한 가지 언어 특징에 유도되는 등어선은 다른 특징을 나타내는 등어선과는 처음부터 끝까지 일치하지는 않는다. 결과적으로 일정한 방언 경계선을 확립하려면 언어지리학자들은 결정적으로 판단되는 특징들의 집합을 취한다. 분명 이러한 종류의 평가에 기반해서 〈지도 8〉에 표시된 방언 경계선이 작성되었다. 그렇지만 이 경계선은 참조하기에는 편리해졌지만, '지표상'의 실제 사회언어학적 현실을 상당히 왜곡했음을 나타낸다는 점을 강조할 필요가 있다. 우선 문제의 방언들이 '**순수한**' 형태로 존재했을 리 없다. 즉, 이들은 문제의 이 지역을 통틀어 결코 통일된 형태가 아니라 다른 모든 토착어처럼 내재적 가변성으로 특징지어진다(Gauchat 1903 참조). 둘째, 방언 경계선은 사실상 대개 연속체를 인위적으로 분할한 것이다. 이 사항은 사실 방언학자들—한쪽은 '**분리주의자**'로, 다른 한쪽은 '**연속주의자**'로 명명할 수 있다—사이에 벌어진 치열한 논쟁의 주제였다. '**분리주의자**'는 자신이 연구하는 방언(들) 주위의 분명한 경계선을 똑똑히 보려고 애쓴다. 여기에는 때로는 지방적 정체성을 진작시키거나 지방 자치권을 획득하려는 비과학적 이유가 있는 것으로 의심된다. '**연속주의자**'는 방언을 알아차리지 못하게 방언과 다른 방언과 섞이는 연속체로 간주하지만, 이것 역시 정치적 입장에서 완전히 자유롭지 못한 접근이다.

갈로로망어 내에서 가장 의미 있는 방언 경계는 언어적으로 보수적인 남부 방언과 더욱 현실적인 북부 방언의 경계이다. 중세 관찰자들은 두 방언의 '**예(yes)**'를 뜻하는 단어를 가지고 **오크어**(langue d'oc)와 **오일어**(langue d'oil)로 명명했다. 이 두 방언의 차이에 대한 간략한 '느낌'을 가지려면, **오크어**의 한 남부 방언(랑그도크어)과 북부의 표준 프랑스어 변이체를 비교해 보라. 이는 **오크어**의 모든 지방 변이체들(왜냐하면 오크어는 주로 고도로 분

지도 8 **갈로로망어 방언**(Offord 1990에서 인용)

화된 방언들의 집합으로 존재하는 까닭에)을 무시하고, 또 북부 프랑스어에 있
는 모든 공간적·사회적 가변성을 무시하는 명료성과 단순성의 장점이
있다.

공간적 변동은 언어체계의 모든 층위(어휘, 형태, 통사, 음운)에서 갈로
로망어에 영향을 미치지만, 독자는 몇몇 주요 음운변이를 고찰하면 분화
정도를 다소 알 수 있다.

오일어와 **오크어**의 차이는 탕자의 비유에 대한 다음 두 버전을 비교하
면 보다 완전히 이해될 것이다.

강세 모음의 진화

라틴어	오크어	프랑스어
ō	/o/	/œ/
florem	flor	fleur(꽃)
ē	/ɛj/	/wa/
peram	peira	poire(배)
a	/a/	/e/
amare	amar	aimer(사랑하다)

구개음화

라틴어	오크어	프랑스어
ca-	/ka/	/ʃə/, /ʃa/
capillos	capels	cheveux(머리카락)
cantare	cantar	chanter(노래하다)

어중 자음

라틴어	오크어	프랑스어
c	/g/	–
securum	segur	sûr(확실한)
p	/b/	/v/
sapere	saber	savoir(알다)
t	/d/	–
maturum	madur	mûr(익은)

Un òme aviá pas que dos dròlles. Lo plus jove diguèt a son paire: 'Es ora pèr ièu de me governar sol e d'aver d'argent: me cal poder partir e véser de païs. Despartissètz lo vostre ben e donatz-me çò que devi aver.' — 'O mon filh', diguèt lo paire, 'coma voldràs tu; siás un marrit e seras castigat.' Apuèi dubriguèt una tireta, despartiguèt lo sieu ben e ne faguèt doas parts.[랑그도크어]

Un homme n'avait que deux fils. Le plus jeune dit à son père: 'Il est temps que je sois mon maître et que j'aie de l'argent; il faut que je puisse m'en aller et que je voie du pays. Partagez votre bien et donnez-moi ce que je dois avoir.' — 'O mon fils,' dit le père, 'comme tu voudras; tu es un méchant et tu seras puni.' Et ensuite il ouvrit un tiroir, il partagea son bien et en fit deux parts.[표준 프랑스어]

(Bec 1967: 114)

어떤 사람에게 두 아들이 있었는데, 어린 동생이 아버지에게 말하되, 아버지여 내가 주인이 되어 돈을 가질 때가 되었나이다. 이제 나가서 나라를 둘러 봐야겠나이다. 재산 중에서 내게 돌아올 분깃을 내게 주소서 하는지라. 아버지가 말하길, 아들아, 네 좋을 대로 하거라. 넌 나쁜 녀석이니 벌을 받으리라. 그러고는 아버지가 장롱을 열어 그 살림을 나눠 두 몫으로 만들었다.

이 두 방언권 내에 동질성이 상당히 크다고 가정해서는 안 된다. 토착 구어가 늘 그렇듯이, 각 방언권은 지방 경계를 따라 일정한 변동이 있는 것이 특징이다. **오일어** 내에서 예컨대 피카르디 방언은 다른 지방의 발화와 구별되는 아주 현저한 특징을 보여준다. 예컨대 프랑스어 'chanter(노래하다)', 피카르디어 'canter(노래하다)'와 같다. 노르망디 방언, 샹파뉴 방언과 그 나머지의 방언들도 이와 유사한 분화 특징을 보여 준다.

마찬가지로 **오크어** 내에서 가스코뉴어의 발화는 나름의 현저한 지방적 특징이 있다. 예컨대 오크어 'farina(밀가루)', 가스코뉴어 'haria(밀가루)'와 같다. 북부 오크어(오베르뉴어와 리무쟁어)와 다른 방언들도 모두 고유한 특징이 있으며, 남부 오크어(랑그도크어와 프로방스어)와 구별된다.

갈로로망어 내에서 주요 두 방언권의 구분인 **오일어**와 **오크어**의 성질은 무엇인가? 분명히 몇몇 주요 등어선이 2세기까지 살아남은 로망 **지역어**(patois)를 통해 서로 밀접하게 연관된 궤적을 따른다는 것이다. 즉 갈로로망어 방언들의 연속체를 관통해 남북부를 따라 움직이면서 중요한 등어선 뭉치를 만들어 낸다(p.91 〈지도 9〉 참조). 여기서 경계선은 보르도에서 제네바까지 동서로 달리면서 동부 끝에 가서는 혼합된 전이지대로 부채모양으로 펼쳐진다. 흥미로운 점은 이 등어선의 경계선이 옛 정치적 국경을 따르지 않는다는 점과, 그 긴 경계선의 상당 부분을 따라 자연적 소통을 가로막는 뚜렷한 장벽이 없다는 점이다. 실제로 이 두 방언권의 명확한 경계선은 과거 학자들이 부당하게 강조한 것이다. 위대한 문헌학자인 가스통 파리Gaston Paris는 한 세기 전에 다음과 같이 분명히 실재하는 경계선의 중요성을 최소화시키려고 했다.

> 과학은 우리에게 두 개의 프랑스가 존재하지 않는다는 것, 어떤 실제적 경계선도 북부 프랑스 사람들과 남부 프랑스 사람들을 분리하지 않는다는 것, 그리고 우리 국토의 한쪽 끝에서 다른 쪽 끝까지 민중의 방언들은 거대한 융단을 형성하며, 이 융단의 색채는 모든 지점에서 서로 뒤섞여 지각할 수 없는 뉘앙스를 만들어 낸다는 것을 알려준다.

> La science ... nous apprend qu'il y a pas deux Frances, qu'aucune limite réelle ne sépare les Français du nord de ceux du Midi, et que du bout à l'autre du sol national nos parlers populaires étendent une vaste tapisserie dont les couleurs variées se fondent sur tous les

1 ·········· 'mener'의 남부 경계선(오크어 'mina')

2 ━ ━ 'heure'의 남부 경계선(오크어 'ora')

3 ━·━·━· 'chanter'의 남부 경계선(오크어 'cantar')

지도 9 **오일어와 오크어 등어선**

points en nuances insensiblement dégradées.

(Paris 1888: 3)

이 견해를 보면, 가스통 파리는 분명 '단일 국가적' 정치태도의 영향을 받았다. 만일 로망어 방언의 연속체가 존재한다면 왜 에스파냐와 이탈리아 국경에서 멈춰야 하는가? 하지만 분명한 방언경계는 산맥, 삼림, 습지 같은 교통을 방해하는 심각한 장애물이 있는 곳에만 출현하는 경향이 있으며, 프랑스의 남부와 북부의 교통을 막는 장애물은 알프스 산맥과 피레네 산맥보다 그리 심각하지 않다고 말하는 것이 진실에 가깝다.

사실 **오일어**와 **오크어**의 경계를 희미하게 흐리는 것이 있다. 중세기에 푸아투 지방에 **오크어**와 **오일어** 사이의 중간 전이지대가 있었다는 사실은 널리 인정되고 있다. **오크어**의 특징은 루아르 강의 서안만큼 북쪽으로 멀리 존재한다(Millardet 1922: (61) 125-29; Pignon 1960; Gossen 1969; Wüest 1969 참조). 오늘날 이와 유사한 전이지대가 리무쟁과 오베르뉴의 북부를 가로지르고 있음이 확인되었고, 그 모양 때문에 '초승달(Croissant)'로 불렸다(Bec 1967: 9, Brun-Trigaud 1990 참조). 그렇지만 가장 분명한 전이지대는 동부에 위치한 '**프랑코프로방스어**'로 명명된 곳이다.

'**프랑코프로방스어**'란 용어는 한 세기 전 이탈리아 방언학자인 아스콜리G. T. Ascoli(1873, 1878년에 재발행)가 명명했고, 론 강과 론 강의 합류지점 부근의 리옹과 제네바 사이 지역에 적용되며, 쥐라, 알프스, 중앙 산악지대 사이에서 사용되는 방언을 오크어와 오일어 두 방언과는 다른 일관된 체계를 가진 방언군으로 간주되었다. 분석에 따르면, '**프랑코프로방스어**'의 변별성은 고유한 언어 특징이 있어서가 아니라 어떤 특징은 오일어에서, 또 다른 특징은 오크어에서 가져온 특징들이 특이하게 결합되어 있기 때문이다. 일종의 혼합된 특징을 보여 주는 간단한 예를 보자.

프랑스어 chanter(노래하다), 프랑코프로방스어 chantar, 오크어 cantar

갈로로망어의 어떤 지역도 프랑코프로방스어보다 더욱 사실적으로 방언/언어의 경계 구분의 문제를 보여 주는 곳은 없다.

이 지방의 방언상황은 가르데트P. Gardette와 그의 동료들이 상세히 분석했고, 이들은 프랑코프로방스어의 구체적 언어 실체에 확고한 신념을 가진 것으로 보인다(Gardette 1983b 참조). 이 견해는 바르트부르크가 지지했고, 그는 프랑코프로방스어의 경계와 부르군트족의 대거주지 영역을 서로 연결지으려고 했다. 이 제안은 여러 가지 단점을 야기했다. 첫째, 문제의 부르군트족 거주지의 정확한 위치와 밀도를 확인할 수 없고, 둘째, 다수의 어휘들과는 별도로 이 지역의 방언들이 부르군트족의 발화에 어떤 방식으로 영향을 받았는지를 정확히 알기 어렵다. 셋째, 프랑코프로방스어를, 북으로는 부르군트어, 서부로는 오베르뉴어, 남부로는 프로방스어와 구별짓는 경계선을 긋기가 무척 어렵다는 것이다.

홀R. A. Hall(1949)은 아스콜리의 연구에 대한 서평에서 표명한 마이어의 견해에 찬성하면서 전체 프랑코프로방스어의 언어 실체를 문제시했다.

> 어떤 방언군도 자연스런 어족을 이룰 수 없는데 그것은 (전체 방언군을 대표하는) 방언 자체가 우리 심성이 만들어 낸 다소 자의적인 생각에 지나지 않기 때문이다. …… 우리가 한 지방에서 관찰하는 언어현상은 서로 전혀 일치하지도 않고, 똑같은 지리적 공간을 차지하지도 않기 때문이다. 이들은 서로 상당히 중첩되고 교차해서 자의적으로 고정하지 않으면 방언 경계를 결코 확정할 수 없다.

> aucun groupe de dialectes ... ne saurait constituer une famille naturelle, par la raison que le dialecte (qui représente l'espèce) n'est lui-même qu'une conception assez arbitraire de notre esprit. ... C'est que les phénomènes linguistiques que nous observons en un pays ne s'accordent point entre eux pour couvrir la même superficie géographique. Ils s'enchevêtrent et s'entrecoupent à ce point qu'on n'arriverait jamais à déterminer une circonscription dialectale, si on ne prenait le parti de le fixer arbitrairement.
>
> 〈Meyer 1875: 294〉

이 지방의 방언을 확정하여 이를 격상시키려는 일부 동기가 지방적 정체성을 주장하려는 리옹(프랑스 제2의 도시) 주민의 열망에서 다소 자의적으로 생겨났을 가능성이 있다.

프랑코프로방스어 지역은 골 지방의 교차로에 위치해서 알프스 산맥뿐만 아니라 팔방으로부터 문화적·언어적 영향을 받았다. 그러므로 이 지방은 북부와 남부의 방언 특징을 보여 준다는 것은 놀랄 일이 아니다. 더욱 당혹스러운 점은 이질적 요소들이 이 지역 자체 내에 상당히 복잡하게 분산되어 있다는 것이다. 이 복잡성에 대한 부분적 설명은 분명 그 지방 동부의 산악지형이 거기에 사는 공동체 주민을 서로 분리시킨 데서 찾을 수 있다. 그렇지만 염두에 두어야 할 다른 요인은 리옹의 핵심적 영향이 로마 제국의 멸망과 중세 후기 시대에 강하게 드러나지 않는다는 점이다 (Gardette 1983a 참조).

원인

지금까지 먼저 로마의 골 지방에 수많은 비(非)라틴어 사용 화자들이 특히 5~6세기에 정착했다는 것과 다음으로 9~10세기에 출현한 것으로 추정되는 구어 라틴어의 방언화된 상태를 살펴보았다. 이 장의 후반에서 이 두 종류의 사건의 연계를 설명하려고 한다. **오일어**와 **오크어**의 모든 점진적 특징에 대해 특정 언어변화가 어느 지역의 라틴어에만 일어나고, 다른 지역에서는 왜 일어나지 않았는지, 그리고 왜 이러한 현상이 나타났는지를 탐구하는 것이 중요하다.

공간변동의 기원에 대한 전통적 설명은 다른 언어들로부터 받은 간섭 때문이라는 견해에 크게 의존한다. 우리의 경우, **기층어**와 **상층어**로서 라틴어와 접촉한 언어들이다. 제2장에서 우리는 라틴어와 골 지방의 다양한 토착어(기층어)의 접촉으로 골 지방이 어떻게 서로 로마화 정도가 다른지를 살펴보았는데, 이는 심지어 게르만족의 침입 이전에도 골 지방에서 사용된 라틴어는 동질적이지 않았다는 것을 분명히 의미한다. 어떤 학자들은 이것을 방언화 과정에서 가장 중요한 요소로 간주하기도 한다. 하지만 이 학자들이 주류는 아니다. 아주 지배적인 갈로로망어의 방언화에 대한 설명은 바르트부르크가 제안했다. 즉, 게르만족 침입자의 발화가 라틴어에 차별적으로 영향을 미쳤다는 것이다. 그는 프랑크족이 루아르 강 북부의 골 지방에서 사용되는 라틴어에 결정적인 영향을 미쳤고, 부르군트족은 동부에서 비슷하지만 이보다 더 미약하게 미쳤다고 한다. 바르트부르크에 따르면, **오일어**와 **오크어**의 경계는 "게르만족 침입의 결과 500년경에 형성된 인종적·정치적 경계와 거의 정확하게 일치한다"(Wartburg 1962: 64). 그는 프랑크어가 **상층어**로서 어휘뿐만 아니라 음운과 통사에도 아주 직접적으로 깊은 영향을 미쳤다고 생각한다.

갈로로망어 방언화의 주요 요인으로 **상층어**의 직접적인 영향이라는 가설이 제기하는 문제점은 상당하다. 살펴보았듯이 첫째, 골 지방에 프랑크족 거주지의 정확한 경계와 강도는 확신할 수 없지만, 바르트부르크의 설명에는 근거가 훨씬 더 제한적이라는 견해를 점차 많이 지지하고 있다. 둘째, 게르만족이 게르만어를 버리고 로망어를 택했다고 가정하더라도 어떻게 대부분의 지역에서 대다수였던 토착민이 정상적 발화 방식으로 침입자들의 '**외래 악센트**'와 단순화된 형태의 통사법을 채택하게 되었는지를 알기 어렵다. 게르만족이 밀집한 거주 지역과 게르만족 화자들이 사회의 최상부 지위뿐만 아니라 지배 엘리트 계층과 하류 대중 사이의 중간 지위를 차지한 지역에는 그럴 가능성이 있다. 이 화자들은 게르만어의 영향을 받은 언어혁신을 하향식으로 분산시키는 데 매개 역할을 했을 수도 있다. 둘 중 어느 것이든 교량 역할을 한 집단이 존재한 것 같지는 않다. 그렇지만 이에 대한 필요조건을 북부 지방 밖에서 얻을 수는 없겠지만 우리가 앞서 고찰한 아베빌과 베르사유를 잇는 경계선을 넘어서면 이를 긍정적으로 말할 수 있다(이 책 p.76 참조).

그러면 간단한 형태의 **기층어**와 **상층어** 이론이 갈로로망어의 방언화에 대한 적절한 설명이 아니라는 결론에 이르게 된다. 이제 다른 요인을 찾아보자.

언어혁신의 **기원**과 **확산**을 구별하는 것이 중요하다. 모든 언어변화가 결코 '다른 언어'에 기원을 둔 것은 아니다. 언어변화는 흔히 어떤 스타일로 특정 사회집단 내에서 일어나며, 반드시 외부 영향으로 일어나는 것이 아니기 때문이다. 그렇지만 이 시기에 일어난 언어변화의 기원에 관한 한, 이 변화들 중 상당 부분이 게르만어의 간섭으로 일어났다는 것은 아주 설득력 있다. 예컨대 북부 갈로로망어의 강세모음을 이중모음화시키려는 경향이 그것이다(Pope 1952: 102 참조). 그렇다 치더라도 이것이 이중모음화가 일어난 곳에 게르만족 화자들이 많이 거주했다는 것을 반드시 의미하지는 않는다. 왜냐하면 언어사항은 상품이나 생각처럼 원래 만들어 낸 창시자의 주거지를 벗어나 떠돌아다닐 수 있기 때문이다.

방언 세분화는 아마도 서로 다른 변화 비율의 산물로 생각될 수 있다. 즉, 어떤 이유로 어느 지역의 언어가 다른 지역보다 더욱 빨리 진화해서 한 지역의 발화와 다른 지역의 발화 사이에 변동을 만들어 낸다는 것이다. 특정 언어혁신의 기원과 화자혁신의 비율이 사실상 거의 문제시되지 않는다는 것은 논란의 여지가 있다. 특정 지역에서 일어난 언어변화의 비율은 무엇보다도 확산 속도로 결정된다. 언어공동체를 통해서 언어변화를 저지하거나 촉진시키는 요인은 무엇인가?

언어변화의 요인으로서 혁신사항의 확산 또는 분산의 중요성은 소위 **파상설(wave theory)**'에서 인정되었다. 즉, 한 지역에서 시작된 변화는 마치 호수의 물결처럼 다른 지역으로 퍼져 나간다는 것이다(Bynon 1977: 192-95 참조). 언어혁신 사항은 집중점이 있고, 이들이 점차 퍼져 나감에 따라 전이지대와 잔존 지역을 만들어 내는 것 같다. 특정 혁신사항의 확산은 집단들 간의 소통의 수준과 관련 있다. 이는 집단들 간의 고도의 소통적 고립을 통해 확인되고, 소통에서 가장 큰 장애물은 자연적 장애물(산맥, 삼림, 습지 등)이다. 근대 이전에 소통장애의 가장 중요한 요인은 강과 계곡이었다. 그래서 알프스 산맥, 피레네 산맥, 바다는 갈로로망어의 상당한 지역에 분명한 경계를 만들어 냈고, 중세를 지나면서 뮐러B. Müller가 관찰했듯이(이 책 p.60 참조) 중앙 산악지대와 루아르 강의 삼림과 습지는 과거에 소통의 큰 장애물이었다. 이와 반대로 프랑스의 대(大)하천, 특히 론 강과 루아르 강이 제공한 소통의 주요 채널은 적어도 프랑스 동부에서 북부와 남부의 상당히 빈번한 접촉을 야기했다. '**파상설**'에 따르면, 게르만어와 로망어 사이의 접촉지대에서 시작된 언어혁신은 중부와 서부의 자연적 장애물에 방해받기 전까지 남부와 서부로 확산되었으며, 론 강 계곡의 수원지에 위치한 접촉 회랑, 즉 이제 프랑코프로방스어로 지칭되는 곳에서 나타나는 보수적인 남부 특징과 뒤섞인 것이다. 북부-남부 소통에 대한 '**자연적**' 제약이 이를 만들어 냈고, 남부 골 지방은 지중해의 경제적·문화적 체제 내에 거의 그대로 남았고, 반면 북부 골 지방은 게르만 북부가 제공하는 시장(市場) 내로 더욱 밀접하게 결속되었다. 프랑스를 가로지르는 등어선이 지붕 양식, 경작 패턴, 법률 체계 같은 것을 포괄하는 문화적 경계와도 어느 정도 일치한다는 것은 의미가 있다(p.98 〈지도 10〉 참조).

하지만 언어혁신의 확산 비율은 오직 지리적 요인을 통해서만 결정되는 것은 아니다. 그것은 또한 관련 주민의 사회적 네트워크의 구도 같은 사회적 요인을 통해서도 결정된다. "밀접한 네트워크는 규범 강제 메커니즘으로 기능하는 내재적 능력이 있다"(Milroy & Milroy 1985b: 359). "사회적·지리적 이동성은 연약한 결속력을 형성시킨다"(p.366), "언어혁신은 약한 네트워크 연계를 통해 한 집단에서 다른 집단으로 흘러간다"(pp.343-44), "언어변화는 해당 주민들이 확실히 정착해 있고, 강한 결속력으로 묶여 있으면 느리고, 주민들 간에 결속력이 약하면 빠르다"(p.375). 이 견해를 갈로로망어에 적용하면, 로마 세계가 거대 층위에서 강한 결속력으로 함께 묶여 있는 한, 라틴어는 변화의 속도가 비교적 늦게 마련이다. 그러나 일단 이 결속력이 약해지면 변화율이 가속화된다. 사회적 네트워크가 갈로로망어의 다른 지역에서 정도를 달리해서 이완되고, 결과적으로 서로 다른 언어변화의 비율을 보게 된다. 우리들은 남부 지역과 아키타니아의 많은 지역이 메로빙거 왕조 시대에 사회변혁을 거의 겪지 않았음을 살펴보았다. 그래서 로마의 생활 패턴이 북부 골 지방보다 몇 세기 동안 더 오래 잔존할 수 있었다. 이곳에서 비교적 강한 결속력이 언어변화에 브레이크 같은 역할을 했다. 이와 대조적으로 북부 골 지방은 실질적으로 훨씬

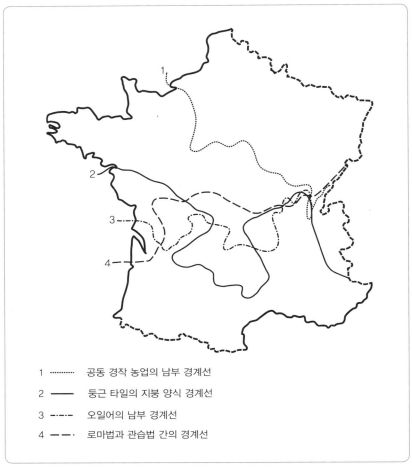

지도 10 **프랑스 내의 문화 경계**

많은 사회변혁을 겪었다. 우선 오랜 로마식 사회구조가 확고히 정착하지
못했고(특히 북서부에서), 둘째 이 지역은 게르만족의 이민으로 훨씬 많은
영향을 받았다. 결과적으로 생긴 약한 결속력은 북부 로망어를 훨씬 급진
적으로 변화시켰다. 론 강과 손 강에서 모젤 강에 이르는 경계선을 따라서
형성된 골 지방의 북동부는 심하게 로마화되었지만, 북부에서는 적어도

심각한 사회격변과 로마 사회의 네트워크가 이완되었다. 여기서 언어변화의 비율이 급격했음을 예측할 수 있다. 남동부 지방(메로빙거 왕조의 부르고뉴)은 로마의 사회구조가 그리 심하게 전복되지 않았고, 보수적인 남부와 더욱 지속적인 접촉을 유지했다. 따라서 그곳에서 언어변화 비율이 낮았다는 것은 놀랄 일이 아니다. 밀러(1974: 22)는 프랑코프로방스어는 "론 강-벨기카/라인 강 축의 라틴어 사용이 잔존한 최후의 증인이었다"고 말한다. 고대 로마 세계의 경제가 소규모의 자급경제 공동체로 대체되면서 강한 사회적 유대가 형성되었고, 지역적 결속력을 야기했지만, 이것은 역설적으로 사회를 전반적으로 세분화시켰다. 바로 이런 상황이 19세기까지의 프랑스 시골을 특징짓는 요소였다.

결론

제3장에서는 제2장에서 시작된, 골 지방의 라틴어 방언화에 대한 논의를 계속했다. 이 방언화 과정을 설명하기 위해 골 지방의 라틴어에 대한 다른 언어의 직접적 간섭(**기층어**와 **상층어**의 역할)을 고찰하는 것으로는 충분하지 않다는 것을 살펴보았다. 사회언어학적 요인이 골 지방의 여러 지역에 각기 다른 방식으로 얼마나 중요하게 영향을 미쳤는지도 고찰해야만 했다. 즉, 라틴어 규범의 가변적 강도, 로마 사회구조의 가변적인 안정성, 다양한 유형의 사회적 네트워크, 특정 사회집단 내부와 집단들 간의 소통 패턴 등이 그 요인이다.

제 4 장

규범의 선택

제3장에서 로마 제국의 몰락에 뒤이어 몇 세기 동안에 골 지방의 라틴어가 점진적으로 방언화되었음을 살펴보았다. 이제 프랑스어가 **방언**에서 **언어**로, **토착어**에서 **표준어**로 이전되는 기나긴 과정 가운데 첫 시작 과정을 검토할 것이다. 하우겐의 분석(이 책 pp.29~31)에서 언어표준화의 첫 단계는 지리적으로 인접 지역에 걸쳐 사용되는 방언들―이 중 한 방언이 나중에 표준어의 기반을 형성한다―가운데서 한 방언을 '**선택**'하는 것이다. 토착어 규범의 선택은 관련된 변이체의 지위를 변경시키는 '**사회적**' 과정이다.

　언어표준화의 사회적 목적은 궁극적으로는 지역을 초월한 언어규범의 특정 집합을 널리 수용하도록 만드는 것이다. 화폐와 도량형의 표준화처럼 언어변동의 기능적 효율을 더욱 크게 증진시키고, (시공간으로) 멀리 떨어진 거리를 넘어 의사소통하는 능력을 향상시킨다. 공유 규범에 대한 압력은 주로 더 방대한 시장이 발달하는 등 공동체의 경제적 필요에서 생겨난다. 그것은 또한 사회집단의 언어를 자신들의 정체성의 상징으로 사용하려는 보편적 경향에서도 생겨난다. 그래서 그 집단의 결속력을 강화하고, 다른 집단의 구성원들과 차별화하는 데 사용된다. 언어규범의 발달은 사회집단의 구조와 진화를 암시한다. 가장 구속적인 언어규범은 르 파주 Le Page와 태브레-켈러Tabouret-Keller(1985)가 '고도로 집중된 사회'로 부른 공동체―이 사회의 구성원들은 다차원에서 빈번히 상호작용하면서 강한 구심점을 가지고 외부 위협에 대처한다—에서 발견되는 경향이 있다. 이 집단은 사회의 가장 하류층〔억압받는다는 느낌을 갖는 브르타뉴인처럼 소수 민족이나 자신의 고유한 '은어'를 지닌 구체제(ancien régime)의 파리 범죄조직과 같은 주변집단〕이나 가장 상류층(영국 공립학교의 산물인 지배 엘리트 계층처럼)에서 출현한다. 그렇지만 이와 유사한 원리가 전체 '국가' 차원에도 작용하는 것 같다. 예컨대 오늘날의 벨기에와 캐나다의 사례들이 보여 주듯이 언어 상징력과 언어 충성심은 극도로 강력한 것이 될 수 있다.

언어표준 또는 **언어규범**의 개념은 단순한 것이 아니며, 이 용어는 아주 다양하게 적용된다(Bédard & Maurais 1983, Müller 1985: 263~94 참조). 이 문제는 뒤에(이 책 pp.188~91) 가서 재론할 것이다. 그렇지만 여기서 이 용어가 지닌 몇 가지 의미 양상을 미리 논의하는 것이 유용할 듯하다. 이 용어가 지닌 두 잠재적 의미를 구별하는 것이 필요하다. (1) 형용사 'normal(정상적)'의 의미에서 보듯이, 기술적(記述的)·통계적 사실로서의 규범과 (2) 형용사 'normative(규범적)'의 의미에서 보듯이, 사회적으로 수용 가능한 행위의 처방적 기준으로서의 규범이 그것이다. 제4장과 이 책 대부분에서 규범이란 용어를 (2)의 의미로 사용할 작정이다. 또한 (2)의 의미로 사용된 두 종류의 언어규범을 구별할 필요가 있다. 즉 구어 규범과 문어 규범이 그것이다. 규범을 두 가지로 분리할 필요가 있는 것은 이들이 프랑스어의 역사와 관련되기 때문이 아니라 언어발달의 속도가 서로 다르기 때문이다.

문어는 아주 명백한 이유로 발화보다는 더욱 쉽게 표준화된다. 그 결과 문어 표준은 구어 표준이 선재(先在)하지 않더라도 생겨날 수 있다. 중기 영어에서, 예컨대 서부 색슨어는 구어 표준이 없이도 문어 표준으로 사용되었다. 차후에 살펴보겠지만, 중세 초기의 프랑스에서 문어와 구어는 완전히 '별개의 두 언어', 즉 라틴어와 토착 갈로로망어로 처신했다. 이와 반대로 모든 발화 공동체는 (정의상) 크기가 다양한 지역(지역적, 초지역적, 지방적, 초지방적 등)에는 서로 공유하는 발화규범이 있었다. 광범위한 지역에 널리 퍼져 사용되는 지역적 구어 규범을 확산시키는 문제가 야기될 때,

즉 이 구어 규범을 초지역적, 심지어 초지방적 규범으로 바꾸려고 할 때 문어 규범만이 발화에 중요해진다.

> 일단 표준 언어변이체가 선택되면 서사법은 이것을 분산시키는 강력한 동인(動因)이 된다. 문해력이 퍼지고, 인쇄술 덕택에 문서가 즉각 이용되면서 문어 형태가 위세를 얻고, '올바른' 것으로 받아들여지고, 이들은 구어에 더 큰 압력을 행사한다. 문어 표준은 규범으로, 척도로 또한 안내자로 행위한다.
>
> (Leith 1983: 34)

그렇지만 프랑스에서 단일한 구어 표준이 12세기 말 이전에 **선택**되었다는 것과, 더욱이 12세기 이전에 지방 토착어의 문어가 조금이라도 문헌으로 기록되었다는 사실을 증명할 수 있는 실제적 증거는 없다. 따라서 16세기에 문해력이 광범위하게 확산되기 이전에 구어 규범에 큰 영향을 미친 문어 규범을 상정하기는 매우 어렵다.

갈로로망어 지역에서 일어난 언어규범 발달의 탐구에서 먼저 프랑스어와 라틴어의 경계구분, 즉 프랑스어의 **시발**이라는 까다로운 문제를 논의하면서 시작할 것이다. 그 후에 어떻게 우세한 한 언어변이체가 '**선택**'되었는지, 다시 말해서 갈로로망어 지역 북부와 남부의 한 언어변이체가 각각 어떻게 선택되었는지를 살펴볼 것이다. 마지막으로 로망어 서사(書寫)체계의 출현과 문어 표준의 시발점을 살펴봄으로써 끝을 맺겠다.

라틴어와 프랑스어의 경계 구분

골 지방의 주민들이 언제 라틴어를 더 이상 사용하지 않고, 프랑스어를 말하기 시작했는가? 이 질문은 빈번히 제기되었고(Muller 1921; Lot 1931; Norberg 1966; Richter 1983), 이 문제를 제기한 모든 학자는 한결같이 명확하게 똑같이 답변한다. 즉 주민들은 실제로 그렇게 하지 않았다는 것이다. 이탈리아어와 에스파냐어처럼 프랑스어는 라틴어에서 파생된 언어들과 동일한 지속 선상에 있는데, 이는 근대 그리스어가 고대 그리스어에서 파생된 것과도 같다. 그럼에도 불구하고 특정 시기의 이 언어를 어느 시점에 와서 **후기 라틴어, 공통 로망어,** 혹은 **초기 고대 프랑스어**로 명명하는 것이 더 적절한지를 질문하는 것은 타당하다. 언어의 명명과 관련된 문제에 대해서는 로이드P. Lloyd(1991: 9~18)를 참조하라.

순수히 언어학적 근거에서 계통적으로 연관된 언어들의 경계를 구분한다는 것은 흔히는 불가능하다. 공간적으로 분산된 방언들이 서로 뒤섞여 연속체를 이루고, 정치적 경계를 무시하듯이 (또는 중앙으로부터 표준어를 강제로 부과할 때까지 그렇듯이) 한 언어의 각기 다른 통시적 단계도 계기적인 시간 연속체를 형성한다. 유일한 내적 기준은 상호 이해 가능성의 상실인 것처럼 생각되지만, 상호 이해 가능성 자체도 정도의 문제다(Hudson 1980: 34-37 참조). 따라서 갈로로망어 형성기에 한 세대의 화자들과 다음 세대의 화자들 사이에 의사소통이 심각하게 단절되었을 가능성은 거의 없다. 그래서 늘 그렇듯이 언어는 수년간에 걸쳐 거의 알아차릴 수 없을 정도로 미미하게 변화하고, 방언과 화체(話體)도 진화 정도가 서로 다르다는 사실을 가정해야 한다. 언어학자들은 이 원칙을 수용하면서도 공통 로망어의 진화과정에서 어느 한 시기를 확인하려고 했다. 다시 말해서 라틴어와 프랑스어 간의 시대적 경계를 정당화하기 위해 언어변화가 가속화되었을 때, 언어지리학의 공간적 등어선 뭉치에 해당하는 통시적 경계(Banniard 1980 참조)가 생겨난 시기를 확인하려고 했다. 여기서 제기되는 난점은 구어 변화에 대한 증거가 공통 로망어에는 진정 희귀하다는 것이다.

이 시기의 문어 라틴어는 엄청나게 자세하게 연구되었는데, 그것은 골 지방의 발화에 일어난 사태를 추측하기 위한 것이었다. 예컨대 그레구아르 드 투르의 문서(Bonnet 1890 참조), 『**프로부스 부록**_Appendix Probi_』 (Robson 1963 참조), 메로빙거 왕조의 헌장과 법률문서(Vielliard 1927), 『라이헤나우 주해서』(Elcock 1960: 312-17 참조)는 모두 이러한 의도에서 상세히 분석된 문헌이다(Pei 1932; Hall 1950; Straka 1956 참조). 이러한 관점에서 노르베르크D. Norberg(1966: 355)는 주로 11세기에 와서 로망어 지역에서 중요한 언어변화가 가속화되었다고 주장한다. 하지만 이 논의에 참여한 다른 학자들은 다른 추정 연도를 제시한다(Uytfanghe 1976 참조)는 것은 이러한 노력이 타당하지 않을 수도 있다는 것을 암시한다. 『성지 순례기』 (5세기) 같은 '진보된' 텍스트와 『스트라스부르 서약』(842)—라틴어가 아니라 프랑스어로 인정할 수 있는 언어로 기록된 남아 있는 최초의 텍스트—사이에 구어 라틴어가 크게 변화했더라도, 이용 가능한 증거는 한 언어(라틴어)와 다른 언어(프랑스어) 사이에 확연한 연대상의 경계를 그을 수 있을 만큼 분명한 언어변화가 어느 시점에서 격심하게 일어났는지를 확실히 주장할 수 있는 강력한 증거가 못 된다. 앞에서 살펴보았듯이 특히 라틴어 사용 방식에서 이미 상당한 지역적 변동이 발달했기 때문이다.

언어 연속체를 구분하는 이와 같은 문제는 학자들이 라틴어와 로망어의 경계를 화체적 용어나 사회언어학적 용어로 정의하려고 했을 때 당면한 문제였다. 즉 골 지방에서 교육받지 않은 사람들의 라틴어가 교육받은 사람들의 라틴어와 차이가 아주 커져서 어느 시기에 상호 이해가 불가능해졌는가 하는 것이다. 이에 대한 전통적 답변은, '두 규범이론'으로 불렸고(Wright 1982 참조), 골 지방에 이층어상황이 조기에 정착되었음을 가정한다. 다시 말해 갈로로망 사회에서 상위기능(글쓰기, 종교, 교육, 공식 담화, 정부 등)을 수행하는 **후기 라틴어**(아우구스투스 시기의 유명 작가들이 사용한 고도의 문어 **고전** 라틴어 변이체와는 다른 후기 고전 라틴어)와 하위기능을 담당하는 **공통 로망어**의 이층어상황이 그것이다. 이미 5세기경 아주 달라진 것으로 추정되는 라틴어의 상위 변이체와 하위 변이체는 8세기 말까지 꾸준히 분화되었고, 『라이헤나우 주해서』에서 이들의 상호 이해 가능성의 문제에 대한 명확한 증거를 볼 수 있다. 또한 지방 토착어로서의 갈로로망어라는 별개 언어가 있었음에 대한 투르 공의회(813)의 공식적 승인도 볼 수 있다. 이 공의회에서 사제들은 라틴어가 아니라 지방 토착어—이것이 의사소통을 촉진시키는 것으로 생각되면—로 설교할 것을 결의했다.

이 '두 규범이론'의 여러 측면에 대해 라이트R. Wright(1982)가 흥미롭

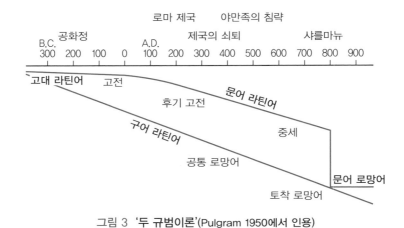

그림 3 '두 규범이론'(Pulgram 1950에서 인용)

게 연구했다. 그는 교육받은 사람들의 라틴어와 구어 라틴어 사이의 초기 양분 가설에서 고전 라틴어와 대중 라틴어의 명분 없는 대립이 희미하게 가장된 모습으로 재등장하는 것을 관찰하고는 라틴어도 다른 언어처럼 변동하는 언어로 간주하지 않으려는 전통학자 특유의 소극적 태도를 간파했다. 라이트에 따르면, 라틴어와 공통 로망어는 공통점이 거의 없는, 분리된 별개의 두 언어변이체가 아니라, 과거에 학자들이 생각한 것보다 더욱 오랫동안 한편으로 공식적·교육적 용도로 사용되는 언어이면서 다른 한편으로는 교육받지 않은 비공식 발화도 포괄하는 단일한 화체 연속체('**단일 규범이론**')였다는 것이다. 라이트에 따르면, 변이체들의 중합형(重合形)을 사용하는 화자들 사이에 이루어지는 상호 이해는 정상적인 '언어적응' 과정(Trudgill, 1986: 1~38)과 '자동적 전환규칙' 적용을 통해서(Weinreich 1968: 2) '**두 규범이론**'이 허용하는 상호 이해보다 훨씬 오랫동안 지속할 수 있다는 것이다. 마치 현재 세계 각지에서 사용되는 영어가 다양한 변이체들이 있음에도 불구하고 상호 이해가 유지되듯이 말이다. 상호 이해에 대해 말할 때는, 특정 언어변이체를 이해하는 능력은 그것을 적극적으로 산출하는 능력을 반드시 함의하는 것은 아니라는 점을 상기할 필요가 있다. 왜냐하면 들은 말을 이해하는 능력은 말을 생산하는 능력보다는 언제나 더 크기 때문이다(Richter 1983: 445 참조).

　7~8세기의 문어 라틴어는 로망어 발화가 그랬으리라고 가정하는 모습과는 상당히 다른 '**모습**'을 띨 수도 있다. 하지만 그렇다고 해서 글쓰기의 서사체계는 구어 발화에서 실현되는 구체적 발화를 추상적으로 기록한다는 것을 잊어서는 안 된다. 라이트는 그 당시에 단어 'virginem(처녀를)'의 여러 발음 가능성을 그 예로 제시한다.

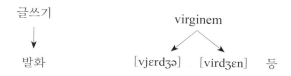

　이 세기에 로망어를 기록할 수 있었던 유일한 방안은 문어 라틴어였으며, 그 반대로 문어 라틴어를 읽을 수 있는 유일한 방안은 로망어 발화의 악센트로 읽는 것이었다(고대와 중세 전체를 통해 읽는다는 것은 **낭독**이었다). 그리하여 라이트에 따르면, 라틴어의 **위기**는—그것이 나중에 이 위기에 봉착했을 때—구어 발화가 과도하게 진화한 것이 아니라 오히려 카롤링거 왕조 시기의 교육개혁으로 문어 라틴어의 발음을 인위적으로 수정함으로써 가속화되었다는 것이다. 이 교육개혁은 무엇이었는가?

　8세기 중엽 골 지방 왕조가 카롤링거 왕조에서 메로빙거 왕조로 대체되었을 때, 역동적인 아우스트라시아 왕족 일파—마르텔, 패팽, 샤를마뉴—는 서유럽의 대부분 지방, 즉 골 지방, 저지 국가, 스위스, 독일의 상당 부분과 에스파냐 일부, 이탈리아 등지로 패권을 넓혔다. '신생(新生) 로마 제국'에 유일한 이념적·행정적 결속력을 어느 정도 부여할 수 있었던 유일한 제도권은 라틴어라는 수단을 이용한 교회였다. 문어 라틴어가 동질적인 것으로 남아 있었으나 구어 라틴어의 발음은 유럽의 각 지역마다 상당히 가변적이었다. 카롤링거 왕국의 결속력을 다질 수 있는 운동의 일환으로 라틴어를 어떻게 통일했는가? 라틴어의 발음법은 철자법에 확고히 닻을 내려야 했고, 라틴어를 낭독할 때는 '**축자적으로**(litteraliter)', 즉 모든 글자를 하나씩 발음하는 방식으로 발화해야 했다. 그리하여 로망어 사용 지역에서 전통적으로 그랬던 것처럼, 각 지방의 음운체계에 화자의 발음을 일치시키려는 경향은 없었다. '글자대로 하나씩(letter by letter)' 읽는 라틴어 발음법은 독일어권의 영국에는 오랫동안 행해진 관습이었고, 여기서도 앵글로색슨족의 단일 영어 화자에게 라틴어를 이해시키려고 음성을 조정하지 않았다. 그리하여 영국 학자 알퀸Alcuin(Alcuinus)을 요크York에서 골 지방으로 데려가 투르, 오를레앙, 코르비, 메스, 리옹에 신설된 학교에서 라틴어 발음을 개혁하도록 했던 것이다.

이러한 움직임은 로마 교회의 통일에도 상당히 기여했지만 동시에 라틴어 사용 사제들과 공통 로망어의 단일어 사용 화자들 사이의 상호 이해 가능성의 마지막 끈을 적어도 북부 골 지방에서는 잘라 버렸다. 그것은 사제와 세속인들 간 의사소통의 단절을 재촉했으며, 결과적으로는 다양한 지방 토착어를 기록하는 특별히 고안된 새로운 서사체계를 개발하게 되었다. 라이트는 '새 라틴어'의 도입 효과는 라틴어권의 특정 지역에서만 나타났고, 다른 지역에서는 나타나지 않았음을 보여 준다. 그는 특히 북부 골 지방의 상황과 에스파냐의 상황을 비교했는데, 에스파냐 지역은 (아마도) 이 '새 라틴어'를 계속 이해할 수 있었기 때문에 결국 새로운 지방 토착어를 기록하는 서사체계의 필요성을 한참 뒤에 가서야 느꼈던 것 같다.

그러면 왜 사제들이 대중과의 의사소통 문제가 심각했음에도 불구하고 '새 라틴어'를 고집했는가를 질문하는 것이 마땅하다. 만일 사제들이 글자를 모르는 세속 민중에게 '새 라틴어'를 정보나 사상을 전파하는 (즉 세속인들이 신앙에 대해 완벽한 지식을 갖게 하는) 더욱 유효한 수단으로 간주했더라면 이 '새 라틴어'는 종교적 용도로 광범위하게 채택되었을 것이다. 하지만 사제들이 '새 라틴어'를 채택한 이유는 두 가지 요인을 고려하면 이해된다. 첫째, 서방 기독교 국가 전체를 통해 똑같은 방식으로 전례를 실시함으로써 이단을 퇴치하려는 교회의 강력한 욕구가 있었고, 둘째, '새 라틴어'를 세속인들과의 더욱 효과적인 의사소통 수단으로 간주한 것이 아니라 배타적 집단의 동질적 상징으로 간주했다는 것이다. 사실 그 당시의 교회는 라틴어(그리고 이와 함께 기독교의 신비)를 사제 엘리트 계급의 독점물로 간주하고, 세속인의 구원에 필요한 것은 단지 최소한의 이해만 있으면 된다고 생각한 것을 보여 주는 강력한 증거가 있다(Richter 1975: 70 참조). 이러한 언어태도는 대부분의 언어사회에는 흔한 일이다.

> 화자들은 타인과 의사소통하려는 욕구가 강렬할 때는 언어장벽을 감소시키려는 유혹을 받지만, 반대로 사람들을 배제시키고, 자신을 이들과 격리시키기 위해서는 이 언어장벽을 더 높이 쌓으려고 한다.

> Les locuteurs sont poussés à réduire les barrières linguistiques lorsque domine le désir de communiquer avec autrui ou, au contraire, d'en dresser pour exclure ou s'en démarquer.
>
> (Valdman in Vermes 1988: I, 10)

'두 규범이론'과 **'단일 규범이론'**의 차이는 아마도 주로 연도상의 차이인 것 같다. 즉 여기서 논의 중인 세기(世紀)들이 지남에 따라 결국 골 지방에는 이층어상황이 생겨났다는 것이다. 이 상황은 두 번째 이론보다는 첫 번째 이론에 따라 더욱 조기에 전개되었다. 방금 살펴본 바에 따르면, 라틴어와 프랑스어 사이의 언어구조가 명확하게 단절되는 역사적 시기를 구분한다는 것은 무의미하다. 그래도 프랑스어와 라틴어의 경계를 설정하고자 한다면 안전한 방법은 화자들이 이 두 언어체계의 분리를 확실히 의식한 시기, 즉 "로망어가 라틴어와는 다른 언어가 된 것으로 간주된 사회의식"(Lloyd 1991: 15)이 생겨난 시기와 연결 짓는 것이다. 그 시기는 9세기 초이다. 라틴어 발음법에 관한 사제들의 관행 변화로부터 필연적으로 귀결되는 언어 문제는 813년 골 지방과 독일의 다섯 주교좌—마인츠, 랭스, 투르, 샬롱쉬르손, 아를—에 소집된 공의회에서 논의되었다. 이 공의회에서 미사 고유의 전례는 모든 곳에서 규범적 언어형식으로 (새로운 발음법을 이용해서) 집전하지만, 강론이나 설교에서는 사제들이 지역 민중이 가장 잘 이해되는 언어변이체를 사용하도록 허락했다.

카롤링거 왕조 시대에 문어 라틴어를 하위 발화들과 접촉하지 못하게 막는 동시에 신도들을 다루기 위해서는 지역구어 변이체를 사용하는 것이 문제였다.

Il s'agit, à l'époque carolingienne, de préserver le latin écrit de tout contact avec les bas langages, et simultanément d'utiliser l'existence des parlers locaux pour le gouvernement des fidèles.

(Balibar 1985: 38)

위에 언급한 다섯 공의회의 각 회의에서 채택된 결의문 분석을 통해 리히터M. Richter(1983)는 새로이 순화된 라틴어가 여러 다른 지역에서 다양하게 나타나는 이해 가능성의 문제를 어떻게 해결했는지를 증명해 보였다. 사제들이 마인츠에서는 회중(會衆)이 이해할 수 있는 언어(독일어)로 설교하도록 허락받고, 랭스(북부 골 지방)에서는 '언어 적합성에 따라(secundum proprietatem linguae)' 설교하도록 허락받았다. 그리고 투르(서부 골 지방)에서만 '시골 로망어나 게르만어로 바꾸어[번역해서/옮겨서] 모든 사람이 말하는 바를 더욱 쉽게 이해할 수 있도록(transferre['translate/transpose'] in rusticam romanam linguam aut thiotiscam, quo facilius cuncti possint intellegere quae dicuntur)' 지시받았다. 이 언어 안내지침은 샬롱(중동부 프랑스), 아를(프로방스)에서 개최된 공의회에서는 필요 없는 것으로 생각되었다. 이처럼 서로 불일치하는 언어변이체들로 미루어 볼 때, 개혁한 라틴어와 로망어 변이체의 언어 차이는 남부보다 북부가 훨씬 더 심했을 것으로 보는 편이 타당하다.

라틴어와 프랑스어의 분리 시점은 설명을 위해 필요하다면 813년이 가장 적합한 해일 것이다. 왜냐하면 순전히 상징적 이유, 즉 이 시점이 로망 지방어의 존재를 공식적으로 인정한 최초의 사건이기 때문이다. 813년에 내린 공의회의 결정은 이 시기에 북부 골 지방의 사회언어학적 상황은 (게르만어 사용권 유럽의 상황처럼) 이층어상황이라는 점을 분명히 하고 있다. 즉 새 라틴어는 이 사회에서 상위기능을 수행했으며, 수많은 지방 토착어들은 하위기능을 수행했다. 라틴어는 진정 일반적으로 상위언어에 인정된 모든 특징을 지녔다(Ferguson 1959: 235-45; 이 책 pp.16~18 참조).

- **기능**: 라틴어만이 글쓰기와 종교, 법률, 통치 같은 중요 사안의 처리에 사용되었다. 라틴어는 중세 전체를 통해서 유럽의 엘리트 교육의 일상어로 계속 사용되었다.
- **위세**: 라틴어는 서부 유럽에서 위세를 떨친 유일한 언어였으며, 지방 토착어는 미천한 '개별 방언'으로 간주되었다.
- **문학적 유산**: 모든 글쓰기가 라틴어로 이루어졌기 때문에 라틴어만이 문학 전통을 유지했다. 지방 토착어의 전승은 그 당시 로마의 위대한 작가들에 비견될 수 없었다.
- **습득**: 라틴어는 특별히 학교에서 교육해야만 했다. 지방 토착어는 어머니 무릎에서 배우기 때문에 말 그대로 '**모어**(lingua maternas)'로 지칭되었다. 토착어로 말한다는 것은 '**어머니처럼 말하는 것**(maternaliter loqui)'이었다(Decrosse 1987 참조).
- **표준화**: 라틴어만이 엄밀하게 체계화된 문법이 있었고, 끊임없이 변하는 토착어에 비해 불변하는 것으로 지각되었다.
- **문법**: 일정한 하위 변이체의 문법구조는 해당 상위 변이체의 문법구조보다 '더욱 간단하다.' 라틴어에는 하위 변이체에 없는 문법범주가 있으며, 갈로로망어에서 훨씬 감소되었거나 완전히 없어진 명사와 동사의 굴절체계도 있다.
- **어휘부**: 라틴어의 어휘부에는 갈로로망어 대응어가 없는 식자어(識者語) 표현이 있으며, 갈로로망어의 전체 어휘부에는 라틴어 대응어가 없는 아주 통속적인 물건이나 거의 지역에만 있는 토산물의 명칭과 민중 표현이 담겨져 있는 것으로 추정된다.

9~16세기에 프랑스어 사회언어학사는 이와 같은 이층어상황의 점진적 분리과정과 상위언어에서 하위언어로, 즉 라틴어에서 프랑스어로의 기능 누수를 추적한다. 이 과정은 지방 토착어들 가운데 위세를 지닌 형태가 출현하고, 이 토착어가 글쓰기에 채택되면서 시작되었다.

구어 규범의 선택

비표준화된 언어의 명확한 특성은 규범의 부재가 아니라 사회 공동체를 구성하는 느슨하게 결속된 사회집단, 지역적 필요에 대응하여 나타나는 언어 증식(增殖)이다. 지역(local) 규범, 초지역(supralocal)(=지방 regional) 규범, 초지방(supraregional) 규범의 존재를 상정하는 것이 합리적이다. 언어표준화는 선택적 규범을 점진적으로 제거하는 과정이며, 이는 선택한 규범을 나머지 규범에 부과하면서 이루어진다. 파리의 구어 규범이 선택되어 프랑스의 각 지방으로 분산되는 과정의 단초를 추적하려는 시도―구어 용법에 대한 증거는 당시의 문어 텍스트에서 찾아야 하므로―가 여러 번 있었다. 이 문어 증거는 분명 프랑스어 발화의 역사를 추적하는 데 무시할 수 없는 반면, 앞에서 논의한 문어 규범과 구어 규범이 부분적으로 지닌 독자성으로 인해 기록된 글은 구어 표준어의 발달에 대해서는 가이드로서는 신뢰할 수 없다.

레이봅W. Labov(1973: 120)은 다음과 같이 주장한다.

> 언어공동체란 언어요소의 사용에 분명히 일치하는 것으로 정의되는 것도 아니고, 공유 규범의 집합에 참여하는 것으로도 정의되지 않는다. 이 규범은 대부분의 평가행위 유형에서도 관찰될 수 있으며, 따라서 용법의 특정 차원과 관련한 언어변동의 추상적 불변 패턴의 통일로 정의된다.

우리가 이 절에서 채택하려는 방식은 이러한 접근태도이다. 즉 중세 초기에 현존하던 갈로로망어 변이체에 대해 동시대 사람들이 어떻게 느꼈는가 하는 것이다. 그리고 언제 왕궁의 파리 프랑스어가 다른 언어변이체보다 더욱 고차원적인 가치를 지닌 것으로 평가되기 시작했는가 하는 것이다.

중세 프랑스어와 특정 토착어에 대한 태도를 가리키는 메타언어적 진술에서 지방 토착어를 명명하는 데 사용된 용어를 몇 가지 살펴보자. 라틴어와 토착 로망어를 구별하기 위해 초기(813)부터 'lingua romana'(프랑스어 roman, 에스파냐어 romans)란 일반적 용어가 사용되었다. 골 지방의 'lingua romana(로망어)' 내에서 남부 발화와 북부 발화를 구별하는 데 어떤 용어를 사용했는가? 이 명칭을 최초로 구별한 시기는 제1차 십자군 원정(1095)이며, 이때 남부 화자는 'Provinciales, Proensals, Provensals(프로방스인들)'로 지칭되었고, 북부 화자는 'Francinae(프랑키아인들)'로 불렸다. 13세기 북부 프랑스어를 가리키는 라틴어 용어는 'lingua gallica(갈리아어)'였고, 오크어 화자들이 북부 발화를 자신의 남부 발화와 구별하기 위해 일반적으로 사용했다. 그리고 자신들이 사용하는 남부 발화는 'noster idioma(우리말)'(Brun 1923: 15)이나 'romancium(로만키아어)'(Lusignan 1987: 38 참조)으로 불렀다. 그렇지만 13세기 말엽이 되어서야 'lingua d'oc(오크어)'와 'lingua d'oïl(오일어)'이란 용어가 사용된 최초의 증거를 볼 수 있다. 이 용어들은 1291년(Meyer 1889: 11 참조)에 출현하여, 그다음 세기에 단테가 『웅변 De Volgari Eloquentia』 I, 8장과 9장, 『새로운 삶 Vita Nuova』 25장에서 채택했다(Danesi 1991: 248-58 참조). **랑그도크** langue d'oc와 **랑그도일** langue d'oïl이란 명칭은 이전에도 상당히 오랜 기간 사용되었을 가능성이 크다. 왜냐하면 1271년부터 왕의 참사관들은 툴루즈 공의 영지를 'partes linguae occitaniae(오크어 지역들)'라고 규칙적으로 지칭하기 때문이다. 'Occitania'란 명칭은 'oc(오크) + Aquitania(아키타니아)'의 합성어인 것 같다. 갈로로망어의 두 발화 유형을 구별하기 위해 광범위하게 사용한 이 용어들은 놀랍게도 후기에 확산된다. 이 두 발화는 13세기에 북부가 남부를 정복하여 갈로로망어에서 멀리 떨어진 변방 출신의 화자들이 다른 지방 출신의 화자들과 주기적으로 접촉하게 되었을 때, 즉 상호 이해의 상황에서 필요에 따라 분화된 것으로 가정할 수 있다(Monfrin 1972: 756-57 참조). 이 갈로로망어의 양분에서 빠진 것은 프랑코프로방스어를 지칭하는 용어이다. 이 언어변이체를 langue d'oc(오크어)란 명칭에 귀속시켜야 하는가, 아니면 langue d'oïl(오일어)에 속한 것으로 생각해야 하는가? 'bourguignon(부르고뉴어)'이란 용어는 흔히 이 지역의 발화를 지칭하기 위해 사용한 것은 미심쩍고, 따라서 관례가 아닌 것이 분명하다.

오크어권 내에서 음유시인들이 발달시킨 문학어 변이체를 특수하게 지칭하는 두 용어를 발견할 수 있는데, 'lemosi'(=리무쟁 방언)와 'mondin'(=툴루즈의 라이몬디가의 궁정에서 사용된 언어)이다. 기타의 남부 언어변이체들과 분명히 구별되는 유일한 남부 변이체는 가스코뉴어이며, 이는 **오일어**, 이탈리아어와 나란히 'lengatge estranh(이방말)'로 지칭되었다(Monfrin 1972: 761 참조).

오일어는 라틴어로는 'lingua gallica/gallicana(갈리아어)'로 지칭되고, 프랑스어로는 'françois(프랑스말)'로 지칭되었다. 이 용어가 파생된 'France (프랑스)'라는 이름처럼 이 용어는 흔히 애매성을 불러일으킨다. 12~13세기에 이 'France'가 때로는 일드프랑스Île-de-France를 가리키는 지명이기도 하고(이 책 pp.76~77 참조), 때로는 프랑스의 왕이 영주권을 행사한 지역을 가리키는 정치적 용어이기도 한 것처럼, 'françois'란 용어도 때로는 일드프랑스의 방언을 가리키기도 하고, 때로는 북부 프랑스의 방언 일반 (전체)을 가리키기도 한다. 19세기 언어학자들은 전자의 의미를 나타내는 용어로 'francien(프랑치아어, 일드프랑스어)'이란 용어를 만들어 내서 이 애매성을 제거했다(Chaurand 1983 참조).

로저 베이컨Roger Bacon은 1260년경 **갈리아어** 내에서 네 개의 주요 **방언**('idiomata')을 구별해 썼는데, 이들은 별개의 방언이었지만 상호 이해가 가능했다.

피카르드어, 노르망디어, 부르군트어, 파리어, 갈리아어(=프랑스어)가 그것이다. 이 모두는 동일한 언어, 즉 갈리아어지만 서로 다른 지방에서 우연히 변동한 것이다. 이 가변성은 다른 방언들을 만들어 내기는 하지만 다른 언어를 만드는 것은 아니다.

ut Picardum et Normanicum, Burgundicum, Parisiense et Gallicum: una enim lingua, est omnium, scilicet Gallicana sed tamen in diversis partibus diversificatur accidentaliter; quae diversitas facit idiomata non linguas diversas.

(Compendium Studii Philosophiae, VI, 478-79)

이 글에서 베이컨이 **파리어**와 **갈리아어(=프랑스어)**가 동일한 언어를 가리키는지 또는 서로 다른 실체를 가리키는지는 분명하지 않다. 대략 거의 같은 시기에 토마스 아퀴나스Thomas Aquinas와 니콜라 드 리르Nicolas de Lyre는 북부 프랑스의 방언 상황에 대한 이와 유사한 네 가지 구분을 기술한다(Luisgnan 1987: 61-62 참조). 그 외 베이컨은 프랑스어 방언 화자들이 이웃 방언 화자들에 대해 느끼는 부정적인 태도를 이야기하고 있다.

동일한 언어의 방언들이 다른 화자들 사이에서 변동하는데, 이는 프랑스어에서 관찰할 수 있는 바와 같다. 프랑스어는 프랑스인, 피카르디인, 노르망디인, 부르군트인과 그 외의 사람들 사이에서 수많은 방언으로 변동한다. 피카르디 방언으로 정확히 그리고 이해가 되게 표현한 것이 부르군트인에게는 불쾌하며, 더 가까이 이웃한 일드프랑스의 사람들에게도 정말로 그러하다. 서로 다른 언어를 사용하는 사람들 사이에는 이 불쾌감이 얼마나 더 심할 수 있을 것인가?

Nam et idiomata ejusdem linguae variantur apud diversos, sicut patet de lingua gallicana, quae apud Gallicos et Picardos et Normannos et Burgundos et caeteros multiplici idiomate variatur. Et quod proprie et intelligibiliter dicitur in idiomate Picardorum horrescit apud Burgundos, immo apud Gallicos viciniores quanto magis igitur accidet hoc apud linguas diversas?

(*Opus Majus*, II, 80-81)

서로 다른 오일어 방언의 화자들 사이에 언어적인 외국인 혐오증이 다소 있었겠지만 상호 이해는 높았던 것 같다. 몽프랭J. Monfrin(1972: 762)은 1388년에 일어난 놀라운 사건—아주 다르게 말해서 말다툼과 칼부림으로 끝이 났다—을 인용하는데, 파리의 길거리에서 두 노동자가 서로 마주쳤는데, 장 드 샤티용Jean de Chastillon이라는 파리인과 토마 카스텔 Thomas Castel이라는 피카르디인이었다.

앞서 말한 샤티용 출신의 사람은 토마란 자의 구어 악센트를 듣고서 그가 피카르디인이라는 것을 알아차리고, 이것 때문에 그는 농담조로 피카르디어 악센트로 말하기 시작했다. 그러자 앞서 말한 피카르디 출신의 토마가 일드프랑스어의 말을 흉내 내기 시작했고, 이들은 얼마 동안 이같은 짓거리를 계속했다.

Ledit de Chastillon cognut au parler que icellui Thomas estoit Picard, et pour ce, par esbatement, se prist a paler le langage de Picardie; et ledit Thomas qui estoit Picard, se prist a contrefaire le langage de France, et parlerent ainsi longement.

몇몇 지방의 언어변이체가 12세기에 상대적으로 높은 수준의 위세를 얻은 것 같은데, 그것은 권력과 부가 집중된 지방 중심지와 관련 있다. 툴루즈 궁정 언어의 경우에는 아주 분명히 드러나지만, 이 시기의 프랑스 남부의 사회언어학사는 분명히 아주 다르다. 서부(앙제, 루앙)의 플랑타주네 Plantagenet 궁정의 언어관용에도 이것이 정녕 사실이고, 북부의 도시(예컨대 아라스)도 마찬가지다. 하지만 이는 단지 추정에 지나지 않는다. 하지만 파리 궁정에서 사용된 언어변이체가 북부 갈로로망 토착어 가운데 가장 위세가 있는 언어로 12세기 후반에 출현했다는 것은 확실하다. 12~13세기의 여러 작가가 그 수월성을 언급한다. 예컨대 "나의 언어는 훌륭하다. 왜냐하면 나는 일드프랑스에서 태어났기 때문이다(Mis lenguages est bons car en France fui nez)"(Guernes de Pont Sainte-Maxence, *La Vie de Saint Thomas Becker*, I. 6165, 1175년경)라고 말한다.

(피카르디 지방의) 코농 드 베튄Conon de Béthune은 자신이 사용한 파리 규범과 일치하지 않는 언어 특징을 비꼰 여왕을 비난한다.

> 여왕은 아들 왕과 더불어
> 소인을 비꼬면서 예의에 어긋나게 행동하셨다.
> 비록 내 발화가 일드프랑스의 발화는 아니지만
> 프랑스어로 소인을 이해하실 수도 있는데 말이다.
> 아르투아 단어를 사용한다고 나를 비판한 자들은
> 예의 바르지 않거나 무례하다.
> 왜냐하면 나는 퐁투아즈 태생이기 때문이다.
>
> La Roine n'a pas fait ke cortoise
> Ki me reprist, ele et ses fueis li Rois;
> Encoir ne soit ma parole franchoise,
> Si la puet on bien conprendre en franchois
> Ne chil ne sont bien apris ne cortois
> S'il m'ont repris se j'ai dit mos d'Artois,
> Car je ne fui pas norris a Pontoise
>
> (Conon de Béthune, *Chansons*, III, 8-14, 1180년경)

궁정 의례의 예절과 세련으로 장치된 가치는 지극히 자연스럽게 프랑스어의 올바른(그리고 틀린) 용법이란 개념을 생성해 냈다. 이는 그 당시로서는 'bel parler(올바른 발화)'로 지칭되었다. 분명히 파리 발화는 상류층 언어규범의 근간을 형성했다. "수많은 아름다운 귀부인들이 프랑스어로 우아하게 담소했다(Mainte bele dame cortoise/Bien parlant an langue françoise)"(Chrétien de Troys, *Chevalier de la Charette*, II, 41-42, 1175년경).

에몽 드 바렌Aimon de Varennes은 자기 시에 대해 이렇게 말했다.

> 그것은 일드프랑스에서 짓지 않았지만
> 에몽은 리요네에서
> 그것을 프랑스어로 썼다.
> 에몽은 거기에 마음을 집중하여
> 샤티용에서 이 로망을 썼다.

> Il ne fu mie fait en France
> Maix en la langue de fransois
> Le prist Aymes en Loenois.
> Aymes i mist s'entension,
> Le romant fit a Chastillon.
>
> (*Florimont*, II, 14-18, 1188년경)

샤티용은 (다소 놀랍게도) 리옹 인근의 샤티용쉬르아제르그Châtillon-sur-Azergue로 확인되었다(Pfister 1973b: 218-19 참조). 그 후에 에몽은 자기 시에서 다음과 같이 선언했다.

> 내 언어가 비록 그들에게는 야만스럽지만
> 나는 프랑스어를 사용하기를 원한다.
> 왜냐하면 나는 최선을 다해 내 언어로
> 표현했기 때문이다.
> 만일 내 언어가 그들에게 해가 된다면

그것 때문에 나를 비난하지 않기를 바란다.

As Fransois wel de tant servir
Que ma langue lor est salvaige;
Car ju ai dit en mon langaige
Az muels que ju ai seu dire,
Se ma langue la lor empire,
Por ce ne m'en dient anui.

(II, 13614-19)

　　12세기 말에 우세한 프랑스어 규범에 대한 점증하는 인식이 이방인의 발화를 표현하려는 많은 프랑스어 사용 작가의 시도에서 분명히 보인다. 가장 눈에 띄는 예는 『여우 이야기 *Roman de Renart*』에 나오는데, 여기서 작가들은 이탈리아인과 영국인의 발화를 모방하고, 마찬가지로 잘 구사하지는 못해도 프랑스어로 쓰려고 시도한다(Reid 1958: 102-03, Lodge and Varty 1989: 70-73 참조).

　　13세기는 특수한 지위를 지닌 방언으로서 파리 프랑스어의 출현에 대해 더욱 명시적으로 진술한다. 로저 베이컨이 파리 프랑스어를 지칭하는 단어 'puros(순수한)'를 사용한 것은, 그것이 그에게는 적어도 구어 규범으로 사용되었음을 의미한다. "프랑스에는 피카르디어, 노르망디어, 순수 프랑스어, 부르군트어와 그 밖의 방언이 있었다(in Francia, apud Picardos, et Normannos et puros Gallicos, et Burgundos, et alios)"(*Compendium studii philosophiae*, VII, 467).

　　마찬가지로 묑Meung 출신의 익명의 저자는 후에 글을 쓰면서(1325년 경), 반 데르 비버Van der Vyver(1939: 257-58)에 따르면, 자기 고향의 방언을 희생해 가면서 파리 프랑스어의 각별한 장점을 칭찬했다.

　　나의 거칠고 촌스럽고 야만스런

언어에 대해 사과한다.
왜냐하면 나는 파리 태생이 아니기 때문이고,
또한 파리에서처럼 그렇게 우아한 것도 아니기 때문이다.
그러나 과거로 되돌아가
내가 어머니의 젖을 먹던 시절
어머니가 가르쳐 준 발화와 내 발화를 비교한다.
내 발화는 여기서 벗어나지 않는다.
나는 우리가 사는 도시[=파리로 추정]에서 통용되는 발화보다도
더욱 정교한 발화를 생각할 수 없다.

Si m'escuse de mon langage
Rude, malostru et sauvage
Car nes ne sui pas de Paris
Ne si cointes com fut Paris;
Mais me raporte et me compere
Au parler que m'aprist ma mere
A Meun quand je l'alaitoie,
Dont mes parlers ne s'en devoye,
Ne n'ay nul parler plus habile
Que celui qui keurt a no vile.

모어langue maternelle의 개념에서 나타나는 아주 애매한 모호성이 여기에 아주 명료하게 표현되어 있다. 과거에(이 책 p.113에서 살펴본 바대로) **어머니처럼**maternaliter 말하는 것은 학교에서 배운 라틴어와 대립된다는 점에서 습득한 지방 토착어로 말하는 것을 의미했다. 이제 묑 출신의 익명의 저자가 사용하는 지방 방언을 새로운 위세가 있는 변이체인 파리의 발화와 구별하기 위해 모어로 취급하는 것을 알 수 있다(Batany 1982 참조). 전통적인 라틴어-지방 토착어의 위계가 이제 표준 프랑스어-방언의 위계

로 대체되는 시기인 13세기에 왕권이 일드프랑스를 넘어 확장되면서 왕의 프랑스어는 그의 지배하에 있는 지방의 영향력 있는 유력자들 사이에 규범으로 정착되었다. 왕의 프랑스어가 아주 광범위한 왕국의 행정언어가 되면서 '**프랑스어**(françois)'는 더 이상 일드프랑스의 방언을 가리키는 명칭은 아니었다. 왕의 프랑스어의 위세는 왕국의 국경 내에서만 머무는 것이 아니었다. 인접 국가(특히 영국과 독일)의 귀족은 프랑스어뿐만 아니라 파리 유행도 따르지 않으면 안 되었다. 특히 십자군 전쟁을 통해 왕의 프랑스어는 유럽의 귀족사회 전체의 의사소통의 도구 역할을 하게 되었다. 1270년대에 아드네 르 루아Adenet le Roy는 글을 쓰면서 파리 프랑스어를 배우는 당시 독일 귀족의 관행을 언급했다.

> 내가 말하는 당시 독일에는
> 모든 위대한 군주, 백작, 공작은
> 자녀들에게 프랑스어를 가르치기 위해
> 프랑스 사람들에 에워싸였다.
> 왕과 왕비와 환하고 빛나는 얼굴을 지닌 베르트는
> 이들이 마치 생드니 마을에서 태어나기라도 한 것처럼
> 프랑스어를 거의 완벽하게 알았다.

> Tout droit a celui tans que je ci vous devis
> Avoit une coustume ens el tiois paÿs,
> Que tout li grant seignor, li conte et li marchis
> Avoient entour aus gent françoise tous dis
> Pour aprendre françois lor filles et leur fis.
> Li rois et la roÿne et Berte o le cler vis
> Sorent pres d'aussi bien le françois de Paris,
> Com se il fussent né ou bourc a Saint Denis.

(Berte aus grand piés, ll. 148-55)

12~13세기에 들어서면서 왕궁은 일반적으로 파리에서 북으로 11킬로 미터 떨어진 생드니의 수도원에 자리잡았다. 왜냐하면 여기서 왕가 사람들이 필요한 글쓰기 능력과 사법적(司法的) 기법을 갖춘 서기관을 확보할 수 있었기 때문이다. 영국 왕들도 웨스트민스터 대사원을 이와 같은 방식으로 이용했다.

13세기경 파리의 발화는 북부 프랑스어의 토착어 가운데서 가장 높은 가치를 지닌 언어가 된 것이 분명하지만 사회적 태도가 파리 발화를 그처럼 각별하게 최초로 조명하기 시작한 시기에 대해서는 이견이 많다. 초기 문헌 텍스트의 분석에 주장의 근거를 둘 때, 어떤 학자들은 파리의 발화가 9세기에 이미 그와 같은 특별한 지위를 획득한 것으로 간주한다(Hilty 1973 참조). 또 다른 학자들은 단지 12세기 후반에 가서 이 규범의 선택 과정이 일어난 것으로 본다(Delbouille 1962 참조). 전자 입장은 파리의 초기 역사를 고려해 볼 때 지지하기 어렵다.

로마 제국의 **파리시족의 루테티아**(Lutetia Parisiorum)는 다소 중요한 도시였지만 리옹, 트리어, 오툉, 아를, 보르도 등의 도시보다 처지는 제2급의 로마 도시였다. 그곳은 메로빙거 왕조에 와서 큰 명성을 얻었다. 왜냐하면 클로비스는 행정 중추를 그곳에 세웠지만, 결코 클로비스 왕조의 주요 거주지는 아니었기 때문이다. 현존하는 195개의 메로빙거 헌장 가운데 오직 9개의 헌장만이 파리에서 유래한다(Rauhut 1963: 269 참조). 다고베르 1세Dagobart I는 7세기에 생드니에 유명한 수도원을 건립했지만, 이 수도원의 의미는 12세기가 되어서야 중요해졌다. 카롤링거 왕조 시대에 파리는 진정한 정치적 중심지로서의 중요성을 상실했다. 현존하는 700개의 헌장 가운데 파리에서 유래하는 것은 전혀 없으며(Rauhut 1963: 269 참조), 프티-뒤타이이C. Petit-Dutaillis(1950: 220)는 당시의 파리를 '**시골 성읍**(bourg rural)'으로 묘사할 필요성을 느꼈다. 바이킹 해적의 공격에 취약했기에 카페 왕조—주로 오를레앙에 근거지를 두었다—의 초기(10세기 후반)에는 파리의 발달은 분명 억제되었다. 단지 11세기 말엽에 가서 파리는 인구학적·경제적·정치적 중요성이 커진 것을 알 수 있다.

이 시기에 파리의 성장을 북돋운 것은 주로 경제적인 요인이었다. 즉 북부 평야의 기름진 농업지역의 중심에 위치한 입지 조건 때문이었다. 그리고 시테Cité 섬의 하역과 샹파뉴의 시장과 바다를 잇는 센 강의 항해 가능성도 한몫했다. 13세기에 파리는 북유럽의 가장 큰 도시의 중심으로 급성장했다. 당시의 정확한 인구 추산은 어렵지만 그 숫자는 5만 명을 넘어서는 것 같다(Dollinger 1956: 35-44; Duby 1980: II, 401; Braudel 1986: I, ii, 135 참조). 교회는 생드니, 생제르맹, 생빅토르, 생주느비에브에 있는 대수도원과, 학교 — 곧 파리 대학으로 발전된다 — 를 통해 이 도시의 발달에 중요한 역할을 했다. 따라서 11세기 카페 왕조의 왕들이 팽창하는 파리 도시를 통제하려고 노력했다는 것은 놀라운 일이 아니다. 13세기의 전반기에 왕들은 주요 주거지를 오를레앙에서 생드니로 옮기면서 왕의 영지를 확장했고(Pernoud 1966: 28 참조), 왕의 귀족정치가 요구하는 전문기술자들뿐만 아니라 카페 왕조의 정신적 합법성도 제공한 교회와도 일정하게 관계를 맺었다.

이와 같은 증거는 사회경제적 중심지로서의 파리가 지닌 명성은 12세기 초 이전으로 거슬러 올라가서는 안 된다는 것, 다시 말해서 당대의 관찰자들이 파리 언어의 우세성에 주목하기 이전이었다는 것을 암시한다. 비록 파리 규범어가 **오크어** 지역에 관여한 것은 훨씬 느리게 지체되었지만, 12세기 말 이후 왕의 프랑스어가 표준 구어라는 생각은 **오일어** 전 지역에 걸쳐 서서히 인정을 받았다. **오크어권**의 위세를 지닌 언어변이체 — 툴루즈 공작들의 궁정에서 발견되는 것과 같은 변이체 — 와 왕의 프랑스어는 극명하게 대조되었다. **오크어** 지역에서 툴루즈의 지배 엘리트의 발화는 왕의 프랑스어가 **오일어** 지역에서 획득한 것과 같은 위세는 결코 얻지 못했다. 이는 부분적으로는 카페 왕조의 왕들이 자신들의 영지에서 정치적·경제적 우위권을 확보했던 것만큼 툴루즈의 공작들이 자신들의 영지에서 큰 위세를 확보하지 못했기 때문이기도 하고, 다른 한편으로는 툴루즈 공국이 13세기 초 몇 년 동안 프랑스 왕들의 우세한 재원으로부터 독립하지 못했기 때문이다. **오크어**는 오늘날까지도 소수의 화자들 대부분이 공유한 표준 구어가 없는 언어로 남아 있다.

파리의 프랑스어는 다른 갈로로망어 방언보다 내재적·구조적 우수성 때문에 미래의 표준어의 조건을 형성하여 선택되었고, 이는 공공연하게 주장하지는 않았지만 암묵적으로 인정되었다. 언어적 요인이 이 문제와 전혀 관련이 없는 것으로 가정하기는 속단이지만, 예컨대 **오일어** 지역의 일드프랑스의 중심 요충지로서 가진 지리적 입지는 사회적·인구학적·경제적 요인이 분명 결정적 요인이었고, 또한 파리어가 **오일어** 방언들의 최소의 공통점을 지닌 요인도 있다고 주장하기도 한다(Wartburg 1962: 89-90 참조). 12세기에 정치적·경제적 권력이 파리에 집중되면서 파리가 시장, 법원, 학교 덕택에 프랑스의 교차로가 되어 파리의 부유한 권력자들의 프랑스어는 보다 고고한 지위와 존경을 받았다.

토착어 서사체계의 발달

오랜 기간에 확립된 표준어와 오랜 문학 전통을 지닌 사회에는 문어가 **참된** 언어이며, 구어 형태는 타락한 것은 아니지만 문어에서 파생된 변이체라는 믿음이 광범위하게 퍼져 있다. 발화의 가변성과 일시성을 문어의 안정성과 통일성과 비교하면, 보통 호의적인 취급을 받지 못한다. 문자사회에서 문어는 각별한 위세를 누린다. 개인이 교육과 지식에 접근하려면, 글읽기와 글쓰기는 필수적이며, 따라서 글쓰기 능력, 특히 문자를 쓰는 능력은 지능의 확실한 징표로 간주된다(그리고 그 반대도 마찬가지다). 이제 프랑스어의 우월성의 신화를 벗기려면 자연언어의 역사를 살펴보기만 하면 된다. 즉 연대상으로 문어는 언제나 발화가 먼저 발달한 후에 일어난다. 현대에도 문어 형태가 없는 언어도 있다. 현대 언어과학의 초석 가운데 한 가지는 발화의 우위에 대한 주장인데, 전적으로 지당한 말이다. 그렇지만 이처럼 말했다고 해서 문어가 그 반대의 함정에 **빠져도** 안 된다. 오히려 그것은 다른 사용 조건(예컨대 메시지의 송신자와 수신자가 시공간에서 떨어져 있는 경우)에 맞춰 별개의 독립된 기능을 수행한다. 문어와 발화는 서로 다른 사용 영역을 가지며, **문자화**는 언어에 새로운 변이체를 추가시킨다(Ferguson 1968: 34 참조). 역사적으로 말해 문어는 발화에서 파생된 것이며, 대부분의 언어에서 발화와 밀접한 관계가 있다는 것은 사실이다. 그렇지만 문어와 발화를 별개의 언어로 취급하는 사회를 흔히 발견할 수 있다. 이 경우에 토착구어에 기반해 새로운 서사체계를 만들기보다는 외국어의 서사체계를 차용하는 것이 훨씬 편리하기 때문이다. 중세 초기의 대부분의 유럽 국가에서 이와 같은 현상이 일어났다.

가장 널리 사용된 서사체계의 두 유형은 표의체계(예컨대 가장 작은 단위가 전체 단어를 표상하는 문자이다)와 음소/문자소 체계〔예컨대 로마, 그리스, 키릴 문자는 가장 작은 단위가 (이론상) 개별 음성을 표상하는 문자이다〕이다(Cohen 1953 참조). 음소/문자소 체계에서 시각적 문자 연쇄는 발화의 해당 음성들로 어느 정도 동기화된다. 그렇지만 다른 언어에서 사용되는 음소/문자소 체계는 문자와 음성의 대응도가 다르다. 즉 이들은 자의성의 정도가 서로 다르다. 음소처럼 문자도 일반화된 것이다. 다시 말해서 우선 이들은 흔히 광범위한 위치 변이음을 표상하도록 고안되었다. 예컨대 'monopoly'에서 세 개의 'o'는 사실상 위치에 따라 세 가지 다른 음성을 나타낸다. 둘째, 철자는 흔히 광범위한 지역적·사회적 발음변동을 나타낸다. 예컨대 영국 영어에서 Mary, marry, merry의 세 형태는 서로 달리 표기되고, 발음도 다르다. 그러나 미국 중서부에서 이들은 서로 달리 표기되지만, 발음은 모두 동일하다. 셋째, 글은 음성이 아니라 시각매체를 통해 작용하므로 발화의 청각적 구별체계를 반드시 복제할 필요가 없고, 나름의 시각적 구별체계를 갖는다. 예컨대 프랑스어 철자는 'pin(소나무)', 'pain(빵)', 'peint(색칠한)' 같은 동음어의 /ɛ̃/을 시각적으로 구별한다.

문자-음성 관계가 갖는 고도의 자의성을 수용하면, 그것은 발음이 달성할 수 있는 정도를 훨씬 초과하여 문자 통일을 달성한다. 즉 문자는 언어사용의 가장 통일된 차원이며, 이 점에서 발화-발음의 대응 형태가 갖는 가변성과는 대조된다(Milroy & Milroy 1985a: 66 참조). 영국과 프랑스처럼 표준어에 대한 존경심이 깊이 뿌리박힌 사회에서는 문자 영역을 이탈하면

가혹한 규제를 받는다. 문자체계는 고도의 자의성을 수용하여 통일이 쉽지만, 그 반대도 역시 사실이다. 즉 철자의 안정과 통일을 유지함으로써 문자체계의 자의성은 점차 증가한다. 영어와 프랑스어의 현대적 문자체계는 중세 문자체계를 이질적으로 수집하여 토착화시킨 것이며, 음성변화가 진행되면서 발음으로부터 점차 멀어진 체계가 되었다. 예컨대 영어 thought[θɔːt], plough[plau], through[θruː], 프랑스어 chat[ʃa](고양이), vieux[vjø](늙은), beaux[bo](아름다운) 같은 것이다. 그리하여 음소/문자소 체계는 최초 단계에 문자와 음성의 일대일 대응관계를 목표로 했지만, 이들이 오랜 기간 채택되어 성공적으로 널리 사용되면서 일대일의 대응관계는 도달할 수 없는 상태가 된다. 음소/문자소 체계는 널리 사용되고, 기간이 늘어나면 더욱 표의적이 되고, 그만큼 음소/문자소 요소가 감소된다.

중세 초기의 유럽에서 라틴어는 1,000여 년 동안 평가하기 어려울 만큼 중요한 역할을 했다. 말하기 위해서 어떤 토착어를 사용하든 상관없이 라틴어는 정상적인 글쓰기 언어였다. 글쓰기를 배운다는 것은 기본적으로 **라틴어**로 쓰는 법을 배우는 것을 의미했다. 토착어 서사체계는 게르만어가 사용된 유럽에서 아주 이른 시기에 (예컨대 영국에서는 8세기에) 개발되었지만 라틴어보다 훨씬 제한적으로 사용되었다. 로망어 사용권 유럽에서 서사체계는 다소 늦게 출현했는데, 크게 보면 이는 분명 낭송하는 문어 라틴어를 더 오랫동안 막연하게나마 이해할 수 있었기 때문이다. 글에서 갈로로망 토착어를 기록하려는 최초의 시도는 골 지방의 북동부였는데, 이곳은 게르만족의 관행에 익숙해져 있던 지역이고, 또 분명 갈로로망어와 라틴어 사이의 이해 가능성이라는 큰 문제가 있던 곳이라는 점에서 의미심장하다(Wright 1991: 105 참조).

오일어로 잔존하는 최초의 문서는 842년의 『스트라스부르 서약』(수아송에서 1000년경에 작성된 필사본에 보존되었다)이며, 뒤이어 반세기의 간격을 두고 작성된 900년경의 『성 유랄리의 애가 *Sequence de Saint Euralie*』, 950년경의 『요나서 강해 *Sermon sur Jonas*』(둘 다 발랑시엔 근방에서 필사되었다), 1000년경의 『그리스도의 수난 *Passion de Christ*』과 『성 레지에전 *Vie de Saint Legier*』(둘 다 클레르몽페랑이나 인근 지역에서 필사되었다)이 출현했다. 한 세기 뒤에 『사법 증거 *Epreuve judiciaire*』, 『찬가 중의 찬가 *Cantique des Cantiques*』(둘 다 북서 지방인 노르망디와 브르타뉴에서 필사되었다)를 발견할 수 있다. 이 모든 텍스트에 대해서는 포에르크G. Poerck(1963)를 참조하라. 12세기에 **오일어**로 기록된 글은 더욱 일반화되었고 (비록 12세기의 필사본이 아주 소량만 잔존하지만), 또한 관련 텍스트는 운문으로 된 문학작품이다. 13세기에 들어와 프랑스어는 산문과 문학 텍스트뿐 아니라 비문학 텍스트도 기록했다. 프랑스어로 기록된 현존하는 최초의 비문학 텍스트는 투르네(1197)와 두에(1204)에서 유래하는 칙서이다(Brunot 1966: I, 359, Gossen 1967 참조).

오크어권에서 문어는 비교적 늦게 발달되기 시작했다(Bec 1967 참조). 최초의 사례는 1000년경에 필사된 보에티우스가 지은 『철학의 위로 *De consolatione philosophiae*』(『보에키스 *Boecis*』 = 보에티우스의 시)의 번역이며, 뒤이어 1050년경에 『성 푸아 *Sainte Foy*』가 나왔다. 그렇지만 토착어로 글을 쓰는 관행이 남부에 시작되면서 곧장 급속히 퍼진 듯이 보인다. 11세기에는 수많은 법률 텍스트가 **오크어**로 작성되었음을 알 수 있고, 1034년 푸아와 1053년 나르본에서 각각 작성되기 시작했다(Brunel 1922, 1926, 1952 참조). 그 후 문어에서 오크어는 아주 빈번하게 사용되었고, 문학 텍스트와 행정문서는 모두 오크어로 기록되었다.

왜 토착 갈로로망어로 기록하는 관행이 정착하는 데 이처럼 오랜 시간이 걸렸을까? 물론 10~11세기 이래 남아 있는 소수의 토착어 필사본들—12세기 이후에 잔존하는 실질적으로 무척 많은 필사본과 비교해 볼 때—은 이전 세기에 작성된 토착어 문헌들의 대량 소실을 반영하는 것일 수도 있다. 하지만 문헌의 잔존 비율이 산출 비율과 아무 관계가 없다고 주장하는 것은 부당하다. 이처럼 문어 기록의 출발이 늦은 것에 대한 해명은 부분적으로는 경제적 이유이고, 부분적으로는 기술적 이유와 '정치적' 이유 때문이다. 첫째, 경제적 문제가 있었다. 즉 중세 초기의 실물경제에서 양피지, 잉크, 펜의 생산은 고가 산업이었고, 특히 문헌 수요가 많지 않은 원시농촌의 구전 문화권에는 더욱 그랬다. 초기 몇 세기에는 기록 문헌은 거의 출현하지 않았다. 기술적 관점에서 이전의 문어 전통이 없는 상태에서 토착어를 위한 서사체계를 만들어 낸다는 것은 엄청난 작업이다. 이용 가능한 유일한 문자는 라틴어 음성을 나타내는 문자였기 때문에 로망어의 다양한 음운을 어떻게 정확히 표상할 수 있었겠는가? 더욱이 로망어 음운은 지방마다 달랐다. 그래서 어느 한 지역의 서사체계는 다른 지역에서 쉽게 재사용하지 못했다. 이처럼 표준 토착어 서사체계의 결여로 인해 사람들은 그처럼 변동이 심하고 평판 없는 수단으로 엄청나게 중요한 문제를 문어로 기록하려고 생각조차 못한 것은 확실하다. 마지막으로 **정치적** 문제가 있었다.

앞에서 우리는 이 시기에 전통적으로 글쓰기를 배우는 것은 곧 라틴어 쓰기를 배우는 것이라고 했다. 글쓰기라는 전문기술은 습득하는 데 오랜 시간이 걸리고 힘들어서 선택받은 소수의 사람만이 성공적으로 배울 수 있었다. 그 결과 글을 쓸 줄 아는 소수자들(사제단)은 사회에서 특별한 지위를 누렸으며, 이 특권을 다른 집단에 양도하려고 하지 않았다.

글과 연관된 모든 단어는 민중의 마음에는 '**라틴어**'란 의미에 집중되었다. 예컨대 'letré'(< litteratus)는 라틴어를 잘 아는 사람을 가리켰고, 'clerc'(< clericus)는 라틴어를 잘 읽고 쓸 줄 아는 사람이며, 사제들의 언어인 '**사제어**(clergeois)'는 라틴어를 가리켰다. '**문법**(Gramaire)'은 보통 라틴어 문법을 의미했고, 때로는 그냥 라틴어를 의미하기도 했으며, 가끔 '마술적'인 것을 의미하기도 했다. 글을 쓸 줄 아는 능력을 지닌 극소수의 엘리트 사제는 **글을 모르는 대중**(lai people)에게는 미신적인 경외심으로 존경을 받았다. 이 라틴어 독점권은 사제단에게 엄청난 정치적·사회적 권력을 부여했기 때문에 사제들은 경계심을 가지고 이를 고수했다. 사제단은 더 광범위하게 이용 가능한 새로운 서사체계를 고안하는 압력은 받지 않았다(Richter 1975: 70 참조). 그리하여 토착어 서사체계의 발달은 전통적 교회의 가치체계 외부에 있던 사회집단(세속 귀족과 도회의 상인계층)의 성장과

궤도를 같이한다.

이런 상황에서 9~11세기에 사제들이 무슨 이유로 산발적으로 극히 드물게 나타나는 라틴어로 글을 쓰는 습관을 버리고, 토착어를 쓰려고 노력했는가를 질문하는 것이 타당하다. 그처럼 많은 초기 문헌이 운문이라는 사실이 단서를 제공한다. 『스트라스부르 서약』과 더불어 그러한 텍스트는 오직 구어 공연을 위해서만 기록되었다. 우리는 앞서 카롤링거 왕조 시대의 개혁 이전에는 라틴어 텍스트를 아주 크게 낭송하여 ('자동적 전환공식'을 이용하여) 그것을 로망어 화자들이 이해할 수 있도록 했다는 것을 살펴보았다. 또한 카롤링거 왕조 시대의 개혁은 (적어도 교회는) 이같은 낭송 관행을 방해했고, 독자들이 모든 글자를 하나씩 **글자대로**(litteraliter) 발음하도록 배웠다는 사실도 살펴보았다. 토착어로 글을 써야 한다는 최초의 압력은 구연(口演)에 필요한 음성, 작시법, 운율을 토착어 텍스트에서 가능한 한 정확하게 세밀히 기술할 필요성 때문에 생겨났다고 가정하는 것이 타당하다. 토착어 구연으로 토착어 문자가 요구되었던 것이다. 하지만 『성 유랄리의 애가』, 『요나서 강해』, 『그리스도의 수난』, 『성 레지엔전』 같은 텍스트가 있지만, 갈로로망어권에서 토착어 서사체계가 광범위하게 사용된 것은 12세기였다. 그렇다면 왜 이같은 과정이 가속화되었는가? 이에 대한 대답으로 그 당시에 일어나고 있던 광범위한 사회적·문화적 변혁을 살펴보아야 한다. 외세(아랍족과 바이킹족)로 인한 위협이 없어진 뒤, 주요한 경제변화와 인구변화가 서유럽의 삶의 방향을 뒤바꾸기 시작했다. 농노제도는 사실상 10세기에 사라졌고(Braudel 1986: II, 122 참조), 뒤이어 기술변화가 일어났고〔예컨대 수차(水車)가 도입되고, 멍에를 대신하는 마구가 발달했다〕, 이로 인해 농업 생산량의 증가, 인구 증가, 농사를 위한 새로운 토지개간이 순환적으로 덩달아 이루어졌다. 교회는 거대한 농업의 중심지로 이전한 수도원을 통해 이러한 경제부흥과 밀접하게 연관을 맺었다. 하지만 이러한 경제성장이 농촌 지역에만 국한된 것은 아니었다. 기존의 도시들도 규모가 커졌고, **새로운 도회들**이 건설되었다. 서유럽의 도시는 이탈리아(피사, 제노바, 베네치아)와 플랑드르(겐트, 브루게, 이프르)에서 가장 일

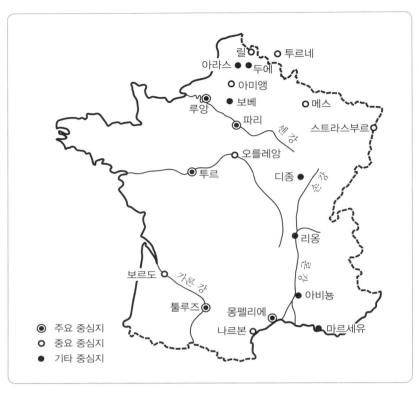

지도 11 **중세 프랑스의 주요 도시**

찍 발달했지만, 골 지방은 이보다 한참 뒤에야 늦게 발달했다(〈지도 11〉
참조).

이러한 사회경제적 변화가 갖는 문화적 함축의미는 엄청 컸다. 교회로
인해 이념상으로나 문화적으로 좌우되던 실물경제의 좁은 경계가 무너졌
다. 귀족들은 더 큰 복리와 안락한 삶을 누리기 시작했다. 그들은 기사들
이 이제 막 갖추기 시작한 기사도의 명성과 물질적 쾌락의 세속가치를
토착어로 표현한 것을 **오크어** 기원의 궁정문학에서 발견했다. 도회 거주
자라는 신흥계층이 생겨났다. 그래서 [bourgeois의 기원이 되는] 단어
'burgensem'〔=burgess(선출의원, 시민)〕은 10세기 말에 최초로 확인된다

(Duby 1980: II, 103 참조). 이들은 교회가 포괄하던 전통적 사회구조의 외곽에 있었으며, 자신만의 부를 창출하는 가치를 개발했다. 이들은 (토착어의) 편리한 체계를 원하는 강력한 경제적 동기가 있었다. 그렇지만 교회 자체는 이러한 변화에 무기력하게 잠자코 있었던 것만은 아니다. 교회는 번영과 부의 혜택을 이용하여 십자군을 양성하고, 유럽의 대성당을 짓고, 정통성 수호를 위해 곳곳에 학교를 세우고(투르, 오를레앙, 샤르트르, 랭스, 파리), 사회 곳곳에서 암약하던 파괴적인 불온사상을 처단하기 위해 토착어 문학을 만들려고 노력했다(Zinc 1976 참조). 이러한 문화적·사회적 변화들이 서로 결합되어 12세기, 더욱 구체적으로는 13세기에 토착어 서사체계가 크게 발달하는 계기가 되었다.

11세기 말에 토착어가 문어, 즉 문학과 행정문서 양쪽에서 현저히 증가된 것을 최초로 목격할 수 있는 곳은 **오크어권**이다. 여기서 발견되는 서사체계의 놀라운 점은 고도의 통일성이다. 이는 '**공통어**(koine)'로 명명할 수도 있다. 즉 토착어를 사용하는 사람들이 공유한 언어변이체를 볼 수 있다. 11세기 후반에 출현한 음유시인의 문학 **공통어**에 관해서 베크P. Bec 는 다음과 같이 말했다.

언어적 관점에서 음유시인들이 사용한 오크어에서 나타나는 놀라운 점은 그것으로 기록된 문학이 최초로 출현한 시기, 즉 11세기부터 보이는 고도의 통일성이다. 방언 차이는 사실상 최소화되고, 음유시인의 출신 방언과는 아무 관계가 없다. 이 지역어[오크어]는 리무쟁에서 지중해에 이르기까지 아주 한결같다.

Du point de vue linguistique, ce qui frappe dans l'occitan des troubadours, c'est qu'il présente, dès ses premières manifestations, c'est à dire dès le XIᵉ siècle, une assez grande unité; les différences dialectales y sont en effet minimes et sans aucun rapport en général avec la provenance dialectale du troubadour; l'idiome est sensiblement le même du limousin juisqu'à la Méditerranée.

(Bec 1967: 69)

시어에서 모든 가변성이 제거되었다고 말하면 그것은 틀린 말이다. 다시 말해 규범에서 이탈된 가변성은 분명히 비체계적 방식으로 존재하며, 문제의 이 서정시를 쓴 작가의 출신지와는 무관하다.

이 **공통어**의 기원은 서정시 자체의 기원과 매한가지로 알 수 없다. 그것은 푸아티에 공작의 궁정에서 최초로 형성되어, 그 후 툴루즈의 공작에게 넘어간 것 같다. 이 오크어의 통일성은 12세기 때 괄목할 만한 일련의 체계적 규범화 작업으로 이루어졌다. 예컨대 라몬 비달 데 베살루Ramon Vidal de Besalù(1160~1210)의 『음유시인 라조스 *Razos de Trobar*』 같은 것이다. 이처럼 고도로 규범화된 오크어 변이체는 비모국어 화자들, 즉 이탈리아인, 카탈루냐인이 서정시 작성의 수단으로 이용했다. 그리하여 오크어-공통어는 소수의 엘리트 귀족과 특정 문학 장르에 국한된 특수하게 개발된 변이체였다. 자기가 사용하는 언어 이외의 다른 언어로 노래를 부른다는 개념은 전혀 놀랄 일이 아니다. 예컨대 이탈리아어는 오랫동안 유럽 오페라의 언어였고, 영어에도 민속 발라드를 위해 지방의 방언을 사용한 것이 분명 확인된다(Leith 1983: 39 참조). 카탈루냐인인 라몬 비달은 『음유시인 라조스』 서문에서 갈로로망어 가운데 어느 언어가 어떤 문학 장르에 적합한지를 설명했다.

> 프랑스어는 연애시, 후렴, 목가시를
> 쓰기에 더욱 가치가 있고, 적합하고,
> 리무쟁어는 음악과 풍자시를
> 짓는 데 더욱 좋다.

> la parladura francesca val mais
> e es plus avinens a far romanz

retrousas et pasturellas mas

cella de Lemosin val mais per

far vers et cansos et sirventes.

(Chaytor 1945: 23 재인용)

　이탈리아어-프로방스어 발화에 기반한, 십자군이 사용한 중세의 **공용어**의 발달도 이 시기에 기원한다(Hall 1974: 33 참조).

　이와 비슷한 정도의 언어통일은 12세기 이후 남아 있는 많은 칙령과 행정문서에 사용된 오크어 서사체계에서도 발견된다. 브뤼넬C. Brunel (1926, 1952)은 1200년 이전에 기록된 문서 540종을 찾아내 출간했다. 토착어 문서들이 툴루즈 지방과 중앙 산악지대의 남부 경사지역에 많이 집중된 것은 중세 고문서 보관소들이 우연히 여기에 남아 있었기 때문만은 아니다(Wolff 1971: 147 참조). 이와 같은 통일된 문어발달은 소수의 도시 (툴루즈, 무아사크, 빌프랑슈, 로데스, 미요, 카스트르)를 선두로 해서 생겨났고, 중요 전초지는 리무쟁이다. 그리고 이 발달의 후미는 군대(자선단체 수호단Hospitaler, 수도원기사단Templar)와 도시의 여러 단체가 담당했다. (세속적·정규적) 사제단이 라틴어 전통에 더욱 확고하게 집착하리라는 것은 예측할 수 있다. 문서의 언어 동질성은 아주 놀라운데 이는 분명 문서의 거의 90%가 아베롱, 타른, 타른에가론, 오트가론의 네 도(道)에서 유래하기 때문이다. 행정언어로서 **오크어**를 사용하는 관행은 곧 다른 지역으로도 확산되었다. 13~14세기에 오크어는 아주 광범위하게 사용되었다 (Armengaud & Lafont 1979: 398 참조). 그리고 14세기에 프랑스어의 출현으로 오크어는 더 이상 사용되지 않았다. 하지만 초기에 점증적으로 사용된 지역 밖에서 기록된 문헌의 철자법은 지방적 변동을 보여 주는 징표이다(Grafström 1958: 252-58, Lodge 1985: 50-58 참조).

　노르만 정복 이후 영국에서 사용된 프랑스어를 제외한다면(Clanchy 1979: Price 1984: 217-31 참조), **오일어권**의 토착어는 문학 필사본에는 12

세기 중엽부터, 행정문서에는 13세기부터 널리 사용되기 시작했다. 남부 기원의 문학 텍스트와는 달리 프랑스 북부에서 완성된 텍스트는 처음부터 지방적 변동이 상당히 큰 것이 특징이다. 가장 초기의 12세기 텍스트는 노르만어나 서부의 특징을 많이 포함하고 있다(이는 플랑타주네 궁정의 문학 영향을 반영한다). 크레티앵 드 트루아Chrétien de Troyes(1180년경)의 유명한 로망roman에는 샹파뉴어의 특징이 포함되어 있다. 13세기에 작성된 많은 문학 텍스트는 대도시 피카르디의 언어관용을 반영한다. 흥미롭게도 13세기가 되어서야 파리 지방에서 기록된 토착어 문학 텍스트를 발견할 수 있다. 하지만 이 모든 초기 텍스트의 서사체계의 놀라운 점은 그들이 보여주는 언어변동이다.

12~13세기의 토착어 텍스트는 분명 현대적 개념의 언어통일이 전혀 없는 사람들이 작성한 것이다. 분명한 초지방적 규범이 없었을 뿐만 아니라 지방적 규범이라도 광범위한 가변성을 허용했다. 그래서 어떤 텍스트도 작성된 지방과는 다른 지방에 '속하는' 특징들이 상당 부분 있는 것이 정상이다. 이는 특히 시인들이 각운과 작시법의 목적으로 다른 방언 형태를 일상적으로 **차용한** 문학 텍스트의 경우에는 더욱 그랬다. 더욱이 문학 텍스트는 (행정문서와는 달리) 지방마다 순환되었고(Poerck 1963: 2 참조), 보통 그것이 작성된 지역과는 다른 지방의 방언 특징들의 층을 이룬다. 이는 각기 새로운 필경(筆耕) 서기관들이 텍스트를 새로이 필사하는 데에 자기 출신 지방의 철자법과 개인적 철자방식을 도입했기 때문이다. 하지만 '**정태적**(static)' 텍스트(13세기 이후 대량으로 나타나는 칙서와 행정문서)에도 상당히 많은 혼잡스런 형태들이 섞여 있다(Monfrin 1968 참조).

지난 100년간 중세 프랑스 텍스트의 언어 가변성으로 인해 학자들의 정신은 문어 발달에 큰 관심을 갖게 되었다. 19세기 후반에 언어 접근방법은 소장문법가의 사고가 지배적이었다. 이들은 '음성법칙은 예외를 허용하지 않는다'는 것, 즉 특정 텍스트에서 1) 음성변화가 일어나는 방향은 문제의 발화 공동체의 모든 화자에게 동일하게 일어난다는 것, 2) 이 변화를 겪는 음성은 동일한 음성환경에서 일어나며, 모든 단어는 이 변화의 영향을 똑같이 받는다는 것이었다(Bynon 1977: 25 참조). 여기에 또한 중세 토착어의 철자법 체계는 음성 알파벳을 표상하는 순수한 시도를 보여 준다는 견해를 추가할 수 있다. 그리하여 어떤 텍스트에 여러 지방의 특징들이 포함된 경우, 언어변동은 전형적으로 작가가 둘 또는 세 방언의 경계지역에서 작업한 결과이거나 적어도 한 지역 이상의 방언지역에서 살았던 결과이다. '순수 방언'의 신화가 아주 생생히 살아 있었다.

20세기 학자들은 이러한 접근방식에 의심을 품었다. 중세 문화가 '순진무구하고', '자생적'이라는 낭만주의적 관념은, 중세 작가는 일드프랑스 지방의 발화에 근간을 둔 문어 공용어(공통어)를 암암리에 인정한 것이라는 암묵적 관례가 널리 지배했던 문화로 보는 견해로 대체되었다. 관례적 방언 어법이 '공통어'에 수용되었지만, 진정한 지방어법은 드물었다(Wacker 1916 참조). 이러한 견해는 르마클L. Remacle(1948)과 고센C.-T. Gossen(1967)이 더욱 발전시켰는데, 그들은 '문헌어(scripta)', 즉 관례적·초방언적(supra-dialectal) 서사체계라는 개념을 만들어 냈다. 모든 오일어권 작가들은 출신 지역에 상관없이 기본적으로 동일한 중앙의 방언으로 글을 쓴 것으로 추정된다. 그들이 쓴 텍스트에 있는 왈로니 어법, 피카르디 어법, 노르만 어법 등의 수는 가변적이지만 엄격히 한정되어 있다. 초방언적 규범의 성질에 대해서는 학자들의 견해가 나뉜다. 즉 어떤 학자들은 이를 파리의 방언으로 보고, 어떤 학자들은 방언분화 이전의 오일어권의 모든 지방에서 통용되던 갈로로망어 형태로 간주하고, 어떤 학자들은 북부 방언들의 '최초의 공통 부분'을 나타내는, 인공적으로 중화된 언어변이체로 간주한다(Delbouille 1970; Cohen 1987: 77 참조). 중앙의 방언이 언어통일의 영향력을 갖기 시작한 것으로 추정되는 시기에 대해서도 역시 의견이 분분하다. 힐티G. Hilty(1968, 1973: 271)는 8세기로 보고, 피스터M. Pfister(1973b: 253)는 12세기 말 이전에는 이런 영향력을 행사할 수 없었다고 주장한다. 하지만 공통어의 기원이 어디건 간에 '문헌어' 이론에서, 12~13세기 텍스트에서 발견되는 서사체계는 기본적으로 지방적 규범이 아니라 초지방적 문어 규범에 일치시키려는 시도—잠정적이지만 지방에 따라 크고 작은 성공을 거두었다―를 볼 수 있다.

문헌어 이론은 대부분의 현대 학자의 지지를 받는 듯이 보이지만, 최근에 네덜란드 학자 데스A. Dees(1980, 1985, 1987)의 도전을 받고 있다. 전체 **오일어** 지역에서 추출한 연대와 지역이 분명한 텍스트에서 확인된 철자 변동과 형태론적 변동에 근거해 데스는 14세기 이전 북부 프랑스어에 미친 초지방적 규범의 영향을 부인하기에 이르렀다. 데스(1980: 282)가 인용한 〈지도 12〉에서 고대 프랑스어 과거분사의 어말 -s ～ -z의 변동에

지도 12 **-s/-z 철자 변동의 분포**(Dees 1980에서 인용)

대한 예시를 볼 수 있다. dire(말하다), douer(부여하다), avoir(가지다) 같은 동사의 과거분사 복수는 dis나 diz, doués나 douez, eus 또는 euz로 표기되었다. 데스가 분석한 칙서들에서는 대개 이 두 가지 철자법이 허용되지만, 그 비율은 '도(道)'에 따라서 달랐다. 백분율은 각 '도'의 어말 -s 철자법의 비율을 나타낸다.

데스는 북부 프랑스어의 서사체계는 기본적으로는 토착어 발화처럼 가변적이라는 점, 그가 분석한 13세기 철자법의 변동 분포는 현대에 작성된 방언지도가 증거하듯이 기저 구어의 변동과 상당히 연관되어 있다는 것을 설득력 있게 주장한다(Dees 1985 참조). 이 시기 저자들이 지역 발화의 모든 가변성을 글에 그대로 반영하려고 의식적으로 노력했다는 것은 잘못이며, 또한 북부 프랑스 출신의 모든 작가를 묶는 암묵의 서사규약을 찾으려는 시도도 헛된 일이다. 데스는 15세기 후반에 인쇄술의 도래와 더불어 비로소 프랑스어의 서사체계가 파리의 관용에 근거해서 효과적으로 표준화되었다는 주장은 타당성이 있다.

결론

제3장에서는 9세기 골 지방에서 수많은 토착구어의 발달과 라틴어를 사회의 상위기능에 어떻게 국한시켰는지를 살펴보았다. 이러한 이언어상황은 중세에 대부분 그대로 이어졌으며, 사실상 라틴어는 오늘날까지도 유럽 문화에서 지배적 위치를 차지한다. 이러한 라틴어의 탁월성으로 인해 소위 **'라틴어에 대한 신화'**가 생겨났다. 즉 라틴어는 문어의 필수적 언어, 즉 문화, 학문, 권력의 핵심일 뿐만 아니라 언어가 갖추어야 할 전형으로 통일성과 영속성의 자질을 가지고 있다는 것—토착어는 이 자질이 없기 때문에 따라서 언어로 간주할 수 없다—을 믿게 되었다. 하지만 제4장에서 또한 라틴어가 지배하던 이층어상황이 처음으로 조금씩 균열되기 시작했다는 것도 살펴보았다. 우선 갈로로망어의 여러 언어변이체에 대한 태도 변화의 단초를 목격했다. 즉 이 변이체들을 라틴어와는 다른 언어로

간주하기 시작했다는 점이다. 다음으로 '**규범의 선택**'을 살펴보았고, 또한 북부 프랑스의 토착어 가운데서 어떻게 어느 변이체가 특히 다른 토착어와 분리되고 차별화되어 큰 위세를 떨치기 시작했는지도 살펴보았다. 즉 파리의 부유한 권력계층의 프랑스어가 되기 시작했는지를 살펴보았다. 마지막으로 라틴어와 토착어 간의 기능을 재할당하는 단초를 관찰했다. 다시 말해 토착어가 글에서 사용되고, 프랑스어의 문어 규범이 탄생한 것을 보았다. 이처럼 새로운 언어 '**쇄신**'이 이제 태어나기 시작한 것이다.

제 5 장

기능의 세련화

하우겐의 언어표준화에 대한 분석에서 '**규범의 선택**'(이 규범 선택으로 한 언어변이체가 선발되어 결국은 넓은 지리적·사회적 공간에서 언어표준으로 사용된다)은 근본적으로 **사회적** 과정이며, 한 방언의 지위를 격상시켜 결과적으로 이웃 방언들을 경시하게 된다. 이 장에서 고찰하려는 '**기능의 세련화**'는 해당 변이체의 언어자료와 관련되는 **언어적** 과정이며, 이 언어변이체는 '미개화된' 지방의 토착구어를 '개화된' 언어로 변화시킨다. 토착구어는 일상대화의 기능보다 상위기능(예컨대 기록, 정부, 학습 등)을 가져야 하기 때문에 거기에 새로운 언어 메커니즘을 접합시켜 새로운 기능을 행할 수 있도록 해야 한다. 프랑스어사의 초기에 서유럽에서 사용되던 유일한 '개화된' 언어(특히 아일랜드어는 제외되고, 어느 정도까지는 앵글로색슨어도 포함된다)는 라틴어였다. 그래서 라틴어만이 유일하게 사회 내의 상위기능을 수행하는 장치였다. 하지만 점차 상위언어(라틴어)와 지방 토착어 사이에 기능 누출현상이 일어났고, 프랑스어가 사회 내에서 새로운 역할에 대처할 수 있도록 어휘와 통사법에 중요 사항이 첨가되었다. 이와 같은 발달이 특별히 분명하게 나타나는 프랑스어사의 시기는 13~17세기이지만, '**기능의 세련화**' 과정은 물론 지속적 진행과정이다. 왜냐하면 오늘날에도 프랑스어는 새로운 사용 조건(예컨대 라디오와 텔레비전 그리고 전화)에 끊임없이 스스로를 적응시켜 나가기 때문이다. 하우겐이 말하듯이 "인간의 창의성이 설정하는 제약을 제외한다면, 언어의 세련화에는 한계가 없다"(Haugen 1966: 108).

이 장에서 우선 중세 후기에 여타 서유럽의 여러 나라처럼 프랑스에서도 지방 토착어가 어떻게 라틴어를 억누르고 사회적 기능에 아주 광범위하게 사용되었는지, 이 과정에서 특히 왕의 프랑스어가 일반적으로 상위언어가 지닌 기능적 특징을 모두 획득했는지를 검토해 볼 것이다. 그런 다음 이 사태가 초래한 언어적 결과를 더욱 정확하게 살펴볼 것이다. 즉 어떻게 이 새로운 언어변이체가 어휘적·통사적 확장과 사회적·문체적 변동의 발달을 통해 프랑스어에 추가되었는지 살펴볼 것이다. 마지막으로 결론 부분에서 중세기의 이층어상황에 일어난 변화를 검토할 것이다. 다른 한편 어떻게 프랑스어가 상위언어로서의 라틴어를 대체했는지, 또한 시간이 지남에 따라 '게임의 규칙'이 어떻게 변했는지도 관찰할 것이다. 지배적이던 농업사회로부터 상업사회로 진화하면서 전통적으로 라틴어가 제공했던 것보다 더욱 쉽게 이용할 수 있는 서사체계의 확산과 문해력의 전반적 향상이 필요했던 과정이다. 이 과정에서 우리는 또한 프랑스 곳곳에서 많은 사람에게는 이해할 수 없는 상위언어(라틴어)가 다른 언어(왕의 프랑스어)로 완전히 대체되었다는 사실도 관찰할 것이다.

상위어로서의 프랑스어 발달

12세기 프랑스의 사회언어학적 상황은 오늘날과 비교해 볼 때 극히 복잡했다. 언어는 두 가지로 확실하게 나누어져 있었다. 즉 사회에서 상위기능을 수행하는 라틴어와 하위기능을 담당하는 수많은 지방 특유의 언어이다. 제4장에서 살펴보았듯이 이와 같은 이층어상황은 10세기 이래로 다소 바뀌었다. 즉 지방 토착어는 이제 어느 정도 문학과 법률문서에도 사용되었으며, 따라서 어떤 지방 토착어 변이체는 나머지 변이체와 비교해 볼 때 우월적 지위를 획득했다. 갈로로망어가 사용되던 넓은 지역에 두 가지 토착표준어가 출현했는데, 남부의 '**레모시어**(lemosi)'와 북부의 '**프랑스어**(françois)'였다. 하지만 라틴어는 여전히 '아주 중요한' 목적에 사용되는 유

일한 언어였고, 시공에 따라 변하지 않는 유일한 언어이면서 유일한 범유
럽어이자 '**언어**'라는 명칭을 가질 만한 언어였다(Calvet 1981: 85 참조). 그
래서 사회의 식자층은 적어도 이언어병용자여야 했다(Lusignan 1987: 9 참
조). 소수의 천부적 엘리트가 보유한 상위문화는 라틴어와 문어였고, 대중
의 자산인 하위문화는 토착어이자 대개가 구어였다. 13~17세기에 이러한
사회언어학적 상황이 급격히 변했다. 즉 두 가지 주요한 갈로로망 토착어
가 사회기능상으로 주요한 발달을 겪었다. 느리지만 끊임없이 사회 대부
분의 상위기능을 라틴어로부터 넘겨받았다. 시간이 지나면서 북부 토착어
('**왕의 프랑스어**')는 프랑스 남부의 상위기능을 오크어에서 제거시켰다. 그
럼으로써 북부의 고유 토착어는 상위언어가 지녔던 모든 본질적 특징을
모두 획득했다(이 책 pp.16~18, p.238 참조). 주요한 특징 세 가지를 살펴보
자. (1) 정부, 문헌기록과 고차원의 사상 담당 기능, (2) 드높은 위세, (3)
문학 유산. 우리는 프랑스어가 어떻게 다른 기능(특히 '**규범화**')을 획득했는
지는 제6장에서 살펴볼 것이다.

사회언어학적 기능

　13~16세기에 프랑스어는 행정과 법률의 언어일 뿐만 아니라 학문의
언어로서 광범위한 공식적·공적인 기능을 획득했다.

　13~16세기에 왕의 프랑스어는 **행정과 법률언어**로서 라틴어를 효과적
으로 대체했다. 지방 토착어가 이러한 영역들로 침투해 들어간 것은 남부
는 11세기 후반이지만, 북부는 13세기까지 기다려야만 했다. 라틴어는 두
단계에 걸쳐 대체되었다. 첫 번째 단계로 각 지방은 자기 지방의 서사체계
를 행정과 법률에 도입했다. 두 번째 단계는 파리의 서사체계가 점차 왕국
전체에 (그리고 이를 넘어서) 퍼져 라틴어뿐만 아니라 지방 토착어, 특히 **오
크어도** 대체했다. 행정영역에서 프랑스어는 분명 프랑스 왕권이 확장된
뒤에 뒤따라 확산된 것이다.

　파리로부터 왕권이 확장된 과정은 여러 번 도표로 예시되었다(Pernoud
1966 참조). 〈지도 13〉의 도표는 이를 표현한다. 왕권 확장의 첫 물결이

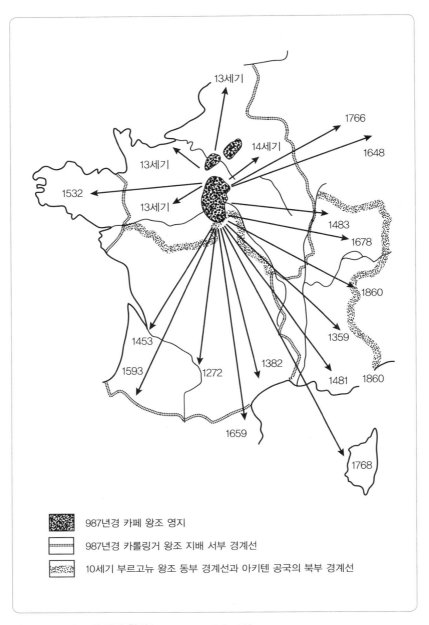

13세기

1766

14세기

1648

13세기

13세기

1532

13세기

1483

1678

1860

1453

1359

1593

1272

1382

1481   1860

1659

1768

██████ 987년경 카페 왕조 영지

│▬▬▬▬│ 987년경 카롤링거 왕조 지배 서부 경계선

│░░░░░│ 10세기 부르고뉴 왕조 동부 경계선과 아키텐 공국의 북부 경계선

지도 13 **프랑스 왕권의 확장**(Citron 1987에서 인용)

13세기에 서부 플랑타주네―노르망디, 멘, 앙주, 투렌, 푸아투―의 정복 (1205)과 함께 시작되었다. 이곳으로의 확장에 뒤이어 남부―오베르뉴 (1211)와 툴루즈(1272)의 도―가 정복되었다. 남부 진격의 빌미는 알비파 이교도―파리의 왕은 교회를 위해 이들을 철저히 발본색원하기로 했다― 처단 형식을 취했지만, 카타리파 교도의 박해와 남부 귀족의 멸망은 남부 골 지방의 잠재적인 정적(政敵)을 제거해야 했던 사건과 결코 우연의 일치 가 아니었다. 샹파뉴는 1284년에 합병되었고, 뒤이어 14세기에 리요네와 도피네가 합병되었다. 백년전쟁(14세기 중엽~15세기 중엽)에서 야기된 반란, 흑사병(1348~1349)이 초래한 인구 감소, 경제적 몰락과 뒤이은 흑사병의 창궐(지역에 따라서 주민의 8분의 1 내지 3분의 1이 사망했다)은 왕권 발달을 약화시켰지만, 15세기에 파리 왕권은 가스코뉴, 프로방스, 프랑슈콩테, 브르타뉴로 계속 확산되었다. 왕권 확장과 동시에 **프랑스**란 명칭의 지시적 의미도 동시에 확장되었다(Lugge 1960 참조).

정부기관과 행정의 언어로서 왕의 프랑스어가 지방으로 확산된 과정은 브룅A. Brun(1923, 1935)과 고센(1957, 1962, 1967)이 상세히 연구한 주제이다. 〈지도 14〉(p.148)에서 북부 프랑스에 적힌 연도의 쌍은 행정문서에서 파리의 철자법이 지방의 철자법을 대체해 나가는 과정의 시작점과 끝점을 가리킨다. 남부 프랑스의 단일 연도는 **오크어**가 프랑스어로 대체된 시기를 가리킨다. 북부 갈로로망어 지역의 지방 서사체계는 13세기에는 라틴어와 더불어 나란히 행정영역에서 사용되었다. 맨 먼저 비(非)**오일어** 변이체의 접촉지역인 피카르디, 로렌, 푸아투였다(Gossen 1967: 72 참조). 13세기 말에 지방 토착어로 기록된 문헌의 수는 라틴어로 쓰인 문헌보다 훨씬 많았으며, 따라서 14세기에 라틴어는 이제 다소 예외가 되었다. 14세기에 파리의 지배영역이 점차 넓어지면서 지역 형태들이 점차 행정문서에서 사라졌고, 이 변동은 지역에 따라 서로 다른 비율로 감소되었다. 파리의 언어형태는 13세기 중엽 샹파뉴 지방에서 확장되기 시작한 것이 확실하지만, 15세기 말에는 북부에만 분명히 나타난다. 어느 지역(예컨대 오를레앙)의 지방어 변이체는 약 50년간에 걸쳐 감소했고, 다른 지역(예컨대 부

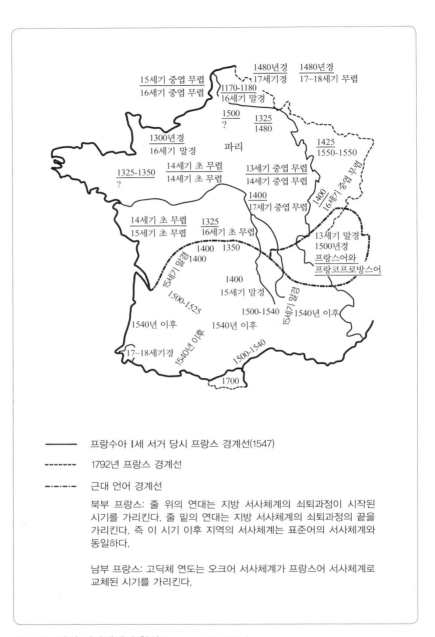

지도 14 **파리 서사체계의 확산**(Gossen 1957:429)

위 지도 설명:

━━━━━ 프랑수아 I세 서거 당시 프랑스 경계선(1547)

------- 1792년 프랑스 경계선

–·–·–·– 근대 언어 경계선

북부 프랑스: 줄 위의 연대는 지방 서사체계의 쇠퇴과정이 시작된 시기를 가리킨다. 줄 밑의 연대는 지방 서사체계의 쇠퇴과정의 끝을 가리킨다. 즉 이 시기 이후 지역의 서사체계는 표준어의 서사체계와 동일하다.

남부 프랑스: 고딕체 연도는 오크어 서사체계가 프랑스어 서사체계로 교체된 시기를 가리킨다.

르고뉴)에는 2세기 반 정도 걸렸다. 피카르디, 왈로니, 로렌은 '**파리어화**'에 대해 강력히 저항했다. 이는 단지 이 지방들이 이룩한 정치적 독립과 관련해서뿐만 아니라 (왈로니는 프랑스에 결코 흡수되지 않았고, 로렌은 1766년에 가서야 합병되었다) 또한 이 지역들의 서사전통(피카르디의 서사전통은 특히나 잘 확립되어 있었다)의 확립 정도와 관련해서 설명될 수 있다. 프랑코프로방스어 지역에서도 왕의 프랑스어는 이와 유사하게 수렴을 통해 확산된 것 같다(Marchello-Nizia 1979: 29-30 참조).

남부 갈로로망어 지역에서 오크어와 프랑스어 간의 언어전이는 더욱 급격히 일어났다. 오크어는 북부의 프랑스어보다 더욱 오랫동안 행정언어로서 광범위하게 사용되었다. 따라서 14세기 말까지 그 지위는 매우 확고했다. 프랑스 남부의 여러 도(道)의 고문서 보관소에는 13~14세기에 오크어의 다양한 지역적 형태로 기록된 엄청난 양의 행정문서가 보관되어 있다. 파리의 왕들은 처음에는 행정에서 오크어 사용 전통을 배제하려고 시도하지 않았다(Brunot 1966: I, 869-70 참조). 프랑스어는 15세기에 점차 널리 사용되기 시작했다. 남부의 행정기능에 프랑스어가 침투한 연대적 · 지리적 국면은 〈지도 14〉에 표시되어 있다. 브뤼노F. Brunot (1923: 106)는 흥미롭게도 1450~1550년에 기본적으로 일어난 이 두 언어 간의 언어전이는 "진화라기보다는 급변(moins une évolution qu'une mutation brusque)"이라고 지적한다. 언어전이가 상대적으로 용이하게 이루어졌다는 것은 이 변화가 피상적이고 인위적인 면이 있다는 것을 암시한다. 즉 오직 서사언어와 공공업무에서 사용되는 언어만이 영향을 받았고, 따라서 주민 대다수가 시골농민이고, 구술문화가 지배적인 남부 사회에서 언어전이는 일상대화에는 큰 함축 의미가 없는 것 같다.

몽페랑(퓌드돔Puy-de-Dôme의 주도)의 기록문헌 사례는 이러한 점에서 시사적이다(Lodge 1985 참조). 몽페랑은 12세기에 '신도시'로 창건되었고, 지방 영주가 일상적 특권을 부여한 곳이다. 이곳의 회계장부는 1259~1630년까지 시의회 의원 8명의 지출명세를 기록하고 있다. 비록 오베르뉴는 1211년에 프랑스 왕국에 합병되었으나 **오크어**의 지역어 변이체는 13

세기가 지나면서 점차 더욱 널리 사용되었다. 그래서 라틴어와 더불어 이 지역어 변이체는 1390년까지 유일한 기록언어로 계속 사용되었다.

이 시기가 지나면서 몽페랑의 문헌을 기록한 지역어는 프랑스어에 오염되기는커녕 그 지방의 특징을 분명히 나타내고, 일반적인 오크어 규범과 거의 일치한다. 몽페랑 고문서 보관소의 문서들이 **오크어**에서 프랑스어로 전이되는 과정—아마 1390년에 시작된 것 같다—은 급작스런 것이었는데, 이는 분명 정치적으로 일어난 것이었다. 즉 이 지역의 왕권 대리자(베리의 공작)는 백년전쟁 동안에 이 도시를 영어로부터 보호하기 위해서 몽페랑 주민에게 더 이상 의지할 수 없다는 사실을 느꼈을 것이다. 그래서 그는 자기 수하 사람을 의회의원으로 앉혔다. 이들은 물론 행정문서에서 왕의 프랑스어를 충실히 사용하는 사람들이었다. 하지만 이 도시의 '명문가'와 주변 농촌의 일상회화에서 왕의 프랑스어가 채택되기까지는 3세기가 더 소요되었다(이 책 pp.240~42 참조).

왕들이 행정에서 사용된 언어를 통일하도록 촉구한 것은 무엇이었는가? 13세기와 14세기 대부분의 기간에 왕들은 남부 오크어권과 관련된 업무는 라틴어로 보았고, 필요한 경우 오크어로 설명하고 번역했다. 이 정책을 변경시킨 요인은 백년전쟁이 야기한 정치적·사회적 변혁이었던 것 같다. 백년전쟁의 종식으로 왕권은 툴루즈(1444), 그르노블(1453), 보르도(1462), 엑스(1501)에 법원을 설치하여 남부 지방에서 권력을 공고히 구축하려고 했다. 왕권은 파리에서 멀리 떨어진 지방에 있는 신하들의 충성심에 더 이상 의존할 수 없었다. 왕권은 복종을 강요받은 지방 거주 신하들에게 확고한 기반을 두어야 했다. 왕권이 행정에서 맨 먼저 제거하려고 노력한 언어는 라틴어였지 오크어는 아니었다. 남부에서 공공업무의 언어는 라틴어가 될 수 없었고, 지방 토착어(오크어와 왕의 프랑스어)여야만 했다. 이 정책은 15세기 말과 16세기 초에 몇 번에 걸친 왕의 칙령으로 공식화되었다. 1490년 공표한 물랭Moulins 칙령은 모든 법정 심문과 조서는 '**프랑스어 또는 모어**(langage françois ou maternel)'로 작성해야 할 것이라고 명시했다. 1510년에 루이 12세는 모든 소송절차에 이용되는 법률문서는

'대중어와 지방의 언어(vulgaire et langage du pays)'로 작성할 것을 명령했다. 이는 1535년의 이스쉬르틸Is-sur-Tille의 칙령에서 예상되는 변화, 즉 "프랑스어 '또는 적어도' 전술한 지방의 토착어로(en françoys ou a tout le moins en vulgaire dudict pays)" 작성할 것을 암시한다. 강조한 것은 필자이다.

마침내 1539년 프랑수아 1세는 유명한 빌레르코트레Villers-Cotterêts 칙령을 공표했다.

> 최고법원이나 하급심 법원의 그 어느 곳에 속하든 모든 법적 결정문과 모든 절차—재판기록, 심문조서, 계약서, 위임장, 유언장 또는 어떤 종류의 기타 법조문이나 법률문서나 이들과 관련된 부속서류—는 소송 당사자들에게 모어 프랑스어로 고지하고, 등록하고, 송달해야 하며, 그 외의 다른 어떤 언어로도 해서는 안 된다.

> tous arrestz ensemble toutes aultres procedures, soit des cours souveraines ou aultres subalternes et inferieures, soit de registres, enquetes, contrats, commissions, sentences, testaments ou aultres qeulquonques actes ou exploits de justice ou qui en dependent ... soient prononcez enregistrez et deliverez aux parties en langage maternel françois et non aultrement.

1490년, 1510년, 1513년의 칙령처럼 빌레르코트레 칙령은 주로 법률 행정어로서 라틴어 사용 방지에 초점이 맞추어져 있다. 그렇지만 어떤 언어나 언어들을 사용하도록 규정했느냐에 대해서는 언어역사가들 사이에 논란이 분분하다. '프랑스 모어(langage maternel françois)'는 무엇을 의미하는가? 이전의 칙령들은 '프랑스어(françois)'를 지방의 '모어/토착어(en langage maternel/vulgaire du pays)'와 대조시킨다. 이는 동일한 명사구 내에 이 용어들을 합성시킨 것이다. 페르H. Peyre(1933)와 피오렐리P. Fiorelli

(1950)는 이 칙령이 단지 이전의 칙령들을 반복한 것에 지나지 않는다고 주장한다. 즉 프랑스어와 지방 토착어는, 둘 다 인정할 수 있는 라틴어의 대체어라는 것이다. 그렇지만 브룅(1951)은 빌레르코트레 칙령이 혁신적이라는 종전의 입장을 고수한다. 즉 오직 왕의 프랑스어만이 이제 법률행정에서 허용된다는 것이다. 그는 '모어'를 라틴어와 대립되는 지방 토착어의 전통적 의미를 지닌 것으로 간주했다(이 책 pp.113~14, 123~24 참조). '**프랑스어**(langage françois)'는 토착어 중 하나라는 것이다. 빌레르코트레 칙령은 오직 북부('**프랑스어**')의 토착어('**모어**')만 사용해도 좋다는 점을 최초로 규정한 것이다.

　　1539년의 빌레르코트레 칙령의 주요 목표는 이전의 칙령들처럼 라틴어였다. 칙령의 이러한 면을 수없이 반복한 주장들이 **구체제**(ancien régime) 말기까지 전해 내려와서 법조단체의 라틴어 옹호를 위한 저항을 증언한다 (Peyre 1933: 92-101 참조). 지방 토착어에 관한 한 반복 주장은 필요 없었다. 이는 이 칙령에 대한 브룅의 해석이 옳다는 것을 강력하게 암시한다. 1539년경 법률조서에서 대부분의 지방어는 이제 사실상 왕의 프랑스어로 대체되었다. 왕의 정치적 지배하에 있는 지방뿐만 아니라 인근 지방(왈로니, 로렌, 프랑슈콩테, 보, 프로방스, 사부아, 비고르, 푸아)도 마찬가지였다 (Brun 1923: 423 참조). 이 패턴에서 제외된 지방은 나바르와 루시용이었고, 이곳에는 실질적으로 더욱 오랫동안 가스코뉴어와 카탈루냐어가 계속 공식적으로 사용되었다(Bec 1967: 83 참조). 프랑수아 왕이 이 칙령을 포고하면서 토착 오크어를 배제하고, 법정 밖으로 프랑스어 사용을 확산시키려는 생각이 전혀 없었다고 가정하는 것은 아마도 시대착오적일 것이다 (Trudeau 1983 참조). 문제가 된 것은 행정의 효율성을 통한 정치적 지배였다. 즉 세 언어(프랑스어, 라틴어, 오크어)를 법률문서에서 사용한다는 것은 행정을 번거롭게 하는 일이다. 언어통일은 왕의 관료에게는 더욱 간단한 일이었을 것이다. 만일 사용 언어가 왕의 프랑스어라면, 왕의 측근 지배 엘리트들은 분명 이 프랑스어를 사용한다는 것만으로도 자신의 사회적 권력을 충분히 인식했을 것이다.

중세 후반에 프랑스어는 정부의 행정언어로서뿐 아니라 **학문의 언어**이기도 했다. 중세를 통해 라틴어는 주로 의사와 법률가를 포함해 사제로 구성된 교육계층(교회와 대학)의 보호를 받는 특권층의 언어였다. 라틴어는 특정한 종교적·과학적 기능을 공식적으로 수행했으며, 서로 다른 언어배경을 지닌 사제들의 **공통어**로 사용되었다. 그리하여 라틴어를 아는 자들에게는 엄청난 지위와 사회적 권력이 부여되었다. 파리대학 내에서 프랑스어는 언제나 사제들 간의 비공식 대화에서 사용되는 언어였지만, 1530년 콜레주 드 프랑스Collège de France 창립 이후에야 프랑스어는 최초로 강의실에서 사용되었다. 이는 14세기 이후에 프랑스어가 문헌어로서 교육계에 더욱더 광범위하게 사용되었음을 의미한다. 베크P. Bec(1967: 79)는 이 시기에 프랑스 남부의 오크어가 북부의 프랑스어와 비슷하게 학문어로 확실하게 사용되었다는 것을 보고한다. 토착 프랑스어가 최초로 침투한 영역은 역시 과학과 철학이었다. 최초에는 라틴어 번역을 통해 토착 프랑스어가 침투했다(Monfrin 1963, 1964, Rickard 1976: 7-10; Lusignan 1987: 129-71 참조). 14세기에 프랑스어는 당시까지 라틴어가 오래 사용되던 지식을 주로 대중화하는 데 이용되었지만 지식의 대중화의 수준이 점차 높아지면서 프랑스어는 15세기 말에 고차원적인 사고수단으로 확고히 자리 잡았다.

　　특히 도시에서 부가 늘면서 소수의 사제계급이 소유하던 (라틴어로 고이 간직되었던) 지식 독점을 분쇄하려는 강한 압력이 생겨났다. 인쇄물의 발간도 거기에 큰 계기를 제공했다(Eisenstein 1979 참조). 작가가 토착어로 글을 쓴다는 것은 사람들의 눈에는 권위가 아주 떨어지는 것이었지만 이는 광범위한 독자층을 확보하고, 따라서 인쇄업자에게 더 많은 수익을 가져다 주었다. 르페브르와 마르탱(Huchon 1988: 23에서 인용)은 16세기 파리의 인쇄업계에 프랑스어로 출판된 책수가 점차 증가했다는 것을 잘 보여준다.

	1501년	1528년	1549년	1575년
프랑스어로 된 책수	80	219	332	445
	80	38	70	245
비율	10%	14%	21%	53%

　학문 분야가 확장됨에 따라 저자들은 라틴어보다는 프랑스어로 독창적인 학술서를 쓰기 시작했다. 브뤼노(1966: II, 36-79)는 16세기 동안에 프랑스의 의학, 수학, 철학, 역사 분야로 프랑스어가 확산되는 과정을 추적했다. 토착 프랑스어의 착근에 가장 저항한 분야는 의학과 가톨릭 신학이었다. 반면 외과학과 약학—전통적으로 의학의 비학문적 영역으로 주로 이발사와 식품업자가 다루었다—에는 앙브루아즈 파레Ambroise Paré 같은 저자가 프랑스어로 독창적인 외과학을 출간했고, 칼뱅의 신교 개념들은 프랑스에서 주로 프랑스어라는 매개를 통해서 널리 퍼졌다(Brun 1923: 426 참조). 프랑스어는 그 외의 유럽 지역처럼 라틴어를 아는 소수자의 상태로부터 다수자의 상태로, 주로 구어적·공적·집단적 교양으로부터 문어적·사적·개인적 교양으로 서서히 넓혀 가기 시작했다. 하지만 글쓰기와 학술어로서 라틴어가 프랑스어로 대체된 것은 16세기가 되어서도 결코 끝나지 않았다. 과학과 철학 저술은 17세기에도 라틴어로 작성되거나 라틴어로 번역되었다(Brunot 1966: V, 21-24 참조). 라틴어는 20세기까지도 여전히 가톨릭교회의 주요 언어였다. 1529[1530]년 콜레주 드 프랑스의 창설 같은 발전이 있었지만—강의에서 프랑스어를 제한적으로 쓰는 것이 허용되었다(Monfrin 1972: 765)—라틴어는 19세기까지 프랑스의 공식교육의 주요 언어로 사용되었다. 1905년에 와서야 소르본 대학에 제출하는 박사논문을 라틴어로 작성해야 한다는 규정이 폐지되었다. 16세기에 글을 읽고 쓰는 것을 배운다는 건 곧 라틴어로 읽고 쓰는 것을 배우는 걸 의미했다. 프랑스어라는 매개를 통해 가끔 교육이 이루어졌다는 사실은 부차적인 중요성을 가질 뿐이었다. 몽테뉴M. de Montaigne는 『수상록Essais』을 프

랑스어로 쓰려고 했으나 참된 배움을 위해 가장 정확한 언어가 어떤 언어인지에 대해서는 추호의 의심이 없었다.

나는 소수의 제한된 사람을 위해 그리고 짧은 몇 해 동안 책을 쓰고 있다. 그것이 영속적인 주제였다면, 더욱 확고히 안정된 언어로[즉 라틴어로] 작성해야 했을 것이다. 지금까지 프랑스어가 겪어 온 '끊임없는 변화' 때문에, 지금의 형태가 50년 뒤에도 여전히 사용되리라는 기대를 누가 예상할 수 있겠는가? 그것은 날마다 우리 손길을 빠져나가며, 내 일생 동안에도 반 정도가 변했고, 지금 상태에서 그것이 완벽하다고 말한다. 각 세기는 그 세기의 언어에 대해 똑같은 말을 한다.

J'escris mon livre a peu d'homes et a peu d'annees. Si c'eust esté une matiere de duree, il l'eust fallu commettre a un langage plus ferme. Selon la variation continuelle qui a suivy le nostre jusques a cette heure, qui peut esperer que sa forme presente soit en usage, d'icy a cinquante ans? Il escoule tous les jours de nos mains et depuis que je vis s'est alteré de moitié. Nous disons qu'il est a ceste heure parfaict. Autan en dict du sien chaque siecle.

(Montaigne 1967: 397)

토착 프랑스어를 학술어로 사용하는 것이 확산되면서 유럽에서 라틴어와 그리스어 연구의 문예부흥기에 큰 자극제가 되었다는 것은 참으로 역설적이다. 카롤링거 왕조 시기와 12세기 문예부흥기에도 이와 유사한 토착어 확산과정을 관찰할 수 있다(이 책 pp. 110, 133 참조). 라틴어에서 모든 형식적 기능을 제거하고, 토착 프랑스어의 발달을 위한 길을 연 것은 에라스무스 같은 16세기 작가들이 (라틴어로 키케로의 규범으로 복귀시킬 희망으로) 수행한 라틴어의 **'순화작업'**이었다고들 주장한다. 또한 그와 정반대로 주장할 수도 있다. 즉 이 토착 프랑스어를 통한 학문의 광범위한 확산으로 지식 엘리트 계층은 권위 있는 특권을 유지하기 위해 라틴어를 더욱 세련되게 발전시켰다고 주장할 수도 있다. 하지만 더욱 설득력 있는 것은 토착 프랑스어의 발달과 라틴어의 세련화 두 가지가 모두 15세기 후반과 16세기에 일어난 지적 활동의 증가 추세의 산물이라는 것이다. 이제 문어 문화의 라틴어 독점권은 마침내 종말을 고했다. 종교개혁으로 모든 신자가 구원의 수단(성경)을 이용할 수 있게 되었다. 하나님의 말씀은 더 이상 사제들의 독점적 전유물이 될 수 없었다. 상업경제의 발달로 글을 깨치는 도구인 프랑스어가 과거에 접근할 수 있었던 것보다 훨씬 광범위한 주민이 이제 이용할 수 있게 되었다.

위세

둘째로 중요한 상위언어의 특징은 첫째 특징에서 유래한다. 즉 공동체의 권력층의 언어가 보통 다른 언어변이체보다 더욱 위대하고, 더욱 우아하고, 더욱 미적이며, 더욱 논리적 언어라는 것이다. 다시 말해서 그것은 더 큰 위세를 지니고 있다. 왕의 프랑스어의 위세는 15~16세기에 더욱 증가되고 가속화되었다. 그것은 분명 엘리트 지배계층의 마음에는 국가의 정체성에 대한 새로운 의식의 발달과 관련 있다. 이 점과 관련해 왕의 프랑스어의 위세 확장을 한편으로는 라틴어와 비교해서, 다른 한편으로는 토착어(프랑스의 토착구어, 특히 오크어와 프랑스 국외의 토착구어, 특히 이탈리아어)와 관련해서 살펴볼 것이다.

13세기 프랑스에 생겨난 이층어상황에서 상위언어로서의 라틴어는 분명히 더욱 상위 가치를 지닌 언어였다. 토착구어는 낮은 위세를 지녔고, 이 언어변이체는 가정, 모친, 탄생지 등과 관련되었다(이 책 pp.122~23 참조). 이와 관련되는 사람들은 화자의 '**국가**(nation)'〔< 라틴어 nasci(태어난)〕와 연관 있다. 하지만 13세기에 '**국가**' 개념은 프랑스와 영국에서 15세기 후반에 형성되기 시작한 중앙집권적 '**국가적 정부**(nation-state)'와는 거리가 매우 멀었다(Beaune 1985, 1987 참조). 봉건국가는 느슨한 '국가' 연합체였

고, 영주가 구현하는 국가에 대한 언어충성심 같은 것은 몰랐으며, 봉토 내의 '국가'들 간의 업무는 이론적으로는 상위언어인 라틴어로 이루어졌다 (Chaytor 1945: 22-47 참조). 언어와 국가의 관계에 대한 중세적·근대적 가정을 분리시킨 심연은 1260년대에 이탈리아인 브루네토 라티니Brunetto Latini가 쓴 인용문에서 분명히 예시되고 있다.

> 누가 나에게 이 책을 왜 프랑스의 방식을 따라 로망어로 기록했는가를 묻는다면—우리가 이탈리아인이기 때문에—그것은 두 가지 이유 때문이라고 말할 것이다. 첫째는 우리가 프랑스에 있기 때문이고, 둘째로 그 말[프랑스어]이 다른 모든 언어 가운데 가장 유쾌하고, 가장 널리 말해지기 때문이다.

> Et se aucuns demandoit pour quoi cis livre est escris en romanc selonc la raison de France, puis ke nous somes italien, je diroie que c'est pour .ii. raisons, l'une que nous somes en France, l'autre pour cou que la parleure est plus delitable e plus commune a tous langages.

> (François 1959: I, 103에서 인용)

15세기경 언어와 '국가'의 관계가 바뀌었다. 프랑스 국가(즉 파리 지방)는 골 지방의 다른 '국가'들 중 상당수를 지배하게 되었다. 권력의 집중으로 지배를 받는 지방들은 프랑스 '국가'에 동화되었고, 이 과정에서 지배계급은 자기 언어를 새로운 국가 정체성의 상징으로 보기 시작했다. 왕의 프랑스어가 **공용어**('국가들' 간의 정치적·법적·행정적 업무를 수행하는 수단)로서 라틴어의 기능을 대체하자 이로 인해 필연적으로 위세가 라틴어에서 왕의 프랑스어로 이관될 수밖에 없었다.

뤼지냥S. Lusignan(1987: 47)은 13~14세기에 벌써 모두 라틴어와 지방 토착어의 상대적 지위에 대한 지식인들의 입장이 똑같지 않았다고 지적한다. 예컨대 전통적인 사제의 지위는 지방 토착어가 결코 다다를 수 없는 우세한 차원에 있었다. 반면 단테는 라틴어의 특수한 위상을 정당화시킬 수 있는 내재적 자질을 조금도 알지 못했다. 그가 느끼기에는 라틴어의 상위지위는 라틴어가 세련되고 체계화되었기 때문에 생긴 것으로 생각했다. 이 과정은 지방 토착어도 따라갈 수 있는 과정이었다. 16세기 프랑스에서 전통적 사제들이 쓴 논문은 신랄하게 공격받았다. 지식인들은 프랑스어와 라틴어의 지위가 동등하다는 것을 공개적으로 주장하기 시작했다. 1529년 토리G. Tory는 프랑스어가 "글을 쓰는 데 이용되면 다른 언어만큼이나 훌륭하고 멋진 것(est aussi belle et bonne qu'une autre, quant elle est couchee par escript)"(Rickard 1968: 3에서 재인용)이라고 주장했다. 프랑스어의 새로운 위세에 대한 가장 유명한 주장은 뒤 벨레J. Du Bellay의 『프랑스어의 옹호와 현양Defense et Illustration de la langue françoise』(1549)에 나온다. 프랑스어는 최초로 그 자체로 연구할 만한 가치가 있는 대상이 되었다. 다시 말해서 어휘부(Quemada 1968 참조), 프랑스어 문법(Padley 1983 참조), 프랑스어의 기원(Fauchet 1581; Huchon 1988: 16-20 참조)에 진지한 메타언어학적 관심을 두기 시작했다. 프랑스어는 빛나는 과거, 즉 '역사성'을 획득함으로써 위엄을 획득했다. 그리하여 라틴어가 지고의 존엄한 언어로서 주로 교회와 관련해 사용되었지만, 문예부흥으로 세속적 가치의 진보를 경험하자 라틴어의 지위는 어쩔 수 없이 바뀔 수밖에 없었다. 그리하여 라틴어는 다소 주변적이 되거나 '한쪽으로 밀린' 언어가 되었다.

프랑스어가 라틴어를 밀어내고 위세를 획득함과 동시에 왕의 프랑스어는 갈로로망어의 지방 토착어 수준 이상으로 격상되었다. 제4장에서 살펴본 바대로(이 책 pp.118~19) 왕의 프랑스어의 지위가 지닌 함축적 의미는 프랑스 북부에서는 비교적 일찍부터 인정받았다. 이 사실은 문학 텍스트에 적합한 언어로 인정받은 것에 반영되어 있다. 플랑타주네와 연관된 '서부' 언어의 특징들은 13세기 초에 노르망디와 앙주가 합병된 이후에 곧장 '고상한' 장르(궁정문학)에서 사라졌다(Lodge 1979: 58; Nezirovic 1980:

183-85 참조). 문학작품에서 피카르디어 형태들은 13세기 전체를 통해 강하게 남아 있었는데, 북부의 부유한 도시들이 파리만큼 대단한 위세를 떨치고 있었기 때문이다. 14세기에 북부 도시들의 경제적 쇠퇴가 목격되었고, 그 결과 분명 파리의 언어규범만이 점진적으로 문학 텍스트에서 허용되었다. 문학작품에서 실질적으로 지방적 형태를 사용한 귀족사회의 뛰어난 작가들 중 최후의 문학가는 프루아사르J. Froissart였다(14세기 후반). 하지만 그의 작품에서도 피카르디 어법의 흔적이 이야기 자체보다도 직접화법에 더 많이 나타난다는 사실이 지적되었다.

남부에서 왕의 프랑스어 위세는 더욱 늦게 인정받았다. 알비파 원정 (1209~1244)은 남부 귀족사회의 독립을 해체했지만, 14세기 말 이전에는 언어에 심각하게 미친 영향은 발견하기 어렵다. 14~15세기에 오크어로 된 문학작품이 풍부하게 양산되었다. 그리하여 베크P. Bec(1967: 82)는 16세기에도 오크어가 여전히 과거의 위세를 떨치고 있었다는 점을 지적한다. 수많은 오크어 문법서가 중세 후기에 저술되었다. 특히 요프레 데 포익사Jofre de Foixa의 『음유시인의 규율Regles de Trobar』, 위그 파이디 Hugues Faidit의 『프로방스어 강해Donat Proensal』(13세기), 저명한 『연애시가Leys d'Amor』(14세기)를 들 수 있다. 1323년 툴루즈의 주도적 자치도시들은 오크어로 기록된 문학활동을 고취하기 위해 가이 사베르 시인협회 (Consistori del Gai Saber)를 창설했다. 14세기 동안에 파리의 문학적 유행의 위세가 점차 오크어로 쓴 작품들을 이류로 격하시켰다. 르위카H. Lewicka (1971)는 15~16세기의 프랑스 연극을 연구했는데, 그는 남부에서 신비주의적 도덕극이 프랑스어로 작성되었으며, 더 하위의 장르들은 남부 방언으로 기록되었다는 사실을 관찰했다. 1513년이라는 연대는 상징적으로 중요하다. 가이 사베르 시인협회는 수사학 콜레주(Collège de Rhétorique)로 바뀌었고, 오크어로 기록된 문학작품은 더 이상 중요하게 고려되지 않았다(Bec 1967: 79 참조).

이 시기에 왕의 프랑스어는 전체 갈로로망어 영역을 통해 다른 어떤 언어보다 '**더욱 우수하고, 더욱 우아한**' 언어변이체로 인식되었다. 모어가 오크어였던 16세기 작가들은 프랑스어로 책을 출간하기로 결심했다. 몽테뉴, 브랑톰Brantôme, 뒤 바르타Du Bartas는 아마도 가장 뛰어난 사례일 것이다. 그렇지만 이러한 사태도 북부의 르네상스에 버금가는 16세기의 오크어 르네상스의 출현을 막지는 못했고, 이와 함께 언어 충성심을 나타내는 유사한 표현도 나왔다. 툴루즈 출신의 시인 구둘리P. Goudouli (1580~1649)는 다음과 같이 선언했다.

> 툴루즈 태생인 나에게는 모든 종류의 사상을 천착하게 해주는 이곳의 우아한 언어를 가진 기쁨이 있다. 그리고 바로 이런 이유로 귀중하고 존경받는 작가들은 자랑할 만하다.

> Noirigat de Tolosa, me plai de mantenir son lengatge bel, e capable de derrambulhar tota sorta de concepcions; e per aquo digne de se carrar amb un plumachon de pretz et d'estima.
>
> (Bec 1967: 88에서 인용)

프랑스인, 특히 사회의 최상류층은 남북부 공동 정부에 대한 의식이 발달했기 때문에 그들이 사용하는 언어는 공통의 정체성의 상징과 수단이 되었다. 특히 프랑스 외부의 경쟁집단에 대한 차별의 상징과 수단이 되었다. 프랑스어의 지위와 위세에 대한 논의는 16세기 이탈리아인과의 엄청난 문화적 접촉을 통해서 초미의 관심사가 되었다. 14~15세기 동안 이탈리아 도시국가(특히 베네치아, 밀라노, 제노바, 피렌체)는 굉장히 번성했고, 인구가 많았다. 따라서 이탈리아와의 교역은 늘어났고, 프랑스 제2의 큰 연결도시로서 리옹의 성장을 촉진시켰다. 이탈리아의 번성으로 프랑스 왕들의 탐욕은 자연히 자극되었고, 세 명의 왕이 1494년과 1525년 사이에 많은 군사와 함께 알프스 산맥을 넘었다. 왕족 간의 혼인이 이루어지면서 프랑스 궁정에는 이탈리아 왕족뿐만 아니라 예술가, 불필요한 불청객과 이탈리아 여왕인 카트린 드 메디시스Caterine de Médicis까지 오게 되었다.

16세기 내내 그리고 17세기에도 이탈리아에 대한 프랑스의 문화적 열등 감은 지배 엘리트의 가슴속 깊이 자리 잡고 있었다. 프랑수아 1세 (1515~1547)는 위대한 이탈리아 군주들이 누리던 화려하고 사치스런 생활을 열렬히 원했다. 그 당시의 많은 메타언어적 활동도 이와 유사한 동기에서 생겨났다(Dubois 1970, 1972 참조). 장 르메르Jean Lemaire des Belges의 『두 언어의 일치 *Concorde des deux langaiges*』(1511)는 프랑스어와 이탈리아어의 가치가 동등하다는 것을 증명하려는 시도였다. 뒤 벨레의 『프랑스어의 옹호와 현양』(1549)은 이탈리아어를 현양하는 이탈리아어 책의 프랑스어판(Brunot 1966: 87 참조)이었다. 피렌체의 아카데미아 델라 크루스카 Accademia della Crusca를 모델로 삼아 아카데미 프랑세즈Académie Française는 1세기 후(1635)에 설립되었다. 이처럼 더욱 진보된 이탈리아 문화와의 접촉을 통해 수많은 이탈리아 단어들이 차용되었다(Hope 1971: I. 148-248 참조).

하지만 이탈리아 문물이 모든 사람에게 일방적으로 환영받았던 것만은 아니었다. 신교도였던 에티엔H. Estienne의 이탈리아어에 대한 적대감에는 국가적 이유만이 아니라 종교적 이유도 있었다. 어쨌든 그가 쓴 대작의 제목은 국가적 정체성의 상징으로서 프랑스어의 새로운 역할을 잘 보여준다.

1565년 『프랑스어와 그리스어의 일치*Traicté de la conformité du langage françois avec le grec*』
(이탈리아어는 일반적으로 인정하듯이 라틴어와 관련 있지만, 에티엔에 따르면, 프랑스어는 더욱 권위가 뛰어난 언어인 그리스어와 관련 있다)

1578년 『이탈리아어화된 새로운 프랑스어의 두 담화*Deux dialogues du nouveau françois italianizé*』

1579년 『프랑스어의 우수성 *La Précellence du langage françois*』

이와 같은 언어 충성심의 열렬한 표현은 20세기 영어법에 반대하는 프랑스어 캠페인에서도 매우 유사한 예를 볼 수 있다(Hagège 1987: 17-23 참조). 어떤 사람들은 이탈리아어 차용을 배신으로 간주했고, 따라서 그러한 배신을 목격함으로써 더욱 안정된 지배계층은 늘 적개심에 고취되었다. 그리고 이런 적개심은 언어 충성심을 초래했다(Weinreich 1968: 101 참조).

언어옹호에 개입된 메타언어적 활동에도 불구하고, 언어 위세는 이를 말하는 화자가 지닌 엄청난 부와 권력과 불가피하게 연관되어 있다. 17세기에 프랑스어의 국제적 위상은 지속적으로 높아졌고, 그 어떤 지방 토착어도 달성하지 못한 위세를 지니게 되었다. 이러한 위세의 근저에는 프랑스어의 내재적 속성(명료성, 논리성, 우아함 등)이 있다. 이를 번번히 내세우는 주장의 근거를 실질적으로 뒷받침하기는 어렵다. 반면에 어떻게 이런 위세가 (게르만 제국의 합스부르크 왕조와 에스파냐의 왕을 억누른) 파리 왕권의 성장—이는 루이 14세(1643-1715) 치하의 빛나는 영광에서 극에 달했다—과 일치하는지를 보여 주기란 아주 쉬운 일이다.

프랑스 문학 유산의 발달

퍼거슨(1959: 238)이 상위언어와 하위언어로 표현한 것을 구별하는 첫째 기준은 상위언어가 일반적으로 언어공동체가 높이 찬탄하는 문학전통을 매개하는 수단이라는 것이다. 문제의 이 문학은 보통 당대 사회와는 멀리 떨어져 있으며, 그 근본은 먼 과거나 다른 언어공동체에 모든 기반을 둔다(Fasold 1984: 36 참조). 이는 로마 시대 이래로 유럽의 라틴문학의 입장이었다. 즉 17세기 이전에는 서유럽의 토착문학 가운데 어떤 문학도 라틴그리스 전통의 위세에 대적할 수 없었다. 그 이전의 9세기와 12세기에 일어난 문예부흥처럼 15~16세기의 문예부흥은 그 위세를 더욱 높이 떨쳐나갔다. 말하자면 프랑스 **'고전'** 작품의 전범을 형성한 시기에 이루어진 문학적 발달을 고찰하는 것이 가능하다는 말이다. 후대의 사람들은 프랑스 **'고전'** 작품을 중세와 문예부흥 시기의 학자들이 라틴그리스 고전문학을 바라본 시각과 같은 방식으로 바라볼 것이다. 이 운동은 17세기의 위대한

'고전' 작가들의 작품에서 그 절정에 달했다.

라틴어의 위세에도 불구하고 중세 후기에 특히 궁정과 관련해 프랑스어로 된 아주 놀랄 만한 문학전통이 생겨났다. 13세기 작가들, 예컨대 장 드 묑Jean de Meung과 14~15세기의 시인 알랭 샤르티에Alain Chartier, 연대기 작가 프루아사르와 코민Ph. de Commines은 많은 문학작품 코퍼스를 놀랄 만한 문학유산으로 남겼다(François 1936: 96-97 참조). 그러한 문학은 우선은 라틴어로 쓰인 작품들보다 진지하지 못한 것으로 간주되었지만 경우에 따라 후세 작가들에게는 추종하거나 배척해야 할 전통이 되었다. 15세기에는 '제2의 수사학 기법'(Marchello-Nizia 1979: 48-49 참조)으로 무장한 프랑스 문학 모델을 체계화하려는 시도가 있었고, 17세기는 프랑스 문학의 위상을 향상시켜 라틴 (이탈리아) 문학이 누렸던 경탄의 수준까지 끌어올리려는 조치를 의식적으로 취한 것을 목격할 수 있다(Fauchet 1581; Huchon 1988: 49-63 참조). 창조적인 플레야드파 작가들은 프랑스어를 '현양하려는' 작품, 즉 빛나는 작품을 생산하려고 의식적으로 부심했으며, 이 운동의 **마니페스토**는 유명한 『프랑스어의 옹호와 현양』(du Bellay 1549)에 나타난다. 문학 프랑스어는 자부심의 대상으로서 절차탁마해야 할 일종의 인공물이 되었고, 프랑스 공동체의 위대한 인물들이 영양을 공급하고, 시인들이 풍요롭게 만든 인위적 작품[인공물]이 되었다. "우리 프랑스어가 더 풍부한 어휘를 소유하면 우리 프랑스어는 더욱 완벽해질 것이다(Plus nous aurons de mots dans nostre langue, plus elle sera parfaicte)"라는 말은 플레야드파의 주요 금언 중 하나였다.

프랑스 문학어가 '**완성**'의 경지에 도달했다는 개념이 최초로 16세기의 문학서클에 출현했다. 이는 위대한 상대주의자인 몽테뉴의 생각에는 다소의 의구심을 불러일으킨 사상이었다(이 책 p.155 참조). 하지만 이 개념은 17세기에 절정을 이룬다. 루이 14세(1643~1715)의 궁정은 과거 문학에 대해 경외심을 가졌지만, 주요 관심사는 당대의 작가들, 즉 코르네유P. Conrneille, 몰리에르Molière, 라신J. Racine, 보쉬예J.-J. B. Bossuet, 세비녜 부인Mme de Sévigné, 부알로N. Boileau 등의 작가에 국한되었다. 이 작가들은 18~19세기 프랑스의 문학 위상의 정수를 형성하는 소위 후대 학생들이 모델로 모방해야 할 '**위대한 고전주의 작가들**'로 간주되었다.

새로운 언어변이체의 세련화

프랑스어가 수행하는 기능의 범위가 넓어지면서 문체 변동의 범위도 자동적으로 확장되고 증대되었다. 새로운 상위기능을 다룰 수 있는 세련된 어휘와 통사법뿐 아니라 화자의 수도 늘어나고 다양해지면서 프랑스어의 사회적 층위 구성도 복잡해졌다. 이 장의 나머지 부분에서는 이 둘째 문제를 주로 다루겠다.

프랑스어가 '**토착구어**'의 단계에서 '**개화된 언어**'의 단계로 격상됨에 따라 "기록과 관련된 모든 기능, 예컨대 정부와 법원, 모든 종류의 행정문서, 교육문서, 과학문서, 여러 형태의 문학에서 선택된 변이체를 이용하는 것"(Hudson 1980: 33)이 가능해졌다. 프랑스어는 새로운 언어수단을 개발시켜 새로운 기능을 수행했다. 그리하여 새로운 언어사항(어휘와 통사법)이 변이체에 추가되었다. 하나씩 차례로 살펴보자.

14~16세기는 엄청나게 많은 **어휘**가 창조된 시기였다. 기로P. Guiraud (1966: 50-72)는 도자A. Dauzat의 『어원사전Dictionnaire étymologique』에 목록화된 모든 어근-단어가 최초로 확인되는 연대를 연구하면서 근대 프랑스 어휘부의 43%가 14~16세기에 프랑스어에 도입되었다고 추산했다.

?~12세기	15%
13세기	7%
14세기	15%
15세기	8%
16세기	20%

17세기	11%
18세기	11%
19세기	13%

14~16세기에 최초로 확인되는 신조어들 중 절반이 라틴어와 그리스어 차용어이며, **학술어** 또는 '**식자어**(mots savants)'로 알려진 것들이다. 이 중 상당수는 로마 시기 이래로 계속 사용되어 내려온 '**전래 단어**(inherited words)' 또는 '**민중 단어**(mots populaires)'와 함께 어원적 쌍립어(doublet)를 형성한다.

라틴어	민중어	식자어
hospitalem	hôtel(숙소)	hôpital(병원)
fragilem	frêle(연약한)	fragile(연약한)
fabricam	forge(주조)	fabrique(제조)
liberare	livrer(넘겨주다)	libérer(해방시키다)

학술어와 기술전문어는 오직 상위언어에만 존재한다. 동시에 상위언어에는 그 등가어가 없는 농기구와 요리기구 같은 가정용품이 하위언어에 있다. 그러나 어휘부에 관한 한 이층어상황의 가장 두드러진 특징은 사물을 공통적으로 지칭하는 어휘가 쌍을 이루면서 하나는 상위언어에 있고, 다른 하나는 하위언어에 존재한다는 점이다.

(Fasold 1984: 38)

이 이원적인 어휘는 라블레의 '리모주 출신 학자'의 발화를 환기시키는 유명한 희곡의 핵심 대화에서 나온다.

우리는 해 뜰 무렵과 해 질 저녁에 센 강을 건너간다. 그리고 시내의 건널목과 네거리를 이리저리 활보한다. 라틴어로 재잘거리면서 마치 사랑에 빠진 듯이 만사를 결정하고, 갖가지 생김새를 지닌 각종 부류의 여성들의 호감을 사로잡는다.

Nous transfretons(= traversons) la Sequane(= Seine) au dilucule (= jour naissant) et crepuscule(= soir). Nous deambulons(= promenons) par les compites(= carrefours) et quadriviez(= carrefours) de l'urbe (= ville). Nous dispumons(= dégoisons) la verbocinatio(= langue) latiale(= latine) et comme verisimiles(= vraisemblables) amorabonds (= amoureux) captons(= obtenons) la benevolence(= bienveillance) de l'omnijuge(= qui décide de tout), omniforme(= de toute forme) et omnigene(= de toute espèce) sexe féminin.

(Rickard 1968: 88에서 인용)

기로의 통계 수치가 제시하듯이 프랑스어의 어휘가 확장된 것은 19세기에서 그치지 않는다는 것은 명백하다. 어휘부는 언어가 새로운 사용 영역에 들어가면서, 새로운 화제 영역이 개발됨에 따라서 끊임없이 보충된다.

14~15세기는 또한 명사 굴절, 한정사와 주어 대명사의 확장, 주어와 동사의 어순(SV)의 일반화 등 프랑스어의 형태통사론의 주요한 변화를 겪었다. 하지만 이러한 변화는 기존에 있던 통사사항을 단지 변형한 것에 지나지 않는다. 기본적으로 통사법에 영향을 미친 다른 중요한 변화는 프랑스어에 새로운 국면을 제공했다. 카퓌J.-P. Caput(1972: I. 68)는 두 세기의 간격을 두고 씌어진 프랑스 산문에서 발췌한 두 구절을 대조했다. 13세기의 빌라르두앵G. de Villehardouin은 다음과 같이 썼다.

Ainsi s'en alla li cuens et li autre baron en Venice; et furent receu a grant feste et grant joie, et se logierent en l'isle Saint Nicolas avec les autres. Mout fut l'oz bele et de bonnes genz. Oncques de tant de gens nus uem ne vit.

　그리하여 백작과 다른 공작들은 베네치아로 갔다. 그들은 큰 연회에
서 열렬히 환대를 받았고, 다른 손님들과 성 니콜라 섬에 묵었다. ……
모인 무리는 화려했고, 멋진 사람들도 많았다. 그 누구도 예전에 그렇
게 많은 사람을 본 적이 없었다.

15세기의 코민은 다음과 같이 썼다.

　Li roy feist mettre le lit de Contay dedans un grand hostevent et
vieil, lequel estoit en sa chambre, et moy avec luy, afin qu'il
entindist et peust faire rapport a son maistre des paroles dont
usoient ledit connestable et ses gens, dudit duc; et le roy se vint
seoir dessus un escabeau rasibus dudit hostevent, afin que nous
peussions entendre les paroles que diroit le dit Loys de Geneville;
et avec ledit seigneur n'y avoit que ledit seigneur du Bouchage.

　왕은 자기 침실에 있던 콩테의 침상을 크고 오래된 숙소에 들이게 했
고, 그와 함께 나를 같이 …… 그러곤 위에 말한 그의 대신과 부하들이
앞서 말한 공작에 대해 얘기한 말을 듣고 장수들에게 보고하도록 했다.
왕은 앞에 말한 그 숙소에 와서 옆에 앉아 우리들이 앞에 말한 주느빌
의 루아가 얘기하는 이야기를 듣도록 했다. 앞서 말한 영주와 단지 부
샤즈의 영주만이 있었다.

　이 두 발췌문의 놀랄 만한 통사적 차이를 살펴보면 빌라르두앵의 글에
는 종속절이 없다는 점이다. 텍스트는 5개의 단문이 두 군데는 et로, 다른
두 군데는 단지 병치(parataxis)하는 것으로 구성되어 있다. 그에 비해 코민
은 관계사 lequel, dont, que나 접속사 afin que(하기 위해)를 사용하고 있

어서 종속의 정도가 더 크다. 반면 빌라르두앵의 통사법은 발화의 통사법 흔적이 많지만, 코민의 통사법은 문어의 통사법이다. 14~15세기에는 가능한 종속 접속사의 수가 크게 증가되었고[alors que(~하는 한편), attendu que(~이니까), afin que, supposé que(~이라면), excepté que(~을 제외하고), surtout que(~는 특히) 등], 관계사, 특히 lequel의 사용이 증가했다 (Guiraud 1966: 112-14 참조). "종속 구문이 많은 복문이 상위언어에는 적절하지만, 이를 하위언어에서 시도하면 드물기는 하지만 격식에 치우쳐 작위적으로 보인다"(Fasold 1984: 37).

전통적인 프랑스어의 역사는 프랑스어의 어휘, 통사체계에 추가된 이러한 사항에 한결같이 큰 관심을 두고 있다. 학자들은 '프랑스어에 미친 라틴어의 영향', '번역가의 역할' 등의 제목하에 이러한 문제를 논의했다. 이러한 언어혁신에서 작가들이 라틴어를 대량으로 모방했다는 점(Lorian 1967 참조)을 부인하지는 못하지만, 제시한 설명에 대해서는 이견이 많다. 어떤 학자들은 이 추가사항들이 프랑스어를 확장시키고, 아름답게 만들려는 의욕에서 발단되었다고 (다소 근거 없이) 주장한다. 마치 성채처럼 만들어진 인공물로서의 프랑스어는 더욱 세련된 품위가 필요했던 것으로 주장한다(Rickard 1976: 11; Guiraud 1966: 117 참조). 또 다른 학자들은 언어를 의인화하여 15세기에 프랑스어는 중세의 유아기로부터 벗어나고 있었다고 주장한다. 그리하여 프랑스어를 더욱 지적인 것으로 의식했기에 더욱 정교한 결속 장치가 필요했을 것이라고도 한다(Wartburg 1962: 132 참조). 이 두 접근방식은 기본적으로 처방적이다. 프랑스어는 우리가 지금 친숙히 아는 언어로 점차 진화하면서 더욱 **진보한다**'고 가정하기 때문이다. 프랑스어가 새로운 변이체를 그 목록에 추가하는 것은 바람직한 일이라고 단순하게 생각한다. 토착구어로서의 프랑스어는 일상대화에 맞는 어휘적·통사적 재원이 있으며, 정부, 교육, 과학, 문학에서 사용할 수 있는 문어 코드를 개발할 때까지 새로운 언어자원이 요구되었다. 언어가 새로운 용도에 적응하는 과정은 살아 있는 언어의 영원한 특징이다. 14~16세기의 프랑스어는 라틴어의 발치 아래 있었기 때문에 라틴어의 어휘와 통사법을 광범위하게 모방한 것은 어쩔 수 없는 일이었다.

　라틴어 모델이 그 당시의 과학정신을 지배했다는 것을 명확하게 보여주는 증거는 철자법의 라틴어화이다(Rickard 1976: 20-23 & Catach 1978a 참조). 'doigt(←digitum)(손가락)', 'faict(←factum)(사실)', 'doubter(←dubitare)(의심하다)' 같은 철자법은 프랑스어 단어에 근엄한 라틴어 어원을 부여했다. 라틴어식 철자법은 심지어 프랑스어로 된 글을 읽는 데까지 도움을 주었다. 왜냐하면 18세기까지 글읽기는 처음에는 라틴어를 통해 이루어졌고, 이후에 프랑스어로 이관되었기 때문이다.

사회적 변동과 화체 변동의 발달

　제5장은 상위기능(H)의 영역(정부, 교육, 문학 등)에서 이루어진 사회언어학적 발달에 관심을 가지고 기술했다. 사실 많은 프랑스어의 역사가는 프랑스어의 상위차원만을 다루었다. 하지만 훨씬 더 광범위한 언어현상은 상위기능을 수행하는 것보다 하위기능(L)을 수행하는 **일상발화**에서 나타난다. 이 원리는 프랑스어가 어떻게 변화하는지를 이해하는 데 기본적인 사실이지만 문어의 영속성과 비교해 발화가 갖는 일시성 때문에, 그리고 비공식 프랑스어 변이체에 대한 자료들과 과거에 사회경제적 하류계층이 사용한 프랑스어 자료들이 부족하기 때문에 언어역사가에게는 명백한 난점이 야기된다. 그럼에도 불구하고 이러한 종류의 자료들이 프랑스의 근대 초기에 전혀 없었던 것은 아니며, 근대로 가까이 올수록 일상발화가 어떤 모습이었는지를 구축하는 데 유용한 정보가 점차 더 많이 나오는 것을 볼 수 있다. 따라서 이 절에서는 중세 후기에 프랑스 '일상인'의 발화에서 남아 있는 정보를 살펴보고, 또한 이 일상발화와 더욱 세련된 프랑스어 발화 사이에 벌어진 격차를 살펴보려고 한다.

　모든 시기의 일상발화를 특징짓는 것은 지리적 축, 사회계층의 축, 화체의 축에 나타나는 극단적 개연성이다. 근대 초기 프랑스어에서 들을 수 있는 가장 놀라운 발화 특징은 아마도 지방마다 나타나는 다양한 변동일 것이다. 이 문제를 여기서 상세히 논의하지는 않겠지만, 중세와 진정 근대 시기까지 프랑스는 농업경제가 거의 대부분이어서 시골인구가 압도적으로 많았다는 사실을 잊지 말아야 한다.

1450~1500년 사이에 대략적으로 …… 농민 인구는 프랑스 인구의 압도적인 절대 다수, 즉 적어도 10분의 9를 차지했다.

En gros, entre 1450 et 1500... la population paysanne a représenté au moins les neuf dixièmes, soit l'énorme majorité de la population de la France.

(Braudel 1986: II, 2e partie, 187)

대부분의 프랑스 주민은 19세기 들어서까지 극히 지역적인 시골 토착어를 계속 사용했으며, 대부분의 경우 상위언어에서 일어난 변화의 영향을 거의 받지 않았다. 귀족, 법률가, 상인 계층의 표준어 습득과 이언어병용이나 이개방언의 코드전환은 이들이 어디에 사느냐에 따라 필요한 것이었다. 하지만 아득한 옛날부터 그리고 적어도 19세기까지 프랑스 농민은 자기 출신 지역에 고유한 **지역어**(patois) 이외의 다른 언어변이체는 거의 사용하지 않았다.

갈로로망 주민의 압도적인 다수가 시골 사람이었다는 사실은 19세기 말까지 언어변동의 주요 축이 지리적이었다는 것을 의미한다. 하지만 13세기부터 도시화가 시작되고, 특히 파리가 커지면서 갈로로망어에 새 차원의 변동이 생겨났다. 즉 사회 성층(成層)을 반영하는 변동이 새로이 추가되었다. 파리는 과거 프랑스의 사회언어학적 중요도와 문어뿐만 아니라 구어 형태의 확산지로서 갖는 역할 때문에 중세기와 문예부흥기의 파리 인구를 논의하는 것이 도움이 될 듯하다. 중세기 파리 인구의 추정치는 아주 유동적이다. 로트F. Lot(1929: 297, 300, 305)와 카르팡티에E. Carpentier와 글레니송J. Glénisson(1962: 109)은 14세기 초의 파리 인구를 약 20만 명으로 추정한다. 돌링제P. Dollinger(1956: 44)는 이 추정치를 훨씬 낮추어 약 8만 명으로 추산한다. 하지만 우리가 돌링제의 추산을 신중하게 받아들이더라도 중세 파리는 프랑스의 제2의 경쟁도시보다 두 배나 많은 인구였다. 여기에 뒤비G. Duby(1980: V. 191)가 제안한 14세기 프랑스 주요 도시의 인구 추정치를 제시해 보자.

40,000명	20,000명	10,000~20,000명
몽펠리에	아미앵	아라스
루앙	보르도	아비뇽
	릴	보베
35,000명	투르네	디종
툴루즈	메스	두에
		랭스
25,000명		리옹
나르본		마르세유
오를레앙		
스트라스부르		

이 통계는 비록 추산이지만 위 수치로부터 파리가 오랫동안 프랑스에서 가장 큰 도심권이었음을 알 수 있다. 실제로 북유럽에서 가장 큰 도심권이었다. 예컨대 돌링제는 14세기 초의 인구수를 다음과 같이 추산했다. 겐트 56,000명, 런던 40,000명, 브뤼헤 35,000명, 쾰른 30,000명이었다. 오직 이탈리아의 대도시들만이 파리의 규모를 넘어섰다. 즉 밀라노와 베네치아의 인구는 각각 10만 명이었고, 제노바는 이보다 약간 적었다. 14세기 후반에 경제적 빈곤, 흑사병, 전쟁으로 프랑스 인구는 급격히 감소했지만, 15세기 중엽에는 눈에 띄게 회복했고, 16세기 중엽에 파리 인구는 30만 명에 이를 만큼 증가했다(Descimon 1989: 69 참조). 이 시기에 파리는

가장 큰 기독교 도시였다. 즉 그것은 'non urbs sed orbis(도시가 아니라 세계이다)'였다. 당시의 프랑스 인구는 약 150만 명으로 추산되었고, 따라서 이 시기부터 어떻게 파리가 프랑스의 경제상황과 사회생활, 정치생활을 지배하기 시작했는지를 쉽게 알 수 있다.

중세 후기에 도시의 사회구조는 피라미드형이었다. 이와 더불어 파리의 상업은 대은행과 상업가문(la Ville), 교회와 대학의 계층구조, 왕권(le Palais)과 관련된 사법관리와 행정관료 등의 권력집단이 지배했다는 것을 알 수 있다. 상류집단은 16세기 중엽에 파리에 왕궁(la Cour)과 또한 상류 귀족이 영속적으로 거주하면서 같이 생겨났다. 도회 주민(le Peuple)의 대다수는 다양한 빈부계층을 형성하면서 장인(피혁업자, 수선업자, 제화업자 등), 구멍가게 주인, 부유층의 하인으로 살았다. 이들은 인근 시골로부터 이입되고 끊임없이 그 수가 보충되었다. 파리 인구는

> 아코디언에 비유할 수 있는데, 흉작이나 전쟁으로 주민이 주변 시골에서 도시 성벽 뒤로 가서 피신하거나 구호물자를 찾으러 가면 인구가 늘어나고, 전염병으로 부자들이 시골 사유지와 인접한 곳으로 도망가거나 경제적 궁핍이 장기화되어 숙련된 장인들이 떠나가면 인구가 줄어들었다.
>
> (Benedict 1989: 13)

파리 인구와 다른 도시의 인구성장과 나란히 13세기 이후부터 지리적 경계 이외의 다른 노선을 따라 언어변동이 이제 갓 시작되었다는 사실은 분명하다. **'왕의 프랑스어'**란 표현은 사회적 변동의 정도를 함축한다. 잘 알다시피 궁정풍의 우아함은 의상과 세련된 매너뿐만 아니라 세련된 언어도 포함한다. 예컨대 프랑수아A. François(1959: I, 29-31)와 델부유M. Delbouille(1962)는 12세기에 벌써 **올바른 용법**(bon usage)에 대한 인식이 있었다고 주장한다. 하지만 귀족적 발화는 문학작품에 풍부하게 예시되는 반면, 하류계층의 발화에 대한 증거는 찾기 쉽지 않다. 가장 좋은 통찰은

중세기의 희곡인데, 그중 최초의 사례는 1200년경 아라스Arras에서 작성된 장 보델Jean Bodel의 『성 니콜라극*Jeu de St. Nicolas*』이다(Foulet & Foulon 1944-45 참조). 보다 풍부한 문헌자료는 15세기 루앙과 파리에서 기원하는 신비극과 소극에 나온다(Lewicka 1974: 64-66 참조). 불행하게도 여기서 관련되는 이탈된 비정상적 형태들이 비공식적 표지인지 아니면 사회계층을 나타내는 표시인지는 구별하기 어렵다는 점이다. 상류계층 출신의 발화에 그러한 형태들이 없다는 것은 때로는 적어도 이들이 후자의 경우라는 것을 암시한다.

이 점이 불확실해서 도자도 다음과 같이 결론을 내린다.

> 프랑스어가 자유로이 발달하게 내버려 두었다면 사회계층과 관련된 언어 차이는 없었을 것이고, 그러면 대군주는 촌부와 똑같이 말했을 것이다.

> Tant que le français fut laissé à son libre développement, il n'existait aucune différence linguistique en raison des milieux sociaux: le grand seigneur parlait comme le manant.

> (Dauzat 1930: 112)

아마도 프랑스어에 사회성층(stratification)의 개념을 도입한 것은 17세기의 문법운동으로 추정된다. 도자는 오로지 시골의 언어관용만을 생각했던 것 같지만, 도시의 성장, 특히 파리의 성장은 이러한 사회적 동질성이 얼핏 보기에는 가능하지 않았다는 것을 의미한다. 정말 16세기의 메타언어적 지적을 보면, 그 당시에 파리 발화는 사회의 성층구조를 강하게 특징짓는다는 것이 분명하다. 현대 문법가들이 지적한 논의로부터 16세기 하류계층의 발화에 대해 조금씩 수집된 정보를 살펴보자. 먼저 어휘를 다루고, 이어 문법과 발음을 다루어 보자.

중세에 나타나는 증거는 '비표준적' **어휘**를 사회적·화체적 변동 축에 확실하게 위치시킬 수 없다는 것을 알 수 있다. 즉 중세의 희곡에서 하류계층의 인물(예컨대 사형집행인)의 전유물로 보이는 어휘는 사실상 중세 수사학에서 상류계층의 인사에게는 사용이 금지된 비공식 단어일 가능성이 크다(Faral 1924: 86-89 참조). 사회적 관련성에 더욱 확신을 가질 수 있는 곳은 이색적인, 진정 은밀한 어휘로서 범죄자, 부랑자, 거지, 다른 사회의 주변인물이 사용한 어휘이며, 그 당시에는 **은어**(jargon)로 알려진 것이다. 프랑스어에 은어가 있었다는 것은 13세기에 이미 확인된다(Guiraud 1976: 10 참조). 이에 대한 풍부한 문헌자료는 디종의 코키야르파(Coquillards) (1455)에 속한 인물 기록에서 볼 수 있고, 비용F. Villon은 『은어 발라드 *Ballades en jargon*』(1450년경)에서 문학적 효과를 거두기 위해 이를 사용했다(Guiraud 1968 참조). 16세기에 은어란 용어는 라블레F. Rabelais가 『팡타그뤼엘*Pantagruel*』에서 풍자한 학생집단의 어휘도 포함하는 것으로 의미가 확장되었다. 토리(1529)는 범죄자의 은어를 사용하는 사람들을 통렬히 비판했다.

> 이들은 스스로가 교수형에 처해진 모습을 보여 줄 뿐만 아니라 차라리 태어나지 않았더라면 더욱 좋았을 것처럼 생각된다.

> me semble qu'ils ne se montrent pas seulement dediés au gibet, mais qu'il seroit bon qu'ils ne fussent onque nés.
>
> (François 1959: I, 188에서 재인용)

앙리 에티엔은 토리보다는 하류계층의 어휘에 더욱 관용적이어서 이탈리아어 차용어보다도 더욱 선호했다. 그렇지만 그는 어휘의 사회적 계층화에 아주 예민했다. 그는 『일치 *Conformité*』(1565)에서 사람들이 '단어를 카스트로 나누려고(parquer les mots en castes)' 노력하는 방식을 언급했다. "이 단어는 죽 냄새가 나고, 저 단어는 순무 냄새가 나고, 저 단어는 모베르 시장 냄새가 난다(Ce mot-là sent sa boulie, ce mot-là sent sa rave, ce mot-là sent sa place Maubert)"(Brunot 1966: III, 161에서 재인용). 물론 그는 '올바른 용법'에서 '최하층민의 고유한 표현(les expressions propres a la lie du peuple)'은 제외시켰다(『기억 상실자*Hypomneses*』, 1582). 예컨대 tretous (=tous)(모든), tretant(=tant)(그처럼), illeques(=la)(그것), nani (=non)(아니), c'est mon(=oui)(예) 같은 단어이다.

속어(argot) 속의 은어(파리 범죄조직의 이색적 어휘)는 나머지 하류계층의 어휘와 구별되는 특수 어휘부로서 이것이 얼마나 광범위하게 사용되었는지를 확인하기 쉽지 않다. 어쨌든 처방적 문법가들은 이 두 언어에 낙인을 찍었는데, 가난과 범죄에 대한 연상이 항상 마음에 남았기 때문이다. 상당수의 근대 프랑스어 속어는 중세 이래로 파리의 구어 발화에서 지하생활을 영위한 것 같고, 금세기까지 존경할 만한 문어에는 일반적으로 배제되고 있다.

현재 문법가들이 낙인을 찍은 하류계층 언어의 **형태론과 통사론**의 몇몇 측면은 다음과 같다.

(1) 동사 1인칭 복수형을 1인칭 단수형으로 사용하는 것. 예컨대 J'avons (나는 가지고 있다), je sommes(나는 ~이다). (Brunot 1966: II, 335-36 참조)

(2) 제2활용 동사의 과거형을 제1활용 동사의 과거형으로 사용하는 것. 예컨대 donismes(우리는 주었다), enformismes(우리는 형태를 만들었다). "제1활용의 과거는 -ai, -as, -a로 끝난다. 하지만 어떤 사람들은 -i, -is, -it로 끝내는 것을 선호한다. …… 여러분은 파리에서 이 두 발음을 다 들을 수 있다. 그러나 제1활용이 대부분의 사람에게 인정받는다. 왜냐하면 라틴어와 더욱 가깝기 때문이다." (Dubois 1531; Pope 1952: 375에서 재인용)

현대 문법가들이 비난하는 **발음** 특징은 다음과 같다.

(1) /er/ → /ar/

파리 민중은 많은 단어의 글자 'a'를 'e'로 발음한다. 그래서 'Pierre(피에르)'를 'Piarre'로 …… 'guerre(전쟁)' 대신에 'guarre'로 말한다.

Plebs... praesertim parisina hanc litteram *a* pro *e* in multis vocibus pronunciat, dicens *Piarre* pro *Pierre* ... *guarre* pro *guerre*. (H. Estienne, Thurot 1881: II, 3에서 재인용)

(2) /wɛ/ → /wa/

파리 민중의 발화에서 가장 타락한 요소는 'voirre(보다)' 대신에 …… 다른 사람들이 'verre', 'foirre(장)'로 쓰고 발화하는 곳에서 'voarre', 'foarre'로 쓰고 발음한다. 마찬가지로 'trois(3)' 대신에 'troas', 'tras'로 쓰고 발음한다.

Corruptissimi vero Parisiensium vulgus … pro *voirre* sive ut alii scribunt *verre*, *foirre* … scribunt et pronuntiant *voarre* et *foarre*, itidemque pro *trois*, *troas* et *tras*. (Bèze, Pope 1952: 197에서 재인용)

(3) /jaw/ → /eo/

또한 사람들은 파리 민중의 극히 부정확한 발음법, 예컨대 'eau(물)' 대신에 3중모음 'iaue', 'iau'를 사용하는 것을 목격한다.

Vitanda est autum vitiosissima vulgi Parisiensis pronuntiatio in hac triphthongo, nempe l'*iaue* et l'*iau* pro l'*eau*. (Bèze, Thurot 1881: I, 439에서 재인용)

(4) /jɛ̃/ →/jã/

파리 방언에서는 'en' 대신 'an'으로 발음한다. 그래서 시인들은 이를 사용하기도 하지만, 단지 극히 예외적으로만 사용한다. 그래서 그것을 시적 허용사항으로 간주해야 한다. 예컨대 "Je vy monsieur le Doyan Lequel se portoit tres *bian*(나는 원장을 만났는데 그는 아주 잘 지내고 있었다)"과 같다.

Selon le dialecte des Parisiens, on prononce *an* au lieu de *en*, et quelques poetes en ont usé, mais rarement, et le faut remarquer comme une licence. Exemple, *Je vy monsieur le Doyan Lequel se portoit tres bian*. (Tabourot, Thurot 1881: II, 436에서 재인용)

(5) /ĩ/ → /ɛ̃/

'in'을 파리 방식으로 'ain'으로 발음하는 다른 사람들도 있다. 예컨대 'vin(포도주)' …… 'pin(소나무)' 대신에 'vain', …… 'pain'으로 발음한다.

Autres i a qui prononcent à la parisienne *in* comme *ain*. Exemple … *vain … pain*, pour dire … *vin … pin*. (Tabourot, Thurot 1881: II, 483에서 재인용)

(6) /r/ → /z/

소수의 파리 출신 여자들은 오늘날도 똑같이 한다. 'Maria(마리아)' 대신에 'Masia'로, 'ma mere(내 어머니)' 대신에 'ma mese'로 발음한다.

Idem faciunt hodie mulierculae parisinae pro *Maria* sonantes *Masia*, pro *ma mere ma mese*. (Erasmus, Pope 1952: 157에서 재인용)

(7) /rl/ → /l/

어린아이들과 파리 사람들은 …… 'parler(말하다)' 대신에 'paller'로 말한다.

Infantes et parrhisii ... *paller* pro *parler* dicunt. (Tabourot, Pope 1952: 157에서 재인용)

(8) 어말 자음의 삭제
/r/

사람들은 'plaisir(기쁨)', 'mestier(직업)', 'papier(종이)', 'resueur' 대신에 'plaisi', 'mestie', 'papie', 'resueu'라고 말한다. (H. Estienne, Pope 1952: 158에서 재인용)

/s/

민중은 'tousjours(항상)'의 발음 가운데 첫 's'뿐만 아니라 둘째 음성도 삭제하고, 뿐만 아니라 글자 'r'도 삭제한다. 그래서 'toujou'로 발음한다.

Tousjours ... plebs ... non solum prius *s*, verum etiam posterius, atque adeo literam *r* sono suo privat: proferens *toujou*. (H. Estienne, Thurot 1881: II, 83에서 재인용)

(9) 유기음 /h/ 삭제

많은 사람이 'un'onte(수치)' …… 'un'arpe(하프)' …… ['il me hait(나를 미워한다)' 대신에] 'il m'ait'라고 말한다. (H. Estienne, Pope 1952: 94에서 재인용)

이러한 16세기의 메타언어학적 지적으로부터 사회성층의 구조가 파리 프랑스어에 아주 명확히 표시되었음이 분명하다. 그렇지만 이렇게 지적한 문법가들이 말한 표지가 사회적으로 어디에 속하는지 그 귀속을 평가하는 데는 다소 신중해야 한다. 지배적인 사회문화적 집단을 대표하는 화자들은 즉흥적 화체에 위세가 약한 사회문화적 집단의 구성원이 이용하는 특징을 사용할 수도 있다. 우리가 1605~1610년의 젊은 **왕**(차후의 루이 13세)의 발화를 장 에로아르Jean Héroard가 전사한 글을 조사해 보면, 이 점이 아주 분명해진다(Ernst 1985 참조). 여기서 앞에 열거한 하층민의 발화로 낙인찍힌 특징들 중 많은 특징을 이 왕위 계승자가 몸소 자주 사용한 것을 알 수 있는데, 이는 당시 궁정에 널리 퍼져 있던 언어관용을 반영하는 것이다.

몇몇 하류계층의 형태는 점차 상위언어로 퍼져 마침내 표준 프랑스어 내에 수용되었다(예컨대 /wɛ/ → /wa/ 같은 것이다). 다른 형태들은 전혀 수용되지 못하고, 단지 지방적 **지역어**로만 살아 남았다. 예컨대 'j'allons(나는 간다)' 같은 것이다. 하지만 또 다른 형태는 구어 용법으로 은밀히 지하에서 잔존하다가 20세기에 비표준 프랑스어로 표출되어 '**속어**' 또는 '민중 프랑스어'라는 명칭을 갖기도 한다. 오늘날의 하류계층의 언어관용 가운데 어떤 형태가 최근에 생긴 혁신인지, 어떤 것이 강력한 규범전통이 공공의 시야에 숨어 지내던 오래된 특징인지를 결정하는 것은 현재로서는 정말 많은 토론이 필요한 문제이다(Hunnius(1975), Steinmeyer(1979), Hausmann(1979) 참조).

새로운 이층어상황을 향하여

이 장에서 우리는 차후의 표준 프랑스어의 근간이 되기 위해 '**선택된**' 갈로로망어 변이체가 중세 후기에 새로운 사용영역으로 들어가 새로운 기능을 수행할 수 있도록 새로운 언어수단을 어떻게 개발했는지를 제시하려고 노력했다. 이 과정은 하우겐이 **기능의 세련화**란 명칭으로 부른 것이다. 왕의 프랑스어의 기능이 '세련화되면서' 상위언어와 관련된 많은 특징(모든 것은 아니지만)을 일반적으로 획득했다. 사실상 13~16세기에 왕의 프랑스어가 점차 사회에서 상위기능을 담당하는 라틴어를 대체하면서 프랑스어의 이층어상황이 어떻게 변했는지를 고찰했다. 하지만 비록 라틴어가 이 시기의 말엽에 가서 상위언어로서의 지위를 빼앗기지만, 프랑스의 대부분의 지역에서 그 결과 생겨난 사회언어학적 상황을 이층어상황으로, 다시 말해서 상위기능은 이제 왕의 프랑스어가 수행하고, 하위기능은 시골의 토착어가 수행하는 것으로 주장할 수 있다(**이층어상황**이란 용어에 대한 논의는 이 책 pp.16~18 참조). 이러한 일반화는 또 다른 논의가 필요하다. 왜냐하면 방금 기술한 새로운 이층어상황으로의 발달로 왕의 프랑스어가 상위언어로서의 라틴어를 즉시 대체한 것이 아니기 때문이다. 우선 라틴어는 16세기 이후 오랫동안 국제외교, 교육, 무엇보다도 교회에서 중요한 역할을 수행했다. 둘째, 여기서 문제가 된 이 시기 말엽에 라틴어가 그랬던 것처럼 프랑스어를 제2언어로 명시적으로는 교육하지 않았다. 왜냐하면 오랫동안 학교 언어교육의 목표는 라틴어였고, 프랑스어 교육은 일차적으로는 라틴어 학습을 용이하게 하기 위한 것이었다(Brun 1923: 441-63 참조). 라틴어는 문법규칙을 암기하면 습득되는 부차적 언어였고, 왕의 프랑스어는 지방에서 대개 비공식적으로 교육했다. 다음 장에서 살펴보겠지만 정말 **표준 토착 프랑스어**는 18세기가 되어서야 완전히 체계적으로 규범화된다. 셋째, 16세기 무렵 왕의 프랑스어는 상위언어로서 한층 더 광범위한 프랑스 사회에 널리 확산되었는데, 이는 몇 세기 전에 라틴어만을 독점적으로 사용한 소수의 사제계층이 포괄한 사회집단보다도 훨씬 더 넓었다. 인문주의자와 종교개혁자의 주요한 일차적 목표 중 하나는 토착어 사용을 통한 지식의 대중화였다. 지식 수요를 증진하는 데 있어서 인쇄술의 역할을 과소평가해서는 안 된다. 진정, 이제 문화의 개념 전체가 바뀌었다.

중세에, 심지어 식자층 문화에도 구어적인 것이 완전히 침투했다. 그리고 16세기부터는 대중문화조차 글로 지배되었다.

Au Moyen Age, même la culture savante est tout pénétrée d'oral;
à partir du XVIᵉ siècle, même la culture populaire est dominée par
l'écrit.

(Furet & Ozouf 1977: 71)

16세기 무렵 새로운 이층어상황이 프랑스에 도래했다는 우리의 제안
에 대해 최후로 추가할 가장 중요한 사항은 상당히 많은 프랑스인에게서
파리 프랑스어는 상위기능 외에 구어의 하위언어로서도 기능했다는 점이
다. 이는 분명 파리 주민에게 적용되지만, 소수의 지방 주민들에게도 역시
영향을 미쳤다. 파리 구어 프랑스어의 확산에 대한 증거는 어쩔 수 없이
제한적이지만, 경제 중심지로서 파리의 압도적인 중요성을 고려하면―전
출입을 통한 끊임없는 인구 이동과 더불어―파리 프랑스어의 구어 변이체
가 지방 엘리트가 채택한 상위형태보다는 훨씬 더 광범위하게 확산되었다
는 주장은 타당성이 있다.

파리의 프랑스어가 여러 계층의 주민에 의해 상위기능뿐만 아니라 하
위기능으로도 이용되었다면, 16세기 프랑스의 사회언어학적 상황을 **이층
어상황**으로 지칭하는 것이 적절한가? **'방언이 있는 표준어'**의 상황으로 말
하는 것이 더욱 적절하지는 않은지? '방언이 있는 표준어' 상황을 '이층어
상황'이란 일반 제목 아래 포괄할 수 있는지 아니면 이 두 가지 상황을 별
도로 분리해야 하는지? 퍼거슨(1959: 245)은 이 두 상황이 평행한다는 것
을 알지만, 분리하는 것을 더 선호한다.

퍼거슨에게 결정적으로 중요한 것 …… 어떤 공동체 집단도 일상회
화에서 H를 사용하지 않는다는 것이다. 다른 말로 하면, 정상 대화에
서 잠정적 H를 사용하는 발화 공동체 집단을 발견하는 한, 그렇지 않
은 다른 집단이 있더라도 그것은 이층어상황이 아니라 오히려 방언들
이 있는 표준어의 사례이다.

(Fasold 1984: 43)

프랑스어의 경우, 상위언어로 확산되기 시작한 것은 왕궁에서 (문어뿐만 아니라 발화에서) 사용된 변이체였다. 일상회화에서 적어도 프랑스 사회의 어느 집단(파리 지방의 상류 사회계층)이 이 변이체를 사용했다는 것을 퍼거슨에 따르면, '**이층어상황**'이란 용어로 기술할 수 없다. 패솔드는 이 반론을 퍼거슨의 발화 공동체의 정의에 난점이 있다고 지적함으로써 극복한다. 그 자신은 '**발화 공동체**'를 정의하지는 않지만, 이층어상황에 있는 공동체를 '동일한 상위 변이체와 하위 변이체를 갖는 사회집단'으로 정의한다. 그래서

> 각 지방의 방언은 서로 다른 이층어상황의 공동체를 구분하며, 이 공동체의 정상적 대화에는 아무도 표준어를 사용하지 않는다. 같은 시골 지방에서 표준어를 사용하는 집단이 있거나 그와 유사한 집단이 있다면, 이는 이층어상황의 공동체 집단이 아니다. 오히려 그것은 별개의 언어공동체이다(반드시 이층어상황 공동체도 아니고, 적어도 이와 동일한 의미로 이층어상황도 아니다). 왜냐하면 그것은 이 중 어느 공동체와도 하위 변이체를 공유하지 않기 때문이다.
>
> (Fasold 1984: 44)

16세기 프랑스의 사회언어학적 상황에 대한 모델을 확증하거나 무효화시킬 수 있는 증거는 안타깝게도 마땅한 것이 없지만, 우리가 가진 자료로 미루어 볼 때 패솔드의 정의는 16세기 프랑스의 언어상황과 합리적으로 잘 들어맞는다. 패솔드의 주장에 따라 이 입장을 〈그림 4〉와 같이 도식화할 수 있다.

당시의 프랑스를 단일한 이층어상황 공동체로 간주해서는 안 된다. 그래서 16세기 프랑스처럼 다양하고 큰 왕국을 단일 사회단위로 분할할 수 있는지는 의문이다. 오히려 단일어를 사용하는 파리 지방을 중심으로 조직된 수많은 이층어상황을 가진 공동체 연합으로 간주하는 편이 바람직할 것이다.

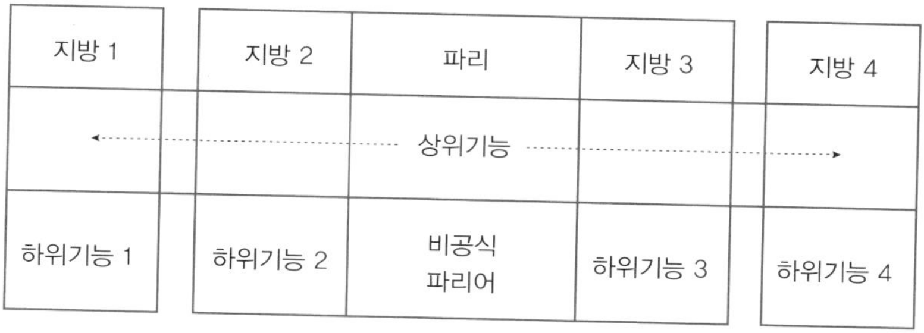

지방 1	지방 2	파리	지방 3	지방 4
← - - - - - - - - - - - - 상위기능 - - - - - - - - - - - - →				
하위기능 1	하위기능 2	비공식 파리어	하위기능 3	하위기능 4

그림 4 16세기 프랑스의 이층어상황

제 6 장

체계적 규범화

제5장에서 과거에 라틴어가 수행한 상위기능을 이전받은 중세 프랑스어의 '**기능의 세련화**'를 논의했다. '세련화'의 과정이 물론 그 당시에 정지한 것은 아니다. 그것은 끊임없는 진화과정이기 때문이다. 예컨대 16세기 이래로 어휘부는 확장되어 수많은 사회적·경제적 변화, 예컨대 프랑스가 단순한 농업경제로부터 진보된 산업사회(예컨대 철도, 항공, 컴퓨터 사용 등)로 이전하면서 일어난 변화에 대처해 왔으며, 또한 새로운 프랑스어의 변이체들이 전보, 전화, 라디오, 텔레비전 등 새로운 통신수단의 발달로 인해 전통적인 글과 사람들끼리 주고받는 발화에서 생겨났고 이를 넘어서도 생겨났다. '**세련화**' 과정의 궁극적 목표는 '**기능의 최대 변동**'을 달성하는 것으로 요약된다(Haugen 1966: 107 참조).

이제 그 반대 방향으로 향하는 과정, 즉 언어의 '규범화(codification)' 과정을 생각해 보자. 이 규범화 과정은 프랑스어의 역사에서 나타나는 가장 중요한 특징이다. 프랑스어는 유럽의 언어들 중 가장 규범화가 잘된 언어이며, 오랫동안 다른 표준어(예컨대 영어와 독일어)의 모델로 간주되었기 때문이다. 규범화는 일반적으로 사회의 특정 영역에서 허용될 수 있는 것과 허용될 수 없는 것을 규정하는 체계적이고 명시적인 일련의 규칙(예컨대 고속도로의 교통규칙 같은 것)을 포괄하기 때문이다. 이 규범화는 일반적으로 법률체계에 적용되는 용어(예컨대 **비시고트 법전**Code Visigoths, **나폴레옹 법전**Code Napoléon)이지만 언어에도 적용된다. 언어의 규범화는 (철자법, 발음법, 형태론, 통사법을 지배하는 처방적 규칙을 규정하는) 문법서와 사전(특정 단어에만 합법성을 부여하고, 다른 단어는 배제하면서 그 의미와 사용가치를 규정하는 어휘목록)을 만들어 낸다. 언어규범화의 이상적 목표는 '**형태의 최소 변동**'(Haugen 1966: 107)만 허용하는 것을 추구한다. 달리 말해서 "언어 내의 임의적 변동을 제거하는 것"(Milroy & Milroy 1985a: 8)을 의미한다.

규칙과 언어규범

언어규범화는 규칙들의 목록을 만들어 내지만, 두 종류의 규칙을 구별해야 한다. 즉, **기술**(descriptive) 규칙과 **처방**(prescriptive) 규칙이다. **기술** 규칙은 언어의 내재적이고 흔히 무의식적 패턴을 명시적으로 드러내는 규칙으로서 프랑스어로는 흔히 'lois(법칙)'로 지칭한다. **처방** 규칙은 둘 또는 그 이상의 경쟁적 요소 중 하나만이 정확하고, 언어사회에 의해 용인 가능한 것이라는 점을 규정하는 규칙으로서 프랑스어로는 흔히 'règles(규칙)'로 지칭한다. 언어규범화와 관련되는 규칙은 처방 규칙이다. 비록 처방 규칙이 **규칙**을 마치 **법칙**인 양 제시하려고 하지만 그것은 아니다. 그래서 여기서도 프랑스 언어이론의 전개가 관심사가 아니라 언어와 언어규범에 대한 처방적 사상의 발달과정이 관심사이다.

언어규범화 논의와 관련해 '언어규범'의 개념(이 책 p.104 참조)을 법칙과 규칙으로 구별해야 된다는 생각은 가르마디J. Garmadi(1981: 64-72)의 **규범**(norme)과 **초규범**(sur-norme)의 구별에서 발견된다. 여기서 이 문제를 살펴보자. (가르마디에게서) 언어규범은 언어공동체 내의 상호 이해를 허용하는 암묵적인 합의를 가리킨다. 즉 "의사소통 수단으로서 언어체계의 효율적 기능을 보장하는 효과적 제약(la contrainte effective garantissant le fonctionnement satisfaisant de tout système linguistique en tant qu'instrument de communication)"이다. 가르마디의 **규범** 개념은 소쉬르F. de Saussure (1915)의 내재적인 집단적 **랑그**langue와 크게 다르지 않으며, 언어공동체의 모든 화자가 다양하게 참여하는 공통되거나 중첩되는 언어구조의 저장

고란 의미를 함축한다. **언어규범**과 관련해 개인 간 또는 집단 간의 중첩도와 수렴도는 언어 가변성을 배제하지 않지만, 이는 상호 의사소통의 수준을 결정한다.

초규범은 규범에 의해 승인된 특정 언어요소를 선택하고, 그 외의 것은 배제하는 명시적 '지령들(instructions)'의 집합이다.

> 그것은 특권과 권위를 누리는 사회집단의 미적·사회문화적 이상에 부응하려면 반드시 선택해야만 되는 것을 규정하는 지령체계이며, 따라서 이 지령집이 있다는 것은 금지하는 형태들이 존재한다는 것을 함의한다.

> C'est un système d'instructions définissant ce qui doit être choisi si on veut se conformer à l'idéal esthétique ou socioculturel d'un milieu détenant prestige et autorité, et l'existence de ce système d'instructions implique celle d'usages prohibés.
>
> (Garmadi 1981: 65)

통계적으로나 확률적으로 볼 때, 합의된 **규범**의 규칙은 언어변동을 배제하지는 않지만, **초규범**의 처방 규칙은 변동이 없고, 반드시 통일을 요구한다. **규범**의 규칙은 암묵적이며, 공동체의 언어를 획득함으로써 습득된다. 반면, **초규범**의 규칙은 흔히 명시적 규범화 작업의 결과로 생겨나며, 상부로부터 부과되고 의식적으로 학습해야 한다. 그리하여 모든 언어공동체는 정의상 어떤 종류의 합의된 **규범**을 가지고 있는 반면, **초규범**은 공동체의 사회구조에 따라 어느 공동체가 다른 공동체에 비해 훨씬 강력하게 존재한다. 프랑스는 **초규범**이 특히 강력한 언어사회라는 것을 살펴보겠다.

중세에 선택된 언어규범을 고찰할 때(제4장 참조) 구어 규범과 문어 규범을 별도로 다루어야 한다. 이 장에서도 이와 같은 입장 고수가 바람직할 것으로 생각되는데, 구어와 문어의 규범화가 동일한 수준으로 이루어지는 것이 아니기 때문이다. 하지만 시간이 지나면서 구어와 문어 분리가 점차 어렵다는 것을 알게 된다. 왜냐하면 규범화는 문자전통과 밀접하게 연관되어 있어서 문자전통이 발전하면서 문어는 발화의 정확성을 판단하는 궁극적 준거로 간주되기 때문이다. 언어통일을 보장해 주는 것은 오직 글에서만 가능하며, 그로 인해 규범 제정자는 문어를 표준화의 궁극적 준거로 간주한다. 표준어로 허용되는 가변성이 어느 정도이냐에 대해서 사회언어학자들 간에는 근본적인 의견차를 보인다. 리스D. Leith(1983: 37)의 경우 표준어는 다른 언어변이체와 동등한 변이체일 뿐이라고 하고, 그 자체로 공식성과 비공식성의 가변적 차원을 갖는다고 말한다. 왜냐하면 그것은 많은 사람의 일상적 의사소통 수단으로 기능하기 때문이다. 반면 밀로이 등(1985a: 22-23)은 구어를 완전히 표준화한다는 것은 불가능하다는 사실을 관찰하고, 표준화를 오히려 '**이데올로기**'로 간주하고, "표준어란 현실에 존재하는 실체라기보다는 언어의식에 잠재하는 이상으로, 즉 실제의 언어관용이 다소 일치되는 추상적 규범의 집합"이라고 말한다.

영어의 역사와 프랑스어의 역사를 살펴볼 때, 언어표준화는 **규범**의 선택과 확산이라는 범위를 훨씬 넘어서는 것을 알 수 있다. 즉 언어표준화는 **초규범**을 억압적으로 부과하는 작업이었으며, 프랑스의 경우에 그것은 강력한 언어순수주의의 전통을 만들어 냈다. **초규범**은 프랑스어의 본질과 옳고 그름에 대한 신념의 굳건한 구조물에 의해 법제화되고 통제되었으며, 따라서 프랑스 지배계층의 사회적·심미적 가치에 따라 좌지우지되었다는 것이다. 밀로이(1985a)는 이 구조물을 '**표준화의 이데올기**'로 불렀다. 그러면 이 신념은 무엇인가? 다음 세 가지로 요약된다.

1) 이상적 언어상태는 **통일**이다. 모든 사람은 (이상적으로는) 동일한 방식으로 말하고, 글을 써야 한다. 비표준적 관용은 다소 부적절하며, 따라서 언어변화는 개탄의 대상이다.

2) 가장 유효한 언어형태는 글에서 나타난다. 문어가 없는 언어는 진정한 언어로 간주될 수 없으며, 그것은 **개인어**(idiomes), **지역어**(patois),

지역 구어(parlers)에 지나지 않는다. 발화에 대한 특권적 규범이 존재하지만, 발화는 글보다는 '덜 문법적'이다. 가장 수수한 언어상태는 지배적인 문화전통의 심미적 가치가 평가하는 바처럼 공동체의 '최고' 작가들의 작품에서 발견된다.

3) 이상적 언어형태는 다른 언어변이체보다 '**내재적으로 더욱 좋다.**' 즉, 더욱 우아하고, 명료하며, 더 논리적이다. 그리고 그것은 권력을 행사하는 최고위층이 사용한다. 다른 사회방언은 이 표준어의 타락된 형태이다. 즉 더럽고, 단정치 못하며, 사실을 적절히 표현하지 못하는 시도에 지나지 않는다. 이 방언들은 권력이 없는 하류계층이 사용하는 경향이 있다.

이처럼 언어변동에 대한 부정적 태도는 보편적인 것은 아니다. 예컨대 독일 같은 언어공동체는 언어변동을 너그러이 받아들인다. 하지만 영국과 프랑스 같은 나라는 중앙집권화가 심하고, 사회계층이 확고해 언어에 대한 **초규범**과 처방적 관념이 문해력의 확산으로 더욱 강화되어 특히 지배집단의 강력한 통치수단으로 빈번히 사용되곤 했다.

언어규범화 과정에는 두 측면이 있다. 하나는 기술적(technical) 측면으로 통일된 발음법과 철자체계, 문법서의 작성—이는 언어의 형태통사의 변동을 방지하는 것을 목적으로 한다—과 단어 용법을 규정하여 의미와 가치를 명세화하는 사전의 편찬이다. 다른 하나는 사회적(social) 측면으로, 가장 위세를 지닌 언어형태를 지닌 저장고 역할을 하는 것으로 생각되고 그 관용을 준수하는 사회집단이 있어야 한다. 다음 절에서 프랑스의 문법전통과 사전편찬의 전통을 간략히 살펴보자. 그리고 '가장 훌륭한 프랑스어'로 간주되는 언어변이체에 대한 태도가 현재 변하고 있다는 점을 더욱 깊이 있게 논의하려고 한다.

프랑스의 규범화 작업

"프랑스는 문법의 지배가 다른 어떤 나라보다도 폭군처럼 강력하고 장기간에 걸쳐 이루어진 나라였다(le règne de la grammaire … a été plus tyrannique et plus long en France qu'en aucun pays)"고 주장한 사람은 브뤼노(1966: III, 4)였다. 표준 프랑스어의 규범은 18세기에 절정에 달했지만 그것이 프랑스 사회의 식자층들 사이에서 비공식적·무의식적 과정으로 결정화되기 시작한 시기는 분명 중세였다(이 책 pp.172~73 참조). 하지만 그처럼 이른 시기에 양산된 수많은 실제적 문법서, 단어장과 회화책은 프랑스어 모어 화자가 아니라 외국인, 특히 영어가 모어인 사람들을 겨냥한 것이었다(Lambley 1920: 3-57 참조). 14세기에 와서 프랑스어 화자들은 지속적이고 불변하는 라틴어에 비해 모어인 프랑스어가 너무 쉽게 변동하고 변화하는 것을 명백히 의식했다. 이와 관련해 로렌 출신으로 성경의 「시편」 번역자는 다음과 같이 한탄한다.

> 왜냐하면 어느 누구도 자기 말에 있는 불변의 규칙과 절제, 이성을 따르지 않는다. 로망어들은 저토록 오염되어 어떤 사람도 다른 사람의 말을 거의 제대로 이해하지 못할 정도다. 그리고 제대로 글을 쓰거나 같은 방식으로 발음할 수 있는 사람은 오늘날 거의 찾아보기 힘들 정도이다. 이렇게 각 사람은 다른 사람이 그만의 고유한 방식으로 글을 쓰고 말하듯이 자신만의 고유 방식으로 글을 쓰고 말한다.

> pour ceu que nulz ne tient en son parleir ne rigle certenne, mesure ne raison, est laingue romance si corrompue, qu'a poinne li uns entent l'aultre et a poine puet on trouveir a jour d'ieu persone qui saiche escrire, anteir, ne prononcieir en une meismes menieire, mais escript, et prononce li uns en une guise et li aultre en une aultre.
>
> (Brunot 1966: I. 421에서 인용).

이와 같은 불평은 문인들 사이에서 더욱 빈번히 표출되었고, 토리의 유명한 『샹플뢰리*Champfleury*』(1529)에서 극에 달했다.

자유문예[인문학]를 사랑하는 헌신적인 자들이여, 고귀한 심성 스스로가 우리 프랑스어를 위해 규칙을 만들어 제정하는 일에 관여해 주기를 신께 기도합시다. 그것은 아마도 수천의 사람이 올바르고 격에 맞는 말을 익히 구사하려고 노력하는 수단이 될 것입니다. 만일 이 규칙이 만들어져 제정되지 않는다면, 50년 간격으로 프랑스어는 대부분이 바뀌고 뒤집힐 것입니다. 오늘날의 프랑스어는 50년 전 혹은 대략 그 정도의 기간에 그 이전의 프랑스어와 비교해 볼 때 수천 가지가 변모했습니다.

O Devotz amateurs de bonnes Lettres, Pleust a Dieu que quelque Noble cueur semployast a mettre et ordonner par reigle nostre Langage Francois; Ce seroit moyen que maints Milliers d'hommes se esuerturoient a souvent user de belles et bonnees paroles. Sil ny est mys et ordonné, on trouvera que de cinquante Ans en cinquante Ans La Langue Francoise, pour la plus grande part, sera changee et pervertie.... Le Langaige d'aujourd'hui est changé en mille facons du langage qui estoit il y a Cinquante Ans ou environ.

(Pope 1952: 42에서 인용)

프랑스어 모어 화자를 위해 정확한 용법을 상세하게 규정하려는 시도가 있었던 시기는 16세기였다(Demaizière 1983 참조). 그 당시 프랑스어를 규범화하려는 압박 요인은 분명 더욱 통일되고, 따라서 더욱 효과적인 의사소통의 수단, 즉 시공을 뛰어넘어 의사소통을 가능하게 하려는 욕구에서 생겨났다. 그러나 이처럼 '사심 없는' 동기는 다른 두 가지 '자기를 위한 이기적' 방향에서 생긴 압박으로 균형이 잡혔다. 한편으로 새로이 형성되는 '국가'의 상징표지로서의 프랑스어가 갖는 외적 우월성을 고양하려는 욕구였다. 즉 많은 프랑스 식자층은 자신들의 모어가 이탈리아어(아마도 받아들이기를 싫어했지만!)와 라틴어가 지녔던 지위와 안정성을 보존하고자 했다. 그래서 프랑스어의 규범화 부재가 외부로부터 인정받는 것을 가로막는 주요 장애라고 간주했다. 동시에 상류계층은 자신을 다른 계층과 언어적으로 차별화시키려고 노력했고, 그 결과 상류계층 진입을 갈망하는 하류계층 출신의 야심에 찬 시민들이 '**최상의 프랑스어**'에 대한 명백한 지침을 요구했던 것이다. 이러한 첫 번째 관심사는 16세기에 지배적으로 널리 퍼졌던 것 같고, 두 번째 관심사는 그 이후 뒤이어 나타났다.

그 후 몇 세기에 걸쳐 프랑스에는 어휘, 문법, 철자, 발음을 다루는 규범 자료집이 거대하게 축적되었다. 이 영역을 간략하게 살펴보자. 이 자료집은 다른 유럽어보다도 훨씬 방대할 뿐만 아니라 아울러 외부인이 보기에도 아주 긴밀하게 조정되어 아카데미 프랑세즈의 창립과 함께 17세기 초반에 공인을 받았다.

아카데미 프랑세즈의 창립 선언문에는 다음과 같은 짤막한 논지가 있다. "프랑스어를 단지 우아하게 만들 뿐만 아니라 예술과 과학을 다룰 수 있는 언어로 만들기 위하여(rendre le langage françois non-seulement élégant, mais capable de traiter tous les arts, et toutes les sciences)"(Livet 1858: I, 32 참조). 이 창립 선언문 제26조는 프랑스어 사전, 문법, 수사학, 시학을 제정할 것을 요구한다(Robertson 1910: 13 참조). 이 기관은 분명 프랑스어의 표준화에 영향력을 행사했고, 오늘날에도 계속 프랑스어의 용법을 지키는 파수꾼의 역할을 하고 있다. 하지만 아카데미 프랑세즈의 전방위적인 영향력을 과장해서는 안 될 것이다. 1635년 리슐리외A. J. du P. Richelieu를 주축으로 창립한 아카데미 프랑세즈는 의사소통을 확장하기 위해서 언어기능의 효율성 증대와 언어표준화 같은 광범위한 사회적 관심사에서 기인한다. 하지만 리슐리외의 아카데미 프랑세즈의 창립 동기가 사심이 전혀 없었던 것은 아닌 듯하다. 아카데미 창립의 명백한 목적은 유럽이라는 더 큰 무대에서 프랑스어의 우위를 고양시키기 위한 것이었다. 이 시기의 프랑스 지식인들은 이탈리아에 대해 다소 열등감이 있었기에 아카데미 프랑세즈도 사실 피렌체의 **아카데미아 델라 크루스카** Academia della Crusca(1582년 창립)를 모델로 삼은 것이고, 문어의 규범화에 봉사하게 만들어 프랑스어의 지위를 국내외에 고양시키려는 계산이 있었다. 아울러 정치가로서 리슐리외는 분명코 프랑스어의 규범화가 정치적 사안이라는 사실을 자각했으며, 따라서 이를 단순히 문법가들에게만 맡기기에는 너무 중대한 사안이라는 점도 잘 알았다(Lapierre 1988: 31 참조). 16~17세기 초반에 많은 단체가 문어 변동을 줄이려는 목적으로 생겨났다(Yates 1947: 특히 290-97 참조). 리슐리외도 규범화가 실시된다면, 규범으로 삼아야 하는 것은 권력층의 언어라는 사실을 잘 알고 있었다. 사실상 이는 한 세기 전에 빌레르코트레 칙령에서 이미 확립된 정치적 원리였다. 리슐리외는 아울러 특권적인 아카데미 프랑세즈에서 발표하는 찬사와 비난은 작가들이 어떻게 글을 쓰느냐 하는 문제뿐만 아니라 무엇을 쓰느냐를 통제할 수 있는 확실한 통제수단이며, 이를 통해 그는 자신이 구축하려는 중앙집권적이고 권위주의적 정치체제와 작가들의 관계를 지배하는 수단이라는 사실도 꿰뚫어보았다. 초기에 아카데미 프랑세즈의 가입과 활동은 비공식적이기는 했지만 리슐리외의 입김이 강하게 작용했다. 예를 들어 이 점은 코르네유의 극작품 『르 시드 *Le Cid*』(1637)의 비판에서 잘 드러나는데, 리슐리외가 이데올로기상으로 문제가 있는 것으로 의혹의 눈초리로 바라본 작품이었다.

아카데미 프랑세즈가 프랑스어의 고전적 용법을 옹호하고 변화를 억제한 가장 강력한 수호자로서, 프랑스어 사회언어학사에서 중요한 역할을 한 것은 사실이지만, 아카데미 프랑세즈의 처방적 규정은 법적 효력이 없었고, 아울러 아카데미 프랑세즈 회원들 각자가 당대에 누렸던 사회적 지위만큼 존중받은 것도 결코 아니었다. 『아카데미 문법서 *Grammaire de l'Académie*』는 1932년에야 겨우 출판되었고, 출간되자마자 널리 악평을 받았다. 그리고 아카데미의 수사학과 시학은 결국은 출간의 빛을 보지 못했다.

아카데미 프랑세즈가 가장 강력하게 영향력을 행사한 것은 아마도 **어휘 분야**일 것이다. 아카데미 사전이 처음 출판된 해는 1694년인데, 이어 개정판(1718, 1740, 1762, 1798, 1835, 1878, 1935)이 계속 출간되었다. 하지만 프랑스어 사전의 규범화는 아카데미 소속 사전학자들 외에도 수많은 사람들과 노력에 힘입어 이루어졌다. 이 과정은 마토레G. Matoré(1968)와 케마다B. Quemada(1968, 1972)가 연표로 정리했다. 프랑스어 어휘는 중세 시대에 집적되었으나 그것이 프랑스어의 규범화에 기여했다고는 말할 수 없다. 중세 어휘집 작성의 목적은 전적으로 실용적 목적, 즉 라틴어 작품 번역을 위한 것이었다(Matoré 1968: 49-52 참조). 현대 프랑스어 사전과 유사한 최초의 사전 모형은 로베르 에티엔R. Estienne의 『프랑스어-라틴어 사전: 프랑스어 단어를 라틴어로 바꾸는 방식을 갖춘 프랑스어 단어집 *Dictionnaire François-Latin, autrements dit les Mots françois avec les manieres d'user d'iceux tournés en latin*』(1549)이었다. 라틴어와 프랑스어의 관계에 대한 관심은 여기서 분명히 나타나며, 16세기 내내 지속되었다. 단일어 사전으로 의미가 있는 최초의 프랑스어 사전은 니코J. Nicot의 『프랑스어 보고 *Trésor de la langue françoise*』(1606)였다. 이후 프랑스어 사전의 출간은 줄을 이었다. 20세기 전까지 나온 주요 사전은 다음과 같다.

1680년, 리슐레P. Richelet, 『프랑스어 사전 *Dicitionnaire françois*』, Geneva.

1690년, 퓌르티에르A. Furetière, 『보편사전 *Dictionnaire universel*』, Rotterdam.

1694년, 『아카데미 사전 *Dictionnaire de l'Académie*』, Paris.

1704년, 『프랑스어와 라틴어 보편사전 *Dictionnaire universel françois et latin*』, Trévoux.

1765년, 디드로D. Diderot · 달랑베르J. L. R. d'Alembert, 『과학, 예술, 직업 백과사전 또는 이성사전 *Encyclopédie ou Dictionnaire raisonné des sciences, des arts et des métiers*』, Neufchastel.

1800년, 부아스트P. C. V. Boiste, 『사전*Dicitonnaire*』, Paris.

1845년, 베셰렐L. N. Bescherelle, 『국어사전*Dictionnaire national*』, Paris.

1872년, 리트레É. Littré, 『사전*Dictionnaire*』, Paris.

1866~1876년, 라루스P. Larousse, 『19세기 대보편사전*Grand Diction-naire universel du XIXe siècle*』, Paris.

1890~1900년, 아스펠드A. Hatzfeld, 『일반사전*Dictionnaire général*』, Paris.

통상 우리는 사전이 문법서적과 마찬가지로 언어의 실제를 비추는 객관적 거울이 아니라는 것을 망각하곤 한다. 아울러 사전도 사람이 만드는 것이고, 따라서 특정 사람들의 가치체계와 특정 사회집단의 관심과 이해가 사전에 반영된다는 것을 망각한다. 다른 단어를 희생시키고, 특정 단어를 등록시키고 합법화시키고, 단어의 특정 가치와 의미를 한정시키는 사전들의 역할과 기여는 프랑스어 문화에 중요하며, 다른 언어에서는 찾아보기 힘든 광경이다. 프랑스의 자국어 사전에 대한 열정은 20세기 오늘날에도 여전히 식지 않고 있다.

지난 4세기를 거쳐 프랑스어 처방적 **규범문법 서적**도 적지 않게 많이 나왔다. 이후 이것에 대한 사회적 동기를 곧 살펴볼 것이다. 처방적 규범문법가의 고유 업무는 특정 문법형태를 공인하고, 다른 형태들은 비문법적인 것으로 낙인찍는 것이었다. 처방적 규범문법가들이 선호했던 바는 사회적 고려를 반영하는 것이었다. 앞으로 살펴보겠지만, 문법가들은 넓은 지적 신뢰를 바탕으로 한 원리-원칙에 입각해 가능한 한 넓은 범위에서 그들의 처방적 규범을 정당화하면서도 이 일에 수줍어했던 사람들이다. 그들은 통상 특정 종류의 **논리학**, 어원론에 입각하거나 라틴어의 예를 이용하여 자신들의 규범을 정당화했다.

16세기에 프랑스어의 문법적 사고는 이탈리아어, 히브리어, 그리스어, 라틴어 같은 상위지위의 언어와 연관선상에서 (역사적으로 어떤 관계가 있으며, 이 언어들에서 프랑스어가 어떤 대접을 받았는가의 관점에서) 구축되었다. 초기 문법가들은 프랑스어의 기저 체계가 (소쉬르가 **파롤**로 부른 변동형태는 취급하지 않은 채) 언어계통적으로 이 특권적 언어들 전체나 또는 이 중 어느 한 언어체계와 얼마나 일치하는지를 밝히려고 시도했다. 예컨대 19세기까지 문자 그대로 역사적 사실로 인정되었던 『성서』신화(「창세기」 9: 1~9)에 따르면, 에덴동산에서 사용한 언어가 인간 최초의 언어이며, 이것이 바벨탑 붕괴 이후 상실되었고, 그 후 인간언어는 오염되고 뒤섞이고 세분화되었다(Lusignan 1987: 51-53 참조)는 것이다. 아울러 16세기에는 방언에 대한 관심도 증대되었다.

모든 사람은 각기 자기 언어가 초기 바벨탑 언어에 가장 가까운 말임을 증명하려고 시도한다. 가정에 불과한 이 친근성이 마치 고어성을 보이는 세속적 우선권에 대한 증거라도 되는 양 말이다.

chacun tente de prouver que sa langue est la plus proche de la langue pré-babélique, comme si cette proximité supposée était la preuve d'une supériorité séculaire.

(Calvet 1981: 6)

프랑스어 최초의 중요한 문법서는 뒤부아J. Dubois(실비우스Sylvius라는 라틴어 이름으로 불린다)가 지은 『프랑스어 입문서: 라틴어–프랑스어 문법서 *In Linguam gallicam isagoge, una cum eiusdem grammatica Latino-Gallica*』 이다. 이 책은 제목이 말해주듯이 어원론적 문법서이다. 뒤부아는 라틴어에서 프랑스어의 토대가 되는 기초체계를 찾고자 했다. 왜냐하면 저자는 프랑스어를 오염된 라틴어로 생각했기 때문이다. 프랑스어의 기저에 있는 라틴어 체계를 드러내기 위해서 그는 라틴어 위에 일반 대중이 덧씌워 놓은 축적된 껍질을 제거하는 것이 문법가의 일이라고 생각했다. 뒤부아의 문법서보다 중요하지 않지만 두 번째 나온 문법서가 도르세J. Dorsai(1544)

가 저술한 『네 언어문법 분류체계Grammaticae quadrilinguis partitiones』이
다. 이 작품은 프랑스와 라틴어, 그리스어, 히브리어 사이에서 발견되는
구조적 병행 현상을 드러내고자 했다. 여기서 우리는 초기 문법가들을 지
배하던 라틴어 지상주의를 엿볼 수 있다.

    규범화의 목적인 임의적 선택에 따른 변동을 억제하는 것은 사어(死語)
가 아닌 살아 있는 언어에는 불가능하다. 근대 초기 유럽에서 라틴어에 주
어진 엄청난 특권과 16세기의 모든 의도와 고려에도 불구하고 라틴어가
(구어 사용자가 없다는 점에서) 사어가 되었다는 것을 인정하면서도 문어로
계속해서 사용되었다는 중요성 때문에, 라틴어는 16세기부터 19세기까지
대중어를 규범화하려고 씨름했던 학자들의 머릿속을 지배했다. 학자들은
조금씩 자의식을 갖기 시작하면서 프랑스어를 라틴어 지배로부터 해방시
키기 시작했다. 그리하여 독자적인 프랑스어 문법전통이 확립되기 시작했
다(Chevalier 1968 참조). 그럼에도 불구하고 17~18세기의 많은 학자는 프
랑스어를 라틴어의 자연적 유산 상속자로 간주했고, 이 주장의 근거를 제
시하기 위해 처방적 문법학자들은 프랑스어 문법을 그 위대한 조상인 라
틴어의 주물(鑄物) 속에 넣어 조형하기를 꺼리지 않았거나 이를 회피하지
도 않았다. 그들은 수 세기 동안 라틴어가 이상적 언어라는 생각의 틀을
바꾸지 않았다. 그리하여 라틴어 문법범주를 아주 조금만 바꾸면 프랑스
어 분석에 적용할 수 있다고 생각했다. 라틴어와 비슷한 형태들을 그렇지
않은 것보다 더 선호했다(Rickard 1981 참조).

    중세 문어 프랑스어의 변이형태가 가장 두드러지게 나타나는 분야는
철자 영역이었다. 중세 말기의 철자체계가 발음을 따라가는 경향을 따라
철자체계도 관례적으로 결정되었다. 예컨대 fait[fɛ](사실)와 fleur[flœr](꽃)
에서 보듯이 이중모음의 단순화와 champs[ʃã](들판)에서 보듯이 끝자음의
묵음이다. 프랑스어 단어에 라틴어를 충실하게 복원시키기 위해 '**라틴어
어원**'의 자음 철자를 삽입하는 광범위한 관행이 중세 후기 서기관들 사이
에 생겨났고, 이 변동은 훨씬 심해졌다. 예컨대 doigt(손가락) < digitum,
mieulx(더 좋은) < melius 같은 것이다. 16세기 학자들이 발음에 기초한

철자체계를 단일화하려고 재미난 시도도 했다(Meigret 1550; Peletier du Mans 1550; de la Ramée 1562 참조). 이 실험들은 역사음운론자들에게 절대적 가치를 지닌다. 왜냐하면 16세기 발음을 암시하는 상당한 정보가 있기 때문이다. 그러나 그들은 당대의 철자에는 별로 영향을 끼치지 못했다. 왜냐하면 부분적으로 개별 작가들은 각자 다른 철자체계를 만들어 썼고, 더 중요하게는 출판업자들이 발음에 따른 철자를 채택하지 않았기 때문이다. 따라서 오늘날까지 사용되는 프랑스어 철자체계에 결정적 영향력을 행사한 사람들은 14~15세기의 재판소 서기, 공무원, 변호사와 16세기의 출판업자 같은 **실무자들**이었던 것이 확실하다. 수 세기 간격을 두고서 철자체계를 **개혁하려**는 수많은 시도가 있었고(Catach 1978b: 32-46 참조), 이 문제는 오늘날까지도 계속 철자개혁을 양산해 내고 있다. 하지만 정확한 정서법에 무게가 실린 것은 18세기였다는 것은 주목할 만하다(Seguin 1972: 48-50 참조). 그리고 19세기에 대(大) 문해 프로그램이 나오고 나서야 철자법은 교육받은 자라는 것을 알려주는 기준으로 자리 잡았으며, 또한 19세기에 들어 비로소 표준화된 철자체계가 통일국가의 상징으로서 통일된 프랑스어의 주요 표지로 간주되었다.

문자통일은 문어와 출판업의 확산에 따라 쉽게 이루어졌지만, **발음**의 규범화는 큰 난관에 봉착했다. 정서법이 발음에 끼친 영향을 보여 주는 예는 쉽게 발견된다(Pope 1952: 291-93; Désirat & Hordé 1988: 123-25 참조). 'legs(유산)'의 발음은 [lɛ]가 아니라 [lɛg]로 발음되고, 'cheptel(가축 임대계약)'은 [ʃetel]이 아니라 [ʃeptel]로 발음되었다. 그런데 프랑스어 발음의 표준화는 근본적으로 발화의 특정 방식과 연관되는 사회계층과 관련해서 이루어졌고, 이제 이러한 측면에서 규범화를 살펴보고자 한다.

'최상의 프랑스어'의 정의

이 장에서 근본적으로 제기하려는 문제는 "일정 시기에 사람들이 무엇이 최상의 프랑스어였는지를 어떻게 결정했는가?" 하는 것이다. 16~19세기 프랑스에서 이념적 기반과 **초규범**(sur-norme)의 발전과정을 이제 추적할 것이다. '**이념**'의 궤적을 읽어 내기 위해서는, 종종 명시적으로 표현되지 않기 때문에 행간을 읽어야 한다. 이를 위해 기저에 깔려 있는 지적 조건을 보여 주는 표면상의 징후를 해석해야 하므로 실제 언어관행의 진화나 문법이론의 발전을 다루는 것이 아니라, 대신에 이 시기 전반에 나타나는 언어에 대한 프랑스 사회의 주도적 입장과 태도를 다룬다. 그와 관련해 최상의 프랑스어에 대한 사람들의 태도가 어떤 과정으로 전개되었는지에 대해 1500~1800년까지 나타나는 일련의 섬세한 지적 추이를 따질 것이다. 우선 '**최상의 프랑스어**'는 '**최고의 사람들**'의 것이어서 최고였다. 다음으로 '**최상의 프랑스어**'는 명확성과 합리성을 갖춘 것이어서 최고였다. 마지막으로, 혁명기에 프랑스어 변이체가 이성의 언어이기에, 이성적인 프랑스 사람으로 인정받기를 바라는 모든 사람은 이성적 프랑스어를 말해야 한다고 생각했기 때문이다.

제1단계(1500~1660): '최상'의 프랑스어는 최고이다.
　　　　　　　　　왜냐하면 그것이 '최고의 사람들'이 말한 것이기 때문이다.

다른 언어들과 관련해 프랑스어의 지위에 대한 관심은 프랑스어의 규범화에 약간의 주도적 계기를 제공했을 수도 있다. 그러나 가장 중요한 영향은 기원상으로 볼 때 사회적인 것이다. 이와 관련되는 본질적 임무에는 수많은 경쟁형태로부터 정확한 형태를 정밀하게 선택하는 것이 포함된다. 어떤 형태가 최상의 것으로 간주되었을까? 제5장에서 16세기에 왕이 사용하는 프랑스어가 어떻게 라틴어와 갈로로망어를 희생시키면서 상위지위를 차지하게 되었는지를 살펴보았다. 빌레르코트레 칙령(1539)은 프랑스 왕국의 공식 관용어로 프랑스어를 선택하고 채택했다. 그럼에도 불구하고 1539년 언어규범에 대한 상세항목은 상당히 유동적이었다. 문어의 경우, 비록 인쇄술의 발전이 눈에 띌 만큼 변동의 통일에 기여했음에도 그 정도는 결코 줄어들지 않았다. 문해력은 16~18세기에 걸쳐 널리 확산되었고, 인쇄술로 문서들이 더 광범위하게 활용되면서 글쓰기는 표준어의 확산에 큰 힘을 발휘했다. 기록물이 특권을 차지하고, '**정확한 것**'으로 인식되었으며, 발화에 점차 큰 영향력을 행사했다. 하지만 18세기까지는 기록 형태가 '**올바른 말**'의 주요 척도로 간주되지 않았다는 것을 곧 살펴보겠다. **구어** 규범을 세우는 것은 분명 **문어** 규범보다는 훨씬 더 어려운 일이었다. 그래서 이제 구어 규범에 관심을 가지고 살펴볼 것이다.

표준 구어 프랑스어는 일반적으로 '**파리의 지역구어**(le parler de Paris)'로 간주되어 왔다(Walter 1988: 82 참조). 그리고 이 부분을 앞 장에서 이미 다루었다(이 책 p.118~19 참조). 이 단언은 실제로 틀린 것은 아니다. 그러나 이것은 별로 도움이 되지 않는다. 중세 말기에 파리어는 동질적이 아니었고, 파리어의 계층화에 대한 표지들이 이미 13세기에 나타나기 때문이다. 우선 16세기 파리의 상류계층과 하류계층 발화 차이를 살펴보고, 이어 어떤 언어변이체가 가장 중요하고 지배적인 것이었는지를 살펴보기 전에 상류계층의 용례에 나타난 변동도 살펴보자.

중세 말기 프랑스어의 사회적 분화에 대한 전통적 탐구는 파리 사회의 하류계층을 프랑스어의 비정상적 용법과 형태를 만드는 자들로 집중적으로 묘사했다(이에 대한 상세한 설명은 이 책 pp.173~75을 참조한다). 어느 누구도 파리 토착어의 특징은 태생적으로 변동이라는 것을 부인하지 못한다. 하지만 그 생각을 다른 방식으로 표현해서, 상류계층이 그 지위와 집단의 정체성 때문에 그 계층에 고유한 변별적 발화규범을 주도한 것으로 그려 본다면 덜 처방적이고, 아마도 더욱 현실적일 것이다. 런던에서 그랬던 것처럼(Leith 1983: 38 참조) 파리의 하류계층은 주변 시골지방의 방언과 관련 있는 방언을 사용한 것으로 보인다. 코크니Cockney의 발화가 켄트 방언(Kentish)과 관련되듯이 파리 민중어는 특히 이 도시 서부와 북부의 방언들과 밀접하게 연관 있는 듯이 보인다(Rosset 1911 참조). 이처럼 파리 민중어가 지닌 시골지방과의 연관은 몰리에르의 극작품에 나오는 농부의 언어에서 분명히 관찰된다. 즉 몰리에르가 농부의 시골말을 특징짓기 위해 선택한 언어 특징은 근본적으로 하층민의 파리어와 관련 있는 사항들로 구성되는데, 이 파리 하층민의 발화는 16세기 초부터 문법가들이 엄격히 규정한 바 있다(Lodge 1991 참조). 런던 영어의 발달과 관련되는 사실이 상류계층의 파리어에도 똑같이 적용될 수 있을까? 런던의 상류계층 영어는 런던 대중어로부터 생겨난 것이 아니라 동부 미들랜드Midland 방언에서 생겨난 것이라는 점은 잘 알려진 사실이다(Leith 1983: 39 참조). 마찬가지로 파리 상류계층 말의 기원은 프랑스의 다른 지역의 방언일까?

이 가정은 프랑스 문화사에 대한 전통적 접근방식과는 배치된다. 프랑스 문화사는 파리를 고급문화의 수출지로 간주하지 수입지로 보지 않기 때문이다. 하지만 여기에 대한 조사 없이는 이 가정을 배제해서는 안 된다. 오늘날도 사람들에게 통용되는 일반적 신조는 '**최상의 프랑스어**'는 투렌 지방에서 사용된다는 것이고, 또 게니에Gueunier 외(1978)가 제시하듯이 외국인에게 프랑스어를 가르치는 교사들이 지어낸 말도 아닐 것이다. 아마도 루아르 강 지역의 토착어가 고도의 특권을 누렸던 시기에 대한 희미한 추억일 것이다. 예컨대 16세기 초 이전에 왕궁은 수십 년간 이동이 있었으며, 따라서 왕과 귀족계층은 루아르 강변에 저택을 소유하고 싶어 했다는 것을 보여 준다. 1530년 팔스그라브J. Palsgrave는 (언어 사용의 정확성 문제에서) "나는 센 강과 루아르 강 사이에 있는 파리 사람들과 시골들을 쫓아가야 한다"는 말을 남겼다. 또 1553년 라블레는 다음과 같이 썼다.

> 팡타그뤼엘이 말했다. "당신은 프랑스어로 말할 수 없나요?"
> "아뇨, 나리, 잘합니다"라고 그의 수행원[파뉘르주]이 대답했다.
> "그건 타고난 제 모어지요. 프랑스 정원인 투렌에서 태어났고, 젊은 시절 투렌에서 자랐지요."

> dist Pantagruel, ne sçavez-vous parler Françoys?

-Si faictz très bien, Seigneur, respondet le compaignon [Panurge], Dieu merci. C'est ma langue naturelle et maternelle, car je suis né et ay esté nourry jeune au jardin de France: c'est Touraine.

(Rabelais 1962: 255)

앙리 에티엔(1578b)은 다음과 같이 공표했다.

> 우리는 파리어에 최우선의 지위를 부여하면서도 프랑스의 심장부와도 같은 인근 마을들의 말이 파리어와 거의 다르지 않다는 것을 고백한다. 이러한 이유로 오를레앙 사람은 제2의 지위를 갖기를 원하고, 투르도 마찬가지고, 방돔도 그러하며, 그래서 부르주도 이를 요청했기 때문이고, 또한 샤르트르 역시 그것을 주장하고, 파리의 다른 인근 마을들도 그렇기 때문이다. 그리하여 그 어느 마을도 다른 곳을 시샘해서는 안 되므로 이 문제는 미결로 남겨 둘 것이다.

Nous donnons tellement le premier lieu au langage de Paris, que nous confessons que celuy des villes prochaines, qui sont aussi comme du cœur de la France, ne s'en esloigne guere. Et pour ce que Orleans voudroit bien avoir le second lieu, Tours aussi, pareillement Vandosmes, et qu'il est demandé aussi par Bourges, et Chartres d'autres costé y pretend, et quelques autres villes des plus prochaines de Paris; à fin que les unes ne portent point d'envie aux autres, nous laissons ceste question indecise.

(Pope 1952: 37에서 인용)

우주의자(ouystes)와 **비우주의자**(non-ouystes) 사이에 벌어진 16세기의 유명한 논쟁도 또한 이와 관련 있고, 16세기를 통해 'nostre(우리의)', 'vostre(너희의)', 'dos(등)' 같은 단어의 후설 원순모음의 가변적 발음에 대한 격렬한 토론이 있었다. /u/ 발음을 선호하는 자들은 **우주의자**로 불렸고, 이를 선호하지 않는 자들은 **비우주의자**로 불렸다. 변이음 /u/는 다음 인용에서 보듯이, 루아르 강변과 일반적으로 연관 있다.

> 오를레앙, 투르 주민처럼 곧 북부 출신의 사람은 많은 프랑스어 단어를 /ou/로 발음한다. 우리는 이들을 단순히 /o/로 발음한다. 그래서 chose, chouse: Iosse, Iousse: gros, grous같이 발음한다.

> Superiores Galli, ut Aurelii, Turones et Andes... gallicas pluresque voces, quas per *o* simplicem effamur, per *ou* eloquuntur: ut in his, *chose, chouse*: Iosse, Iousse: gros, grous.
>
> (Bovelles 1533, Thurot 1881: I, 240에서 재인용)

파리 상류계층과 프랑스 다른 지방의 방언(즉 투렌 지방어) 사이의 특권적 연계를 확정 짓는 강력한 증거는 결국에는 그리 많지 않음을 의미한다. **'최고의 사람들'**의 구어 규범은 다양한 출처(파리와 지방)로부터 끌어낸 사회적 표지가 찍힌 여러 변동을 (임의적으로) 인위적으로 선택한 것으로 보는 것이 보다 안전할 듯하다. 이 변동의 기본 특징은 사회의 하류집단에서 통용되는 형태와 다른 형태라는 점이다. 이러한 자의적 선택 때문에 문법가들은 이 형태들이 17세기의 파리에서 지녔던 중요성을 부여했다. 상류계층의 화자들은 일반적으로 파리의 남쪽 지방(투렌 지방)에서 사용된 방언과 관련된 형태를 선호했을 수 있다. 그것은 방언형이 명확한 특징이 드러나는 민중어의 형태와 가장 거리가 있기 때문이다. 이 형태는 우리가 살펴보았듯이 수도 파리의 북부와 서부 지방의 방언과 연관이 있다. 문법가들이 **올바른 용법**(bon usage, **초규범**sur-norme)을 규범화하려고 했을 때, 그들의 주요 관심사는 (**이것만이** 주요 관심사가 아니었지만) 지배 엘리트의 말과 **민중**의 말을 구별 짓는 일이었던 것 같다. 17~18세기에 하류계층의 말에 대해 보인 상류계층의 심한 경멸심은 곧 이 두 사회집단 사이의 깊은 반목을 의미한다. 파리 군중이란 유령이 **구체제**를 통해서 지배계층에 자주 출몰하려고 했다. 그로 인해 1680년 왕은 궁전을 베르사유로 옮기고, 한 세기 뒤 대혁명이 발발했을 때 파리로 강제로 귀환하기에 이르렀다.

하지만 지배 엘리트 계층 내의 모든 것이 완벽하게 안정되었다고 제시하는 것은 잘못이다. 14~15세기에 왕족의 성질이 바뀌었다. 왕들은 파리에서 계속 거주하는 신흥 관료계층을 통해 권력을 행사했고, 퇴위 후에 사제들의 라틴세계가 아니라 교육을 받은 부르주아지 대중세계에 거주했다. 더욱이 대지주(왕, 귀족, 교회)뿐만 아니라 도시, 특히 파리의 은행가와 상인들도 경제력을 가졌다. 왕과 그 측근들이 16세기 중엽에 파리에 영속적인 근거지를 마련하려고 했을 때(Braudel 1986: II, 2ᵉ partie 205 참조), 궁정은 정치적 (그리고 언어적) 우위의 확보를 위해 왕실 부속 **행정 참사원**(Chancellerie)의 고등교육을 받은 관료집단과 **법원**(Palais de Justice)과 파리의 **최고법원**(Parlement, 민주적 법치가 아닌 법원)의 법률가, 파리 부르주아지의 **고위층**(Ville)과 경합을 벌여야 했다(Brunot 1907 참조). 16~17세기의 언어 논란은 이러한 사회집단들 간의 긴장관계를 반영한다. Cour, Palais, Ville, Peuple 등의 용어가 정비되었고, 이 용어들이 함축하는 의미는 컸다. 궁정, 법원, 고위층의 발화에 대한 언어 비평가의 평가는 이 집단들이 사용하는 사회방언(sociolect)의 미적(美的) 가치평가에만 기초한 것이 아니었다. "언어에 대한 태도는 보다 더 일반적인 사회적 관심사를 충실히 반영하는 반사물(L'attitude envers la langue n'est que le reflet fidèle des préoccupations plus générales de la société)"(Padley 1983: 17)이었다. **궁정의 언어**와 **법원의 언어**에 대한 비평가들의 태도는 패권을 쟁취하려는 프랑스 사회의 가장 영향력 있는 집단들 간의 긴장관계에서 나타나는 충성도를 반영한다. 그럼 어디서 '**최고의 프랑스어**'가 발견되는가?

16세기 중엽에 문법가들은 구어 규범을 지닌 자들은 사회의 상류계층보다 오히려 **민중** 가운데 있다는 견해를 제시했다(Glatigny 1989: 19 참조). 하지만 이는 예외적인 것이다. 규범의 소지자는 더 높은 곳에 있는 사람들이었다. 토리는 **궁정**과 **법원**을 동일한 차원으로 받아들이는 것 같다. "최고

법원의 문체와 궁정의 언어는 둘 다 아주 올바르다(le style de parlement et le langage de cour sont tres bons)." 반면 다른 작가들은 어느 한 가지 발화 방식을 선호한다. 예컨대 마로C. Marot(1533)는 비용F. Villon이 "정의가 집행되고 언어가 정제되는 곳인 왕과 군주들의 궁정에서 자라지 못한 것(n'ait pas été nourri à la cour des rois et des princes, là où les jugements s'amendent et les langages se polissent)"을 안타까워했다. 메그레L. Meigret (1550)는 왕립 법원에서 우세한 변이체를 찾으면서(p. 54v 참조) 백성(p. 105r)과 농부(p. 121r)의 기여도를 단호히 거부한다. 피요J. Pillot(1550)도 마찬가지로 법원에서 그 단점들까지 포함해 유력한 프랑스어 변이체를 찾는다. "법원의 권위는 아주 강해 민중과 말을 정확하게 하는 것보다 법원과 말을 틀리게 하는 것이 차라리 낫다. 따라서 언어 자체가 스스로 말하게 하라는 원칙을 설정하는 것이면 충분하다(Hic tanta pollet auctoritate ut praestet cum ea errare quam cum caeteris bene loqui, et satis sit allegare ipsa dixit)." 롱사르P. de Ronsard는 왕의 프랑스어 지배에 대해 솔직한 생각을 말한다. "명예를 다소 얻기를 원한다면 우리는 왕의 언어를 말할 수밖에 없다(Nous sommes contraints, si nous voulons parvenir a quelqu'honneur de parler son langage)"(*Art poétique*, 1565), "궁정인은 군주의 위엄 때문에 항상 아주 우아하다(le courtisan est toujours le plus beau, a cause de la majesté du prince)"(*Franciade*, 1578).

종교전쟁(1562~1598)에 반영된 사회적 갈등은 특히 신교도의 눈에는 왕궁의 권위를 떨어뜨리는 것이었다. 종교전쟁이 격렬하게 발발하기 전에 로베르 에티엔은 법률가 집단연대(**법원**Palais) 언어의 위세를 치하했다. 그는 1557년 "우리 프랑스어에 가장 정통한 자들(plus savants en nostre langue)"은 궁정에서 찾을 수 있다는 것을 인정하면서도 다음 집단들의 역할에도 특히 무게를 두고 있다.

파리의 최고법원, 행정 참사원, 회계원, 이런 기관들에서 사용되는 프랑스어는 다른 어떤 곳보다 가장 순수하게 기록되고 말해지고 있다.

son parlement de Paris, aussi sa chancellerie et sa cour des comptes; esquels lieux le langage s'escrit et se prononce en la plus grande pureté qu'en tous autres lieux.

(Traicté de la grammaire françoise)

종교전쟁이 고조되면서, 특히 성 바르톨로메오 축일의 학살(1572) 이후에 궁정의 발화는 카트린 드 메디시스를 둘러싸고 있던 이탈리아어화하려는 무리에게서 더욱 큰 영향을 받았다. 궁정 발화에 대한 신교도의 적개심은 그로 인해 더욱 심해졌다. 앙리 에티엔(1578a)은 "옛 궁정인들에게서 최고의 프랑스어를 찾아야 한다(autrefois il fallait chercher le meilleur langage entre les courtisans)"고 선언했지만 이제는 그렇지 못했다. 1584년에 또 다른 신교도인 테오도르 드 베즈Théodore de Bèze(François 1959: I, 192 참조)가 그의 말에 동조했다. 그렇지만 에티엔은 **법원**에서 사용된 프랑스어 변이체를 무비판적으로 인정했다. 그래서 그는 **올바른 용법**의 기반을 파리와 바로 인근의 남쪽 지방 도시들인 부르주, 오를레앙, 투르 같은 곳에 사는 교양 있는 사람들까지 그 범위를 넓혔다(이 책 pp.204~05와 Marzys 1974: 324 참조). 그리하여 16세기 말에 **궁정**은 **올바른 용법**의 확실한 준거지가 되지 못했다. 많은 사람의 눈에는 궁정의 지위가 행정과 법률가의 집단연대의 고위층 언어에 도전받은 것으로 보였다. 더욱이 궁정 자체 내에도 여러 용법 사이의 갈등이 있었고, 이런 상황은 1594년 앙리 4세가 즉위하고 나서 가스코뉴 출신의 측근들과 남부 프랑스 발화가 궁정에 들어오면서 더욱 복잡하게 얽혔다.

17세기에 들어와 프랑스어 규범화 움직임이 가장 활발했다. 이 규범화 운동에 대한 전통적인 설명은 문법가들의 노력을 그들의 심미적 감각에서 기인하는 것으로 생각했다. 즉 16세기의 지나친 열정은 청소해야 할 많은 '언어적 어수선함'과 잘라 내야 할 '죽은 나무'를 유산으로 남겼다는 것이다(Rickard 1989: 102 참조). 또 다른 설명은 프랑스어를 (예컨대 성채 같은) 인공물로 간주하여 16세기에 지은 언어 건축에 대한 환상의 균형을 바로잡고 동질적으로 만들 필요가 있는 것으로 보았다. 이러한 설명은 처방주의에 깊이 물들어 있고, 실제로 이들이 개진한 것처럼 프랑스어는 개선할 수 있다는 것을 의미하고, 규범화 과정의 전반적인 사회적 차원은 무시했다. 반면 바르트부르크W. von Wartburg(1962: 171)는 문법가들의 활동을 국가의 장기적 필요에 대한 배려가 있는 것으로 설명한다. 즉 프랑스는 보다 효율적 의사소통 수단을 갖기 위해 단 하나의 통일어가 필요하다는 것이다. 이전 세기의 개인주의적이고, 심지어는 무정부주의적 경향을 뒤로하고 프랑스는 '이성적' 사회활동과 국가적 단결이 요청되었던 것이다. 귀족들이 문법가들의 이러한 처방을 적극 수용한 것은 다른 문제처럼 언어 문제에서도 개인의 의지보다도 사회집단의 장기적 선(善)에 우선시하는 논리였다.

이해관계를 떠난 통일된 지배계층의 이러한 요구는 종교전쟁이 끝난 뒤에 오랫동안 사회적 긴장과 내적 분쟁에 계속 휘말려 있던 17세기의 프랑스의 모습을 보여 주는 다수의 실질적 증거와는 배치된다. 사실상 서민 생활은 불안정했고, 기초 자원—주로 식량—을 획득하려는 경쟁이 때론 치열했다. 파리에서 빈번히 일어난 식량 폭동과 여러 시골에서 일어난 농민 봉기가 이를 명백히 증명해 준다. 심지어는 지배 엘리트 계층 내에서도 갈등이 표면화하곤 했다. 앙리 4세가 즉위하기 위해 파리에 도착(1594)한 이래로 거의 70년이란 세월이 걸려 신교도, 재정과 법조계의 부르주아지, 중앙권력에 대한 봉건귀족의 야망을 잠재우고 왕권의 기반이 굳건히 자리 잡았다. 영국에서도 이와 유사한 사회적 소요가 시민전쟁으로 변했으며, 1649년에 왕은 처형되고, 런던의 부르주아지가 승리를 거두었다. 진정 프랑스란 나라 자체도 왕권(마자랭이란 인물)과 파리의 **최고법원**의 갈등으로 촉발된 프롱드난(1648~1652)과 더불어 시민전쟁을 경험했다. 리슐리외와 마자랭의 중앙집권적 노력을 통해서 1660년경 왕권은 최고 정치권력으로 부상했으며, 루이 14세는 55년간의 절대통치에 진입했다. 하지만 이러한 왕권의 궁극적 승리는 17세기 전반에는 그리 필연적인 것처럼 보이지 않았다.

17세기 전반은 프랑스어의 규범화 과정이 가장 활발하게 형성되는 단계에 이르렀고, 언어질서에 대한 탐색은 차분한 이성과 공통의 목표 의식 이라는 분위기보다는 사회집단 간의 경계가 불명확하고, 갈등의 원인이 된 사회불안의 분위기를 반영하는 듯이 보인다. 17세기 내내 프랑스어의 상징적 가치와 언어규범의 가장 정치한 세련화는 프랑스 상류계층의 지대한 관심사였다. 상류사회에서는 "세련된 언어는 주요 품위의 하나(la beauté du langage est une des distinctions)"(Brunot 1966: III, 17)였기 때문이다. 프랑스어는 사회계급을 나타내는 결정적 표지가 되었고, 규범화 운동의 슬로건은 **품위**였다. 사회의 '지위들' 간의 경계선을 긋는 것(예컨대 루아조Ch. Loyseau의 『질서론 *Traité des ordres*』, 1614)과 '용인 가능한' 발화의 범위 한정은 차별적 경계를 지으려는 동일한 정신의 서로 다른 발로였다. 프랑스 사회 전체를 위한 효율적 의사소통 수단을 만들어내려는 욕구가 17세기의 언어규범 제정자들의 생각에 없었던 것은 아니다. 최소한 프랑스 사회의 최상층부에는 프랑스 사회 전체에 통용되는 의사소통 도구를 널리 촉진시키는 공유 **규범**의 필요성과 사회 엘리트가 **초규범** 개발을 통해 귀족으로서의 정체성과 지위를 상징화하려는 필요성 사이에 갈등이 있었다는 것은 분명하다.

말레르브F. de Malherbe는 1605년 궁정에 등장했는데, 그는 16세기 후반의 시인 데포르트Ph. Desportes(1546~1606)의 시에 대한 상세한 주해로 프랑스어의 규범화 작업에 큰 영향을 미친 인물이다. 하지만 그의 역할은 평가하기는 쉽지 않다. 그는 전통적으로 더욱 효율적인 언어체계를 만드는 데 진지하게 관여한 최초의 인물로 흔히 묘사되는데, 특히 그가 **명료성** (clarté)과 **정확성**(précision)을 강조하고, 글로 씌어진 것은 무엇이든 "**시장의 짐꾼**(crocheteurs du Port au Foin)"도 이해할 수 있어야 한다는 유명한 **재담**(才談) 때문이었다. 하지만 말레르브는 결코 체계적인 문법을 기술한 적도 없고, 또한 그가 지향한 목표도 아주 사소한 것이었다는 점을 기억해야 한다. 그는 오직 궁정시의 변별적 특징에만 관심이 있었던 것이다. 그에게 새로운 문학적 문체—당대에 와서 유행에 맞지 않는 플레야드파의 문체와는 구별되는—의 정의를 넘어서는 사회적 목적이 있었다는 것을 보여 주는 증거는 없기 때문이다.

플레야드파의 문체는 광범위한 어휘(방언, 이탈리아 어법 등), (이탈리아어의 영향을 받은) 뒤얽힌 통사법, 다층적 의미를 사용했다. 따라서 새로운 문체는 제한된 어휘(방언, 고어, 차용어 등의 추방), 엄격하게 명시적인 통사법(**정확성**), 애매성이 없는 표면적 의미(**명료성**)를 지녀야 했다. 이제 궁정은 16세기의 이국적인 이탈리아풍의 시를 배제하는 것이 유행이었기 때문에 말레르브의 새로운 문체는 접근이 더욱 용이했던—"시장의 짐꾼에게까지"—것이다. 하지만 말레르브의 이 말은 노동계층이 사용하는 프랑스어 변이체가 궁정시에도 나타나야 한다는 것은 아니었다. 사실은 이와 정반대였다. 그는 유행하는 시로부터 모든 지방어법, 모든 **저속어**(mot bas), 모든 **법원의 언어**(mot du palais), (정의상) 모든 고어, 유행이 지나고 퇴물이 된 단어를 모두 배제했다. 이와 같은 활동으로 인해 그가 '부정의 박사(docteur en négative)'라는 칭호를 받은 것은 놀랄 일이 아니다. 하지만 그의 언어활동은 기존의 선택 가능한 여러 사실 가운데서 가장 선호하는 표현에 엄밀히 국한되었기 때문에 이러한 조치는 대부분의 처방적 문법가라면 예견할 수 있는 것이었다.

현행의 용인 가능한 시적 관용이나 기껏해야 궁정 용법에 대한 정의보다 더 광범위한 사회적 목표가 그의 『주해 Commentaires』에 내포되어 있었는지는 의심스럽다. 그는 광범위하게 이용할 수 있는 표준 프랑스어를 만들려고 노력하기보다는 세련된 소수의 용법을 그 나머지 용법과 구별하는 문학적 문체를 만들어 내는 것이 주된 관심사였기 때문이다. 하지만 그의 중요성은 아카데미 프랑세즈의 언어규범 제정자들을 포함해 프랑스의 언어규범 제정자 전체 세대를 위해 목소리를 높인 점에 있다.

아카데미 프랑세즈의 사전편찬에 얼마간 종사한 자로 가장 유명한 사람은 처방적 주석가인 보줄라Cl. F. de Vaugelas였다. 말레르브의 『주해』처럼 보줄라의 『프랑스어에 대한 고찰 Remarques』(1647)은 정서법, 발음, 어휘, 통사법의 특징—관용상 주저함이 있는 경우에—에 대한 논평을 잡다하게 집대성한 것이다. 말레르브는 주로 궁정시의 언어에 관심이 있었지만 보줄라는 시야를 넓혀 구어까지 포괄하고 있다. 이것은 일종의 언어예 절서인데, 가장 열렬한 독자들은 사회적으로 신분 상승의 욕구가 크지만 지배 엘리트의 언어규범이라는 틀에 맞출 수 없어 자기 발전이 저해당하는 것을 불안해 하는 시민들이었다. 에이레스-베넷W. Ayres-Bennett(1987: 191-200)은 1647~1688년 그르노블에서 『프랑스어에 대한 고찰』을 구매한 자들의 사회적 직종을 분석했는데, 그중에는 '재정, 법률 관련 공직자들'이 절대적 우위를 차지했다.

『프랑스어에 대한 고찰』을 구성하는 이론적 근거는 다소간 과거 회상적인 '올바른 용법' 이론이다. 보줄라는 언어사용(관용, 용법usage)에 나타나는 다소 잘못된 변동에 일관성을 부여하는, 언어체계의 기본 원리인 이성은 탐색해 낼 수 없다는 점을 받아들이고 있다. "용법은 이성으로 많은 것을 할 수 있고, 이성 없이도 많은 것을 할 수 있고, 이성에 반해서도 많은 것을 할 수 있다(l'usage fait beaucoup de choses par raison, beaucoup sans raison, et beaucoup contre raison)"(Vaugelas 1970: VI.3). 그리하여 그는 프랑스어의 내적 구조와 잠재적 패턴화를 이론화하는 대신에 실제적 관용을 관찰하고 기술하는 데 국한했다. 하지만 이런 경험적 접근으로 보줄라의 기본적인 처방주의가 결코 약화된 것은 아니다. 다른 언어사항보다 특정

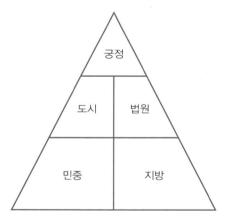

그림 5 17세기 프랑스의 사회계층에 대한 견해

언어사항을 선택하는[예컨대 valoir(값나가다)의 현재분사는 valant인가 vaillant 인가] 신뢰할 만한 내적 기준(**이성**)이 없는 상태에서 그는 외적·사회적 준거에 의지했다. 그는 경쟁적 언어사항을 위계에 배치했는데, 이는 그의 사회계층 견해를 보여준다. 이 잠재적 위계는 〈그림 5〉로 표시될 수 있다.

표준 프랑스어의 발달은 규범 밖에 위치하는 것으로 생각되는 프랑스어 변이체를 배제한다. 가장 심하게 낙인찍힌 언어사항은 보줄라가 파리 주민들, 즉 **민중**(le peuple) 또는 심지어는 **최하층 민중**(la lie du peuple)에게 귀속시킨 사항이다. 그에 못지않게 강력히 억제한 것은 **지방**(Province)과 관련된 특정 언어사항이다. 하지만 여기서 위계 암시를 간파할 수 있다. 즉 어느 지방은 다른 지방보다 더 무시당했다는 점이다. 가장 아래에 **루아르 강 건너 지역**(au dela Loire)인 푸아투, 가스코뉴, 뒤이어 노르망디가 온다. 약간 더 우호적으로 대우받는 곳은 앙주와 **루아르 강가를 따라**(le long de la rivière de Loire) 위치하는 지역이다. 이는 분명 앞에서 논의한 전통(이 책 pp.203~06 참조)에 대한 회상 때문이다.

보줄라가 언어사항을 **법원** 또는 **고위 행정기관**에 귀속시키는 경우에는 이를 아주 단호하게 처단하지는 않는다. 그는 부르주아지 계층이 **궁정**의 지위와 비슷한 지위를 누린다는 것, 다시 말해서 이들이 지배 엘리트 계층에 귀속될 수 있다는 데 동의한다. 하지만 궁극적으로 보줄라에게서 사회의 지배집단은 궁정에 초점이 맞춰져 있다.

> 이것이 내가 정의하는 올바른 **용법**이다. …… 그것은 궁정의 가장 건전한 부분의 사람들이 말하는 방식이다. 이는 현재 작가들 가운데 가장 건전한 사람들이 글쓰는 방식과도 일치한다. 내가 궁정이라고 말할 때 거기에는 남성뿐만 아니라 여성도 포함되며, 군주가 거주하는 마을의 소수 사람들은 접촉을 통해 궁정의 세련미를 공유하는 자들이므로 이들도 포함된다.

> Voicy donc comme on definit le bon Usage ... c'est la facon de

parler de la plus saine partie de la cour, conformement a la facon
d'escrire de la plus saine partie des Autheurs du temps. Quand je
dis la Cour, j'y comprens les femmes comme les hommes, et
plusieurs personnes de la ville ou le Prince reside, qui par la
communication qu'elles ont avec les gens de la Cour participent a
sa politesse.

(Vaugelas 1970: II.3)

무엇이 '**최상의 프랑스어**'이냐에 대한 이러한 명시적 진술은 "**가장 건전
한 부분**(la plus saine partie)"이란 구에 제한이 없다면 아주 직설적이다. 분
명 궁정의 용법은 동질적이 아니며, 보줄라가 이 용법에 제기하는 문제는
특정 형태보다 다른 형태를 선호하는 합리적 근거를 찾아내는 것이었다.
그가 찾아낸 타당한 이유는 대부분 자신의 가치판단에 대한 **사후의** 합리
화였으며, 이는 특권적 작가, 유포니euphony, 유추와 표면적 논리(이성)에
의해 확인된 선례에 호소하고, 따라서 '**신사 양반**(honnête homme)'에 대한
당시의 심미적·사회문화적 이상을 잘 반영하는 것이었다. '**예절 바른**
(honnête)'으로 지칭되는 귀족적인 가치 코드의 영향은 보줄라의 어휘부 취
급에서 잘 드러난다. **신사 양반**은 귀족이므로 그는 대중의 저속한 언어는
피한다(**저속어**). **신사 양반**은 손으로 노동하지 않으므로 자연히 기술적 단
어(**기술전문어**mots techniques)를 사용하지 않는다. 이는 자칫 자기 동료에
게 그에 대해 잘못 생각하게 할 수 있기 때문이다. **신사 양반**은 유행을 충
실히 따르는 자이므로 유행이 지난 단어(**고어**mots vieux)의 사용을 피해야
한다. **신사 양반**은 파리의 궁정에 자주 드나들기 때문에 지방어(**지방
어**mots de province)에 오염되는 것을 피해야 한다. **신사 양반**은 숙녀에게
예의가 아주 바르기 때문에 섬세한 감정을 상하게 하는 상스런 단어(**욕
설**mots sales)의 사용은 피해야 한다. 용인 가능한 어휘에서 제외된 이러한
단어들은 보줄라의 활동과, 예의범절서를 쓰는 당대 작가들의 행태가 아
주 비슷하다는 것을 보여 준다. 보줄라의 충고는 오직 프랑스어의 공적 사

용, 즉 문학어와 사회의례와 **사교계**의 의식에서 사용되는 프랑스어와 관련 있다. 보줄라는 사실상 일종의 **의전행사의 언어**(langue de parade)를 규범화했고, 그가 어휘에 가한 제약은 사생활이 아니라 오직 공적 사회생활만 관련된 것이었다.

공적 상황에서 수용되는 어휘들에 대한 언어순수주의자의 제약은 필연적으로 동료 집단에서 언어적으로 '빛을 발하기를' 원하는 사람들에게는 난관이었다. 17세기 중엽에 생겨난 이에 대한 해결책은 빈곤한 어휘를 소수의 허용 언어사항 목록으로 대체하여 보완하는 것이었다. 이 세련된 재치(préciosité) 현상은 몰리에르의 『우스꽝스런 귀부인 Les précieuses Ridicules』에 희화화되었다. 여기에서 의자는 'commodité de la conversation(대화의 편의품)', 치아는 'ameublement de la bouche(입의 가구)'로 표현된다. 몰리에르의 풍자에서 여성을 주된 타깃으로 삼은 것은 의미심장하다. 왜냐하면 언어규범화에 여성의 역할이 상당했기 때문이다(Ayres-Bennett 1990 참조). 서구사회에서 여성은 남성보다 발화에 잠재된, 신분 관련 함축 의미에 더욱 예민하다는 것은 잘 입증된 사실이다(Hudson 1980: 121 참조).

보줄라는 단지 시골사람(그는 사부아 지방에서 자랐다)으로서 할 수 있는 충실하고 아주 정직한 언어 속물(snob)이었으며, 지배 엘리트층(그리고 이 지배 엘리트층에 속하려고 열망하는 자들)의 정체성 요구에 봉사했다. 그에게서 **'최상의 프랑스어'**는 궁극적으로는 최고의 언어였는데, 그것은 그러한 언어변이체가 가질 수도 있는 내적 구조적 속성 때문이 아니라 **'최고의 사람들'**이 그처럼 말했기 때문이다. 그러한 정직성은 그의 계승자들에게는 허용되지 않았다.

제2단계(1660~1789): '최상의 프랑스어'는 최고의 언어이다.
그것이 이성적이고 명료한 언어이기 때문에

17세기 후반에 루이 14세는 프랑스(와 유럽)에서 사회적·정치적인 지배력을 확실하게 획득했다. 프랑스 사회에서 지배계급의 정체성은 이제 확고히 정착되었고, 그 구성원들은 자연적으로 프랑스 사회(와 프랑스어)가 '완성' 상태에 도달했다고 믿게 되었다. 이 시기 이후 18세기 내내 표준 프랑스어는 가장 세부적 사항까지 규범화되었고, 프랑스 사회 내의 그 특권적 역할은 앞에서 '표준어의 이데올로기'라고 부른 것을 더욱 세련화시키면서 고착화되었다. 이데올로기는 세 가지 기본 요소로 구성되어 있다.

(1) 단 하나의 프랑스어 변이체만이 합법적이고, 다른 모든 비표준적 변이체는 정의상 부적절하다는 신념.
(2) 변덕스런 발화보다 문어를 우선시하는 이상적 모방 모델이 있다.
(3) 다른 언어변이체보다 내재적으로 우수하다고 추정되는 요소(더 큰 명료성, 논리성, 정확성 등)에 기초한 표준 프랑스어의 합리화.

이 요소들과 관련해 17~18세기의 프랑스어 규범화 작업을 살펴보자.

17세기와 18세기에는 **프랑스어의 형태변동 일체를 불허하는 것이** 프랑스 사회의 지배계층 사이에서 더욱 팽배해졌고, 특히 지배계층에 진입하려는 사람들에게는 이런 변동은 더욱 엄하게 불허되었다. 프랑스 사회는 휘장을 '태양왕'으로 채택한 강력한 군주(루이 14세)에 초점이 맞춰졌다. 권력의 정점에 있는 지도자와 함께 지배계층은 프랑스 사회가 최고조의 발전에 이르렀다는 것, 또 이에 상응하여 프랑스어('자신들이' 말하는 언어)가 '완성' 단계에 도달했다고 생각한 것은 놀라운 일이 아니다(François 1959: I, 229-402 참조). 프랑스어에 대한 17세기적 견해가 프랑스어 규범 수호자들 사이에서는 여전히 널리 받아들여지고 있다. 한 언어변이체의 특권적 지위로 인해 다른 변이체는 경멸받았다. 따라서 이 시기에 상류계층은 그들의 프랑스어 변이체 이외의 변이체는 점차 더욱 멸시했다. 그 결과 모든 지방과 시골의 발화 형태는 희극작가들에게 아주 거친 촌티를 나타내는 표시로 쉽게 이용되곤 했다. 몰리에르의 극작품은 이 점을 잘 보여 준다(Dauzat 1946: 37-46; 영어에도 나타나는 이와 유사한 발달에 대해서는 Leith 1983: 42-43 참조). 점차 지배계층의 규범화된 언어가 '**프랑스어**'라는 이름에 대한 독점권을 지니게 되었다.

권력은 왕에게 집중되었지만, 사회언어학적 상황은 특히 1715년 루이 14세가 죽은 뒤에도 계속 발전했다. 언어변동과 언어변화로 인해 프랑스어 규범제정가들은 다음 문제에 봉착하게 되었다. 즉 규범이 뿌리내릴 수 있는 가장 확고한 사회언어학적 모델은 무엇인가? 55년간에 걸친 루이 14세의 절대권력 통치기(1660~1715)에 왕에게 집중된 권력 덕택에 궁정은 **올바른 용법**의 확고한 중재자가 되었다. 보줄라의 많은 프랑스어 규범 처방은 언어변화의 결과로 다른 주석가들의 비난 대상이 되었기 때문에 대체되었다. 하지만 보줄라의 **올바른 용법**에 대한 경험주의적 관념은 영향력이 지대했고, 많은 주석가는 가변적인 언어사항에 대해 그의 전례를 따라 주석을 달았다. 이 중 가장 유명한 주석은 부우르Bouhours의 『프랑스어에 대한 새로운 고찰*Remarques nouvelles sur la langue françoise*』(1675)과 『속편 프랑스어에 대한 새로운 고찰*Suite des remarques nouvelles sur la langue françoise*』(1692)이다. 극작가 라신이 작품을 정기적으로 부우르에게 보내 대중 공개에 앞서 문법 교정을 받았다는 것은 잘 알려진 사실이다. 또한 궁정 용법은 리슐레의 『프랑스어 사전*Dictionnaire françoise*』(1680)과 『아카데미 프랑세즈 사전*Dictionnaire de l'Académie Française*』(1694) 초판의 척도가 되었다.

하지만 루이 14세가 제공한 프랑스어 규범에 대한 강력히 집중된 통제력도 1715년에 그가 죽자 사라졌다. 권력은 베르사유 궁정에 더 이상 집중되지 않았고, 파리의 재정전문가와 법률전문가가 나란히 분점했다. 파리의 교양이 풍부한 부르주아 엘리트들은 영향력 있는 문학살롱에 자주 드나들었고, 이들의 언어관용(**우아한 취향**bon goût)이 베르사유 궁정이 제공했던 사회언어학적 모델의 최고 권위에 도전하기 시작했다. 18세기 후반의 영국처럼 국가어의 규범을 좌지우지한 것은 상류계층과 상업계층이었으며, 이는 이들이 국가 경제를 장악한 것과 맥을 같이한다.

루이 14세의 통치 기간에도 언어순수주의자들의 태도는 특히 어휘에 도전을 받았다. 퓌르티에르의 『보편사전 *Dictionnaire universel*』은 아카데미 프랑세즈의 독점권이 미치지 않는 로테르담에서 1690년 출간되었고, 올바른 용법의 저자들이 허용한 것보다 더 폭넓은 어휘가 실려 있다. 예컨대 퓌르티에르의 경우 사전에서 기술전문어를 제외시키는 것은 어불성설이었다. 얼마 뒤 아카데미 프랑세즈는 토마 코르네유 Thomas Corneille에게 『예술과 과학 사전 *Dictionnaire des arts et des sciences*』(1699) 출간 업무를 맡겼을 때 기술전문어를 인정했다. 이러한 경향은 18세기에 새로운 '**계몽**' 문화가 꽃피어 귀족적 전통에 도전하게 되었을 때 더욱 강해졌다. 기술전문어 사전들이 더욱더 많이 출간되었고, 언어사전과 백과사전의 경계는 『트레부 *Trévoux* 사전』(1704~1771)의 출간으로 허물어지기 시작했으며, 디드로와 달랑베르의 『백과사전 *Encyclopédie*』(1758~1772)에서 절정에 달했다. 18세기의 사전들은 당대의 사회적 분업을 분명히 반영한다. 어떤 사전은 보수적이어서 전성기의 귀족적 가치를 고수하고, 또 어떤 사전은 신어(新語)나 새로운 사상을 더욱 잘 수용하여 사회 하류계층의 당연한 열망을 용인하고 있다. 디드로와 달랑베르의 『백과사전』은 보줄라보다 올바른 용법의 정의를 더욱 민주적으로 내리는데, 아주 의미심장하다.

> **bon usage**: 시대의 가장 존경받는 대부분의 작가의 글쓰기 방식과 일치하는 궁정의 가장 많은 사람이 말하는 방식

> *bon usage*: la façon de parler de la plus nombreuse partie de la cour conformement à la façon d'écrire de la plus nombreuse partie des auteurs les plus estimés de temps.
>
> 〈Diderot & d'Alembert 1765: XVI, 517〉

올바른 용법이 정의되었지만 그것은 물론 **틀린 용법**(mauvais usage)이 있음을 함축한다. 분명 대부분의 사람이 사용을 피하려는 언어사실들이

어떤 것인지는 문법가가 실제 제시한 것보다 분명한 견해가 있었으나 **통속표현**(vulgarisme 또는 흔히 gasconisme)으로 낙인찍혔다. 18세기에 거의 특정 소속 집단을 알려 주는 말의 수준까지 내려갔던 수용 불가능한 언어 사항들이 암암리에 합의되었다. 상투적 표현과 마찬가지로 이처럼 분명한 특징과 실제 관용의 관계는 확고히 고정된 것은 아니었다.

사실 처방적 문법가들이 사용한 언어모델은 점차 실제 구어의 용법에서 보이지 않고 사라졌고, **최고로 훌륭한 프랑스어 형태는 문어에서**, 특히 **위대한 세기**(Grand Siècle)**의 유명 작가들**의 작품에서 점차 찾기 시작했다. 18세기의 프랑스어 규범에 대한 사회적 준거가 모호해진 것은 외교에서 프랑스어의 지배력이 약화된 것과 일치하며, 외교력의 약화로 많은 프랑스인은 루이 14세의 **황금기의 영화**에 깊은 향수를 느꼈다. 문법가들은 규범의 준거로서 현행 관용에서 점차 벗어나 이전 시대 유명 작가들의 작품으로 회귀했다. 이 운동의 선봉장은 볼테르Voltaire였다.

어느 세기에 고전이 된 작품을 쓴 훌륭한 작가들이 아주 많이 있을 때는 이들의 표현과 다른 표현을 사용하는 것을 더 이상 허용할 수 없고, 따라서 이들의 표현에 같은 의미를 부여해야 하며, 그렇지 않으면 해당 세기는 곧장 그 이전 세기를 이해할 수 없을 것으로 생각된다.

il me semble que lorsqu'on a eu dans un siècle un nombre suffisant de bons écrivains devenus classiques, il n'est plus guère permis d'employer d'autres expressions que les leurs, et qu'il faut leur donner le même sens, ou bien dans peu de temps, le siècle présent n'entendrait plus le siècle passé.

(Caput 1975: II, 19에서 재인용)

18세기 후반 문해력이 확산되면서 문어는 프랑스어의 진수로 간주되었고, 다른 프랑스어 변이체(특히 구어)는 이로부터 왜곡된 일탈로 간주되었다. 공식적이고 계획적이며 기본적으로 글로 씌어진 프랑스어에 부여된 우선권은 프랑스어 문화(그리고 유럽 본토)의 가장 특징적인 표준 이데올로기가 되었다. **'진정한 프랑스어'**는 곧 문어이며, 다른 구어 변이체(비공식적이고, 무계획적이며, 얼굴을 마주 보며 말을 주고받는 데 사용되는 변이체)는 문어의 비자연적인 타락 형태라는 것이다.

앞에서 보줄라가 경험적 근거에서 처방적 규범을 정당화하여 **올바른 용법**을 특정 사회집단의 관용에 국한시킨 것을 살펴보았다. 그 이후의 문법가 세대는 이런 방책이 우연적인 위험요소가 있다는 것, 즉 어느 사회집단의 언어도 가변적이라는 점을 의식했다. 이제 요구되는 것은 현재 권력을 영속적으로 장악한 자들의 언어를 동결시키는 수단이다. 지금의 프랑스어 상태를 합리적으로 고정시키고 규범화해야 한다. 이는 변덕스런 관용이 아니라 훨씬 더 영속적인 권위에 호소함으로써 수행해야 한다. 표준 프랑스어의 이데올로기 발달로 인해 프랑스 사회가 표준 프랑스어 변이체를 수용하되 거친 정치현실에 의해 강제로 부과된 것이 아니라 **프랑스어 변이체에 내재하는 것으로 느끼는 우아함, 논리성, 명료성의 내적 자질로**부터 자연히 유래해야 할 것을 요구했다. 18세기의 문법가들은 변덕스런 프랑스어 용법의 뒤에 숨어 있는 이성의 작용을 밝혀내는 데 대부분의 노력을 기울였다.

새로운 길로 이르는 관문은 1660년 아르노A. Arnauld와 랑슬로Cl. Lancelot의 『일반이성문법 *Grammaire générale et raisonnée*』(일반적으로 『포르루아얄 문법 *Port-Royal Grammaire*』으로 지칭된다)이 출간되면서 개방되었다. 이 책은 산발적인 여러 용법에 내재하는 언어체계에 대한 문법가의 관심을 다시 불러일으켰다. 이후 문법가들에게 큰 영향을 끼쳤으며, 목표는 "모든 언어에 공통된 이성(raisons de ce qui est commun à toutes les langues)"을 밝히고, "다른 사람들이 관습으로만 행하는 것을 과학으로 풀어보려는 것(faire par science ce que les autres font seulement par coustume)"이었다(Padley 1983: 89에서 재인용). 하지만 언어이론 자체에만 관심을 가진 문법가들과 표준어를 규범화하고, 표준어의 이데올로기로 구성하는 데 참여한 규범 문법가는 구별해야 한다.

17~18세기 프랑스에는 언어이론이 크게 발달했다. 17세기 후반과 18세기 전반에 문법이론의 주류는 개별 언어의 범주와 보편논리의 범주를 상관 짓는 것이었다. 이 시기에 포르루아얄의 원리를 반영하는 수많은 문법서가 출간되었다. 예컨대 레스토P. Restaut의『프랑스어의 일반이성원리 Pincipes généraux et raisonnés de la langue française』(1730)가 그것이다. 18세기 중엽에 언어이론가들은 언어구조가 논리구조와 얼마나 밀접하게 연관되어 있는지를 탐구하기 시작했다. 콩디야크É. B. de Condillac의『인간 오성 기원론Essai sur l'origine des connaissances humaines』(1746)에서는 언어를 논리(logic)가 지배하는 것이 아니라 '**본성**(nature)'이 지배하는 것으로 보았다. 포르루아얄이 '**실재론적**(realist)' 입장을 지녔다면—이는 사고가 언어에 선행한다, 즉 언어는 단어와 독립적으로 형성된 관념에 표현을 부여한다는 아리스토텔레스의 사상이다—콩디야크는 언어가 사고에 선행한다, 즉 언어는 언어공동체의 사고과정을 특정한 방식으로 처리하는 관념적인 구조라는 '**유명론적**(nominalist)' 입장을 지니고 있다. 각 언어는 사용자들의 '**천재성**'을 코드화하고, 보편적 논리의 지시보다는 내적 구조를 따르는 자연현상이다(Droixhe 1971: 22). 이후의 문법이론가들은 보편소(universals)에 대한 관심을 잃어버렸고, 개별 언어의 발달에 몰입했다. 드 브로스Ch. de Brosses는『언어의 기계론적 형성론Traité de la formation méchanique des langues et principes physique de l'etymologie』(1765)에서 언어를 영구한 보편논리와 결부 짓지 않고, 언어의 역사적 기원 문제를 재론했다. 즉, 그는 언어의 기원으로부터 나타나는 특징적 자질인 변화와 관련해서 생각해 볼 때, 언어를 불변의 논리구조로 환원시키는 것은 불가능하다는 사실을 설명했다. 오직 언어진화만이 언어에 대한 궁극적 진리—언어를 그 기원까지 거슬러 올라가듯이—를 밝혀 줄 수 있다고 한다. 이러한 생각으로 19세기 역사언어학의 수많은 위대한 업적이 생겨나게 되었다.

후기의 언어이론 발달은 처방문법의 겉모습에 거의 영향을 미치지 못했다. 처방적 규범문법으로 인해 프랑스어가 보편논리와 이성의 범주를 이상적으로 반영한다는 신조가 계속 생겨났다. 더욱이 이 이성범주는 라틴어 문법의 분명한 규칙과 고정성에 매료된 채로 있었고, 프랑스어의 지위를 라틴어 모델과 일치하는 것으로 보고 서로 관련지었다(Rickard 1981). 그 결과 18세기에 모제L. Mauger의『프랑스어 신문법 *Nouvelle Grammaire Françoise*』(1706)과 로몽M. Lhomond의『프랑스어 문법 요론*Eléments de la grammaire françoise*』(1780) 같은 저서로 대표되는 엄청난 처방적 규범문법 전통이 점차 발달했다. 이 문법서들은 '**정확한**' 프랑스어 용법에 관해 상세하고 백과사전인 용례를 집적해 놓았고, 수많은 유명 작가의 문어 모델을 참조하여 규범을 뒷받침하고, 이들을 표준 프랑스어 변이체의 논리, 이성, 정확성에 의지하여 합리화했다(Swiggers 1987 참조).

18세기에 결정화된 표준 프랑스어의 이데올로기는 기본적으로 상류계층이 사용하는 프랑스어의 지위가 유일한 올바른 표현 형태로 합리화되도록 만들었다. 이들의 프랑스어 변이체는 다른 모든 변이체를 배제시켰고, '**프랑스어**' 자체와 동일시되었다. 18세기에 이 '프랑스어'는 국제 외교어로 채택되었고, 유럽 귀족사회의 정체성을 보여 주는 표지가 되었으며, 심지어 프랑스보다는 독일과 러시아에서 훨씬 더 차별적 기능을 지녔다. 프랑스어 변이체는 다른 모든 유럽어보다 우수한 것으로 인지되었고, 이러한 관념은 리바롤A. Rivarol의 강연『프랑스어의 보편성 *De l'universalité de la langue française*』(1784)에 잘 표현되어 있다. 특히 영어에 대한 프랑스어의 우수성을 증명하려는 욕구에서 리바롤은 프랑스어의 명료성과 논리성을 부각시켰다.

프랑스어를 고대와 근대의 여러 언어와 구별하는 것은 문장의 어순과 구문이다. 어순은 직접적이고 반드시 명료해야 한다. 프랑스어는 우선 담화의 **주어**를 명시하고, 다음에 행위인 **동사**를, 마지막으로 이 행위의 **대상**을 명시한다. 바로 이것이 모든 인간에게 주어진 자연논리이다. …… 프랑스어 통사법은 타락될 수 없다. 바로 여기서 프랑스어의 놀라운 명료성이 유래하며, 이는 프랑스어의 영원한 기반이다. 명료하지 않은 것은 프랑스어가 아니다. 명료하지 않은 것은 영어, 이탈리아어, 그리스어나 라틴어이다.

> Ce qui distingue notre langue des langues anciennes et modernes, c'est l'ordre et la construction de la phrase. Cet ordre doit toujours être direct et nécessairement clair. Le Français nomme d'abord le *sujet* du discours, ensuite le *verbe* qui est action, et enfin l'*objet* de cette action: voilà la logique naturelle à tous les hommes... la syntaxe française est incorruptible. C'est de là que résulte cette admirable clarté[*sic*], base éternelle de notre langue. Ce qui n'est pas clair n'est pas français: ce qui n'est pas clair est encore anglais, italien, grec ou latin.
>
> (Rivarol 1784: 112-13)

후에 리바롤은 18세기 프랑스 국외에서 프랑스어를 널리 채택한 것을 두고 프랑스어의 내적 합리성에 기초해서 설명하고, 인간과 동물로 구별 짓는 이성 자체와 동일시했다. "확실하고, 사회적이며, 이성적이어서 그것은 더 이상 프랑스어가 아니라 인간의 언어이다(Sure, sociale, raisonnable, ce n'est plus la langue française, c'est la langue humaine)"(Rivarol 1784: 119).

프랑스어의 명료성과 논리성에 대한 신화는 오늘날까지 표준 프랑스어 이데올로기의 핵심 요소이다. 1962년 바르트부르크 같은 저명한 언어학자도 다음과 같이 글을 쓸 정도였다.

> 17세기는 모든 것을 이성의 요구에 부응시킬 수 있다고 믿었던 시기였고, 프랑스어를 이성의 방향으로 전환시킬 기회를 논리에 부여했다. 오늘날까지도 프랑스어는 다른 어떤 언어보다 순수 논리의 요구에 훨씬 더 가까이 일치하는 것이 분명하다.

Le 17e siècle, qui a cru pouvoir tout plier aux exigences de la raison, a sans doute donné à la logique l'occasion de transformer dans le sens de la raison la langue française. Aujourd'hui encore il est évident qu'elle répond beaucoup plus que toutes les autres aux exigences de la logique pure.

(Wartburg 1962: 170)

명료성, 정확성과 우아함의 자질 덕택에 프랑스어는 중세 이후로 그 어떤 근대 언어도 누리지 못했던 지위를 유럽에서 획득했다.

Les qualités de la clarté, de la précision et de l'élégance donnaient au français en Europe une position qu'aucune langue vivante depuis le moyen âge n'avait connue.

(Wartburg 1962: 187)

더욱이 미테랑F. Mitterand 대통령은 프랑스어 언어전시회를 개최한 자리에서 다음과 같이 말했다.

수많은 사람이 프랑스어에 대해 이미 얘기했던 바대로 프랑스어의 엄밀성, 명료성, 우아한 뉘앙스, 풍부한 시제와 법, 미묘한 음성, 논리적 어순에 대해 수없이 반복해서 칭찬했으므로 더 이상 다른 말을 덧붙이기가 어렵습니다.

À propos de la langue française, il est difficile d'ajouter, après tant d'autres des éloges tant de fois répétés sur sa rigueur, sa clarté, son élégance, ses nuances, la richesse de ses temps et de ses modes, la délicatesse de ses sonorités, la logique de son ordonnancement.

(Yaguello 1988: 122-23에서 재인용)

프랑스어에 내재한 명료성과 논리성에 대한 현재의 신화는 의도적이든 아니든 **언어체계**와 **언어관용**을 구별하지 못하는 데서 기인한다(Milroy & Milroy 1985a: 13). 관용(용법)의 옹호자들은 흔히 표준 프랑스어 **체계**가 다른 비표준 변이체의 체계보다 우수하다고 주장하는데, 그 근거로 프랑스 사회의 가장 최고 작가들이 이 언어체계를 **사용**했기 때문이라고 주장한다. 이 작가들은 물론 아주 명료하고 논리적 텍스트를 단순화했지만, 그들의 작품에서 나타나는 특질들은 프랑스어 체계 자체에서 유래하는 것이 아니라, 이 언어체계를 이용하는 용법에서 나온다. 다른 언어체계를 분석하는 언어학자의 분석은 어떤 언어변이체도 다른 변이체보다 **언어체계상** 내재적으로 더 우수하다는 것을 증명할 수 없다고 결론을 내린다. 물론 '발달된' 언어와 '덜 발달된' 언어 사이에 복잡성의 차이는 있을지는 몰라도 (이 책 p.27 참조) 이 증거로는 한 언어체계가 다른 언어체계보다 우수하다는 것은 전혀 증명할 수 없다.

모든 언어의 화자는 특정 언어변이체, 특정 단어, 문법구조, 음성에 사회적 가치가 있다는 것을 깊이 믿고 있다. 문외한은 규범의 인위성과 표준 언어변이체의 자의성에 대한 언어학자들의 원리를 공감하지 못한다. 이 화자들의 지각은 사회언어학자들에게는 큰 관심거리다. 그것은 과학적 타당성이 있어서가 아니라 언어사회의 성질에 빛을 던져주기 때문이다. 더욱이 다른 언어변이체에 대한 특정 변이체의 내재적 특성에 대한 각별한 신념(예컨대 프랑스의 우수한 논리성과 명료성)은 다소 의심스런 동기에서 표준어 이데올로기의 추종자들에 의해 일반적으로 생산되고, 증폭되고, 교묘하게 이용되고 있다. 즉, 표준언어 변이체의 내재적 우수성에 대한 단언은 때로 이 표준어를 갖지 못한 화자들이 사고의 논리성과 명료성을 갖추지 못한 자들이라고 몰아붙임으로써 권력에서 이들을 배제하는 데 악용되기도 한다. 이들은 인지적으로 장애자가 되고 이들의 사회적·정치적 열망은 필연적으로 훼손당하고 만다.

결론

16~18세기 프랑스에는 프랑스어에서 올바른 것이 무엇이고, 올바르지 않은 것이 무엇인가에 대한 강력한 일련의 신조가 생겨났다. 그러한 신조는 문법가와 주로 18세기 유명 작가의 **위대한 고전**(les grands classiques)에서 뽑은 실제 예문들에 근거해서 '해야 하는 것'과 '해서는 안 되는 것'을 합쳐 놓은 결과이다. 이 신조는 프랑스어의 '명료성', '정확성', '논리성', '보편성'에 대한 강력한 신화를 만들어 냄으로써 강화되었고, 이 시기 전체를 통해 더욱 명시적 형태로 체계적으로 규범화되었다. 그 결과 인기 있는 종합적 견해가 페로J. F. Féraud의 『프랑스어 사전과 문법*Dictionnaire grammatical de la langue françoise*』(1761), 도메르그F. -U. Domergue의 『일반문법 *Grammaire générale*』(1778), 절정을 이룬 지로 뒤비비에Ch. -P. Girault-Duvivier의 『문법의 문법 *Grammaire des grammaires*』(1811) 같은 저서가 출간되었다. 이 저서의 사회언어학적 중요성은 막강하다. 왜냐하면 프랑스 대혁명 이후의 프랑스에서 이 책들은 방언을 사용하는 지방에서 표준 프랑스어의 전파 수단으로 사용되었기 때문이다.

표준 프랑스어의 이데올로기는 언어관용(용법)의 특징을 언어체계의 특징으로 간주함으로써 (우호적이든 그렇지 않든) 상당한 지지 기반을 얻었고, 18세기 말에 사회적 차별을 위해 아주 확고히 자리 잡았다. 이 시점에서 표준 프랑스어의 이데올로기는 프랑스 대혁명과 함께 생겨난 중앙집권 세력과 국수주의 세력이 악용하여 더 큰 힘을 얻었다. 17세기에 형성된 사회문화적 수단으로서 위세를 지닌 한 언어변이체가 프랑스 대혁명을 통해 채택되어 대혁명 이후 정부는 프랑스인들의 사회적 연대의식을 증가시키는 수단으로 이용했고, 이웃하는 적대 국민과 차별하는 표지로서 활용했다는 것은 아이러니이다. 프랑스어는 **이성**의 언어이기 때문에 그것은 '**프랑스인**'으로 간주되길 원하고 프랑스어를 말하기 위해 '**이성적**'이 되기를 원하는 모든 프랑스인에게는 필수적인 것이 되었다. 이제 '**규범화**' 과정에서 '**수용**'의 과정으로 넘어가 보자.

제 7 장

수 용

표준화 과정에 대한 하우겐(1966)의 분석에 따라 '선택', '기능의 세련화', '규범화'에 이어서 '수용'의 과정에 이르게 된다. 즉 선택된 방언은 궁극적으로 해당 주민들에 의해 공동체의 주요 언어로 채택되고, 어떤 사회에서는 **'국가어'**로 채택된다. '기능의 세련화'와 '규범화'가 방언의 언어 코퍼스와 관련된 과정이라면, '선택'과 '수용'은 사회학적 과정이며, 사회 내의 역할과 지위에 영향을 미친다. 여기서 '선택'과 '수용'을 구별한 것은 설명의 방편으로는 유용하겠지만, 그 근저에는 오히려 인위적인 면이 있다. 제4장에서 왕궁에서 통용되던 프랑스어 변이체가 12세기 후반에 어떻게 (무의식적으로) '선택되어' 표준어로 발달했는가를 살펴보았다. 이제 특권적 방언의 '선택' 과정은 적어도 소수의 다른 방언 화자들이 특수한 지위를 '수용하는 것'을 의미하므로 '수용'은 12세기부터 일찌감치 프랑스에서 기능적·사회적·공간적으로 확산되었다는 의미가 있다.

하지만 이 방언이 대부분의 프랑스, 특히 오크어 사용 지역인 남부의 완전한 기능어가 되기까지는 수 세기가 흘러야만 했다. 제5장에서 왕의 프랑스어가 16세기까지 (북부 지방에서는) 라틴어를 극복하고, (남부 지방에서는) 라틴어와 오크어를 극복하고, 프랑스 사회의 주요한 상위기능을 어떻게 인계받았는지를 살펴보았다. 하지만 이 경우에도 상위기능(교육, 법률, 정부, 금융, 문학 등)에 실제로 참여한 주민의 비율은 극히 미미했다. 즉 낮은 수준의 문해력과 비교적 원시적인 농업경제의 사회구조로 이 극소수의 상위 사람과 들판에서 일하는 일상 농민은 서로 분리되어 있었다. 하위 기능, 즉 일상대화에 관한 한 수용 과정은 더욱 오래 걸렸고, 무수히 변동하는 **지역어**(patois)는 최근까지 압도적으로 많은 시골 주민들이 늘상 사용했다.

이 주제를 더 깊이 다루기 전에 서로 다른 언어변이체를 사용하는 화자들이 결국에는 무엇을 '수용하는지'를 깊이 생각해 보는 것이 유용하겠다. 왜냐하면 표준 프랑스어는 이제 프랑스어를 사용하는 지역을 넘어서 널리 퍼졌기 때문이다. '표준어'란 무엇이었는가, 또는 '표준어'란 과연 무엇인가? 다른 언어변이체처럼 하나의 변이체로 간주해야 하는가? 많은 사람에게서 그것은 일상대화의 수단으로 기능하기 때문에 '비공식성-공식성'의 변이를 포함해 변동의 여러 국면을 지닌 것으로 간주해야 하는가?(Leith 1983: 37), 아니면 표준 프랑스어를 더욱 추상적 언어로 간주해야 하는가? 표준화된 문어는 당연히 표준화를 달성할 수 있지만, 구어(제7장에서 이 구어가 우리의 주요한 관심사이다)는 완벽하게 표준화할 수 있는지 의심스럽다. 구어의 순수 형태를 어디에서 발견할 수 있는가? 화자 집단의 언어관용이 완전하고 확고한 구어 표준어를 대표하는 것으로 믿을 수 있는 집단을 발견하기는 사실상 불가능하다. 교양 있는 파리의 부르주아지가 그러한 집단이라고들 가끔 말하지만(Picoche & Marchello-Nizia 1989: 26 참조) 언어가 일차적으로 소속 집단을 결정하는 기준으로 흔히 사용되는 한 그리고 파리 중류계층의 변화가 동질적이 아니라는 견지에서 이 준거의 가치는 의심스럽다. 이 점에 비추어 생각해 보면, 표준 프랑스어는 특정한 언어변이체라기보다는 오히려 실제 규범이 다소간 일치하는 '추상적 규범의 집합'(Milroy & Milory 1985a: 23)으로 간주하는 것이 바람직하다.

그렇다면 문제의 이 규범들은 무엇인가? 이 규범들은 분명 우리가 바로 앞 장에서 논의한 고도로 규약화된 규범을 상당수 포함하고 있다. 이 규범들은 '공식성-비공식성'의 축을 따라 허용된 변동 정도에 대한 세부사항도 있지만(그래서 표준어가 일상대화에서 사용할 수 있도록 만들어진다), 이들은 (우리가 살펴본 바대로) 상류계층의 언어관용에 기초해 이 관용 내에서 준수되며, 비록 소수 주민들의 언어관용이지만—잠시 후 살펴보겠지만— 아주 강력하다. 하지만 이 규범들이 지난 3~4세기 동안 파리에서 퍼진 유일한 발화규범이라고 주장하는 것은 틀리다. 대부분의 파리와 지방의 접촉은 사회의 하층에서 일상생활을 영위하며 수도로 왕래하는 일상인들 사이에 언제나 이루어지는 일이라는 점에 유념해야 한다. 그러므로 지난 2~3세기 동안에 퍼진 프랑스어 규범에는 단지 **올바른 용법**의 규범뿐만 아니라 하류계층의 파리 지방어 규범도 (어느 정도는) 포함된다고 주장하는 것이 합리적일 듯하다.

제7장의 끝부분에서 파리 프랑스어의 다양한 규범이 지역어와 지방어의 규범을 넘어 프랑스 사회 전체를 통해서 확산되는 단계들을 스케치할 것이다. 후반부에서는 이 과정을 야기한 주요 요인을 논의하고, 특히 지배언어(dominant language)의 개념에 초점을 맞추어 논의하겠다.

표준어의 분산 연표

표준어 확산의 일반 조건

갈로로망어 지역 전체에 파리 프랑스어가 확산되는 과정은 다차원적 과정이다. (1) **공간적** 확산이 가장 분명하게 포함된다. 수도의 규범은 '핵심 지역'과 지속적으로 빈번히 접촉하는 지역보다는 주변 지역까지 도달하는 데 시간이 더욱 오래 걸렸다. (2) 이 과정에는 파리 규범이 여러 사용 영역에 침투해 들어가면서 일어난 **기능적** 확산도 포함된다. 그래서 많은 경우, 일차적으로는 공식 상황에, 그 후에는 비공식 상황에 침투해 들어갔다. 또한 시골과 관련된 일(농업기술, 지역 시장, 집합 마을 등)보다는 도시와 관련된 업무(지방정부, 법률, 금융, 장거리 무역)에 먼저 침투해 들어갔다. (3) 또 **사회적** 확산도 포함되는데, 맨 먼저 파리 규범은 정부 관료, 지방 귀족, 식자층이 채택하고, 다음으로 도시 주민이 채택하고, 마지막으로 (성과 나이에 따라 비율은 다르지만) 시골 들판의 일반 농민집단이 채택했다.

오일어권에서 표준어가 확산된 과정은 **오크어**, 브르타뉴어 등과는 확산 방식이 다르다. 전자 지역의 방언들은 수도 파리의 규범에 점차적으로 '일치하는' 과정인 반면, 후자 지역은 '**언어전이**'의 과정, 달리 말해서 어느 학자가 명명했듯이 '**언어사멸**'의 과정(이 책 p.18 참조)을 겪었다. '**언어수렴**' 과정은 표준 프랑스어와 오일어 방언 사이에 발견된다. 왜냐하면 여기에 서는 언어구조가 아주 유사해 파리 규범이 더욱 강력해지면서 지역어 화자들이 표준 프랑스어를 따라갔고, 프랑스어 같은 **지역어로**부터 **지역어** 같은 프랑스어에 이르기까지 연속적으로 전이되는 언어변이체를 만들어 냈다(Warnant 1973, Walter 1984a 참조). **언어전이** 과정에 대한 실례는 프랑스어와 밀접한 관계가 없는 언어들(예컨대 브르타뉴어, 바스크어, 플랑드르어) 이 지배언어로 전이하는 데서 볼 수 있다. 종속언어(subordinate language) 와 지배언어가 전이되면서 상호 접촉하는 상황에서 서로 간섭은 하지만 언어구조의 차이가 아주 커서 혼합된 전이 변이체는 그리 흔히 나타나지 않는다. 여기서 지적한 언어전이와 언어수렴의 구별은 아주 명확하게 선을 그을 수 없다. 하지만 오크어 방언들이 프랑스어로 전이되는 현상을 보면, 프랑스어와 아주 비슷하지만 실질적 구조 차이를 분명히 보여 주는 변이체를 만나게 된다. 혼합된 프랑코프로방스어 변이체는 오래전부터 있었던 흔한 현상이다. 샹봉J. P. Chambon(1990: 384)은 17세기 초에 오베르뉴 지방의 언어상황에 대해 서술하면서 다음과 같이 명백히 말했다.

> 이 시기에, 교양 있는 화자들 사이에서조차 이종(異種)의 중간 언어 변이체들이 있었으나, 그 후 곧 없어졌고, 20세기 상황에는 이들을 상 상하기조차 어렵다. 중간 변이체는 음운, 어휘, 형태론 층위에서 두 코 드의 상호 침투와 상호 중복이 아주 진전된 상태를 보여 준다.

> il pouvait exister à cette date, y compris chez les locuteurs cultivés, des variétés intermédiaires hybrides, résorbées par la suite, que nous imaginons mal à partir de la situation du 20ᵉ siècle et qui

témoignaient probablement d'une interpénétration et d'une superposition extrêmement poussées de deux codes aux niveaux phonologique, lexical et même morphologique.

프랑스어의 남부 변이체들은 잔존하던 오크어 영향의 결과로 북부의 변이체들과는 현저히 다르다(Schlieben-Lange 1977 참조). 언어전이와 언어 수렴은 단절된 불연속의 사회언어학적 과정이라기보다는 연속체로서 그 모습이 잘 드러난다(Carton 1981 참조).

언어전이의 가장 기본적 조건은 사회적인 이층어상황, 즉 둘 또는 그 이상의 언어가 한 언어사회 전체를 통해 널리 통용되는 지역이다. 하지만 사회적 이층어상황이 있다고 해서 그것이 언어전이가 반드시 일어났다는 의미는 아니라는 점을 지적할 필요가 있다. 즉 그러한 상황이 해당 언어들 중 어느 한 언어가 사라지기 전까지 수 세기 동안 잔존할 수도 있다(Weinreich 1968: 106-10 참조). 이는 프랑스 남부의 오크어와 프랑스어의 경우에 분명히 관찰된다. 대부분의 모든 언어전이는 세대 간의 교체를 통해 일어난다. 달리 말해서 이언어병용 화자들은 사는 동안 한 언어 사용을 포기하고, 다른 언어로 대체하지 않는 경향이 있다. 전형적으로는 한 세대는 이언어병용자이지만, 두 언어 중 어느 한 언어에서 다른 언어로 단지 옮아가는 것에 불과하다. 하지만 단일 언어상황 L1과 단일 언어상황 L2의 연속체를 따라 언어전이가 이루어지는 한 개인의 이언어병용 상황의 유형은 시각화할 수 있다. 갈로로망어의 상황은 다음과 같이 도식화할 수 있다.

단일어 L1 (1) **지역어**만 사용

이언어 ┌ (2) **지역어** + 표준어(수용자만 해당)
        │ (3) **지역어** + 표준어
        └ (4) **지역어**(수용자만 해당) + 표준어

단일어 L2 (5) 표준어만 사용

방금 서술한 바와 관련된 여러 가지 이유로 프랑스 내의 프랑스어, 방언, 다른 언어의 사용자 수를 정확히 결정하기란 불가능하다. 현재도 그렇지만 과거 상황은 더욱 말할 필요도 없다. 이는 곧 다음에 인용한 통계가 절대적 가치보다는 상대적 가치를 갖는다는 것을 의미하며, 이는 단지 예시로 제시한 것뿐이다.

표준어의 확산: 17세기에서 18세기로

근대 프랑스어 초기의 프랑스어 사용에 대한 화계 정보는 프랑스 대혁명기까지는 이용할 수 없다. 즉 대혁명 이전에는 단지 파리의 여행자들(주로 상류계층)이 다녔던 지방의 발화를 언급한 단편적 출처에 의존해야 한다. 이와 같은 증거는 전적으로 일회적이며, 그 의미를 추적하려면, 여행자들이 겪은 지방 여행의 얘기를 파리의 동료들에게 얘기하면서 수도 파리와는 동떨어진 이색적인 삶을 과장하려는 강한 유혹도 느꼈을 것이라는 점을 인정해야 한다. 하지만 이들의 여행 얘기는 프랑스의 시골에서도 지역어를 지배적으로 사용했다고 하는 점에서는 모두 공통적으로 일치한다. 갈로로망어 지역의 언어상황은 19세기까지 아주 다양한 지방 토착어들이 광범위하게 존재했음이 분명하다. 이러한 전통적 발화방식은 인구가 압도적으로 많은 시골 주민들 사이에 확고히 뿌리내렸고, 주로 밀접한 내적 유대관계를 맺고 살면서 외부와의 접촉은 거의 없이 자족적인 삶을 누리며 작은 마을에 사는 사람들이었다.

17~18세기에 **지역어** 발화는 모든 지역에 편재했다. 표준 프랑스어에 상당히 근접한 언어관용을 사용하는 화자들은 극소수였으며, 발화에서 사투리를 어떻게 제거하는가에 대한 안내 책자들도 많이 출간되었다.

왜 사람들이 가스코뉴 어법에 빠지는가? …… 모든 가스코뉴 어법은 지방의 지역어에서 기원한다. …… 어린애들은 프랑스어로 말하기 전에 지역어를 사용한다. …… 사람들이 습관에 빠져 프랑스어로 말할 때는 지역어로 번역할 수 있을 뿐이다. 누군가가 가스코뉴 사람의 눈을

뜨게 하고, 그들이 저지른 말의 오류를 지적하게 하면 놀라면서 이를 받아들인다. 그들은 모든 생활을 우스꽝스레 얘기해 왔다는 것에 깜짝 놀란다. 이들은 자신의 오류의 원천인 지역어를 최초로 인정한 자들이 었다.

Pourquoi tombe-t-on dans les gasconismes? ... Tout gasconisme vient du patois du pays. ... Les enfants parlent le patois avant de parler français ... Dominé par l'habitude on ne sait que le traduire lorsqu'on parle français. Quand quelqu'un ouvre les yeux des Gascons et leur fait remarquer les fautes qu'ils font, ils les reconnaissent avec surprise: ils sont étonnés d'avoir parlé ridiculement toute leur vie. Ils sont les premiers à reconnaître la source du mal, le patois.

(Desgrouais 1776: iv, Certeau et al. 1975: 51에서 재인용)

『백과사전 Encyclopédie』(XII, 174)은 **지역어**를 다음과 같이 정의한다. "거의 모든 지방에서 말해지는 타락한 언어 …… 프랑스어는 오직 수도에서만 사용된다(langage corrompu tel qu'il se parle presque dans toutes nos provinces... On ne parle la langue que dans la capitale)."

프랑코프로방스어와 오크어 지역의 발화는 파리에서 온 여행자들에게는 거의 이해할 수 없는 것으로 드러났다. 흔히 인용되곤 하는 라신의 1661년 편지에서 다음과 같이 천명한다.

내가 리옹에 도착했을 때, 더 이상 그 지방 언어를 좀처럼 알아들을 수도 없었으며, 나 스스로 이해할 수도 없었다. 이 불행은 발랑스에서 더욱 악화되었다. 왜냐하면 하녀에게 요강을 부탁하자 그녀는 침대 밑에 풍로를 갖다 놓을 정도였기 때문이다. …… 이 지역(위제스)에서는 사정이 더욱 나빠졌다. 확신하건대 모스크바인이 파리에서 통역자가 필요한 것만큼이나 통역자가 필요했다.

> J'avois commencé dès Lyon à ne plus guère entendre le langage
> du pays, et à n'être plus intelligible moi-même. Le malheur s'accrut
> à Valence, et Dieu voulut qu'ayant demandé à une servante un pot
> de chambre elle mit un réchaud sous mon lit. ... Mais c'est encore
> bien pis dans ce pays (Uzès). Je vous jure que j'ai autant besoin
> d'interprète qu'un Moscovite en auroit besoin dans Paris.
>
> (Walter 1988: 105에서 인용)

라퐁텐도 리모주 북부 지역에서는 여행을 그럭저럭 잘 꾸려 갔으나 **오
크어**의 이해 불가능성에 대해 이와 유사한 관찰을 했다.

> 벨라크는 리모주에서 하루 거리도 안 되었지만, 언제나 길을 잃을 위
> 험이 있었다. 그래서 여기서 우리들은 철저히 일을 알아서 잘 처리해야
> 만 했다. 왜냐하면 지방어와 그 지역을 잘 아는 자가 없었기 때문이다.

> Comme Bellac n'est éloigné de Limoges que d'une petite
> journée, nous eûmes tout le loisir de nous égarer, de quoi nous
> nous acquittâmes fort bien et en gens qui ne connaissaient ni la
> langue, ni le pays.
>
> (Walter 1988: 105에서 재인용)

스퀴데리 부인Mme de Scudéry은 1644년 마르세유 사교계 부인들과 프
랑스어로는 거의 대화할 수 없었다고 말한다(Brun 1923: 466-67 참조). 이
와 유사한 몇몇 보고들이 브뤼노(1966: V, 544-49), 브로델(1986: I, 73-
78), 브룅(1923: 465-72)에 인용되어 있다. 지방의 낙후된 발화 방식을 극
히 경멸하는 파리 사람에게 다소 과장은 있었겠지만, 이 보고서의 한결같

은 지적을 주목하지 않을 수 없다.

오일어 지역의 방언 발화의 생명력은 별다른 언급이 없는데, 아마도 이해 문제가 별로 심각하지 않았기 때문이 아닌가 추정된다. 하지만 아미앵의 시의원이 루이 14세에게 피카르디 방언으로 장광설을 늘어놓자 그의 발화를 이해할 수 없었던 것은 아니었지만 극히 부적절한 결례로 간주되었다(Dauzat 1930: 545 참조). 북부 방언의 발화는 상류계층 사람들에게는 별개의 언어체계가 아니라 초규범을 잘 알지 못하는 사람들이 발화한, 초규범에서 우스꽝스레 일탈한 발화로 간주되었던 것 같다. 많은 지역어 형태를 담고 있는 풍자적 작품들이 17세기 중반에 큰 인기를 누렸으며, 18세기까지도 계속 출간되었다(예컨대 『부르고뉴 방언으로 베르길리우스 읽기 *Virgille virrai en bourguignon*』, Dijon, 171; Brunot 1966: VII. 19-21 참조).

이 시기 북부 지방의 사투리 가운데 문헌으로 가장 잘 정리된 것은 아마도 일드프랑스와 파리의 방언일 것이다(Wüest 1985 참조). 프랑스어에서 이 방언이 갖는 중요성은 엄청나다. 왜냐하면 그 몇몇 방언 특징이 상류층의 발화 형태와 나란히 프랑스 전역으로 확산되었기 때문이다. 『시류에 대한 생투앙과 몽모랑시의 두 농부의 유쾌한 대담 *Agréables Conférences de deux paysans de Saint Ouen et de Montmorency sur les affaires du temps*』(1649~1651)(Deloffre 1961) 같은 풍자 텍스트는 이 지역의 발화에 대한 귀중한 정보를 제공한다. 이와 아주 유사한 특징들이 당시 더욱 '고급시장'의 연극에 출연하는 농부의 입을 통해서 나타난다. 예컨대 시라노 드 베르주라크Cyrano de Bergerac의 『사이비 현학자 *Le Pédant joué*』와 몰리에르의 희곡 같은 것이다(이 책 pp.202~03과 Dauzat 1946: 37-46 참조). 이 전통은 18세기 내내 지속되었는데, 특히 니콜라 주앵Nicolas Jouin의 『사르셀 사람들 *Sarcelades*』(1730)(Nisard 1872: 363 참조)과, 장-조제프 바데Jean-Joséph Vadé(1719~1757)의 작품에서 대표적으로 나오는 소위 **천박스런 장르**(genre poissard)를 통해서 잘 드러난다. 이 텍스트들의 언어는 상당히 관례화된 것이었지만(Brunot 1966: VI. 1213-15, X. 259-70 참조), 상투적 표현과 실제 언어관용이 전혀 관계가 없었다고 가정하는 것은 짧은 소견이다. 사실상 파리와 그 주변 지역에 마치 런던의 코크니 방언과 유사한 별개의 토착어가 있었을 가능성은 아주 크다. 그 후에 일어난 이 두 수도의 사회언어학사의 차이는 19세기 동안에 파리의 '**천박한**' 말투는 실질적으로 없어졌지만, 코크니어는 지금까지도 잔존한다는 점이다.

압도적으로 우세한 **지역어**를 말하는 주민이 있었음에도 불구하고 어떤 사회집단이 파리의 언어규범을 가장 먼저 채택했는가? 표준 프랑스어를 사회적으로 확산시킨 확실한 방향은 상하 방향이었다. 즉 지방의 화자집단이 귀족과 도시 엘리트의 교양 있는 발화를 모방한 것이다. 17세기경 프랑스 왕국 대부분의 지방에 사회 상류층에 속하는 소수의 핵심집단(귀족계급과 특히 부유한 부르주아지)이 생겨났고, 수도의 '최상의 사람들'이 세련화된 표준어를 채택해야 할 임무가 이들에게 부여되었다. 장기간에 걸친 루이 14세의 통치 시기(1643~1715)에 왕궁의 수가 늘어나고, 따라서 발화가 지닌 사회적 지위에 대한 함축의미가 더욱 커지면서 '**순수**' 형태—'**올바른 용법**'에 거의 일치하는 형태—의 프랑스어를 구사할 수 있는 능력은 사회적 신분 상승에 필수적 열쇠이자 이 신분을 구별하는 주요 표지가 되었다. 보줄라의 『프랑스어에 대한 고찰』 같은 언어처방 교재에 대한 수요는 엄청났다. 아카데미 프랑세즈를 모방한 아카데미들이 수많은 도시에 세워졌고, 이 기관들의 목적은 순수하고 우아한 프랑스어를 가르치고, 프랑스어를 절차탁마하고, 확장하고, 풍성하게 만들고, 향상시키는 것이었다(Brunot 1966: V, 84 참조).

1730년대의 언어관찰자들은 지방 엘리트의 프랑스어 사용에 변화가 일어났음을 의식한 듯이 보인다. 1733년 몽페랑(퓌드돔의 주도) 시의 사회언어학적 상황을 지적한 논평은 놀라운 것이다. 프랑스어는 1390년 이미 파리의 행정에 사용되는 기록 문어로서 채택되었다는 점을 상기해야 한다(이 책 p.149 참조). 그럼에도 불구하고 다음 텍스트의 저자에 따르면, 250년 뒤(1660)에 이 도시의 상류층조차 발화에서 프랑스어를 거의 잘 사용하지 않았다. 편집자는 오베르뉴 지역의 시인 파스튀렐J. Pasturel(1625~1676)에 대해 글을 쓰면서 서문에서 다음과 같이 기록한다.

그 당시 도시와 시골의 모든 명문가에서 사용하는 일상어는 지역어였다. 초대 손님과 식사 중에도 유일하게 이 지역어만 사용되었다. 당시 프랑스어는 사람들이 단지 중요 행사와 모임에서만 사용하는 공식상의 공연언어였다. 이 관행이 프랑스 왕국의 몇몇 지방에서 여전히 지속되었으며, 이 지방들의 여성은 특히 일반적으로 지역어만을 사용했다. 따라서 지역어를 일상적으로 사용하는 습관이 있는 최고 지성인일지라도 모든 종류의 주제에 대한 견해를 피력하는 데 필요한 프랑스어의 적절한 모든 표현 방식과 정밀한 의미와 표현을 이미 모두 파악하고 있었다는 것은 놀라운 일이 아니다.

De son tems, dans les meilleures maisons de la Ville et de la Campagne, la langue ordinaire étoit le Patois: dans les repas de plaisir même, on n'en parloit guère d'autre. Le Fançois en ce tems-là étoit une langue de parade, dont on n'usoit que dans les grandes occasions et dans les cérémonies. Cet usage se conserve encore dans quelques Provinces du Royaume, ou les Dames, surtout ne parlent communément que le Patois de leur pays. Il n'est donc pas surprenant qu'un homme de beaucoup d'esprit, & accoutumé d'ailleurs à parler habituellement la Langue de son pays, en ait saisi tous les tours, toutes les finesses & toutes les expressions propres à rendre ses pensées sur toutes sortes de sujets.

(Pasturel 1733: 인쇄업자의 견해)

이 저자는 1733년경 오베르뉴 지방의 상류층 사이에 구어 프랑스어 사용이 상당히 널리 확산되어 있었다는 점을 분명히 암시한다. 즉 이언어 사용자가 증가했다는 것, 처음에는 상류층의 남성들 사이에, 그다음에는 여성들 사이에 확산되었다는 것이다. 그렇지만 이언어 사용자들이 오베르뉴 지역어를 완전히 배제하기까지는 몇 세대라는 더 긴 시간이 걸렸다.

    지금까지 프랑스어 규범이 파리에 확산되는 주요 방향이 상하라는 것을 가정했다. 이 가정이 완벽한 것만은 아니다. 왜냐하면 사회적으로 하류 계층에 속한 많은 사람도 파리 발화와 접촉했을 것으로 생각하는 것이 합리적이고, 파리와 지방의 교섭이 대부분 일상업무를 처리하는 보통 사람들에 의해 이루어졌기 때문이다(Brunot 1966: VII, 188-231 참조). 일을 찾아 계절적으로 이동하는 일이 상당히 잦았고(Braudel 1986: I, 82 참조), 파리에는 상당한 규모의 지방 사람들이 거주하면서, 이 중 많은 사람이 시골집의 가족과 지속적으로 관계를 가졌을 것이다. 19세기 후반 이전에 국가적인 상품시장이 있었다는 것은 비현실적이지만, 상업 · 행정의 중심지로서 파리는 아주 중요했기 때문에 13세기부터 이 대도시를 장거리로 왕래하는 집단들이 있었다. 18세기 중엽에 시작된 경제적 확장과 교통혁명으로 프랑스 사람들의 지리적 이동이 엄청나게 활발해졌고, 프랑스어가 일부 지방도시로 널리 확산되어 사용된 것과 일치하는 듯이 보인다. 파리와 지방도시들 간의 하류계층의 교섭은 분명히 **올바른 용법**의 규범보다는 세련되지 못한 파리어의 규범을 분산시켰을 것이다. 이를 뒷받침하는 증거는 아주 희박하지만 낮은 수준의 파리어법(Parisianism)과 **속어**(argot)가 현대까지 잔존하는 방언과 지방어 변이체에 그토록 오랫동안 남아 있었다는 점은 사정이 그랬다는 것을 암시한다(Gardette 1983: 776; Sainéan 1920: 46-49 참조).

    18세기 말의 프랑스 방언 상황에 대한 가장 분명한 증거는 1790~1794년에 그레구아르 사제Abbé Grégoire가 실시한 놀라운 현지조사이며, 그는 조사결과를 『지역어를 말살하고, 프랑스어를 보편화할 필요성과 수단 필요성 *Sur la nécessité et les moyens de d'anéantir les patois et d'universaliser l'usage de la langue française*』(1794)이란 보고서로 작성했다(de Certeau et al. 1975 참조). 이 보고서의 제목이 보여 주는 것처럼 그레구아르의 현지조사의 학문적 측면은 제자와 동료 자코뱅파의 정치적 목표—프랑스를 정치적 · 이데올로기상으로 동질적으로 만드는 것—에 다소 물들어 있다. 이 현지 언어조사는 프랑스의 여러 지역에 흩어져 있는 49명의 언어 제보자가 작성한 설문지로 이루어졌다. 자료 제보자들의 분포는 전국적으로 골고루 분산된 것은 아니었고, **오일어** 지역에만 범위가 국한되었다. 오일어 지역은 방언과 표준어의 차이가 비교적 적었다. 그레구아르가 선택한 통신원들은 언어문제가 가장 심각한 것으로 생각되는 남부와 주변지역(브르타뉴, 플랑드르와 동부)에 집중했다. 언어 제보자들은 대부분이 교육을 받은 자들(신부, 법률가, 의사)이었는데, 이들은 적어도 그레구아르의 진보정치 견해를 공유한 자들로 상정할 수 있다. 그들에게 부과된 질문은 언어적 장점뿐만 아니라 종교적·정치적·문화적 화제(話題)가 섞여 있는 당혹스런 것이었다. 분명 그레구아르는 자기 신념인 "언어통일은 대혁명의 총체적인 한 부분이다(l'unité de l'idiome est une partie intégrante de la Révolution)"를 증진시키려는 정치적 수단을 찾고 있었다.

그레구아르는 현지조사의 결과를 요약하면서 다음과 같이 단언했다.

> 600만 명의 프랑스 사람이, 특히 시골에서는 국가어를 전혀 모르고 있다는 것, 그리고 이와 비슷한 수의 사람들이 대화를 지속적으로 이끌어 가는 것이 다소 불가능하다는 점, 마지막 결과로서 프랑스어를 말하는 사람 수는 300만 명을 초과하지 않으며, 따라서 프랑스어를 정확히 쓸 수 있는 사람의 수는 더욱더 적다는 사실을 과장 없이 단언할 수 있다.

> On peut assurer sans exagération qu'au moins six millions de Français, surtout dans les campagnes, ignorent la langue nationale: qu'un nombre égal est à peu près incapable de soutenir une conversation suivie; qu'en dernier résultat, le nombre de ceux qui la parlent n'excède pas trois millions, et probablement le nombre de ceux qui l'écrivent correctement est encore moindre.

> (Certeau et al. 1975: 302에서 재인용)

그레구아르의 통계는 분명히 정치적 효과를 극대화하려고 산출한 것이며, 과학적 고려는 부차적인 것으로 미루고 있다. 그렇다고 해도 이 통계는 관심이 없지는 않다. 당시의 프랑스 전체 인구 2,600만 명 가운데 그레구아르는 표준 프랑스어('**국가어**')를 구사하지 못하거나 거의 구사하지 못하는 화자의 수를 46%로 측정하고, 완전히 구사할 수 있는 자들을 11.5% 정도로 측정했다. 46%의 비프랑스어 사용자들은 남부 오크어권과 주변 지역(브르타뉴, 플랑드르, 특히 알자스)에 주로 거주했으며, 프랑스어를 사용하는 11.5%는 북부의 주요 도시, 특히 파리와 일드프랑스 지방의 시골 거주자였다. 나머지 약 40%의 주민이 남는데, 그레구아르는 이들을 명기하지는 않았지만, 프랑스어에 대한 지식의 소지 유무의 양극단 사이 어느 지점에 있을 것이다. 분명 그레구아르는 이 범주에 일드프랑스 밖의 **오일어** 방언권의 시골 화자를 암묵적으로 귀속시키고 있다.

이 전체 숫자보다는 더욱 흥미로운 것은 아마도 통신원들의 답변서 자체이다(Gazier 1880; de Certeau et al. 1975 참조). 이들은 조사대상 지역의 사회언어학적 상황에 대한 풍부한 지식을 가진 일차 정보원이다. 이 답변은 **오일어권**(표준어가 적어도 이해가 되는 지역)과 오크어를 사용하는 남부 사이에 격차가 크다는 것을 분명히 보여 준다. 시골 지역과 도시의 하류계층이 지역어를 얼마나 압도적으로 많이 사용하는지를 단적으로 보여 주면서 도시 공동체에서 부유층뿐만 아니라 장인들 사이에서도 파리어 규범이 확산되는 것을 한결같이 지적한다. 이 답변서들은 또한 지역어가 극히 다양하고, 많은 지역어 화자들이 사용하는 언어에 파리 발화가 아주 심하게 간섭하고 있음에 주목한다. 비록 이런 현상이 부분적으로 지역어가 자율적 언어체계가 아니라 파리 발화의 타락한 형태로 간주하는 경향이 있는 조사응답자들의 처방적 태도로 설명될 수 있지만 말이다.

표준어의 확산: 19세기에서 20세기로

프랑스가 다른 서유럽 국가들과 같이 소규모의 농촌 시장경제로부터 대량의 도시 시장경제로 이관됨에 따라 관료적 상부구조는 점차 더욱 세련되고, 사회생활의 모든 면모를 기록한 문서의 양이 많아지고 체계적이되었다. 언어행동에도 관료의 입김이 미쳤다. 19세기는 지방 토착어의 상태에 더 많은 정보를 제공하는데, 이는 1808년에 코크베르 몽브레E. Coquebert-Montbret의 현지조사(Coquebert-Montbret 1831；Simoni-Aurembou 1989 참조)—탕자의 비유에 대한 여러 방언 판본을 낳게 했다—로부터 시작해 기념비적인 『프랑스 언어지도*Atlas Linguistique de la*

지도 15 **1835년, 프랑스어를 사용하는 도(道)**(Weber 1977)

France』(Gilliéron & Edmont 1903-10)에서 절정에 달했다. 표준 프랑스어는 대혁명기의 모든 중앙집권적 장광설에도 불구하고 19세기 4/4분기까지 어렵게 서서히 지속적으로 확산되었다.

특히 남부와 동부에서 **지역어**의 끈질긴 생명력은 〈지도 15〉(p.243)에 예시되어 있다. 이는 1835년에 출간된 위고A. Hugo의 현지조사에 입각한 것이다. 여기서 제시하는 정보의 가치는 극히 제한적이라는 점을 지적해야 한다. "전체적으로 프랑스어를 사용하는"이 정확히 무엇을 뜻하는지 확실하지 않다. **오일어권**의 **지역어**(Bonnaud 1981: 470, 482에 따르면 이 당시 지역어들은 아주 광범위하게 사용되었다)란 프랑스어와 동일한 것인가? 만일 그렇다면 프랑스 동부의 지역어(예컨대 로렌어)와 서부의 지역어(예컨대 노르망디어)는 같이 취급되는 것인가? 노르망디와 피카르디 지방의 지역어는 오늘날까지 여전히 사용되는 것으로 확인되고 있다. 파리, 피카르디, 노르망디의 오랜 기간에 걸친 교류로 인해 파리에 기반을 둔 관찰자들은 방언들을 프랑스어의 하위 변이체로 간주하는 반면, 동부 방언은 그들 생각에 어떤 의미에서는 프랑스어와 분리된 것으로 생각했을 가능성이 있다.

1863년 나폴레옹 3세의 교육장관이었던 뒤뤼V. Duruy가 실시한 현지조사의 결과는 더욱더 자세하다. 작성된 통계는 베버E. Weber(1977: 498-501)가 발표했다. 이 통계에 따르면, 거의 3,000만 명의 프랑스 인구 중 750만 명(25%)이 지역어를 사용하는 단일어 사용자들이었다. 그 전체 모습은 〈지도 16〉(p.245)에 제시되어 있다. 이 지도는 해석하기가 쉽지 않다. 1835년 조사에서 살펴본 문제, 즉 무엇이 프랑스어이고, 무엇이 **지역어**인가에 대한 불확실한 문제가 여기서도 재등장한다. 즉 **지역어**란 용어는 주로 오크어와 주변지역 언어(카탈루냐어, 바스크어, 브르타뉴어, 플랑드르어, 알자스어, 코르시카어)를 가리킨다. 그러나 지도에서 나타난 정보는 그것이 몇몇 오일어 변이체를 포함한다는 것을 암시한다. 뒤뤼는 노르망디어와 피카르디어가 '기본적으로 프랑스어'라는 전통적 견해를 가진 것 같다. 하지만 분명한 것은 방언적 발화가 남부와 북부의 주변 지역에서 여전히 확고히 뿌리를 내리고 있었다는 점이다.

프랑스어를 전혀 사용하지 않거나 거의 사용하지 않는 지역

프랑스어를 50% 정도만 사용하는 지역

상당한 비율로 프랑스어를 사용하지 않는 지역

프랑스어를 사용하지 않는 지역 결속

지역어

의심스런 지역

지도 16 **1863년, 지역어를 사용하는 도(道)**(Weber 1977)

19세기의 4/3분기에 표준어 확산이 가속화되고, 단일 지역어 사용권의 범위가 분명하게 축소되었다. 단일 지역어 사용자의 비율이 1863년의 조사에서는 25%였다. 반면, 1867년 군대에 징집된 남자에 대한 조사에서는 69.1%가 프랑스어를 습관적으로 사용하고, 20.4%는 프랑스어를 '아주 불안정하게' 사용했고, 10.1%는 프랑스어를 전혀 말하지 못했으며, 나머지 4%는 계산되지 않았다(Furet & Ozouf 1977: I, 325 참조). 이 두 조사 기간에 나타난 단일 지역어 사용자 수의 감소는 확실한 근거가 있지만, 이 숫자는 실제로 일어났던 사태에 대해 막연한 가이드만을 제공한다. 즉 젊은 남성(군대에 징집된 집단)은 농촌인구 일반을 대표하는 전형적인 집단으로 간주될 수 없다는 것이다. 왜냐하면 이들은 표준어로 이관되는 과정에 있는 것으로 보이기 때문이다. 19세기 방언발화의 통계조사에서 아쉬운 점은 4/4분기의 결정적인 자료가 없다는 것이고, 이언어병용의 정도와 프랑스 전역의 코드전환을 탐색하지 않았다는 것이다(Sauzet 1988: I, 212-14 참조). 이런 현상은 이 시기의 오크어 사용자들 사이에 점차 광범위하게 퍼져 있던 현상으로 알려져 있다(Bonnaud 1981: 39 참조).

1867년의 현지조사 이후에 이와 비견할 만한 언어탐사가 19세기의 나머지 기간에 국가적 차원에서 수행된 것이 없다. 그래서 언어역사가는 다양하게 분산된 지역의 현지조사를 토대로 전체 모습을 재구성해야 한다(Vigier 1979 참조). 20세기 초에 도자A. Dauzat는 오베르뉴 저지 지역의 사회언어학적 상황에 대한 조사작업을 실시하면서 주민 대다수의 '**출신이 지역어 사용자**(patoisants d'origine)'였지만, 이제 대부분의 화자가 이언어병용자라는 사실을 관찰했다. 그는 주민을 다음과 같이 언어적으로 분류했다.

1) 지역어만 이해하고, 프랑스어를 이해하지 못하는 사람은 다소 사라졌다.
2) 농사짓는 연로한 여성은 프랑스어를 이해는 하지만 말할 수는 없다.
3) 시골의 40대 남성과 30세 이상의 여성은 보통 지역어를 사용하지만, 프랑스어는 드물게 사용하는데, 유창하지도 못하다.

4) 시골의 가장 젊은 사람들은 진정한 이언어병용자들이다.

5) 프랑스어를 유창하게 말하고, 드물게는 지역어를 말하는 사람은 마을 거주자(교외 제외)와 시골 양반, 소(小)부르주아, 법률가, 의사 들이다.

6) 클레르몽, 리옹, 티에르 같은 도시 거주자들은 지역어를 이해하지 못하고, 프랑스어를 말한다.

1) Ceux qui ne parlent que patois et ne comprennent pas le français ont à peu près disparu.

2) Quelques vieilles paysannes comprennent le français mais ne le parlent pas.

3) À la campagne les hommes de quarante ans, les femmes de plus de trente, parlent généralement le patois, accidentellement et mal le français.

4) Les plus jeunes, sont, à la campagne, de véritables bilingues.

5) Certains parlent couramment le français, accidentellement le patois: habitants des villes, à l'exception des faubourgs, et, à la campagne, châtelains, petits bourgeois, notaires, médecins.

6) De nombreux habitants des villes telles que Clermont, Riom, Thiers, parlent le français sans comprendre le patois.

(Chaurand 1985: 350-51에서 인용)

표준 프랑스어는 지난 25년간 도시생활에서 중요한 역할을 한 것으로 이 조사보고서로부터 추론할 수 있다. 왜냐하면 노년층 화자들은 표준어를 전혀 습득하지 못했고, 중년층 화자들은 표준어를 아주 서툴게 말했고, 단지 젊은층 화자들만이 표준 프랑스어를 확실하게 습득했기 때문이다. 여기 기술된 이언어병용과 이층어상황은 극도로 불안정하고, 따라서 표준 프랑스어가 지역에 따라 발달 단계가 달랐기 때문에 언어상황을 프랑스 전체에 동일하게 적용했다고는 가정할 수 없다.

20세기에는 이언어병용자의 수요가 대량으로 감축되었고, 따라서 지방어와 방언이 다른 나라에서도 광범위하게 확인된 바 있는 언어전이 과정을 거쳤음을 예견할 수 있다(Gal 1979; Williamson & Van Eerde 1980 참조). 모랑G. Maurand(1981)은 오크어권에서 진행된 이 과정을 지리적으로 기술했다. 20세기 프랑스의 **지역어**와 지방어가 똑같은 정도로 정규적으로 쇠퇴한 것은 아니었다(Tabouret-Keller 1981 참조). 몇몇 언어(알자스어, 브르타뉴어, 코르시카어)는 다른 언어(플랑드르어, 바스크어, 카탈루냐어)보다도 더욱 거세게 오래 잔존했다. 오크어는 프랑스의 광범위한 지역—예전에 오크어의 여러 언어변이체가 사용되던 지역—에 걸쳐 정도를 달리해서 쇠퇴했다. 예컨대 아드자르드지D. Hadjadj(1983)는 티에르(퓌드돔)의 인근에 서로 아주 근접한 두 마을의 지역어 쇠퇴 비율의 차이가 꽤 크다는 것을 지적했다. 그의 발견은 1975년 수행한 현지조사에서 나온 것이다. 〈그림 6a〉와 〈그림 6b〉의 그래프의 수평축은 언어제보자의 연령군의 생년을 가리키고, 수직축은 (1) **지역어**를 이해하고, (2) 일상생활에서 사용하는 언어제보자의 퍼센트를 가리킨다. 흥미로운 사실은 방언들과 언어의 쇠퇴가 20세기 양차 대전 사이에 특히 가속화된 듯이 보인다는 점이다.

현대 프랑스에서 **지역어**와 지방어 화자의 예상 수치가 제시되었다. 바르드오그R. Wardhaugh(1987: 104-17 참조)는 프랑스어 외에 현재 일상생활에서 전통적 소수 언어를 사용하는 화자 수를 과감하게 제시했다.

- 오크어   – 200만 명
- 브르타뉴어 – 40만 명
- 알자스어   – 이언어병용이 일상사
- 플랑드르어 – 10만 명 이하
- 코르시카어 – 20만 명 주민의 대부분
- 카탈루냐어 – 극소수
- 바스크어   – '사라지고 있다'

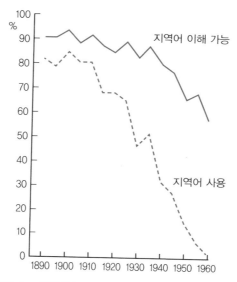

그림 6a **지역어(Saint Thurin)의 쇠퇴**(Hadjadj 1983)

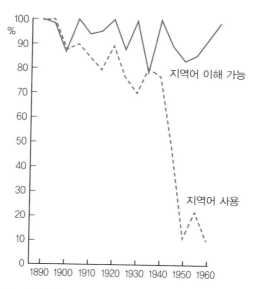

그림 6b **지역어(Celles-sur-Durolle)의 쇠퇴**(Hadjadj 1983)

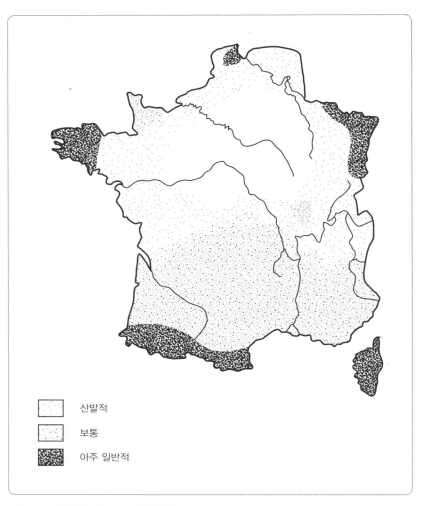

산발적

보통

아주 일반적

지도 17 1968년, 시골의 이언어병용(Pottier 1968)

　　포티에B. Pottier(1968)는 화자 수를 세지 않고, 프랑스의 농촌에서 확인되는 다양한 이언어병용의 범주화를 직관적으로 시도했다(〈지도 17〉 참조). 이 지도에서는 현존하는 지역어와 지방어들이 모두 지리적으로 주변 지역에 위치하며, 따라서 이들은 단지 표준 프랑스어와 관련해 이층어상황 속에서 존재한다는 것이 분명하다. 또한 대부분의 경우 이 언어들의 존재가 이제 매우 불안정하다는 점도 분명하다.

원인

지난 200년간에 걸쳐 파리 발화의 규범이 이와 밀접한 연관을 지닌 **오일어권의** 방언들뿐만 아니라 또한 인구의 절반 정도가 이전에 사용했던 주요 지방어(특히 오크어)를 대체한 단계를 살펴보았으므로 이제는 그 원인을 탐구해야 한다. 이러한 주요 사회언어학적 변화는 동일한 방향으로 작용하는 모든 세력의 작용을 함축한다. 경쟁언어(Wardhaugh 1987 참조)와 지배언어(Grillo 1989 참조)의 문제가 최근에 큰 관심을 모았다. 이 점에서 먼저 파리 표준어의 전파에 영향을 미친 외적 정치적 요인(언어정책)의 작용을 먼저 살펴보고, 다음으로 좀 더 깊이 뿌리박힌 아마도 더욱 강력한 일반적인 경제인구학적 변화와 관련된 요인을 살펴보자.

지난 3세기 동안 서유럽에서 가장 크고, 가장 중앙집권화가 심한 국가가 프랑스에 탄생했음을 목격할 수 있다. **구체제**에서는 왕의 정치력과 파리에 집중된 국가기관이 점차 증가했음을 볼 수 있다. 대혁명 이후에 프랑스 정부는 국가에 더욱 뿌리깊은 관료 권력을 가진 정치적 중앙집권화의 과정을 계승했다. 강력한 국가의 정체성은 모든 지방의 정체성을 추방함과 동시에 이 정체성의 표현인 지방의 발화양식을 제거하면서 생겨났다.

국가적 정부가 여전히 자연적이고 불변하는 사회정치체제로 널리 간주되는 근대세계에서 국가와 언어는 서로 복잡하게 얽혀 있다. 모든 독립국가에는 언어가 있어야 한다. 단지 의사소통의 수단으로서 '**토착어**'와 '**방언**'뿐만 아니라 완전히 발달된 언어도 있어야 한다. 그 어떤 것도 이 언어를 '**미개한 것**'으로 나타낼 수 없다(Haugen 1996: 103). 하지만 국가에 대한 정의는 역사가와 사회과학자에게 복잡한 문제를 야기하는데, 이들은 일반인과 달리 국가를 보편적인 불변의 실체로 생각하지 않기 때문이다. 국가 개념은 18세기를 지나면서 유럽적 사고에서 아주 심각한 변화를 겪었다. 그리요R. Grillo(1989: 22-23)는 '공동체로서의 국가'와 '연대로서의 국가'를 구별하는데, 전자는 '유사성으로부터 파생되어 혈연과 지연사회로부터 생겨나고, 친족과 혈족에서 생겨난 관계'를 의미한다. 후자는 '교환과 이성적 의지'에 근거를 두고 생겨난 도시, 산업체, 국가 같은 대집단이 그 전형이라는 것이다. 중세와 근대 초의 유럽에서 '**국가**'란 단어는 기본적으로 '공동체로서의 국가'를 의미했으며, 따라서 반드시 정체(政體)로서의 '국가' 개념과 자동적으로 관련된 것은 아니었다. 하지만 18세기에는 '연대로서의 국가' 개념이 지배적이었던 것 같고, 따라서 '국가'와 '정체'를 동의적(同意的)인 것으로 만들려는 요구가 생겨나 한 '국가' 내에 공통 언어와 공유 민족성으로써 국가 연대의 결속을 철저히 굳혔다.

17~18세기에 프랑스 왕들은 정치적 영토확장((지도 13), 이 책 p.146 참조)과 중앙집권화 정책을 성공적으로 정착시켰다. 권력은 왕이란 한 인물에 집중되었으며, 왕과 강한 유대감을 지닌 소수의 지배 엘리트가 행사했다. 프랑스어는 어쩔 수 없이 지배언어가 되었고, 프랑스 사회에서 전문화된 유일한 언어이자 국가 지위를 얻고, 영향력을 행사하려는 모든 사람에게 엄청난 매력을 지녔다. 하지만 프랑스 국가는 관료체제보다는 여전히 봉건체제로 남아 있었기에 언어태도에서도 왕의 프랑스어를 국사(國事)에서 사용할 것을 규정했지만, 그 외 다른 모든 영역에서 대부분의 국민은 자신이 사용하던 전통 언어를 그대로 사용했다. **구체제**의 프랑스는 끝까지 다문화, 다언어 사회로 남았고, 국가의 결속은 왕권에 맡기고, 단지 질투심에서 자기 지방의 법률과 관습을 옹호하는 지방연대로 남아 있었다. 정치체제는 봉건주의와 중세 기독교에 깊이 뿌리박고 있었다. 왕의 역할은 이론적으로는 적어도 평화 보존과 사법권의 행사였다. 지방 영주는 왕의 권위에 종속되었지만 봉건적 과거로부터 전해 내려온 수많은 지방의 관습과 특권을 유지했으며, 왕은 봉건적 직무로 인해 과거의 봉건체제를 전복시키기에는 무력했다. 그는 단지 지방 귀족들의 충성심에만 관심이 있었지 동질성 여부에는 관심이 없었다. 구체제의 프랑스는 '농업 기반' 사회로 정의되는데, 그곳은 "국가는 세금을 거두고, 평화를 유지하고, 그 이

상의 일은 없었으며, 휘하의 공동체들 사이의 횡적 소통을 증진시키는 데는 관심이 없었다"(Grillo 1989: 28).

우리는 앞에서 **구체제** 정부가 언어계획에 상당히 깊이 개입했다는 것을 살펴보았다. 즉, 왕의 프랑스어를 프랑스 왕국의 유일한 사법언어로 처방한 빌레르코트레 칙령(1539)과 관련된 지위 계획(status planning)과 아카데미 프랑세즈의 설립(1635)으로 프랑스어의 규범화에 관여하는 공식지령과 관련한 코퍼스 계획(corpus planning)이 그것이다. 하지만 이러한 발전은 **지역어**를 사용하는 지방의 동화를 통해서 **구체제**의 의식적인 언어통일 정책을 보여 주기에는 턱없이 부족한 것이었다. 법정에서 프랑스어를 사용함으로써 지방에서도 '프랑스어를 전파할 수 있는' 핵심적인 프랑스인들이 만들어졌다는 사실은 이 효과가 의도된 것이라거나 고무되었다는 것을 의미하지는 않는다. 마찬가지로 17세기의 프랑스어 규범화로, 모방해야 할 분명한 언어모델이 생겨난 것은 이 모델로부터 멀리 이탈된 것으로 생각하는 지배 엘리트나 서민을 위한 의도적인 조처라는 의미도 아니다. 다른 정치체제처럼 **구체제**도 부서들 간의 이념적 연대를 유지하려고 부심했으며, 이 연대감이 일차적으로는 가톨릭교와 왕의 주권에 있는 것으로 보았고, 인종적·언어적 공통성에 있다고 보지는 않았다. 16세기에 미셸 Michel de l'Hospital은 이 입장을 명백히 표명했다. "언어 구분은 왕국을 분할하지 않지만, 종교와 법의 구분은 이를 분할시킨다(La division des langues ne fait pas la séparation des royaumes, mais celle de la religion et des lois)"(Peyre 1933: 10에서 재인용). 프랑스 왕국의 모토도 "믿음도 하나, 법도 하나, 왕도 하나(Une foi, une loi, un roi)"였다.

프랑스 왕이 지배한 영지 내에서 종교통일을 기하려는 어떠한 노력도 없었으며, 이는 1630년대 구교도에 대한 리슐리외의 캠페인, 낭트 칙령(1685, 신교도에 대한 1세기 동안의 해묵은 종교 허용정책), 카미사르파(세벤에 사는 신교도 공동체)에 대한 잔혹한 박해(1702~1705)에서 볼 수 있다. 반면 **구체제**는 언어와 국가체제의 관계가 아주 불분명한 것으로 본 듯하다.

17~18세기에 새로운 지방들이 프랑스 국가에 편입되면서(베아른 1607

년, 알자스 1648년, 플랑드르 1659년, 루시용 1659년, 프랑슈콩테 1668년, 로렌 1738년, 코르시카 1768년) 왕의 프랑스어가 공식어로 부과되었지만, 그것은 단지 오래전에 확립된 빌레르코트레 칙령의 연장에 불과했다. 편입된 지방들(플랑드르, 알자스, 루시용)의 경우 외부 언어집단과 연계를 가지면서도 프랑스어 교사의 임명을 통해 이들을 언어적으로 동화시키려는 움직임도 있었던 것 같다. 하지만 이 움직임은 활발하지 않았고, (중요한 것은) 단지 귀족만을 목표로 했다는 점이다. 언어동화 정책을 실시하려는 실질적인 의지가 전혀 없었다는 점은 알자스에서 눈에 띄게 잘 드러나는데, 이곳은 게르만 방언의 힘이 아주 강력해 프랑스어는 단지 최상층 행정부에서만 사용되었다. 루이 14세는 분명 프랑슈콩테가 프랑스어 사용권이라는 근거에서 이 지방 점유가 정당한 것으로 생각했지만, 이는 단지 자신의 팽창주의 운동에 대한 진지한 사유라기보다는 **사후의** 합법성을 가장하기 위한 것이었다.

　　프랑스는 사법과 재정운용의 장치 위에서 이론적으로는 학교를 통해 언어동화 정책을 실시할 수 있었다. 그래서 **구체제**하에서 학교는 분명 표준 프랑스어의 진화에 일익을 담당했다(Brunot 1966: VII, 1332-82 참조). 낭트 칙령의 폐기(1685)에 즈음해 프랑스 왕국 전체를 통해 종교적 정통성을 강화할 목적으로 왕은 1698년 모든 군(郡)에 (무상의) 초등학교 설립을 명했다. 교육적 우선 순위는 일차적으로는 신앙의 신비를 주입시키고, 둘째는 읽기, 쓰기, 기하학을 가르치기 위한 것이었다. 학교에서 프랑스어를 교육시켰지만, 이는 단지 라틴어 학습을 위한 수단이었다. 야망에 찬 시민들은 자연히 왕의 프랑스어 숙달로 얻을 사회적·경제적 이득을 충분히 알아차렸다. 그 결과 18세기에 많은 지방단체가 앞다투어 초등교육을 실시했다. 하지만 이 과정에서 국가 개입은 미온적이었고, 진정 충신들은 상류 사회의 집단만 교육하는 데는 공개적으로 적대적인 태도를 취했다. 1759년 데티니d'Etigny라는 이름의 신하가 진술한 말에서 이를 엿볼 수 있다.

　　마을 초등교사의 무용성을 입증하기 위해 깊은 추론이 필요하다고는 생각하지 않는다. 농부들에게 실시할 필요가 없는 교육도 있다. 일꾼, 포도농사꾼, 심지어 일당을 받는 농사꾼의 자녀들이 자기 처지를 벗어나 검사관실이나 법무사실에 들어가려고 글쓰기를 배우거나, 변호사나 사제가 되려고 라틴어에 몰입하는 것처럼 아주 일반적인 현상을 보는 것은 아주 흔한 일이다. 그로 인해 온 나라가 농사짓는 사람들이 줄어들고, 이 사회에 아무 쓸모없고, 아무 이득도 안 되는 자들을 양산하여 게으름뱅이와 놈팽이로 득실거리는 나라가 되었다. …… 사실의 진상을 보면, 본인이 사는 도(道)의 거의 모든 곳에서 땅을 경작할 일꾼들을 구할 수 없다는 불평이 나온다. 이 사실 하나만으로도 농부들이 글을 배우는 것을 금지시켜야 할 것이고 …… 따라서 일꾼, 포도농사꾼, 또는 일당 농사꾼만이 거주하는 지역에서 특히나 초등교사를 폐지하는 조치를 본인이 취하게 된 주요 원인이다.

Je ne crois pas qu'il soit nécessaire de faire de grands raisonnements pour prouver l'inutilité des régens dans les villages. Il y a de certaines instructions qu'il ne convient pas de donner aux paysans; rien n'était si commun lorsque je suis arrivé dans cette généralité que de voir des enfants de petits laboureurs, vignerons, même de journaliers, abandonner leurs villages pour chercher à sortir de leur état, soit en apprenant à écrire pour pouvoir entrer chez les procureurs et dans des bureaux, soit en se donnant au latin pour devenir avocats ou prêtres, ce qui peuplait le pays de fainéants et de mauvais sujets qui, en diminuant le nombre des cultivateurs, augmentaient celui des gens inutiles et sans ressources pour la société. ... Dans l'exacte vérité, l'on se plaint, dans presque tout mon département, qu'on ne trouve pas d'ouvriers pour travailler les fonds. Ce seul article demanderait qu'on empechât les paysans d'apprendre à lire ... aussy est-ce une des principales raisons qui m'a fait prendre le party de supprimer les régens, surtout dans les endroits qui ne sont habités que par des laboureurs, vignerons ou journaliers.

(Brun 1923: 438에서 재인용)

　데티니의 대중교육에 대한 견해가 극단적이고 전형적인 것이 아니었겠지만 일반적으로 말해 18세기 프랑스는 언어동화 정책을 추구하면서 학교를 이용하려고 하지 않았던 것은 분명하다. **구체제**가 본격적인 언어동화 정책을 시도했다는 것을 보여 주는 증거는 진정 발견할 수 없다. 잘해야 대다수의 백성이 사용하는 언어에 무관심했거나 최악의 경우에는 경제적 · 정치적 권력으로부터 농민을 언어적으로 배제시켜 이권을 얻으려는 시도가 있었을 뿐이다.

　18세기 말에 일어난 프랑스 대혁명은 국가권력 구도에 격변을 초래했다. 정치적 중앙집권화의 오랜 전통은 그대로 유지되었지만, 정치권력의 실체는 변했다. 즉 국가는 이제 서민생활의 모든 영역에 관심을 갖기 시작했으며, 그에 따라 봉건국가는 점차 관료국가로 변해 갔다. 새로운 이데올로기하에서 '**국가**' 개념은 근본적으로 변했으며, 프랑스어는 프랑스 사회에서 전혀 새로운 역할을 갖기 시작했다. 과거에 '**국가**'는 각자가 태어난 크고 작은 사회집단이었지만, 이제 와서 '**국가**'는 '**이성**', '**일반의지**', '**사회계약**'이 지배하는 대사회 집단이 되었다. '연대로서의 프랑스 국가'는 모든 국민이 동일한 언어를 사용할 것을 요구했다. 프랑스어는 이제 국가의 필수적 상징이 되었다. 과거 **구체제**의 모토는 "une foi, une loi, un roi"였지만 이제 대혁명 이후에 설립된 새 국가의 모토는 "République une, langue une: la langue doit être une comme la Republique"(공화국도 하나, 언어도 하나: 그것은 언어도 공화국처럼 하나여야 하기 때문이다)가 되었다. '**국가어**'가 '일차 집단을 넘어 충성심'을 자극하고, '다른 국가에 대한 혼란스런 충성심'을 단념시키는 데 사용되었다. 그 이상(理想)은 "**내적 결속-외적 차별**"(Haugen 1966: 104)이었다. 이러한 국가관의 개념은 전 세계에 널리 수용되었지만, 어떤 유럽 국가도 프랑스보다 더 심층적으로 받아들인 나라는 없었으며, 이로 인해 광범위한 사회언어학적 결과가 초래되었다.

대혁명의 지도자들은 표준 프랑스어의 전파를 통해서 국가의 내적 결속을 공고히 할 필요성 때문에 언어정책에 대한 강력한 동기가 있었다. 이처럼 의사소통을 증진시키려는 욕구는 화폐, 무게, 측량 등의 관련 없이 분리된 옛 도량형 체계를 프랑, 그램, 리터 등의 통일된 10진법으로 대체한 데서도 같은 맥락을 엿볼 수 있고, 지롱드당 치하에서 언어다원주의를 잠깐 거친 뒤에 (몇몇 방언과 소수 언어를 위해 지방적 근거에 입각해 공식적 지위를 제안한) 자코뱅파의 언어동화 정책을 채택했다. 즉 전통적 파리규범에 입각해 지방 언어변이체를 사용하는 것을 금지시켰다. 그리하여 프랑스 국경의 변방에 있던 비프랑스어권 사회는 언어적으로 동화되었다.

지역분권주의와 미신자들은 해안 브르타뉴어를 사용한다. 이민자와 프랑스 공화국에 대한 증오자들은 독일어를 사용한다. 반혁명주의자들은 이탈리아어로 말하고, 광신자들은 바스크어로 말한다. 이러한 유해(有害)와 오류의 도구들을 깨부수자 …… 왕정이 바벨탑과 유사하게 되려는 데는 다 그만한 이유가 있다. 민주정에서 시민들이 국가어에 무지하고, 권력을 통제할 수 없게 방치하는 것은 조국을 배반하는 것이며, 인쇄술의 혜택을 저버리는 것이다. …… 인쇄업자는 프랑스어와 법제의 초등교사인 까닭으로 …… 자유민에게서 프랑스어는 하나여야 하고, 모든 국민에게 동일해야만 한다.

Le fédéralisme et la superstition parlent bas-breton; l'émigration et la haine de la République parlent allemand; la contre Révolution parle italien et le fanatisme parle basque. Brisons ces instruments de dommage et d'erreur... La monarchie avait des raisons de ressembler à la tour de Babel; dans la démocratie, laisser les citoyens ignorants de la langue nationale, incapables de contrôler le pouvoir, c'est trahir la patrie, c'est méconnaître les bienfaits de l'imprimerie, chaque imprimeur étant un instituteur de langue et de législation. ... Chez un peuple libre la langue doit être une et la même pour tous.

(B. Barère, Caput 1975: II, 106에서 재인용)

국가와 언어의 통일성에 대한 신념은 자연적으로 외국에 속한 프랑스어권 사회를 프랑스 국경 내에 (필요하다면 무력을 써서) 편입시키려는 의도로 이어졌다(특히 벨기에 1792년, 스위스 1798년 편입). 이제 프랑스어는 단지 '**내적 결속**'을 다지는 도구일 뿐만 아니라 '**외적 차별**'을 달성하는 수단이 되었으며, 이로써 본질적 프랑스 국가와 주변 국가를 분리하게 되었다. 1792년의 광적인 분위기에서 이 사태는 프랑스가 주변국과 장기전에 돌입하게 된 계기가 되었다.

대혁명과 그 후 나폴레옹 황제가 구축한 새 정치와 행정질서는 중앙집권 국가의 실질적인 권력을 엄청나게 강화시켰다. 즉 파리에 집중된 신(新)행정체제는 프랑스 사회의 구석구석에 공권력을 침투하게 만들었다. 이러한 중앙집권적 권력의 발전은 표준 프랑스어가 지방에 전파되는 데 국가의 언어계획에 대한 공식적 조처보다 더 결정적인 영향을 미쳤다. 파리 발화의 규범을 수용하게 하는 데 필요한 실질적 조치들은 아주 제한되어 있었다. 언어계획의 효율성 여부는 훌륭한 정보와 적절한 의사소통에 결정적으로 의존한다. 대혁명의 지도자들도 이 점을 분명히 인식했다. 그 결과 이들은 프랑스의 언어상태에 대한 조사를 그레구아르에게 맡겼고, 국가교육을 통해 표준 프랑스어를 진흥시키려는 즉각적인 조처를 단행했다. 1784년 우월(雨月)의 칙령은 다음을 명하고 있다.

주민들이 해안 브르타뉴어, 이탈리아어, 바스크어, 독일어를 정상적으로 사용하는 도(道)의 모든 시골 군(郡)에 프랑스어 교사를 10일 내에

투입시킬 것

L'établissement dans un délai de dix jours, d'un instituteur de langue française dans chaque commune de campagne des départements où les habitants ont l'habitude de s'exprimer en bas-breton, italien, basque et allemand.

(Seguin 1972: 227 참조)

그 후 카탈루냐어가 이 목록에 추가되었다. 하지만 국가교육은 아주 느리게 진행되었다. 즉 '의무, 무상의 초등학교'는 프랑스 대혁명이 일어난 지 거의 1세기 후에 현실이 되었다.

아마도 프랑스 표준어의 전파에 기여한 프랑스 대혁명의 가장 큰 공적은 실제로 표준어의 새로운 이데올로기 형성이었다. 1789년의 대혁명 이래로 프랑스는 민주주의와 평등주의라는 이름하에 계급 차별의 브랜드인 **구체제**하에서 형성된 표준어 변이체를 부과하려고 했다는 것은 역설이다. 이 모순은 프랑스의 표준어 이데올로기를 전혀 약화시키지 않았고, 오히려 그 반대로 강화시켰다는 것이 더 진실이다. 즉 표준 프랑스어 변이체의 우아함, 정확성, 논리성, 보편성 등에 대한 일련의 신념에 기초해 이 언어 변이체를 국가적 정체성 및 자유주의적 가치와 결부시키려는 새로운 정치적 함의가 부여되었던 것이다. 프랑스어는 이성의 언어이기 때문에 이성적 인간으로 인정을 받고, 프랑스어를 '**정확히**' 말하는 프랑스인으로 진정 인정을 받으려는 프랑스인에게는 이제 필수품이 되었다.

19세기는 프랑스에 정치권력이 점차 중앙집권화되는 경향을 목격했다. 19세기 전반부에는 중앙집권화가 더디게 진전되었다. **구체제**의 정치 이데올로기에 대한 왕정복고의 향수 때문이었다. 제2제정(1852~1870)과 특히 제3공화국(1871~1940)은 중앙집권 국가의 개념을 극도로 발전시켜 단일 정책을 시행하는 단일 국가의 정체성으로 다른 모든 지배 정체성을 흡수시켰다. 이를 위해 19세기 4/4분기에는 언어계획에 대한 강력한 정부 정책이 수립되고 시행되었다.

18세기 말 이래로 프랑스 영토 내에서 사용된 **지역어**와 소수 언어에 대한 프랑스 정부의 정책은 언어동화에 대한 고전적 예로 때때로 인용되기도 한다(Bourhis 1982 참조). 즉 프랑스어는 공식적인 지위를 지닌 유일한 언어이며, 지방 토착어(오크어, 브르타뉴어, 바스크어 등)는 단지 반세기 지나서 '**금지된**' 지위에서 '**허용된**' 지위로 격상되었고, 유일한 예외는 알자스어였다. 알자스어는 그 특수한 역사로 인해 '**격상된**' 언어에 근접한 지위를 유지했다. 점차 중앙집권화되고 관료화된 프랑스 사회는 국가의 행정 수단과 군대를 통해 언어행동을 통제할 수 있었다. 1792년 프랑스의 주민 개병제가 실시된 이래로 모든 프랑스 남성은 일정 기간의 군대 복무가 의무적이었고, 이것이 분명 프랑스의 언어 동질화에 크게 기여했다. 비록 군대에서 통용되는 언어규범이 **올바른 용법**의 고차원의 규범이 아니라 파리 토착어의 저차원의 규범이 지배적이었지만 말이다. 이는 곧 국가의 언어계획의 중요한 정책수단은 언제나 교육이었음을 말해 준다.

혁명의회는 시민전쟁과 외국과의 전쟁으로 국가의 초등교육 정책을 효과적으로 이식하는 데 실패했다. 나폴레옹은 새로운 사회 엘리트 계층을 양성할 학교를 세웠는데, **리세**lycée와 **그랑제콜**Grands Écoles이 그것이다. 하지만 그 외의 다른 교육은 교회의 손에 맡겨졌다. 사회구조를 **구체제**로 복원시키려는 왕정복구 시도(1815~1830)는 필연적으로 실패할 수밖에 없었지만, 7월 왕권(1830~1848)과 제2제정(1852~1870)이 (각각 기조F. Guizot 와 뒤뤼V. Duruy란 인물을 통해) 보편교육을 실시하려는 움직임은 지지부진했고, 절반의 성공만을 거두었다. 1832년의 기조 법은 모든 **시와 군**에 국립초등학교의 설립을 명했지만, 그것은 무상교육도 의무교육도 아니었다. 그리하여 19세기 4/4분기 이전에는 프랑스가 지방들을 언어적으로 동화시키려고 했지만, 이를 구현하는 데는 충분한 여건이 되지 않았던 것으로 결론지을 수 있다.

독일과의 전쟁(1870~1871) 충격으로 인해 언어와 국가 정체성을 결부시키려는 이데올로기가 대중화되었다. 이전 세기의 자코뱅파의 수사학이 제3공화국에 되살아났고, 수 세기 동안의 잠복 활동을 거쳐 실제적으로도 적용되었다. 프랑스 국가의 모든 인적자원이 동원되었고, 다양한 지방의 자치주의는 추방되었고, 한목소리로 말하는 통일국가를 창건해야 했다 (Quéré 1987 참조). 1881~1886년에 페리J. Ferry는 그 유명한 '무상, 의무, 서민 교육'을 제정했다. 즉 **초등학교**(écoles communales)는 대중교육을 담당하도록 규정하고, '**국가어**'를 프랑스 국가의 모든 가정으로 가져가도록 했다. 모든 교육이 프랑스어로 시행되었고, 문어 프랑스어는 교육과정에서 제1의 지위를 차지했고, **지역어**와 지방어를 사용하면 운동장에서조차 심한 체벌을 받았다.

> (프랑스어를 사용하는 책무 가운데 아이로니컬하게 라틴어 강화를 위해 체벌을 강압적으로 사용하곤 하던) 예수파 신부들로부터 전해 내려오는 흔히 잘 사용하던 체벌은 토착 모어를 사용하다 잡힌 애들에게 매달게 하는 치욕의 표찰이었다. 그 표찰은 다양했다. 판지표(도레스, 동부 피레네), 나무판지(에르, 팔로, 동부 피레네), 막대기나 나무(앙구스틴, 동부 피레네), 목재 또는 금속재 팩(캉탈), 종이 리본이나 금속 자재(플랑드르), 팔길이만큼 긴 벽돌(코레즈) 같은 것이었다. 이러한 '상징물'을 매달고 다니는 애들은 프랑스어를 말하지 않는 다른 애들을 고해바치고 그 애들이 잡혀 표찰을 넘겨줄 때까지 패용했다. 하루가 끝날 때가지 그 표찰을 차고 남은 학생은 처벌받았다. 브르타뉴 지방의 시골에서 수치의 상징은 나무신발이었다.
>
> (Weber 1977: 313)

시골어에 대한 이처럼 가혹한 처우는 결과적으로 특히 남부의 저항을 불러왔다. 지역 사제들은 자기 양떼가 사랑하는 지역어를 방어하고, 지역에서 자기 권위에 직접 도전하는, 파리에서 파견된 세속 **선생들**과의 투쟁에서 언어를 또 다른 무기로 사용하려는 생각은 전혀 없었다. 19세기 후반에는 좀 더 높은 사회적 차원에서 프로방스 출신의 시인 프레데리크 미스트랄Frédéric Mistral이 주도한 펠리브리주Félibrige 운동이 전개되었다. 이 운동의 목표는 **오크어**의 몰락을 부활시키고, **오크어**에 문학 표준어의 지위를 부여하려는 것이었다. 이처럼 보수적이고 구교적인 정치태도로 인해 파리에서는 의심스런 눈길을 보냈고, 더욱 심각한 것은 이 운동이 남부에서조차 대중적 지지를 얻지 못했다는 점이다. 사실상 20세기 첫 10년에 통일 프랑스의 가장 큰 도전은 랑그도크 지방에서 일어난 인민 좌파의 소요였다. 이 소요는 1907년 포도농장주들의 반란에서 극에 달했다. 지역 감정과 특히 과거의 치욕스런 **오크어** 처우에 대한 적개심이 분명 중요한 역할을 했다(Weber 1977: 276 참조).

20세기 프랑스의 각 지역에서 사용되던 지방어는 (오크어를 포함해) 흔히는 사회적·경제적 문제와 결부되었다. 이 지역들에서 프랑스어는 흔히 중앙정부에서 내리는 압박의 상징으로 간주된 반면, 지역어는 지역 정체성의 방패로 이용되었다(Bazalgues 1973 참조). 지방어의 방언은 연대에서 완전한 독립에 이르기까지 지역 자치를 위한 요구와 결부되었고, 브르타뉴와 코르시카의 경우에는 그로 인해 폭력 사태가 빈발했다. 제2차 세계대전이 일어나기 전까지 지방어와 관련된 정치적 조처들은 우익 성향이 짙었고, 몇몇 지방의 경우, 나치 점령기에 나치 세력에 협력하는 행동까지 낳았다. 그 이후 지역주의는 차차 정치와 더욱 긴밀해졌다(Ager 1990: 29-30 참조).

최근 몇 십 년간 분명히 **지역어**와 지방어가 프랑스의 언어통일과 정치통일에 더 이상 심각한 위협이 되지 않는다는 인식이 생겨나면서 지방어에 대한 태도가 더욱 우호적이 되었다. 1951년의 덱손법(Loi Deixonne)은 국립학교에서 브르타뉴어, 바스크어, 오크어, 카탈루냐어의 교습을 허용함으로써 지방어에 '**격상된 지위**'를 부여했다. 하지만 플랑드르어와 코르시카어에 대해서는 아무런 조처를 취하지 않았고, 1982년 사회주의자들이 입안한 탈중앙집권 법안을 기다려야만 했다. 그동안에 수많은 반공식적 단체들이 출현해 지방어, 특히 오크어의 보호에 헌신했다(Bazalgues

1973 참조). 지방어를 표준화하려는 다양한 운동(오크어에 대해서는 Alibert 1935와 Armengaud & Lafont 1979: 883-98, 카탈루냐어에 대해서는 Fabre 1964 참조)이 있었지만, 이들은 과거의 시골 향수와 결부된 지방어를 사용하는 지역사회에는 아무 영향을 미치지 못한 듯이 보인다. (언어역사가를 포함하여) 많은 프랑스인의 의식으로는, 프랑스 지역에 프랑스어를 확산시키는 책임을 맡고, 또 지역어와 지방어를 억압하는 일을 맡은 주요 기관은 학교체제를 매개로 한 국가라는 것이다. 쥘 페리Jules Ferry가 주창한 교육 프로그램이 파리 표준어의 이데올로기를 프랑스 공동체 전체로 확산시킨 주요 수단이라는 데는 의심의 여지가 없다. 앞에서 살펴보았듯이 19세기 말(**초등학교**가 도입된 지 한 세기 뒤)에 단일 지역어를 사용하는 지역 화자들의 수는 거의 무시해도 좋은 정도로 적었다. 두 세대 이후(제2차 세계대전 말 이후) 이언어를 병용하는 **지역어** 화자의 수도 똑같이 심각하게 줄었다. 지방문화 옹호자들은 보통 파리의 언어적·문화적 **'제국주의'**라고들 말하며 법적·교육적 조처들이 사라져 가는 지역어의 부활에 크게 기여할 수 있을 것으로 굳게 믿었지만, 현실은 이보다 더욱 복잡했다. 왜냐하면 국가의 여러 조치는 훨씬 더 심층적인 사회경제적 발전의 단면으로 봐야 하기 때문이다. 즉 농토에 뿌리박은 전통적인 농촌사회가 이동이 심한 도시화된 인구를 지닌 산업사회로 발전하는 중이었기 때문이다. 역사가들은 끊임없이 사회발전에서 정치와 경제가 우선권을 가지는가 하는 문제에 이의를 제기했다. '국가적 시장'을 만들어 낸 것이 중앙집권화된 국가의 발달인가, 아니면 중앙집권화된 정부를 만든 것이 '국가적 시장'인가? 상업교역이 국가를 뒤따르는 것인가, 아니면 그 반대인가? 분명 이들은 동일 현상의 양면이지만, 프랑스의 사회언어학적 변화를 일으키는 요인으로 정치적 요인에서 경제적 요인으로 이제 관심을 돌려보자.

프랑스의 **지역어**와 지방어는 전통적인 농촌경제의 언어적 표현이다. 이 언어들은 이런 방식으로 조직된 농촌사회의 요구에 부응하기 위해 발달했고(이 책 제3장, pp.97~99 참조), 농촌사회가 낙후되자 농촌사회와 더불어 소멸했다. 19세기 후반에 프랑스 농민의 감소는 베버(1977)가 잘 기술했고, 다음에 기술할 내용은 상당 부분 그의 견해에서 빌린 것이다.

프랑스의 전통적인 농촌사회는 토지에 뿌리를 박고 있으며, 토지가 제공하는 가능성에 따라 그 모습이 변했다. 그래서 기후와 자연현상의 변덕에 크게 의존했다. 농촌사회는 겨우 먹고살 수 있는 것 이상의 수단을 제공하지 않는 경우가 빈번했다. 농촌 사람들은 상당히 정태적이고 내향적인 소규모의 공동체 속에서 살았다. 전반적으로 아주 낮은 기술 수준과 아주 오래된 경작 방식이 늦게까지 남아 있었다. 왜냐하면 프랑스 대혁명은 농민을 **봉건지주**의 착취로부터 해방시켰지만, 농경과 농산물 판매의 현대적 기법을 지닌 농업혁명을 야기하지 못했기 때문이다. 시골 마을들은 정체 상태에 머물러 있었다. 예컨대 농산물은 반경 15km 이내에서 가장 가까운 인근 시장으로만 운송되었고, 그 이상을 넘어 이동하지 못했다. 생필품은 농민 가족이 생산한 것이거나, 이것이 안 되면 물물교환을 통해 유통되었다. 프랑스 전역에서 화폐는 거의 통용되지 않았는데, 농토에서는 판매가 가능한 생산물을 대량으로 산출할 수 없었기 때문이다.

이와 같은 자급자족 경제체제는 아득한 옛날부터 농민의 운명이었으며, 여기에서 일어난 변화는 불균등해 프랑스 내 각 지역의 변화 속도가 서로 달랐다. 그래서 생말로와 제네바를 잇는 경계선을 그을 수 있었다. 이 경계선의 북서부는 남서부보다 사회경제적 발전이 훨씬 빠르게 이루어졌다. 또한 이 발전은 영국보다 프랑스가 훨씬 느리게 이루어졌고, 영국의 경우 대부분의 전통적 농촌사회는 18세기 이래로 대다수 사라졌지만, 프랑스 지방에서는 20세기까지도 그대로 온전히 보전되었다.

프랑스 인구는 1750년까지 몇 세기 동안 비교적 안정적으로 유지되었지만, 이때 와서 인구는 다시 증가하기 시작했다. 대부분의 서구 국가의 경제처럼 프랑스 경제도 조금씩 전통적 농촌구조에서 도시 산업사회로 이전되었다. 서로 맞물려 있는 세 가지 나선형의 발달이 작동되기 시작했고, 이는 단일 언어규범의 확산에 크게 기여했다. 즉, 도시화, 산업화, 기술발달과 문자 해독력의 확산, 국가적 상품시장의 형성이 그것이다. 과거 150년 동안 프랑스에는 서유럽의 다른 국가들처럼 시골에서 도시로 인구이동

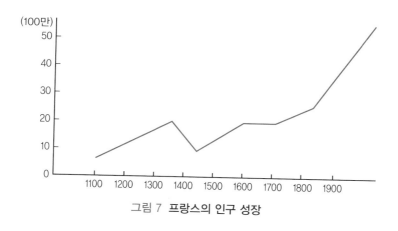

그림 7 **프랑스의 인구 성장**

이 일어났고, 그로 인해 극히 지역화된 **지역어**로부터 파리규범에 훨씬 접근한 도회 발화로 언어전이가 일어났다. 1850년경까지 프랑스의 농촌인구는 전체 인구의 약 85%를 차지했다. 프랑스의 도시인구는 영국과 독일 같은 다른 나라보다 더욱 느리게 성장했지만 1931년에 와서야 비로소 시골 인구를 넘어서기 시작했다.

더욱이 리옹, 마르세유와 같은 지방의 중심 도시들은 19세기에 크게 발달했지만 도시화의 주요 중심지는 파리였으며, 파리 인구는 1801~1891년에 5배나 급증했다. 그 결과 파리의 발화규범의 강도만이 증대되었다.

도시화는 물론 산업화와 관련 있다. 프랑스에서 최초의 산업화 물결은 1850년대에 일어났다. 주로 파리가 중심지였으나 릴-루베와 생테티엔 같은 석탄도시와 이와 인접한 도시에서 발달했다. 하지만 최초의 산업화 물결은 소규모였고, 제2차 세계대전 이후의 몇 년간 제2의 산업화의 물결이 일어나 프랑스 경제는 영국과 독일이 그 이전에 달성했던 수준으로 올라갔다. 이와 같은 비교적 늦은 산업화로 인해 아마도 영국 도시들에서 볼 수 있는 고유한 변별적 발화규범을 지녔던, 예전부터 형성된 노동계층 사회가 프랑스에는 아주 드물게 나타나는 현상이 설명된다.

19세기의 기술진보는 도시생활을 변모시켰을 뿐만 아니라 시골생활에

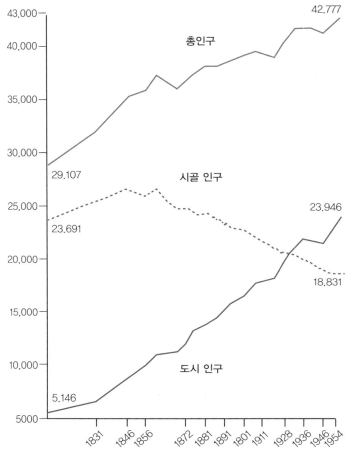

그림 8 **프랑스의 도시 인구와 시골 인구**(Braudel 1986)

도 지속적으로 영향을 미쳤다. 농경방식의 점진적인 개선(특히 토양의 비옥
화, 경운기술과 농산물의 가공기술)은 농촌생활을 생계유지 수준 이상으로 끌
어올렸고, 농민들은 자연환경의 처분에 따르는 대신 자연을 지배하기 시
작했다. 중세사회와 **구체제** 사회에서 지속적으로 나타나는 특징은 기근과
그로 인해 발생하는 식량 반란이었다. 19세기에도 이같은 현상이 있었으
니 19세기 4/4분기에 와서는 다 종말을 고했다(Weber 1977: 18 참조). 농

민들은 고립생활의 세계로부터 더 광활한 세계와의 통합을 향해 이동하는 중이었다. 농업 효율성의 향상은 또한 농촌 노동력의 점진적 감소를 초래했고, 과거의 오랜 시골 농경기술은 점차 망각되었다는 것을 의미했다. 시골에서 도회로 인구가 이동하는 각 단계는 농촌의 문화와 언어가 약화되는 것을 의미한다. 고농M. Gonon(1973)은 포레스 지방의 소쿠리와 목공일 같은 전통적인 시골기술이 새로운 방식으로 대체되면서 전체 시골어휘가 어떻게 소멸되었는지를 잘 보여 준다. 전통적으로 세대 간에 구전으로 전수되던 기술과 지식은 점차 기본적으로 글을 통해 전달되는 더욱 진보된 방식으로 교체되었다.

프랑스에서 문해력이 확산되는 과정은 퓌레F. Furet와 오주프J. Ozouf (1977: I, 352)가 상세히 제시했다.

알파벳의 보편화는 노동 분화를 발달시킨 시장경제로부터 생겨났고, 이로 인해 문어 의사소통은 사회 상층으로부터 사회 하층으로 확산되었다.

L'universalisation de l'alphabétisation naît de l'économie du marché, qui développe la division du travail et répand la communication par l'écrit, du haut vers le bas du corps social.

프랑스의 문해력 비율은 18세기 중반 이후에 크게 증가했으며, 중산층과 생말로-제네바 경계선의 북동부에 위치한 발달된 도회지역에서 특히 그랬다. 문해력 증가는 19세기에 꾸준하게 늘어나 1906년에는 약 95%의 수치를 기록했다. 문해력의 확산에는 분명 학교가 큰 역할을 했지만 이런 결과를 낳은 것이 반드시 상층부로부터 강제된 학교교육만은 아니었다. 새로운 경제질서 내에서 국민들이 필요성을 인지함에 따라서 하층부로부터 생겨난 교육 요구 때문이었다. 퓌레와 오주프는 1850년에 이미 6~13세 아동의 73%가 학교에 취학했으며, 1876년에는 이 연령대의 58%가 자유학교(free school)에 다녔음을 보여 준다. 그리하여 이들은 1880년대의 페리 개혁이 주로 '학교체제의 빈틈을 메우는 데' 사용되었다고 결론지었다(Furet & Ozouf 1977: I, 175). 프랑스어 확산과 마찬가지로 문해력 증가도 정치적인 법령보다는 깊이 뿌리박힌 사회경제적 발달을 뒤쫓아 갔다.

19세기의 문해력 확산은 분명 권위주의적 언어관을 확산시키는 주요한 수단이었다. 시골의 프랑스인은 대개가 점차 프랑스어의 가장 유효한 형태는 문어라는 믿음을 갖게 되었다. 발화언어는 문어 규범과, 공식적인

지도 18 **1765년 파리에서 걸리는 여행 시간**(Arbellot 1973)

계획된 담화구조로부터 이탈된 것이므로 점차 경시되었다. 이런 방식으로 수백만의 프랑스인은 점차 자기 언어를 제대로 이해하지 못하는 것으로 생각하게 되었다. **지역어**는 일반적으로 문어 형태가 없기 때문에 이들은 언어의 지위를 전적으로 거부당했다. 문맹은 곧 야만과 동의어가 되었다. 문어를 자유자재로 다룰 수 없다면 그것은 단지 무지의 징후일 뿐만 아니라 점차 도덕심의 부재와 심지어는 종교적 타락의 징후로도 간주되었다. 정확한 철자법은 특히 위대한 상징적 가치를 획득했으며, 그것은 고등교

지도 19 **1780년 파리에서 걸리는 여행 시간**(Arbellot 1973)

육을 받은 사람들의 산물이며, 지능이 우수한 인물임을 확인시켜 주는 표지였다. 정서법의 통일이 갖는 중추적인 중요성에 대한 광범위한 신념은 심지어 오늘날까지 철자개혁에 대한 모든 논의에 영향을 미치고 있다.

도시화와 산업화는 이전의 시장규모를 훨씬 능가하는 국가적 시장을 요구했다. 이전 세대의 강력한 지역 네트워크는 점차 상업경제의 보다 광범위하고 이완된 네트워크 체제로 개방되었다. 18세기 중엽 이후의 교통과 통신의 발달은 국가시장의 성장을 자극했다. 1750~1780년에 프랑스에 간선도로의 네트워크를 건설한 것은 구체제의 행정관들이었다(pp.268, 269 〈지도 18〉과 〈지도 19〉 참조).

제2의 큰 충격은 1840년대의 철도 발달과 함께 찾아왔다. 주민 이주, 즉 군사 목적과 민간 목적을 위한 이주는 언제나 있었지만, 이제 인력과 상품의 이동 모습은 점차 변모되었다. 소도시들은 조금씩 더 큰 세상에 편입되었다. 전보다 더욱 큰 세계가 파리에 초점을 맞추고, 모든 도로와 철도 네트워크가 수도로부터 방사되었기 때문이다. 하지만 프랑스 국가는 아주 넓어서 진보는 더디게 이루어졌다. 주요 간선도로와 철도는 단지 주요 지방의 거점 도시들과 연결되었다. 이 네트워크는 19세기의 마지막 20년간까지만 해도 아주 느슨했다. 시골지역까지 더욱 짜임새 있는 네트워크를 만드는 데 크게 기여한 것은 프레시네 계획(Plan Freycinet)이었으며, 이 계획은 1879년부터 시골마을을 국가 네트워크와 연결짓는 수천 킬로미터의 소도로 건설을 재정적으로 지원했다. 하지만 시골과 도시의 격차는 1950년대에 자동차, 전화, 라디오, 텔레비전이 광범위하게 이용될 때까지 여전히 크게 벌어져 있었다.

농촌경제의 탄탄하지만 세분화된 사회적 네트워크는 '국가'로 대표되는 대규모의 보다 이완된 사회적 네트워크에 점차적으로 자리를 내주었다. 보다 이완된 사회적 네트워크는 표준 프랑스어의 확산을 아주 용이하게 만들었다. 파리가 프랑스 경제에서 점차 지배적인 역할을 하면서 프랑스어도 과거에 경제적으로 반독립적 상태에 있던 주변 지방에서 중요한 역할을 하게 되었다.

결론

이 장에서 우리는 '**수용**'의 과정을 추적했고, 이 과정을 통해 파리의 발화규범이 점진적으로 대규모의 발화 공동체로 확대되었고, 프랑스어는 많은 프랑스인의 의식에 국가적 정체성의 강력한 수단이 되었다. 20세기 말 프랑스에는 한때 광범위하게 사용되었던 극소수의 시골 **지역어**와 지방어 화자들이 남아 있었는데, 왜 이같은 소수의 화자들이 남아 있었는지를 결론에서 답해 보고자 한다. (자연적 요인으로 인한) '**언어사멸**'이나 '**언어살해**' (Aitchison 1981: 208-21 참조)의 사례들을 목격한 적이 있는가? 지방어의 옹호자들은 한결같이 오크어와 브르타뉴어 같은 언어의 쇠퇴는 주로 국가의 의도적 조처로 야기된 것이라고 주장한다. 진정 역사에 대한 이러한 '**의지주의자**(volontariste)'적 접근─국가의 운명은 궁극적으로 입법가와 교사들의 결정에 따라 통제된다는 신념─은 프랑스 언어논쟁의 찬반 양쪽 주장자들 모두가 널리 공유하고 있다. 우리는 18세기 후반 이후에 중앙집권적 정치가들이 사회 내의 결속력을 굳건히 하고, 프랑스를 주변국가들과 차별화하기 위해 언어와 인종을 어떻게 이용했는지를 잘 알고 있다. 하지만 이 장에서 또한 프랑스 대혁명 이후에 한 세기 반 동안 프랑스 정부 정책의 대부분이 **지역어를 '몰살'**하려는 방향이었던 반면, 정부가 결코 단독으로 이 조처를 취한 것은 아니라는 점을 살펴보았다. 사실상 보다 깊은 경제적·사회적 요인, 즉 파리의 지배력을 증진시키고, 소규모의 자급자족 공동체─지역어는 이 공동체의 지역적 표출 형태이다─의 파괴를 초래한 것에 정부 공권력이 가세한 것에 지나지 않는다.

수 세기가 흐르면서 프랑스는 분명 유럽에서 가장 강력한 중앙집권적 사회가 되었다. 파리는 다른 어떤 유럽의 수도보다도 더욱 심하게 지방 경제와 문화 중심지를 침식하면서 프랑스 내에서 (프랑스어를 사용하는 벨기에와 스위스의 사회적 태도를 고려할 때, 어느 정도는 프랑스 밖에서도) 권력, 번영, 진보의 상징으로 간주되었으며, 모든 영역의 사회생활에서 중심을 잡고, 그 모델을 부과했다. 그리하여 지방은 후진성과 확실하게 연관되어 버렸다. 현재 프랑스의 다른 언어변이체에 대한 태도도 일반적인 사회태도와 나란히 발달했다. 즉, 지방 언어변이체에 대한 배타심은 점차 더욱 널리 퍼져 지방적·지역적 발화형태는 파리에서 유래한 규범으로 대체되었다. 19세기 말 표준 프랑스어의 이데올로기는 특히 프랑스에서 확고한 형식을 갖췄다. 19세기에 프랑스어와 국가 정체성의 동일성에 대한 신념이 퍼지면서 파리 규범에 따른 언어통일을 증진시키는 것이 시민권의 1차 의무가 되었다. 이 파리 규범에서 이탈된 자들은 프랑스인임을 주장할 수 없었다.

역설적으로 프랑스 사회언어학사에서 파리의 지배적 지위는 아주 강력한 것이어서 프랑스의 나머지 지역에 퍼뜨린 발화규범은 교육을 받은 상류계층의 발화규범일 뿐만 아니라 또한 사회 하류계층의 발화규범도 포함한다. 19세기에 파리처럼 거대한 대규모 도시의 발화규범은 수도 많고 다양해서 지배계층의 발화규범은 하류계층의 발화와는 당연히 다를 수밖에 없었다(Sainéan 1920 참조). 이 당시 파리 사회가 두 부류로 나누어져 있었다고 하는 것은 지나친 단순화이다. 왜냐하면 부르주아지의 최상층과 일반 평민 사이에 중간 집단은 언제나 있었던 것이 분명하기 때문이다. 하지만 사회 양극화는 분명히 있었다. 대혁명 이전에 파리 폭도에 대한 공포가 지배계층을 계속 위협하고 있었던 것이다(이 책 p.205~06 참조). 파리의 노동계급 사회를 분쇄하여 엄청나게 많은 대중을 통제할 필요가 있었던 것이 아마도 1860년에 구축한 파리의 오스만Haussman 대로(大路) 건설 뒤에 숨은 주요 동기일 것이다. 수도의 계층 갈등은 1871년 파리 코뮌의 피비린내 나는 억압을 통해서 내란으로 발전되었다. 이러한 사회적 긴장은 프랑스어에 반영되었고, 표준 프랑스어의 이데올로기로 진작시키려는 세력은 지방의 **지역어** 화자들에게도 수도의 '타락된 프랑스어' 사용 화자들에게도 조처를 엄청 가혹하게 취한 것이 분명하다. 런던의 코크니 발화가 잔존해 있다는 사실과 파리 하류계층의 토착구어의 소멸을 대조시켜 보면, 그 성공 정도가 측정된다. 이 토착구어는 흔적 없이 사라지진 않았다. 이 토착구어가 현재 프랑스 전체에 비공식적 발화규범의 발달에 중요한 역할을 했기 때문이다(제8장에서 살펴볼 것이다). 파리 프랑스어가 지방에 확산된 것은 단지 하향 방식이었고, 주로 공식 교육정책의 결과라고 한다면, 지방의 프랑스어 화자들이 파리 **토착구어**(예컨대 '속어'로 일반적으로 명명된 어휘, Sainéan 1907 참조)에서 파생된 형태를 거의 사용하지 않았을 것으로 예상할 수도 있다. 그러나 이는 분명 그렇지 않다. 사실상 파리와 지방 하류계층의 접촉(직업을 구하려는 노동자의 이주를 통한 접촉과 징집과 군복무를 통한 접촉)이 분명 프랑스의 언어 '**통일**'에 얼마나 중요한 역할—비록 대부분 문서화되지 않은 채로 남아 있지만—을 했는지를 살펴보았기 때문이다.

제 8 장

표준어의 유지

앞에서 우리는 하우겐이 구별한 네 과정, 즉 선택, 기능의 세련화, 규범화, 수용을 참조하여 프랑스어 표준화의 발달과정을 제시했다. 프랑스어의 역사에 적용한 이 발달과정을 살펴보았으므로 프랑스어의 통일은 이제 이론적으로는 다소 완성된 것이 틀림없다. 이것이 물론 그렇지 않다는 점을 이 장에서 알게 될 것이다. 즉 프랑스어의 언어관용은 다른 모든 살아 있는 언어들과 마찬가지로 결코 동질적이 아니라는 것이다. 언어표준화의 궁극적 목표는 언어변화를 억제시키고, 단일 규범화를 진전시켜 언어변동을 억제하는 것이다. 그렇다면 언어고갈이란 사어(死語), 즉 화자가 없는 언어가 되는 것이므로 이 목표는 결코 완성될 수 없다. 사용 화자가 상당히 많은 언어라면 어느 언어건 인간집단을 구별하는 장벽을 반영하는 방언을 발달시키게 마련이다. 산업사회 이전에 언어장벽은 무엇보다도 지리적인 것이었다. 지리적 이동성이 아주 높은 고도 기술사회에서 계층과 인종집단의 장벽은 상대적으로 중요하지 않다. 더욱이 글(문어)에는 고정성과 통일성이 어느 정도 있을 수 있지만 (물론 단지 정서법에서만 완전하다) 얼굴을 마주 보고 상호작용을 하는 구어는 여기에 강력히 저항한다. 여기서 언어통일의 관점은 사실상 탈(脫)기능적이다. 왜냐하면 그것은 효과적인 의사소통에 필수적인 언어의 유연성을 파괴하기 때문이다(Weinreich et al. 1968: 101 참조). 제8장에서 프랑스어의 표준화는 일회적 사건처럼 특정한 역사 시기에 일어나는 사건이 아니라 오히

그림 9 **화체 변동 모델**(Müller 1985: 226)

려 그것은 언어통일을 야기하는 요인과 이 통일을 억제하는 요인 사이에 일어나는 항구적 긴장을 나타내는 지속적 과정이라는 사실을 알게 될 것이다.

현대 프랑스어에서 나타나는 변동을 고찰하는 관찰자들에게서 특정 프랑스어 변이체를 고립시켜 기술하고 명명하는 정태적이고 분류학적 시도 경향을 볼 수 있다. 예컨대 언어변동의 문체론적 축상에서 관찰자들은 〈그림 9〉에서 보는 바처럼 프랑스어 변이체를 분화시켰다.

이를 공간축상에서는 〈그림 10〉에서 보는 바처럼 분류한다.

프랑스어 변이체들은 서로 차단된 것이 아니라는 사실(따라서 〈그림 9〉

그림 10 **지방적 변동 모델**(Müller 1985: 159)

와 〈그림 10〉에서 점선으로 표시했다)이 늘 강조되었음에도 불구하고 상당히 동질적인 표준 프랑스어와 더불어 각기 꽤 일관되고 안정된 구조를 지닌 하위 변이체가 있다는 견해가 계속 주장되었다. 이 접근방식은 소쉬르의 구조주의에 상당히 큰 덕을 보았지만, 한때 방언학자들이 널리 주장했던 이전의 낭만주의적 관념, 즉 '순수 방언'의 존재에 대한 신념도 들어 있다. 이 순수 방언은 시골의 오지에 은폐된 지역 발화이며, 자연상태에서 다른 방언이나 표준어와의 접촉으로 오염되지 않고, 전체적으로 동질적 모습으로 잔존하는 형태이다. 그런데 우리가 취하려는 접근방식은 매우 다르다. 우리는 언어변이체, 특히 구어 변이체가 내재적으로 가변적—예외적이 아니라 일반적으로 가변적이다—이라는 것과 현대 프랑스어의 변이체란 존재하지 않으며, 단지 핵심 언어변인의 분포에 양적 차이가 있다는 점을 가정하고자 한다. 이는 곧 민중 프랑스어, 친밀 프랑스어, 지방 프랑스어 같은 명칭이 정말 오도될 수도 있다는 것을 의미하는데, 그것은 관찰자가 이 가변적 언어 연속체를 임의로 구분했다기보다는 불연속의 사회언어학적 변이체가 존재한다는 것을 의미하기 때문이다. 그렇다면 다음 논의에서 프랑스어의 특정 변이체의 구조와 경계 구분 대신에 사람들을 이와 반대 방향으로 유도하는 경쟁적인 세력에 더욱 관심을 가질 것이다. 그래서 '사회적' 세력을 '문체적' 힘과 구별할 것이다. 이는 할리데이M. A. K. Halliday (1964)가 '사용자에 따른 변동'과 '사용에 따른 변동'을 구별한 것(이 책 p.16 참조)과는 다소 다른 방식이다.

언어변동의 **사회적** 축상에서 표준어의 규범은 화자들 사이에 경쟁적 규범이 존재함으로써 위협을 받는다.

> 한편으로는 끊임없이 점증하는 **분화** 경향과 …… 다른 관점으로는 더욱 큰 대집단에 규범 또는 표준어의 확산을 가속화시키려는 언어의 1차적 기능화 경향 사이에는 언제나 긴장이 있다.
>
> (Harris 1978: 2)

언어규범은 모든 유형의 사회집단 내에서 발달한다. 이들은 정체성과 밀접하게 결부되며, 그 제약 효과는 관련 집단의 집중도에 따라 변한다(Le Page & Tabouret-Keller 1985 중 특히 p.187 참조). 특정 사회 내에서 (단일 마을의 수준에서 작용하는) 지역 규범, (더 광범위한 지방 수준에서 작용하는) 초지역 규범, ('국가적' 수준에서 작용하는) 초지방적 규범을 확인할 수도 있다. 지난 한 세기에 걸쳐 일어난 교통통신의 혁명으로 이제는 언어변동에 미치는 지방적 요인의 역할이 감소하고 있다는 것을 확실히 보여주었다. 이 사실은 프랑스 사회 내의 하위집단이 즉시 사라졌다는 것을 의미하는 것은 아니다. 로메인S. Romaine과 레이E. Reid(1976)는 (대개 사회 내에서 작용하는) **사회** 규범과 (이 사회를 구성하는 다양한 하위집단 내에서 작용하는) **공동체** 규범을 구별했다. 제도적 압력과 그 밖의 압력은 화자들을 전자 방향으로 유도하지만, 소집단의 연대 기반은 후자의 반대 방향으로 화자들에게 강력한 압력을 넣는다. 전자와의 일치는 **'공개적' 위세**를 나타내지만, 후자와의 일치는 하위집단의 소속 의식과 연관된 다른 종류의 위세, 소위 **'은폐된' 위세**를 나타낸다.

화체 변동 축상에서 언어는 목적과 사용 환경이 다르면 거기에 따라 변하고, 따라서 형태와 기능 사이에 끊임없는 긴장이 생겨난다. 예컨대 우리가 살펴본 바대로 규범화의 이상적 목표는 **'형태의 최소 변동'**이며, 세련화의 궁극적 목표는 **'기능의 최대 변동'**이다. 규범화와 형태 변동은 문어와 공식적이고 계획적 담화에서만 성공적으로 제거된다. 그리고 언어는 대부분의 언어활동을 이루는 면대면 상호작용의 무계획적 구어 담화에서 통일의 여지가 훨씬 적다. 언어 형태와 언어 기능 사이의 긴장이 균형을 이루는 곳에는 모든 것이 제대로 작용한다. 그러나 규범화가 아주 경직되어 공식적 목적 이외의 다른 목적에는 규범 형태를 사용하지 못하게 할 수도 있어 결국 상위(H) 형태와 하위(L) 형태의 기능을 분리시키고, 궁극적으로는 이층어상황을 초래할 수도 있다.

이 장에서 현대 프랑스어에서 동질성과 이질성 사이의 긴장에 작용하는 주요 세력을 살펴볼 것이다. 이 세력들은 〈그림 11〉과 같이 요약할 수 있다.

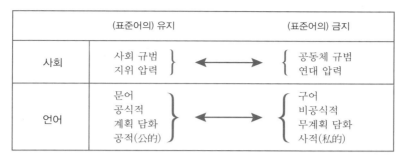

	(표준어의) 유지		(표준어의) 금지
사회	사회 규범 지위 압력	←→	공동체 규범 연대 압력
언어	문어 공식적 계획 담화 공적(公的)	←→	구어 비공식적 무계획 담화 사적(私的)

그림 11 **표준어 유지와 금지 요인**

사회적 압력

표준어의 유지를 진작시키는 압력

표준어의 사회적 역할은 언어공동체마다 크게 다르다. 많은 언어공동체(예컨대 독일어권)에서 표준어의 표현은 느슨해서 적절한 문맥에서 비표준어 변이체를 사용해도 아주 긍정적인 것으로 간주될 정도이다. 다른 언어공동체—프랑스와 영국이 일차적인 경우이다—에서 비표준어 변이체는 상당히 부정적인 것으로 간주된다. 비록 언어처방주의가 이 두 나라에서 서로 달리 시행되지만—프랑스에서는 명시적이고 외향적인 경향이 있지만, 영국에서는 더욱 암시적이고 은폐하는 경향이 있다—표준어가 나타내는 **사회 규범**은 화자에게 강력한 압력을 행사하며, 표준어에서 이탈하는 행동은 즉각 허용되지 않는다. 언어변동의 불허는 (앞서 살펴본 바대로) 이 두 나라의 역사에 깊이 뿌리박고 있으며, 이 두 나라의 고도로 중앙집권적이고, 경직화되고 계층화된 사회구조와 어느 정도 관계가 있다.

20세기 말에 표준 프랑스어의 이데올로기(이 책 pp.190~91 참조)의 강도는 'la langue française(프랑스어)'라는 명칭 사용에서 분명히 드러난다. 그 명칭은 (수많은 언어학자를 포함해) 대부분의 프랑스인의 마음속에 자리 잡고 있으며, 교육을 받은 파리 사람의 관용, 특히 문어나 공식 맥락에서 사용되는 관용에만 한정된다. 비표준적인 사회변이체는 여전히 전혀 프랑스어가 아닌 것으로 무시당한다. "민중 프랑스어는 진정한 의미의 프랑스어가 아니라고 말하는 것은 지각없는 일은 아닐 것이다(Ce ne serait pas une boutade de dire que le français populaire n'est pas vraiment le français)" (Blanche-Benveniste & Jeanjean 1987: 13에서 인용). 비표준 프랑스어는 흔히 다음과 같은 지적을 듣는다. "그건 프랑스어가 아냐, 속어야." 이와 유사한 비표준 화체 변이체(예컨대 비공식적·무계획적 담화)의 배척은 뒤에 가서 논의할 것이다. 여기서 대강 논의하려는 바는 현대 프랑스 사회에서 표준어 이데올로기에 지속적으로 힘을 부여하는 주요 요인이 무엇인가 하는 것이다.

프랑스에서 표준어를 진흥시키는 가장 강력한 기저의 힘은 프랑스 사회의 중앙집권화된 구조와 프랑스의 정치, 경제, 문화생활에서 차지하는 파리의 지속적인 지배력이다. 극히 최근까지만 해도 프랑스의 경제는 농업 중심이었으며, 프랑스의 인구는 광범위한 지리 영역에 걸쳐 엷게 분산되어 있었다는 것을 살펴보았다. 유일한 예외 지역은 파리인데, 이곳은 오랜 기간에 걸쳐 확보된 많은 교외 인구가 있었고, 산업과 상업경제가 활발한 곳이었기 때문이다. (지금도 여전히 그렇다.) 파리는 프랑스 사회의 구심적 핵심으로 계속 남아 있는데, 프랑스의 철도지도를 보면 단번에 알 수 있다. 최근에 탈중앙집권화의 방향으로 조치를 취하고 있지만 파리는 여전히 필적할 만한 도시가 없는 프랑스의 상업, 행정, 정치 중심지이다. 프랑스 인구의 5분의 1이 파리 지역에 살고 있으며, 파리 주민의 상당수가 프랑스의 다른 지역에서 이주한 사람들이다. 미디어와 고도로 발전된 교통체계를 통해 파리와 그 밖의 지방들 간에 이루어지는 소통은 파리의 프랑스어와 프랑스 국가 전체에 침투하는 엄청난 힘을 부여했다. 프랑스 사회의 고도로 집중된 중앙집권적 성질로 인해 파리 규범은 언어뿐만 아니라 모든 사회행동에 엄청나게 큰 힘을 부여받았다. 파리는 (언어를 포함해) 모든 유행 영역에서 선두를 달리며, 프랑스에서 (돈과 지위를 통한) 모든 물질적 혜택의 궁극적인 원천이라는 것을 모든 프랑스인이 (자의든 타의든) 받아들이고 있다.

표준 프랑스어의 진흥과 유지를 위한 가장 강력한 제도적 수단은 분명 중앙집권화된 교육체계로서, 여기에는 **초등교사**에서 대학 **교수** 사회에 이르기까지 고도의 처방적 언어규범을 지지하고, 불변의 표준 프랑스어에 대한 확고한 신념을 지닌 교사들이 진용을 갖추고 있다. 프랑스 내의 프랑스어 교육과 문법과 철자법의 지위에 대한 토론은 다른 유럽 국가에서는 볼 수 없을 정도로 열광적으로 활발하게 이루어진다(Chervel 1917 참조). 표준 프랑스어의 이데올로기가 가장 강렬하고 효과적으로 전파되는 곳은 학교로서, 학교교육은 분명 문어의 일차적 우위성을 강조하고, 무계획적 담화보다 계획적 담화가 더 우월하다는 것을 강조하고, 비표준 프랑스어 형태의 수용 불가능성을 강조한다.

하지만 **프랑스어**의 현상태에 대한 제도적 관심은 학교 울타리에 국한된 것은 아니다. 과거의 위대한 작가들과 **훌륭한 언어**(belle langue)는 프랑스 사회를 아주 강력히 집중시키는 역할을 했다. 즉, 프랑스인이 공유한 문화의 주요 요소는 문해력(literacy)이었다. 프랑스인은 프랑스어의 진수(眞髓)는 일반적으로 작가의 프랑스어로 생각하며, 이 작가들을 아주 고귀한 존재로 평가한다. 코르네유, 파스칼, 라신, 볼테르, 루소, 스탕달, 플로베르, 지드, 모리아크 등의 작가가 바로 그렇다. 프랑스어는 진정으로 이와 같은 작가들에 의해 '창조된' 것으로 일반적으로 느끼고 있다. 이처럼 풍부한 문학유산은 표준 프랑스어의 규범에 최고의 우월성을 부여했고, **'교양인'**으로 자처하고 싶어 하는 모든 프랑스인은 이 규범을 숙달해야 한다. 문학 표준 프랑스어의 유지 문제는 언론에서 늘상 토론을 유발시키며, 분명히 관심 있는 독자층을 확보하고 있다(Quemada 1972 참조). 이와 같은 프랑스어에 대한 공공의 관심사는 프랑스의 신간사전이 엄청나게 많이 출간되는 데도 반영된다. 사전들은 어휘 발달을 감시하고 합법화한다. 그것은 또한 그레비스M. Grevisse의 유명한 『올바른 용법 *Le Bon Usage*』의 정기적 재간행에도 반영되고 있다(12판, 1986).

이러한 일반적인 중앙집권화 압력이 마치 불충분한 것인 양 이 압력들은 표준어를 증진시키려는 왕성한 공적 조처로 더욱 강화되고 있다. 프랑스에서 표준어를 방어하는 것과 다른 유럽 국가의 자국어 유지 과정의 차이는 언어계획 사업에 국가와 공공단체가 명시적이고 공개적으로 개입하느냐의 여부이다. 20세기의 '**프랑스어의 옹호**'는 수많은 연구의 주제였고 (특히 Bengtsson 1968과 Gordon 1978 참조), 여기서는 대강의 개요만 살펴보는 것 이상으로 깊이 논의할 의도는 없다. 1930년 이래(특히 제2차 세계대전 이후 국제외교의 주요 언어로서 영어가 프랑스어로 대체한 결과로서) 세계어로서의 프랑스어 지위를 방어하고, '내부의 적'(비속어와 언어의 오용)뿐만 아니라 '외부의 적'(특히 영어 차용어)의 침략에 맞서 프랑스에서 전통 규범을 방어하기 위해 아카데미 프랑세즈와 더불어 수많은 공식단체가 설립되었다. '프랑스어청(Office de la Langue française)'(1937년 창설), '프랑스어휘청(Office du Vocabulaire français)'(1957년 창설), '프랑스어 옹호와 확산 고위위원회(Haut Comité pour la Défense et l'Expansion de la Langue française)'(1965년 창설), '프랑스어 최고위원회(Haut Conseil Supérieur de la Langue française)'(1989년 창설) 같은 단체이다. 문법적·정서법적 **허용사항**(tolérances)을 담은 '1901년 2월 26일자 장관 훈령'을 비롯해(Grevisse 1986: 1696-1708 참조) 1970~80년대의 주로 영어식 표현에 대항하는 다양한 **언어법**이 뒤이어 제정되면서 이 단체들의 활동은 프랑스어와 관련된 일련의 정부의 법적 조치들을 보완하고 있다.

프랑스어의 **언어통제**(dirigisme)는 영어 사용을 관찰하는 연구자에게는 조롱거리였다. 하지만 이런 종류의 멸시 반응은 잘못된 것이다. 왜냐하면 국가 정체성의 상징으로서 프랑스어의 극단적인 잠재력을 간과하는 것이기 때문이다. '프랑스어는 프랑스 공화국처럼 하나여야 한다'는 과거 자코뱅주의의 주장이 여전히 수용되고 있다. 프랑스 정치인들은 프랑스어의 상징적 힘을 누구보다도 잘 인식하며, 따라서 프랑스어와 관련해 입안하는 언어법은 정치적 목적을 위해 자기 나름대로 이 세력을 이용한다는 점은 수긍이 간다. 물론 표준 프랑스어를 유지하기 위한 공식조치의 효과성을 측정하기란 불가능하다. 그러한 조처들은 기본적으로 프랑스어의 아주 제한된 영역(철자법과 구체적인 어휘)과 관련 있으며, 단지 프랑스어의 공적·문어적 용도와 관련되고, 면대면의 구어 상호작용에서 일어나는 대부분의 언어사용에는 아무런 영향을 미치지 못한 채로 방치되어 있다. 하지만 표준 프랑스어는 깊은 의미에서 프랑스 민주주의와 국가의식의 가치를 표명한다는 것에 대한 깊은 신뢰를 반영하며, 언어 문제에 대한 국가의 공적 개입이라는 것은 프랑스어 화자를 표준어 사용 방향으로 끌어당기는 세력에 무게를 더한다.

물론 관용의 수용자들이 언어변화를 정지시키고, 언어통일을 기하려는 목적을 달성할 수는 없다. 이런 점에서 그들의 노력이 실패로 끝날 수밖에 없다. 강력한 문헌 전통, 중앙집권화된 교육체제, 공식 단체의 명시적 규제조처의 축적된 효과로 말미암아 공공의식을 필두로 표준 프랑스어의 규범이 유지되고 있다. 80년 전 표명한 브뤼노F. Brunot의 진술은 여전히 통용되는 진리가 되어 있다. "문법가의 통치는 다른 어느 나라보다도 프랑스에서 더욱 전제적이고, 오랫동안 지속되었다"(Brunot 1966: III, 4). 프랑스 사회에서 권력과 고위층으로의 접근 여부는 고도의 우세한 프랑스어 표준과 일치하느냐의 여부에 상당히 의존하기 때문에 프랑스 화자들은 발화를 국가적 언어규범으로 이동시켜야 한다는 아주 강력한 압력을 받는다.

표준어의 진보를 억압하는 압력

표준 프랑스어와 근접한 발화 형태를 채택하면 얻게 되는 사회적 이득에 비추어 볼 때, 그리고 토착구어 형태를 폐기하려는 사회적 압력의 견지에서 볼 때 놀라운 점은 현대 프랑스의 언어변동의 활력과, 표준어 규범과 더불어 경쟁적 규범들이 지속적으로 생존한다는 것이다. 왜 평판이 낮은 언어변이체가 존재하는가?(Ryan 1979 참조). 프랑스어는 다른 유럽어처럼 표준어 규범의 '**견인**'은 화자의 성, 나이, 출신 지역, 사회계층, 인종에 따라 변한다. 이 화자 변인의 작용을 간단히 살펴보자. 이 변인들은 분리해서 각기 별도로 고찰하지만, 실제로는 이들은 서로 결합해서 작용한다는 점에 유의하자. 첫 두 요인(성과 나이)의 영향을 받는 언어변이체는 사회적 '**차이**'의 결과이다. 즉, 남성과 여성에게 서로 다른 사회적 태도와 행동을 기대하고, 오늘날 젊은이와 노인에게 이들이 더욱더 다를 것을 기대한다. 후자의 두 요인(지리적·인종적 집단과 사회계층)으로부터 귀결되는 언어변이체는 사회적 **거리**에서 생겨난다(Trudgill 1983: 88 참조).

남녀가 서로 다르게 말한다는 것은 오래전부터 인식되었지만, 프랑스어에서 이 차이는 일반적으로 인식되지 않고, 그리 명백하지도 않다. 성에 따른 언어행동의 차이는 상호적 담화에서 관찰되었다. 즉, 여성은 상대 남성보다 분명 더욱 '협조적'이다(Aebischer 1985 참조). 그리고 어휘 사용에서 여성은 남성보다 속어와 상스런 비어를 한결같이 피한다(Lodge 1989 참조). 무엇보다도 눈에 띄는 것은 남녀의 언어태도의 차이다. 프랑스와 다른 서구 사회에서 그렇듯이 여성은 남성보다 발화를 더욱 쉽게 높은 평판을 지닌 규범의 방향으로 이끌어가는 것 같다. 그에 대한 증거 일화를 16~17세기에서 발견할 수 있다. 이 시기에 여성은 남성보다 더욱 과교정(hypercorrection)에 사로잡혀 있었고, 처방적 문법가의 주요 고객이었던 것으로 보고되었다(Ayres-Bennett 1990 참조). 프랑스어에 대한 여성의 태도는 남성보다 더욱 보수적인 것으로 평가할 수 있지만, 이 보수적이란 용어는 남성 집단이 선호하는 저급 형태가 아주 전통적이기 때문에 부적합할 수도 있다(Ashby 1981: 685-86 참조). 사회계층의 변인도 동시에 고려해야 한다. 하지만 **지역어**에서 표준어로의 언어전환이 일어난 후기 단계에서 여성은 흔히 남성에 앞서가는 세대라는 점도 지적되었다(Gauchat 1903 참조).

이러한 태도의 차이는 어떻게 설명할 수 있는가? 현재 제시된 설명은 생물학적 요인(여성의 **선천적 신중함**. Müller 1985: 176 참조), 자녀 양육에서 담당하는 역할(Hadjadj 1989: 238 참조), 사회의 권력구조(여성의 **사회적 순응성**. Bourdieu 1977a: 32 참조), 여성이 사회의 실제적 권력과 지위로부터 배제당하므로 외모와 자기 과시에 더 큰 관심을 갖는 것 등을 들고 있다. 이 중 어떤 설명은 다른 것보다 설득력이 있지만 (하지만 뮐러의 제안은 지지하기가 아주 곤란하다), 이 문제에 필요한 설명은 여성의 행동이지 남성의 행동은 아니라는 것을 의미한다. 마찬가지로 합당한 질문은 특히 사회경제적으로 하류계층에서 남성이 여성보다 더욱 강하게 토착 형태에 의존하는가 하는 것이다. 여기에서는 남성과 여성이 맺는 서로 다른 종류의 사회 관계가 중요한 요인이다. 즉, 전통적으로 남성은 집 밖에서 직장 동료들과 더욱 밀접하게 상호작용을 하는 반면, 여성은 가정에 고립되거나 가정과 직장이 불안하게 고립되는 경향이 있다. 이러한 상황에서 남성은 자기 직장 동료와 더욱 강한 집단의식을 갖게 되고, 이것이 남성 연대의 언어권리를 요구할 수도 있는 것이다. 이러한 상황에서 늘 그렇듯이, **공개적** 위세를 갖는 광범위한 사회 규범은 **은폐된** 위세를 갖는 '공동체 규범'으로 인해 거부된다. 남성은 동료들 사이에서는 발화가 표준어의 사회규범에 일치하지 않을수록 그만큼 더 남자다운 인물로 간주된다. 일단 토착구어가 남성 다움과 연관되면, 여성은 고차원의 위세를 지닌 표준어의 규범 채택을 위해 토착구어 규범을 완강히 거부함으로써만 언어적으로 끼어들 수 있다 (Bourdieu 1977a: 32 참조). 트러질P. Trudgill(1983: 94)은 다음과 같이 지적한다. "그렇게 되면 성의 변이체는 남성과 여성의 행동에 대해 갖는 서로 다른 사회적 태도의 결과이며, 따라서 사회상징으로서의 언어에 대해 남성과 여성이 결과적으로 갖는 서로 다른 태도의 결과이다."

　서로 다른 연령군에 속하는 사람들의 발화 차이는 프랑스어뿐만 아니라 다른 언어에서도 확인되었다. 제2차 세계대전 때 독일의 전쟁포로 수용소에서 실시한 프랑스 장교들의 발음에 대한 유명한 연구에서 마르티네 A. Martinet(1945: 76)는 예컨대 'pâte(반죽)'와 'patte(다리)'의 두 'a'의 음성 (/ɑ/와 /a/)을 구별하는 경향은 연령이 아래로 내려갈수록 없어진다는 것을 예증했다. 즉, 노년층 화자는 99%, 중년층 화자는 96%, 청장년층 화자는 92%가 이들을 구별하지 않았다. 그 후의 연구(Martinet 1969: 168-90)에서 세대 간의 이러한 발음유형의 차이는 현재 진행되는 언어변화를 나타내는 것으로 간주해야 한다고 제안했다. 이 처리방식은 레이봅W. Labov(1970)이 또한 채택한 방식으로 그는 청소년의 **토착구어**, 즉 변화에 조금도 주의하지 않는 느슨한 구어 화체에서 미국 영어가 변하는 일반적인 변화 방향을 발견했다. 그는 '실시간' 변화(상당한 시간 차를 두고 비교 가능한 화자 집단의 발화 사이에 관찰된 변화)와 '가상시간' 변화(세대는 서로 다르지만 동일 시기에 공존하는 세대의 발화에서 관찰되는 차이)라는 유용한 구별을 찾아냈다.

토착어에 대한 레이봅의 관심은 청소년의 발화에도 각별한 관심을 갖게 하는데, 그는 여기에서 **토착어**에 대한 접근이 가장 직접적으로 이루어진다고 생각했기 때문이다(Labov 1970: 181 참조). 프랑스어에서도 레이봅이 연구한 미국 영어처럼 고수준의 사회 규범에 가장 저항적인 프랑스인은 15~25세의 연령층에 속하는 화자들이었다. 프랑스 청소년 발화의 많은 부분이 지닌 비표준어성은 음운론(Léon 1973 참조), 통사론(Ashby 1981: 683)에서 지적되었지만, 가장 눈에 띄는 것은 어휘이다(Walter 1984b). 어휘 혁신의 메커니즘은 의미전환(예: méchant = '마음씨 나쁜'이 아니라 '큰'), 단어 부류의 변화(예: sexe = '성'이 아니라 '섹시한'), 파생(예컨대 -os, -ing 같은 새로운 접미사 사용), 축약(예: appart = appartement), 영어법(예: cool)이다. 하지만 젊은이들이 사용하는 다른 많은 '**언어혁신**'은 전통적으로 하류계층이 사용한 아주 오래된 어휘를 확산시킨다〔예: 파리 속어 mec = '녀석, 놈', tire = '자동차', meuf = '여자 같은' 음절전위(verlan) 은어의 조어들〕. 분명, 우리가 방금 지적한 세대 간의 언어 차이는 '전환 중인 언어변화'에 대한 표시이다. 하지만 "왜 [세대 차이가] 특정 연령층을 특징짓는 반복적 특징으로서 화자가 세대를 지나면서 이를 채택하거나 폐기해서는 안 되는지에 대한 이론적인 이유는 없다"(Bynon 1977: 206). 이 '나이 등급'은 분명히 어린이 말에 해당하지만, 청소년의 발화에도 역시 나타날 가능성이 크다. 젊은이들이 자신을 어린아이나 성인과 구별짓는 집단의식에 일치하려는 강한 압력을 받는다는 것을 뒷받침하는 많은 증거가 있다. 프랑스 전체를 통틀어 젊은이들의 공유 경험(교육기관, 군복무 등)과 '젊은이 문화'를 제공하는 상업 주체가 노리는 젊은이 집단에 대한 구체적 타깃화(10대 음악, 의상, 여가활동 등)가 서로 결합해서 독특한 '젊은이 의식'을 만들어 내며, 이는 연령층 특유의 언어사용으로 불가피하게 상징화되어 나타난다. 이 연령층 특유의 언어관용은 일반적으로 고차원의 규범을 거부하며 (이들은 교육기관에서 이 규범들에 과도하게 노출되어 있다), 토착어 사용을 증가시킨다(Lodge 1989 참조).

프랑스어의 지방적 변동과 사회적 변동은 서로 밀접하게 연관되어 있다. 트러질의 모델은 영어에 근거해서 구축되었지만 프랑스어에도 유용하게 적용될 수 있다(Trudgill 1983: 42의 〈지도 12〉 참조). 방언의 다양성은 집단들 간에 이루어지는 의사소통의 격리 정도와 비례해서 증가한다. 화자집단을 서로 분리시키는 장애물은 지리적인 것일 수도 있다(예컨대 산, 삼림, 습지 같은 자연 형태나 순수한 거리 장애 등). 그러나 이들은 또한 사회계층의 장벽일 수도 있다(예컨대 사회 이동성을 억제하는 경직화된 지속적 사회구조). 화자집단 간의 의사소통 격리가 클수록 중심이 되는 규범은 집단을 넘어 전파되는 데 더 오랜 시간이 걸린다. 그렇지만 의사소통에 선재하는 장벽으로 프랑스어의 **모든** 사회적 차이를 설명할 수 있다. 왜냐하면 특정 언어변이체에 대한 화자의 **태도**는 방언 차이를 보존하거나 제거하는 데 영향을 미치기 때문이다. 외부 표준으로부터 받는 압력에도 불구하고 지역적 규범을 유지하는 것은 해당 집단의 정체성 유지 필요와 집단 내부의 '응집도'를 반영하기 때문이다. 지방 집단(예컨대 동부 브르타뉴의 로망어 방언인 갈로어gallo 화자들), 인종집단(예컨대 무슬림 공동체), 하류계층의 노동자 집단(예컨대 북부 프랑스의 광부 집단)은 흔히 정체성 방패로서 프랑스어를 이용한다.

앞 장에서 지역어와 지방어, 예컨대 브르타뉴어, 알자스어, 바스크어, 오크어가 지금도 여전히 프랑스에서 어느 정도 사용되는지를 살펴보았다. 이 언어들은 우리의 관심사가 아니다. 우리의 관심사는 '프랑스어 자체' 내에서 관찰되는 공간적 변동이다. 옛 시골의 지역어가 잠재적으로 사라진 까닭에 프랑스 방언학자들은 특정 지방 프랑스어를 기술하는 것으로 관심을 돌렸다(Brun 1946, Müller 1985: 157-70 참조). 이 작업은 얼마나 성공했는지는 쉽게 알 수 없다. 오퍼드M. Offord(1990: 148-49)는 이 문제를 다음

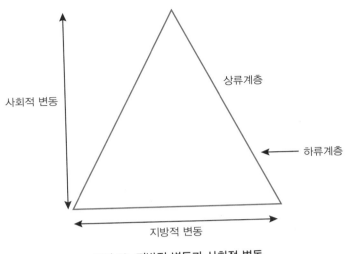

그림 12 **지방적 변동과 사회적 변동**

과 같이 명료하게 표현했다.

> 지방 프랑스어의 명확한 지도 작성은 아주 어렵다 …… 왜냐하면 그
> 것은 개별적으로 일치하지도 않고 예측도 불가능한 프랑스어 변이체이
> 기 때문이다. …… 지방 프랑스어는 주로 차용어 때문에 존재하며, 지
> 방 악센트와 통사적 용법 때문은 아니다. 우리가 살펴본 바대로 비록
> 이들이 미약하게 드러나기는 해도 지방 프랑스어를 별도의 자족적 언
> 어체계로 연구하는 것은 적합하지도 않고 실제적이지도 않다.

오퍼드가 **지방 프랑스어**(français régional)는 '별개의 자족적인 언어체
계'로서 존재한다고 주장한 것은 진정 옳다. 이는 비단 프랑스어 변이체뿐
만 아니라 모든 토착어를 연구하면 제기되는 핵심적인 관점이다. 왜냐하
면 이 토착어는 (예외로서가 아니라 일반적인 것으로) 내재적으로 가변적인
것으로 드러나기 때문이다. 프랑스 대부분의 지방 화자들은 특정한 지점
에서 표준 프랑스어로부터 오늘날 거의 소멸한 **지역어**와 유사한 변이체에

이르기까지 연속체를 구성하는 변이체를 사용한다(Carton 1973, 1981 참조). 화자가 위치하는 이 연속체의 특정한 지점은 나이, 성, 직업, 상황, 맥락 같은 요인에 따라서 가변적이다. 화체-전이처럼 방언-전환은 확고하게 구조화된 언어체계들 사이에 일어나는 급작스런 전환보다는 핵심 변인의 상대적 빈도로 정량적으로 기술해야 한다. 지방적 차이는 발음('악센트')에서 가장 분명히 지각되지만 다른 언어층위인 '통사'와 '어휘'에서도 역시 영향을 받는다(Brun 1931; Séguy 1950 참조). 다음은 이에 대한 몇몇 예이다.

프랑스 내에서 나타나는 가장 분명한 발음 차이는 프랑스의 북부와 남부의 차이이다. 어느 정도 오크 **기층어**의 영향을 받은 역사적 방언권과 일치한다(Walter 1982: 205 참조). 가장 현저한 차이점은 슈와schewa의 예〔'Je me le demande(그것을 스스로에게 요구한다)'는 북부에서는 /ʒəmlədmɑ̃d/로, 남부에서는 /ʒəmələdəmandə/로 전형적으로 발음된다〕와 모음의 비음화 정도이다〔pain(빵)은 북부에서는 /pɛ̃/으로, 남부에서는 /pɛŋ/으로 전형적으로 발음된다〕. 다른 중요한 지방적 변동은 중간모음 /e/, /ɛ/, /o/, /ɔ/의 분포이다(표준어 rose/ʀoz/는 남부에서는 /ʀɔzə/로 발음된다). 통사법의 지방적 변동은 발견하기가 쉽지 않다. 대부분의 문법사항은 음운보다 빈도가 낮기 때문이다. 하지만 관찰자들은 시제체계의 지방적 변동을 지적한다〔남동부에서 사용되는 **중복합과거** 'j'ai eu chanté(나는 그때 이미 노래를 부른 뒤였다)'나 서부에서 유지되는 **단순과거** 'je chantai(나는 노래했다)' 같은 것〕(Walter 1988: 170-72 참조). 어떤 언어체계이건 어휘의 수는 엄청나게 많아 어휘의 지방적 변동은 꽤 흔하다. 대부분의 프랑스 화자는 전체 프랑스보다도 훨씬 더 작은 지방에 그 용법이 국한된 어휘를 사용한다. 이들은 대부분 이전 지역어의 잔존형이다〔생테티엔 방언 éclairer=allumer(불을 붙이다), 오를레앙 방언 guetter=garder(지키다), 오베르뉴 방언 coufle=rassasié(포만한)〕.

프랑스의 여러 다른 지방의 발화를 규정하는 특징은 대부분 과거의 지역어와 지방어에서 유래하는 간섭에서 기인한다. 예컨대 알자스 지방 프랑스어는 게르만어의 알자스 방언—많은 사람이 이를 여전히 사용한다—에서 물려받은 특징〔예컨대 무성 파열음의 유성음화, police > bolice(경찰)〕을 가지고 있다. 마찬가지로 남부 프랑스어 방언의 많은 특징은 그 이전에 존재하던 오크어 특징의 계승 형태로 간주된다. 예컨대 중간모음의 분포, 비음화, 슈와 등이다. 하지만 다양한 지방 프랑스어에 있는 이러한 특징과 기존의 지역에 있는 특징의 상관관계는 단순하고 직접적인 것만은 아니다. 예컨대 핵심적인 슈와의 유지 변인〔une petite fille(여자애)〕의 지리적 분포는 전통적인 오크어와 오일어의 경계와 중첩되지 않는다. 즉 슈와는 랑그도크 지방과 남서부에서는 아주 빈번히 유지되지만, 오베르뉴 지방의 남부 경계를 잇는 선의 북부(전통적으로 과거 몇 세기 동안 오크어의 사용 영역으로 간주된 지역)에서는 소실되고 있다.

어떤 요인으로 화자들은 표준 프랑스어에서 벗어나 더욱 지방적 색채가 강한 발화를 사용하게 되는가? 첫째 요인은 분명 지리적인 것이다. 즉 지리적 발화규범은 다른 지역보다 어느 지역에서 더욱 강력하며, 이 강도는 지방 공동체와 파리에 집중된 국가적 생활과의 통합 정도와 관련되어 있다. 발터H. Walter(1982: 206)의 지적에 따르면, 일드프랑스 지역을 제외하고 파리의 발화규범은 수도의 서부와 직접 인접한 지역(멘-오를레앙)과 동부에 직접 인접한 지역(샹파뉴)에서 가장 강력하다. 반면 지방규범은 특히 북부 피카르디, 알자스, 오크어 사용 지역에서 특히 강력하다. 파리와의 거리(예컨대 남서부)와 정치, 경제적 통합 기간 같은 역사적 요인(알자스와 사부아 지방은 비교적 나중에 늦게 통합되었다)이 여기서는 중심 역할을 한다. 또한 도시 거주냐 시골 거주냐의 문제 역시 이와 관련이 있다.

프랑스의 주요 지방도시, 예컨대 릴, 리옹, 마르세유, 보르도는 고유한 변별적 **'악센트'**를 가지고 있는 반면, 지방 발화는 도시보다는 시골에서 더욱 강하게 표시된다. 시골은 인구 이동이 적고, 옛 시골 지역어가 그만큼 더 강하게 잔존 영향을 미치기 때문이다. 나이, 성, 소속 사회계층 같은 화자 변인은 개별 화자의 지방규범의 **'견인'**에 결정적인 영향력을 미친다. 지방규범은 노년층보다는 젊은층에서 더 미약하며, 남성 화자보다는 여성 화자에게서 더욱 미약하다. 이 지방규범은 또한 사회경제적으로 상류계층보다는 사회경제적으로 하위계층에서 더욱 강하게 나타난다. 이와 같은 화자 변인 외에도 지방규범의 '견인'은 상황 맥락과 상당히 연관되어 있다. 카턴F. Carton(1981: 24)은 지방적인 유포 형태의 발생과 특정 화용기능 사이의 상호관계를 증명했다. 지방적 발화형태는 연대의식과 우정의 친밀감을 표현하려는 의도가 있는 비공식 맥락에 가장 적절한 것으로 생각된다. 지역적 '공동체 규범'은 여기서 아주 중요한 기능을 하는데, 특히 사회경제적으로 하류계층에 속하는 남성들 사이에서 그러하다. 이에 대한 놀랄 만한 예는 북부 산업도시(릴, 루베)에서 볼 수 있는데, 이곳은 대규모의 도회 프롤레타리아가 산업시기 이전의 **지역어**(제1차 세계대전 이래로 **슈티미**chtimi로 알려진 방언)를 토착어로 채택하고 있다(Lefèbvre 1988: 270-73; Gueunier et al. 1978: 122-23 참조). 무냉G. Mounin(1975: 68-70)은 노르망디와 피카르디의 경계 지역에 위치한 옛 루앙 마을을 대상으로 이와 유사한 언어상황을 기술하고 있다.

19세기 말까지(그리고 그 이후에) 프랑스 사회의 계층구성은 무엇보다도 상류층의 파리 지향 용법과 압도적으로 다수인 시골 주민이 사용하는 지역어 사이의 대립에 사회언어학적으로 반영되었다. 이 패턴에 대한 주요한 예외는 파리가 유일했는데, 파리는 일찍부터 상류계층의 용법 규범(**올바른 용법**)과 대다수의 파리 사람이 사용하는 토착어(**민중어**langue du peuple) 사이의 상당한 격차를 보여 주었다. 지난 세기에 사회언어학적 상황이 근본적으로 얼마나 변했는지를 살펴보았다. 즉 지역어는 단지 파리의 프랑스어와 더욱 밀접한 변이체로 교체되었고, 주요한 광역도시들은 이민자들을 프랑스의 다른 지역뿐만 아니라 국외(특히 에스파냐, 포르투갈, 북아프리카)로부터 끌어들이면서 여러 지방(리옹, 릴, 마르세유)에서 발달했다. 결과적으로 표준어와 지방 방언의 대립은 프랑스 전체를 통해 **프랑스어 변이체 내부에서** 계층 기반의 차이로 교체되었고, 이민사회 내에서는 계층 기반의 이언어병용으로 대체되었다.

프랑스어 내의 계층 기반의 차이에 대한 논의는 전통적으로 **민중 프랑스어**(français populaire)의 개념에 초점을 맞추고 있다. 이 용어는 파리의 사회경제적으로 하층집단의 발화를 가리키는 데 널리 사용되었다(Guiraud

1965: 7 참조). **민중 프랑스어**는 **지역어**와는 다른 것으로 간주되는데, 이 지역어(일드프랑스의 지역어와는 달리)는 보통 아주 별개의 언어체계로 간주되며, 따라서 지방 프랑스어와도 다른 것으로 간주된다(비록 관찰자들이 민중 프랑스어의 지방적 형태로 지적하기도 하지만). 하지만 더욱 중요한 것은 **민중 프랑스어**는 **세련 프랑스어**(français cultivé)와 대립적으로 정의된다는 점이다. 비록 중류계층이 느슨한 상황에서 **친밀 프랑스어**(français familier)라는 명칭의 변이체 내에서 민중발화로 다소 기우는 경향이 있지만, **세련 프랑스어**는 교육을 받은 중류계층의 특권으로 간주된다. 전통적으로 민중 프랑스어는 다른 변이체와는 아주 단절된 것으로 간주되지만 실질적으로는 상당히 동질적이다. "민중 프랑스어는 …… 자연경제가 지닌 단순성, 동질성, 활력, 순진함을 보유하고 있다(Le français populaire ... a conservé la simplicité, l'homogénéité, la vigueur, et la naïveté d'une économie naturelle)"(Guiraud 1965: 12).

여기서 개관한 사회계층의 변동사항은 몇 가지 문제를 야기했다. 즉 열거된 여러 언어변이체 사이에 설정된 분명한 경계와 이 변이체들 내의 동질화에 대한 제안은 일반적으로 관찰된 토착어의 특징—토착어의 가변성이 그 특징이다—에는 반한다는 점이다. 계층 기반의 차이는 절대적인 용어보다는 정량적인 용어로 측정해야 한다. 다른 서구사회처럼 프랑스 사회도 사회계층 선상으로는 위계화되어 있지만, 계층 간의 장벽을 건널 수 없는 것은 아니다. 오늘날 사회적 이동이 상당히 **빠르고**, 지리적·사회 문화적 집단을 대표하는 화자들은 자신의 자연스러운 화체에서 보다 비특권적 사회문화집단의 발화 특징을 사용한다는 사실이 잘 확증되어 있다. 더욱이 하류계층 발화의 전통적 모습은 흔히 파리의 노동계층의 모습을 반영하는 상류계층의 상투어에 빈번히 의존하며, 이 노동계층은 검소하고 교양 없는 집단으로서뿐만 아니라 상류 사회집단이 누리는 부와 지위에 대한 조직적 위협을 가하는 결집된 집단으로 비쳐지고 있다. 이와 같은 상투적 태도는 개인의 '**언어행동**'에 큰 영향을 미치지만, 관찰하는 언어에 대한 각자의 접근방식에 영향을 미쳐서는 안 된다. 프랑스어의 음성/음운,

통사, 어휘에서 나타나는 계층 기반 변동의 간단한 예를 한번 살펴보자.

라이히슈타인R. Reichstein(1960)은 /a/~/ɑ/, /e/~/ɛ/, /ɛ̃/~/œ̃/ 같은 음운대립의 핵심적인 음운변동을 일으키는 발음을 비교했다. 그녀는 일반적으로 상류층 집단의 아이들(여기서는 사립학교를 다니는 아이들)의 발음이 하류층 집단의 아이들(공립학교를 다니는 아이들)의 발음보다도 고차원의 규범에 더욱 가까이 접근해 있음을 확실하게 발견했다.

덜 교육받은 사회집단에는 아주 고착화된 비표준적 문법형태가 많이 존재한다. 예컨대 "Où que tu vas?"〔"Où est-ce que tu vas?(너 어디 가니?)" 대신에〕 유형의 의문문, "C'est le film que je t'ai parlé"〔"C'est le film dont je t'ai parlé(이게 네게 얘기한 영화야)" 대신에〕에서 que의 사용, "Que ça serait de l'eucalyptus, que ça m'étonnerait pas"〔"Si cela était un eucalyptus, cela ne m'étonnerait pas(만일 이게 유칼리나무라면 놀라지 않았을 거야)" 대신에〕에서 접속사 que의 사용 같은 것(Gadet 1989: 161-68 참조)이다. 하지만 이 형태들의 사회적 분포는 아직 철저히 분석된 적이 없다. 하지만 부정(否定) 형태의 사회계층적 대응 형태는 자세히 연구되었다. 애슈비W. J. Ashby(1981: 62)는 투렌 지방의 화자들이 부정 'ne … pas'의 첫 요소 ne의 삭제 빈도를 조사했다. 그는 아주 분명한 계층 기반의 차이를 지적할 수 있었다.

사회 계층	삭제 비율
상류	55%
중류	53%
하류	84%

여기에서 가장 '정확한' 발화를 사용하는 사회집단은 상류층이 아니라 중류층 집단이라는 전형적인 상황이 드러났다.

로지R. A. Lodge(1989)는 클레르몽페랑 지방의 50개 프랑스어 비표준

어휘 사용에 대한 화자들의 지각 반응을 연구했다. 설문지는 남녀 동수(70명)의 제보자가 작성했다. 이들은 10~70세까지 7세 간격으로 분류되었고, 사회경제적 집단별로 분포되었다. 정보 제공자는 우선 어휘목록의 비표준 단어를 사용하는 빈도가 측정되었다(예: bouquin=책나부랭이, fric=전, bagnole=똥차). 이들은 주로 가족, 친구, 직장동료와의 인지적 사용에 기반을 두고 평가하는 것으로 가정하는 편이 안전하다. 둘째로, 단어들을 같은 나이와 같은 성을 가진 낯선 사람들과 사용할 수도 있는지 적극성이 평가되었다. 네 직업군의 화자들이 질문 1에 대한 대답으로 얻은 표준 점수는 다음 표와 같다.

최고 경영자	72.1
하위 경영자	65.3
고용인	88.0
육체노동자	74.3

이처럼 애슈비와 로지가 조사한 통계를 통해 상류집단은 하류집단보다도 더욱 고차원의 규범에 일치하려는 경향이 있고, 상류계층에서 하류계층으로 증가하는 점수가 규칙적이 아니라는 사실을 지적했다. 즉 '가장 정확한' 프랑스어를 발화한(또는 그것을 발화한다고 생각하는) 집단은 최상위 집단의 바로 아래 집단이라는 것이다. 하류계층과 중류계층의 화자들에게서 나타나는 이같은 과교정은 레이봅의 뉴욕 발화에 대한 고전적 연구(1970: 191-94)에서 최초로 관찰되고 측정되었으며, 그 후 프랑스인의 언어행동에서도 널리 지적되었다(Bourdieu 1977a: 26 참조). 이런 현상은 발화집단의 소위 '언어적 불안'과 연관해서 설명되었다.

상류 사회집단과 하류 사회집단의 발화를 분화시키는 또 다른 특징은 맥락에 따른 화체를 전이시키는 차별적 능력과 관련 있다. 클레르몽페랑 조사에서 두 질문에 대한 네 사회집단의 평균 점수는 다음과 같다.

	q.1 (친한 사람들)	q.2 (낯선 사람들)
최고 경영자	72.1	57.2
하위 경영자	65.3	43.7
고용인	88.0	85.1
육체노동자	74.3	69.8

　여기서 흥미로운 점은 두 세트의 점수 차이이다. 즉 두 상위집단은 낯선 사람을 만났을 때 화체를 (상향으로) 아주 현격하게 전이시키는 반면, 두 하위집단은 화체를 (상향으로) 조금 전이시킨다는 점이다. 이런 사실은 번스타인B. Bernstein(1971)의 연구 결과와도 일치하는데, 중류계층의 화자들은 공식적 교육을 받은 까닭에 '제한된' 코드와 '세련된' 코드를 둘 다 이용하는 반면, 노동계층의 화자들은 '세련된 코드'를 상당히 적게 이용한다는 사실과 일치한다.

　요약하면 중류계층의 화자들과 하류계층의 화자들의 차이는 고차원의 언어규범에 더 크게 접근하려는 중류계층 화자들의 성향 때문이다. 하지만 하위 차원의 형태들이 언제나 하류계층의 전유물이라고 가정하는 것은 잘못이다. 중류계층의 화자들도 때로는 냉소적으로, 때로는 딱딱하게 보이지 않으려는 욕구에서 이와 같은 형태[프랑스어에서 때로 encanaillement(가깝게 어울리는 태도)으로 지칭되는 반응]를 많이 사용할 수도 있다. 비록 이러한 관련 형태들이 주로 어휘이고 통사적인 것은 아니지만, 중류계층의 화자들은 "Qui que c'est ti qui vient?[Qui est-ce qui vient?(누가 오니?)]" 같은 통사 형태를 아주 애써 피하는 경향이 있다. 다른 한편 하류계층의 화자들이 말하는 '정확한' 방법을 몰라서 하위 수준의 형태를 사용할 수밖에 없다고 기계적으로 가정하는 것도 틀리다. 이들은 하위 차원의 형태를 집단 결속과 정체성의 상징으로 자주 사용한다는 것이 확실하다. 자신들이 '말을 잘하는' 중류계층에 '소속되지' 않았다고 의식하면서 이들은

'공동체 규범'에 일치하려는 강력한 연대적 압력을 흔히 받는다. 우리는 '공동체 규범'에 대한 일치가 집단 내에서 특별한 종류의 위세('은폐된 위세')를 부여한다는 점을 살펴보았다〔이 책 p.280과 Bourdieu 1977a: 31-33을 참조〕.

'공동체 규범'의 강도는 관련 사회집단의 구조와 관련된 듯이 보인다. 최상위와 최하위의 꽉 짜인 사회집단은 가장 제약이 심한 공동체 규범을 지니고 있고, 화자들이 지리적·사회적으로 유동적인 대부분의 집단은 이 두 양극 집단의 어느 지점에 위치한다. 사회의 최상부에서 작용하는 강력한 공동체 규범은 17세기 파리의 세련된 재치(préciosité) 현상(이 책 p.215 참조)에서 발견되며, 19~20세기 영국의 공립학교(Honey 1989:177)에서도 발견된다. 사회 저변에서 작용하는 공동체 규범의 예는 무냉(1975: 68-70)이 연구한 옛 루앙의 광산촌처럼 프랑스의 폐쇄된 노동자 사회에서 발견된다.

이 집단은 언어 문제에 관해 자신의 언어변이체를 이웃하는 다른 언어변이체와 구별하는 언어 거리를 최소화할 수 있는 모든 것에 자발적이고 규범적이고 억압적 태도를 보였다.

Ce groupe exerçait en matière de langage une attitude normative et répressive spontanée contre tout ce qui pouvait diminuer la distance linguistique séparant sa propre variété des variétés voisines.

(Garmadi 1981: 72)

프랑스의 북아프리카 이민집단의 제2세대(뵈르Beurs로 불린다)도 이와 유사하게 사회 규범을 만들어 낸 것 같다. 역설적이지만 그로 인해 이들은 북아프리카의 토착형보다는 프랑스어의 토착형을 더욱 많이 사용하기는 하지만 말이다. 프랑스의 다른 사회 규범 현상은 사회 내부에 형성된 다양한 폐쇄적 하위집단에서 나타난다. 이 하위집단이 모두 하류계층에 속한 것은 아니지만 언어를 정체성의 표지로 사용한다(예: **중·고등학생**의 **은어**, 그랑제콜 대학생의 은어). 물론 은어의 특별한 규범은 어휘에만 관계되고, 음운론과 통사론과는 무관하다. 프랑스 은어 중 가장 잘 알려진 것은 19세기 이전에 파리의 범죄조직이 사용한 은어이다(이 책 pp.175~76 참조). **은어에 속한 전문어**(jargon)는 이를 대체하는 verlan〔= à l'envers(이면에)〕과 loucherbem〔= le boucher(푸줏간)〕의 어휘 코드와 함께 많은 학문적 관심의 대상이었다(Guiraud 1976 참조). **거꾸로말**(verlan)에서 2음절어는 음절이 뒤바뀌고(예: l'envers = verlan), 1음절어는 음소가 뒤바뀐다(예: femme = menf). **푸줏간말**(loucherbem)에서 이 단어의 첫 자음은 [b]가 l로 교체되고, 접미사[bem]가 첨가되었다(예: boucher = loucherbem, jargon = largonji). 이 코드를 만든 집단이 주변적이고 범죄와 연관되어 일반 대중은 필연적으로 이 코드가 화자의 범법행위를 의도적으로 은폐하기 위해 고안되었다고 확신하게 되었다. 이는 너무 악의적인 해석 같다. 파리 지하계층의 은어는 단지 일종의 정체성 보호를 위한 방패로 개발된 것 같은데, 위협을 받는다고 느끼는 집단에서 볼 수 있는 흔한 현상이다. 어쨌든 이 집단의 사회적 네트워크는 19세기에는 잔존하지 못했다. 파리의 사회적·경제적 상황의 현대화, 대규모의 도시계획 사업, 효과적인 정책개발, 관료주의, 공간적·사회적 이동으로 인해 사회적 네트워크가 이완되었고, 은어는 하류계층의 파리 발화라는 더 광범위한 체계 속으로 확산되었다.

언어표준화의 이상적 목표는 변화를 정지시키고 단일 규범을 강조함으로써 변동을 없애는 것이다. 이 장의 앞부분에서 우리는 언어 사용자들을 전통규범의 방향으로 끌어당기는 강력한 사회적 세력과 화자가 열망하는 다양한 성, 연령과 지리, 사회계층별 정체성과 관련된 다른 선택규범이 갖는 반발하는 압력 사이의 팽팽한 긴장을 살펴보았다. 이제 다른 변동 축, 즉 맥락에 따른 변동에서 작용하는 현대 프랑스어의 규범의 긴장을 살펴보자.

맥락적 압력

어떤 언어도 모든 상황에 적응이 가능한 단일 코드나 단일 화체로 제한 되지 않는다. 왜냐하면 만일 그럴 경우에 어느 한 언어변이체로부터 다른 변이체로 전환함으로써 "존경, 무례함, 심각한 논점, 역할 거리(距離) 등을 지시할"(Hymes 1967: 9) 수 없기 때문이다. 이러한 코드와 화체를 구성하 는 가변 요소를 지칭하는 가장 적절한 명칭에 대해서는 언어학자들 사이의 일치된 견해가 없지만 가장 널리 쓰이는 명칭, 즉 할리데이(1969)가 제안 한 '분야(field)', '양식(mode)', '화체(style)' 같은 명칭을 사용하려고 한다. 차후에 이 용어들이 나오면 정의할 것이다. 서로 다른 많은 사용 맥락에 적 합한 언어변이체 전체는 그 언어사회의 '말의 목록(verbal repertoire)'으로 알려져 있다. 언어 구사능력은 단일 화체 습득 이상의 것이며, **'문법적 능 력'** 이상의 것이다. 하임스D. Hymes는 **'적절성(appropriateness)'**의 개념을 각별히 강조했다. 어떤 종류의 사회적 맥락에 어떤 종류의 언어지식이 적 절한가는 하임스가 **'의사소통 능력'**으로 부르는 개념의 가장 핵심적인 부 분이다. "언어능력에 대한 광범위한 이론의 목표는 체계적으로 가능한 것, 실행될 수 있는 것, 적절한 것이 서로 연관을 맺어 실제의 언어행동을 산 출하는가를 보여 주는 것이라고 말할 수 있다"(Hymes 1971: 286).

표준 프랑스어 이데올로기의 확립은 용인된 언어변이체를 목록으로 한 정시키는 것이다. 그래서 어떤 언어변이체(문어적, 공식적, 계획적 사용)는 다른 변이체(구어적, 비공식적, 무계획적 사용)에 비해 더 큰 적법성을 부여받 고, 특정 상황의 의사소통 요구와 고차원의 (보통 문어) 규범이 행사하는 압력 사이에 팽팽한 긴장을 만들어 낸다. 표준 프랑스어의 이데올로기는 아주 강력해서 많은 프랑스인은 자신이 프랑스어를 틀리게 사용한다는 생 각을 가질 정도이다. 이제 표준어 이데올로기의 횡포와 정상적 의사소통 의 요구 사이의 긴장관계를 자아내는 몇몇 영역을 탐구해 보자.

분야

이 범주에는 기본적으로 서로 다른 어휘의 집합이 있다. 간단히 말해서 다른 주제 영역, 즉 다른 '**분야**'는 고유의 어휘 영역을 요구한다. 예컨대 요리에 대한 논의는 임상병리학에 대한 논의와는 다른 어휘를 요구한다. 각 사회는 문화적으로 그 사회에 아주 중요한 분야들에 극히 복잡하고 정교한 어휘체계를 만들어 낸다. 언어사회 내의 각종 전문직업의 하위집단은 전문가의 필요성 때문에 전문용어를 개발한다. 제5장에서는 '**기능의 세련화**'를 통해 프랑스어가 토착구어 상태에서 '진보된' 언어상태로 진화하면서 (주로 라틴어의 차용을 통해) 어휘의 범위를 넓게 확장시켜 아주 광범위한 분야에서 기능하는 것을 살펴보았다.

하지만 언어관용의 수호자들은 다양한 어휘 분야의 언어목록에 대해 중립적인 태도를 보이는 것은 아니다. 특정 어휘에 대한 사회적 태도는 지배적인 문화전통의 가치를 반영한다. '**신사 양반**(honnête homme)'의 문화적 모델(이 책 pp.214~15 참조)은 여전히 프랑스에서 상당히 큰 영향력을 행사하고 있고, 고도의 문화(미학, 과학, '첨단기술' 등) 어휘에 상위지위를 부여한다. 하지만 하위 분야〔예컨대 농사나 도자(1929)가 논의한 다양한 **직업은어**〕에 속하는 단어는 멸시한다.

양식

이 범주는 발화와 글의 차이에서 기인하는 변동이다. 제5장에서 논의한 '**기능의 세련화**'의 가장 핵심적인 특징은 발화의 부가물로서 글쓰기 체계의 개발이었다. 라디오와 텔레비전 방송 같은 신기술의 발달 때문에 프랑스어에서 발화와 글의 차이, 그리고 이들의 상호 전환이 어떤 맥락에서 어떤 방식으로 모호해지는지를 흔히 명세화하곤 한다(Offord 1990: 101-19). 그래서 여기서 상세히 살펴볼 의도는 없다. 우리가 파악하려는 요점은 프랑스에 팽배한 발화와 글의 두 양식의 상대적 지위에 대한 사회적 태도이다.

앞의 몇 장에서 표준화 과정과 문해력의 확산으로 발화보다 문어가 훨씬 더 적합한 언어형태라는 믿음이 얼마나 많이 증진되었는지를 살펴보았다. 문어에서 언어통일이 달성될 수 있다는 점에서 규범제정자들은 문어 코드가 표준화의 궁극적 준거라는 믿음을 갖고 있다. 즉 '진정한' 프랑스어는 문어 프랑스어이며, 구어 발화는 타락한 형태라는 것이다. 문어 형태가 없는 언어는 언어로 간주될 수 없으며, 그저 개별 구어, 지역어, 사투리에 지나지 않는다. 이와 같은 믿음이 현대 프랑스어에도 여전히 깊이 뿌리박혀 있다. 구어 프랑스어 변이체에 대한 최근의 태도조사(Gueunier et al. 1983: 779)는 다음과 같은 사실을 밝혀냈다.

인터뷰한 사람들의 35%가 발음과 '구어 발화'가 글보다 덜 중요하다고 생각했다. 정서법과 문법의 오류를 열심히 교정했더라면 …… 인터뷰한 사람들 대부분은 모어 배우는 방식을 망각하고, 글이 구어를 결정한다고 생각한다.

dans 35% des entretiens apparaît l'idée que la prononciation, 'le parler' sont moins importants que l'écrit. Ah! si nous avions travaillé sur les fautes d'orthographe ou la grammaire... Oublieuse de son apprentissage de la langue maternelle, la majorité des enquêtés pense que l'écrit détermine l'oral.

문어 코드를 숙달하는 것이 고도의 언어능력을 갖추는 것으로 널리 생각되고 있다. 정확한 철자법에 부여하는 고도의 사회적 프리미엄은 텔레비전의 유명인사인 베르나르 피보Bernard Pivot의 해마다 열리는 국가 철자법대회의 대중적 인기도에 반영되어 있다. 좀 더 세속적인 차원에서 프랑스 사회의 위대한 문학작가들이 (적어도 어떤 영역에서) 받는 존경심은 프랑스 문화에서 문어에 부여하는 최고의 가치를 보여 주는 또 다른 증거이다. 따라서 프랑스어 화자들은 발화를 글의 모델에 일치시켜야 한다는 거센 압력을 받고 있다.

문어와 같은 발화를 산출해야 한다는 화자에 대한 이러한 사회적 압력은 정상적인 상호 담화의 요구에 필연적으로 긴장감을 자아낸다. 주고받는 발화는 대화 참여자들 간의 의미 있는 협상을 유도하고, 또한 언어와 발화상황이 밀접하게 상호작용하게 만드는데, 문어는 아주 탈맥락화된 의사소통이며, 글쓰는 이와 수신자가 시공간에서 서로 분리되어 전적으로 언어신호에만 완전히 의존하기 때문에 메시지를 해독하려면 상황적 결손을 보완해야 한다. 구어 발화는 때로 미완성이고 비문법적이며, 따라서 효과적인 의사소통에서 발화는 빈번히 그렇게 해야 한다. "상황과 발화를 적절히 선택은 하지만, 오로지 문법적 문장만 숙달해 있는 사람은 잘해야 좀 이상한 사람으로 보인다. 어떤 경우에는 적절하지만 비문법적일 것을 요구받는다"(Hymes 1971: 277).

발화와 글의 상관적 차이는 **계획적 담화와 무계획적 담화**와 관련 있다. 물론 모든 발화가 무계획적인 것은 아니다. 예컨대 공공연설은 보통 아주 상세한 부분까지 계획적이며, 미디어에 나오는 많은 발화는 사실상 구어적 문어이다. 하지만 대부분의 발화는 자발적이고 상호적인 담화에서 나타난다. 아주 분명한 이유에서 사회는 무계획적 담화보다는 계획적 담화에 더 큰 가치를 부여하는데, 예컨대 유대감과 우정의 유지, 위로, 재미 등과 같은 기능을 수행하는 발화보다는 정보를 지닌 발화에 더욱 큰 가치를 부여한다. 학교의 프랑스어 교육과 관련하여 가장 크게 노력을 기울이는 것은 학생의 문어적·계획적 정보를 지닌 담화의 기법을 향상시키는 능력이며, 흔히는 이러한 발화 기법을 가능한 한 학생의 발화에 이상적으로 전이해야 한다는 것을 암리에 함축하고 있다. 이러한 기법들이 어느 정도 실현될 가능성은 있지만, 일상발화의 대부분은 이 발화 계획의 범위를 분명히 넘어선다. 일상발화가 효율적이려면 그것은 자발적이고, 자생적이어야 한다. 다른 말로 하자면 글과 같은 발화를 산출하게 만드는 표준화 압력은 '효과적 의사소통에는 필수적인 언어 유연성'(Weinreich et al. 1968: 101 참조)과는 배치된다.

일상생활에서 '화체(style)'란 용어를 광범위하고 모호하게 언급하기 때문에 언어학자들은 이를 전문용어로 사용하는 것을 꺼린다. 우리는 여기서 할리데이가 사용한 의미로, 언어활동에서 '참여자 간의 관계'와 연관된 언어변이, 특히 참여자들이 선택하는 형식성(formality)의 수준을 가리키는 것으로 사용하고자 한다. 많은 요인이 언어의 형식성의 수준에 영향을 미칠 수 있다. 첫째 요인은 발화상황의 성질과 관련 있다. 예컨대 상황이 공식적인가 사적인가? 공식적 발화상황은 보통 친밀한 발화상황보다 더욱 형식적이고 신중한 화체를 요구한다. 둘째 요인은 대화 상대의 성질과 관련 있다. 여기서는 복잡한 요인들이 결합해서 작용한다. 즉 참여자의 상대적 나이, 성, 사귄 기간, 참여자 간의 지위 차이, 인간관계의 친밀감과 정감 정도 등이다. 화자들이 화체를 상대 발화자에게 맞게 '조정하고', 자기 '청중'을 위해 화체를 '디자인하는' 방식은 최근에 와서 사회언어학자들의 관심을 끌기 시작했다(Bell 1984 참조). 형식성의 수준에 영향을 미치는 셋째 요인은 문제의 담화기능으로부터 유도된다. 브라운G. Brown(1982: 77)은 구어의 두 가지 주요 기능을 광범위하게 구별했다. 즉 청자 지향 발화와 메시지 지향 발화가 그것이다. 전자는 주로 화자들 간의 관계를 확립하고 돈독하게 만드는 데 관여한다. 후자는 주로 청자의 지식 상태에 특정한 변화를 야기하는 메시지 전달을 추구한다. 물론 순수 유형이란 거의 없겠지만, 대부분의 발화는 이 두 요소를 모두 가지고 있다. 하지만 청자 지향 발화가 메시지 지향 발화보다 덜 형식적이고, 덜 신중한 화체를 요구하는 것 같다.

화체 현상의 복잡성과 가변성은 화체의 명명 문제를 아주 까다롭게 만든다. 프랑스어에서 사용되는 전통적 용어, 즉 **저속-민중-친밀-통용-세련 프랑스어**는 혼란스럽다. 이 명칭 문제가 일관된 정의 기준에 근거하는 것이 아니기 때문이다. **민중·세련 프랑스어** 같은 명칭은 특정 사회집단과 관련된 화체이고, **저속·친밀 프랑스어** 같은 명칭은 사회적 수용 가능성과 관련된 것이고, **통용 프랑스어** 같은 명칭은 빈도율과 관련된 것이다. 이제부터 간략하게 상위(H) 화체와 하위(L) 화체를 구별할 것이다. 상위 화체의 사항은 고도의 가치가 부여되고, 또 공식적으로 공적 상황에만 보유된 공동체의 언어목록에 속하고, 하위 화체의 사항은 가치가 비교적 적게 부여되고, 더욱 비공식적이고, 친밀하고 사적인 것으로 지각되는 상황에서 사용된다. 이처럼 구별은 하지만 프랑스어의 화체 변동이 단지 이원적이 아니라 유스M. Joos(1962)가 영어에서 관찰한 단계들과 유사한 연속체라는 것, 다시 말해서 **친밀한**(intimate)-**느긋한**(casual)-**협의적**(consultative)-**공식적**(formal)-**굳은**(frozen) **화체**의 단계를 구성한다는 것을 잘 안다. 화체 변동은 음운, 통사, 어휘에 영향을 미친다.

몇 가지 예를 살펴보자. 발음에서 다음 현상을 관찰할 수 있다.

자음군의 감소

	H	**L**
expliquer(설명하다)	/ɛksplike/	/ɛsplike/
celui(그것)	/səlɥi/	/sɥi/

모음대립의 중화

raisonner(따지다)	/ʀɛzɔne/	/ʀezɔne/
pâte(반죽)	/pɑt/	/pat/

(Valdman 1976: 55-70 참조)

그 외에도 프랑스어의 연쇄화, 예컨대 리에종liaison과 엘리지옹élision에 나타나는 많은 변인을 인용할 수 있는데, 이들은 상위 화체와 하위 화체에서 아주 다르게 나타난다(Green & Hintze 1988 참조).

프랑스어의 상위 화체와 하위 화체의 **통사적 차이는** 특히 분명하게 표시된다. 상위 화체의 모든 시제체계가 하위 화체에 나타나는 것은 아니다. 역사적 과거(예: je chantai), 전과거(예: j'eus chanté), 접속법 반과거(예: j'eusse chanté)는 나타나지 않는다. 앞에서 살펴본 바대로 부정(否定)의 두

부분(예: ne ... pas)은 비공식적 화체에서는 극히 드물게 나타나고, 한 부분 (pas)만 나타난다. 상위 화체에 아주 일반적인 동사-주어 도치는 하위 화체에서는 신중하게 회피하며, 심지어 의문문에서도 그렇다. "Où est-ce que vous allez?(어디에 가십니까?)"(상위 화체), "Où c'est que vous allez?(어디 가세요?)"(하위 화체).

아마도 프랑스어의 화체 전환은 **어휘부**에서 가장 분명하게 표시되는 것 같다. 프랑스어 어휘부는 **병렬어휘**(vocabulaire parallèlle)(Sauvageot 1964: 244 참조)가 발달한 것을 알 수 있다. 즉 일상적인 지칭 대상을 가리키기 위해 한 어휘는 상위 화체에 속하고, 다른 한 어휘는 하위 화체에 속하는 쌍립어가 많이 있다.

H	L
voiture(자동차)	bagnole(똥차)
argent(돈)	fric(쩐)
médecin(의사)	toubib(돌팔이 의사)

쌍립어는 명사뿐만 아니라 동사와 형용사에도 있다.

H	L
manger(먹다)	bouffer(처먹다)
se promener(산책하다)	se balader(떠돌아다니다)
travailler(공부하다)	bosser(일하다)
amusant(재미있는)	marrant(웃기는)

이 쌍립어의 발달로 지난 10여 년 이상 상위 형태와 하위 형태를 대조해 보여 주는 사전이 많이 출간되었다.

1977년, 카라데크F. Caradec, 『프랑스어 민중어 및 은어 사전*Dictionnaire de français argotique et populaire*』

1980년, 상드리G. Sandry · 카리에르M. Carrière, 『근대 은어 사전*Dictionnaire de l'argot moderne*』

1980년, 셀라르J. Cellard · 레A. Rey, 『비관용 프랑스어 사전*Dictionnaire du français non-conventionnel*』

1986년, 메를P. Merle, 『유행 프랑스어 사전*Dictionnaire du français branché*』

1986년, 라 뤼A. La Rue · 카스시아니C. Casciani, 『은어 사전*Dictionnaire d'argot*』

1987년, 누기에E. Nouguier, 『은어 사전*Dictionnaire d'argot*』

1991년, 콜랭J.-P. Colin · 메벨J.-P. Mével, 『은어 사전*Dictionnaire de l'argot*』

결론: 프랑스어의 이층어상황?

이 책의 단초는 하우겐(1966: 108)의 논문 「방언, 언어, 국가Dialect, language, nation」에 개진된 구상의 영향을 크게 받았는데, 그는 다음과 같이 말했다.

기능의 세련화로 형태가 복잡해질 수도 있고, 그 반대로 형태의 단일성으로 기능이 고착화될 수도 있다. 형태와 기능 간 상호작용의 영역은 **화체** 영역이다. 규범화는 아주 엄격해 언어를 공식적인 목적 이외의 다른 목적에 사용하는 것을 방해할 수도 있다. 산스크리트어는 프라크리트어에 이르렀고, 라틴어는 여러 로망어를 파생시켰으나 이 언어들은 문어와 구어의 간격이 너무 커서 단지 소수의 사람만이 학습하려고 적극적으로 노력했다. '표준어는 언어가 사용되는 모든 목적'에 부합하여 사용되기보다는 발화 공동체에 사용되는 몇 가지 화체 가운데 단 하나의 화체가 되는 경향이 있다. 이는 퍼거슨C. A. Ferguson(1959)이 **이층어상황**으로 기술한 상태에 이른다. 그리고 '상위' 화체와 '하위' 화체의 첨예한 간극을 낳는다. 그렇지 않으면 그것은 연속체도 될 수 있는데, 영어의 경우처럼 필자가 **언어분열증**(schizoglossia)으로 부른 증세가 아주 약하게 나타난다.

(Haugen 1962)

표준어와 비표준어의 긴장에서 근대 프랑스어는 현재 **이층어상황**으로 기술되는 상황으로 진행되고 있다고 말할 수 있을까?

우리는 제8장의 후반부를 하임스가 말한 바대로 정상적 화자의 의사소통 능력의 특징은 화자가 처한 맥락이 달라짐에 따라 언어목록의 다른 부분들을 서로 전환시킬 수 있는 능력이라는 점을 관찰하면서 시작했다. 그래서 프랑스어 화자들이 때로는 맥락이 바뀔 때마다 아주 상당한 규모로 화체를 전환해야 한다는 사실을 살펴보았다. 어느 발화 공동체 내에서 사용영역이 달라지면 비공식적 맥락에서 사용되는 언어의 하위(L) 변이체는 이와 아주 다른 고도로 체계화되고 오직 공식적 상황에서만 사용이 유보된 상위(H) 변이체로 전환된다. 이것이 앞에서 논의한 이층어상황이며, 중세 프랑스에서 라틴어와 토착 로망어의 관계, 그리고 더욱 최근의 파리 프랑스어와 프랑스의 지방어의 관계와 관련해서 논의한 내용이다. 퍼거슨의 이층어상황에 대한 최초의 정의(Ferguson 1959 참조) 이후로 피시먼J. Fishman(1967)은 이 용어를 공동체 내에 기능적으로 달리 분포하는 별개의 언어를 포괄하는 개념으로 사용했다. 그는 이 상황의 예로 파라과이의 과라니어(L)와 에스파냐어(H)의 관계를 제시했다. 더욱 최근에 패솔드 (1984: 52-54)는 이 용어를 더 확장시켜 '동일 언어' 내의 화체 차이까지 포괄하는 개념으로 제시했다. 이러한 개념 확장에 대한 근거가 문제시되었으나(Trudgill 1983: 114 참조), 프랑스어 내에서 일어나는 상위(H) 변이체와 하위(L) 변이체 간의 전환이 패솔드가 이층어상황으로 부르는 상황에 접근하고 있는 것인지를 질문해 볼 필요가 있다. 이 질문에 대한 대답은 두 요인의 집합, 즉 사회적 요인과 화체적 요인을 어떻게 다루느냐에 달려 있다.

　이층어상황의 정의의 핵심적 문제는 언어공동체 전체를 통해 상위 형태와 하위 형태의 분포와 관련 있다. 문제의 언어변이체가 기능적으로 구별되면서 통용되는지, 아니면 이들의 분포가 상당한 정도로 계층에 기반한 것인지? 사회의 어떤 집단이 기능적 구별을 무시하는지, 그래서 상위 변이체를 일상회화의 수단으로 사용하는지? 앞에서 상류 사회집단의 발화는 하류 사회집단의 발화보다도 더욱 상위의 우월적 규범에 가까이 접근하지만 서로 경쟁한다는 것—비록 프랑스는 다른 나라처럼 언어사용의 정확성에 대한 가장 큰 관심을 보여 주는 것이 중하류계층이지만—을 살펴보았다. 또한 프랑스 사회의 언어목록의 통제 정도에도 중요한 계층의 차이가 있으며, 상류집단이 하위 코드 외에 상위 코드도 아주 능숙하게 운용하는 기법도 지닌다는 것을 살펴보았다. 말하자면 상위 변이체를 완벽하게 숙달함으로써 상위 변이체와 하위 변이체를 자유로이 선택할 수 있지만, 상황이 요구하면 일상회화에서 하위 변이체 사용을 배제하는 것은 아니다. 비록 상류 사회집단의 발화 특징이 하위의 사회문화적 집단에 속한 것으로 생각되더라도 상위 변이체를 일상언어로 사용하는 것을 발견하기란 정말 극히 예외적이다. 반대로 특정 사회경제적 집단의 전유물인 계층 기반 토착어가 프랑스어에 있다고 주장하기는 극히 어렵다. 상위 형태를 지닌다는 것은 분명 '교육을 받은 것'과 관련 있지만, 프랑스어의 상위 변이체와 하위 변이체를 특정 사회집단에 명백하게 귀속시키기는 불가능하다.

　이층어상황의 정의에서 두 번째 핵심 문제는 다음과 같다. 즉 프랑스어의 상위 변이체와 하위 변이체는 '별개의' 변이체인가, 그렇지 않으면 화체 연속체에서 서로 섞여 있는가? 상위 변이체와 하위 변이체 사이의 음성적·통사적 차이는 급작스레 단절된 질적인 것이 아니라 증감의 척도에서 양적으로 측정해야 한다는 주장이 합리적이다. 마찬가지로 어휘에서도 양분쌍으로 구성된 단순 체계보다는 수용성의 증감 척도에 프랑스 어휘가 위치한다는 것이다. 예컨대 'demoiselle(숙녀)', 'jeune fille(처녀)',

'nénette(여자애)', 'gonzesse(계집애)'와 같다. 이는 곧 프랑스어 모어 화자들이 프랑스어의 체계화된 상위 형태와 고도로 가변적인 하위 형태를 구분하는 격차를 잘 인식한다는 것을 의미한다. 이 주제는 언론에서 자주 제기되고, 언어순수주의자는 동료들이 '적확히 말하기'를 꺼린다고 끊임없이 불평하고, '진보주의자'는 전통적 표준 프랑스어의 고착성을 끊임없이 야유한다. 희극적이고 냉소적인 작가들은 상위 변이체와와 하위 변이체의 간격을 끊임없이 이용할 뿐만 아니라, 또한 이를 발견하여 이상한 언어적 모순을 조작해서 이용하기도 한다. 하지만 상위 자질과 하위 자질의 공기(共起)는 보통 강력하게 회피한다. 예컨대 "Sans doute a-t-il bousillé sa bagnole(갠 분명 자기 똥차를 빠갰어)" 같은 것이다. 하지만 크노R. Queneau, 산 안토니오San Antonio 같은 희극작가나 클로드 사로트Claude Sarraute 같은 저널리스트는 ('현장에서Sur le Vif'란 제목의 『르 몽드 Le Monde』지 고정 칼럼에서) 이 모순을 유머의 재료로 삼는다. 가장 정확한 표현은 프랑스어의 상위 변이체와 하위 변이체의 거리는 연속체이지만, 어떤 지점에 가면 이 화체 연속체가 쭉 뻗어 나가 한계에 이를 수도 있다고 말한다.

그렇다면 오늘날 프랑스의 사회언어학적 상황이 이층어상황이라고 말하는 것은 과장이다. 하지만 문어에 부과된 엄격한 규범화와 표준 프랑스어 이데올로기를 진작시키려는 강력한 제도적 압력―제8장 앞부분에서 기술한 바 있다―으로 인해 현대의 다른 많은 언어에서 발견하는 것보다 프랑스어의 표준 형태가 훨씬 더 고착화되었다는 것은 분명하다. 프랑스어의 문어와 공식어 변이체 진화를 성공적으로 지체시킴으로써 그 결과, 문어 공식어 변이체와 진화하는 구어 비공식어 변이체 사이에 큰 간격이 생겨났고, 결국은 이층어상황의 가능성이 커졌다. **프랑스어의 위기**에 대한 현재의 논란은 (무엇보다도) **'틀린 프랑스어'**와 전통 표준 프랑스어의 규범의 큰 격차에 초점을 맞추고 있다. 이러한 고뇌는 흔히 영어 화자들에게는 거만한 것으로 생각되지만, 이는 프랑스의 정체성과 국가적 통일의 상징으로서의 표준 프랑스어의 기본적 중요성을 오해하기 때문에 생겨나는 것이다.

참고문헌

Aebischer, V., 1985. *Les Femmes et le langage*. Paris: PUF.

Adenet le Roi, 1963. *Berte aus grans piés*. ed. A. Henry. Brussels: Université Libre.

Ager, D., 1990. *Sociolinguistics and Contemporary French*. Cambridge: Cambridge University Press.

Aitchison, J., 1981. *Language-change: Progress or Decay*. London: Fontana.

Alibert, L., 1935. *Grammatica occitana*. Toulouse: Société d'Etudes Occitanes.

Antoine, G. & Martin, R.(eds.), 1985. *Histoire de la langue française, 1880~1914*. Paris: CNRS.

Arbellot, G., 1973. 'Les routes en France au XVIIIᵉ siècle.' *Annales ESC*, 28: 765‒91.

Armengaud, A. & Lafont, R., 1979. *Histoire d'Occitanie*. Paris: Hachette.

Arnauld, A. & Lancelot, C., 1660. *Grammaire générale et raisonnée*. Paris: Le Petit.

Ascoli, G. T., 1878(최초본 1873). 'Schizzi franco-provenzali.' *Archivio Glottologico Italiano*, 3:61‒130.

Ashby, W. J., 1981. 'The loss of the negative particle *ne* in French: a syntactic change in progress.' *Language*, 57:674‒87.

Ayres-Bennett, W., 1987. *Vaugelas and the Development of the French Language*. London: MHRA.

Ayres-Bennett, W., 1990. 'Women and grammar.' *Seventeenth Century French Studies*, 12:5‒25.

Aymon de Varennes, 1993. *Florimont*. ed. A. Hilka. Göttingen: Gesellschaft für romanische Literatur.

Bacon, R., 1859. *Compendium studii philosophiae*. ed. J. S. Brewer. London: Rolls Series.

Bacon, R., 1897. The '*Opus Majus*' *of Roger Bacon*. ed. J. H. Bridges. Oxford: Oxford University Press.

Balibar, R., 1985. *Institution du français*. Paris: PUF.

Banniard, M., 1980. 'Géographie linguistique et linguistique historique. Essai d'analyse analogique en occitan-roman et en latin tardif.' *Via Domitia*, 24:9-34.

Batany, J., 1982. 'L'amère maternité de la langue française.' *Langue Française*, 54:29-39.

Bazalgues, G., 1973. 'Les organisations occitanes.' *Les Temps Modernes*, 324-26: 140-62.

Beaune, C., 1985. *Naissance de la nation France*. Paris: Gallimard.

Beaune, C., 1987. 'La notion de nation en France au moyen âge.' *Communications*, 45:101-16.

Bec, P., 1967. *La Langue occitane*. Que sais-je?. Paris: PUF.

Bédard, E. & Maurais, J., 1983. *La Norme linguistique*. Quebec: Le Robert.

Bell, A., 1984. 'Language style as audience design.' *Language in Society*, 13(2): 313-48.

du Bellay, J., 1549. *Defense et illustration de la langue françoise*. Paris: Arnoul l'Angelier.

Benedict, P., 1989. *Cities and Social Change in Early Modern France*. London: Unwin Hyman.

Bengtsson, S., 1968. *La Défense organisée de la langue française*. Uppsala: Almquist & Wiksells.

Bergounioux, G., 1989. 'Le francien (1815~1914): la linguistique au service de la patrie.' *Mots/Les langages du politique* 19:23-40.

Bernstein, B., 1971. *Class, Codes and Control, vol. 1: Theoretical Studies towards a Sociology of Language*. London: Routledge & Kegan Paul.

Berschin, H., Felixberger, J. & Goebel, H., 1978. *Französische Sprachgedichte*. Munich: Max Huber.

de Bèze, T., 1584. *De francicae linguae recta pronuntiatione*. Geneva: Vignon.

Blanche-Benveniste, C. & Jeanjean, C., 1987. *Le Français parlé*. Paris: Didier.

Bonfante, G. and Bonfante, L., 1983. *The Etruscan Language. An Introduction*. Manchester: Manchester University Press.

Bonnaud, P., 1981. *Terres et langages. Peuples et régions*. 2 vols. Clermont-Ferrand: Auvernho Tara d'Oc.

Bonnet, M., 1980. *Le Latin de Grégoire de Tours*. Paris: Hachette.

Bouhours, D., 1675. *Remarques nouvelles sur la langue françoise*. Paris: Mabre-Cramoisy.

Bouhours, D., 1692. *Suite des remarques nouvelles sur la langue françoise*. Paris: G. et L. Josse.

Bourdieu, P., 1977a. L'économie des échanges linguistiques.' *Langue Française*, 34: 17-34.

Bourdieu, P., 1977b. *La Distinction*. Paris: Minuit.

Bourhis, R. Y., 1982. Language policies and language attitudes: le monde de la francophonie.' In: E. B. Ryan and H. Giles, *Attitudes towards Language Variation*. London: Arundel.

de Bovelles, C., 1533. *Sur les Langues vulgaires et la variété de la langue française*, ed. & trans. D. Dumont-Demaizière. 1972. Paris: Klincksieck.

Braudel, F., 1986. *L'Identité de la France*. t.1: *Les hommes et les choses;* t. 2: (2 parties) *Espace et histoire*. Paris: Arthaud-Flammarion.

de Brosses, C., 1765. *Traité de la formation méchanique des langues*. Paris: Saillant.

Brown, G., 1982. 'The spoken language.' In R. Carter(ed.), *Linguistics and the Teacher*. London: Routledge.

Brun, A., 1923. *Recherches historiques sur l'introduction du français dans les provinces du Midi*. Paris: Champion.

Brun, A., 1931. *Le français de Marseille*. Marseille: Bibliothèque de l'Institut Historique de Provence.

Brun, A., 1935. 'La pénétration du français dans les provinces du Midi du XVe au XIXe siècle.' *Français Moderne*, 3:149–61.

Brun, A., 1936. 'Linguistique et peuplement.' *Revue de Linguistique Romane*, 12: 165–251.

Brun, A., 1946. *Parlers régionaux: France dialectale et unité française*. Paris: Didier.

Brun, A., 1951. 'En langage maternel françois.' *Français Moderne*, 19:81–6.

Brun-Trigaud, G., 1990. *Le Croissant: le concept et le mot*. Lyon: Université Jean Moulin.

Brunel, C., 1922. 'Les premiers exemples de l'emploi du provençal dans les chartes.' *Romania*, 48:335–64.

Brunel, C., 1926, 1952. *Les plus anciennes chartes en langue provençale*. 2 vols. Paris: Picard.

Brunot, F., 1907. 'La langue du Palais et la formation du "bel usage."' In *Mélanges Chabaneau*, 1973. Erlangen: Slatkine.

Brunot, F., 1966. *Histoire de la langue française*. (13 vols). Paris: Colin.

Busquet, R., Bourilly, V.-L. & Agulhon, M., 1976. *Histoire de la Provence*. Que sais-je?. Paris: PUF.

Bynon, T., 1977. *Historical Linguistics*. Cambridge: Cambridge University Press.

Calvet, L., 1981. *Les Langues véhiculaires*. Que sais-je?. Paris: PUF.

Caput, J.-P., 1972, 1975. *La Langue française. Histoire d'une institution*, t. 1: 842–1715, t. 2: 1715–1934. Paris: Larousse.

Caradec, F., 1977. *Dictionnaire de français argotique et populaire*. Paris: Larousse.

Carpentier, E. & Glénisson, J., 1962. 'La démographie française au XIVe siècle.' *Annales ESC*, 17: 109–29.

Carton, F., 1973. 'Usage des variétés de français dans la région de Lille.' *Ethnologie Française*, 3:235-44.

Carton, F., 1981. 'Les parlers ruraux de la région Nord-Picardie.' *International Journal of the Sociology of Language*, 29:15-28.

Catach, N., 1978a. *L'Orthographe française à l'époque de la Renaissance.* Geneva: Droz.

Catach, N., 1978b. *L'Orthographe.* Que sais-je?. Paris: PUF.

Cellard, J. & Rey, A., 1980. *Dictionnaire de français non-conventionnel.* Paris: Hachette.

de Certeau, M., Julia, D., & Revel, J., 1975. *Une Politique de la langue.* Paris: Gallimard.

Chambers, J. K. and Trudgill, P., 1980. *Dialectology.* Cambridge: Cambridge University Press.

Chambon, J.-P., 1990. 'L'occitan d'Auvergne au XVIIe siècle.' *Revue de Linguistique Romane*, 54:377-445.

Chaurand, J., 1972. *Histoire de la langue française.* Que sais-je?. Paris: PUF.

Chaurand, J., 1983. 'Pour l'histoire du mot "francien."' In: C. Deparis, F. & G. Taverdet(eds.), *Mélanges de dialectologie d'oïl à la mémoire de Robert Loriot.* Dijon.

Chaurand, J., 1985. 'Les français régionaux.' In G. Antoine & R. Martins(eds.), *Histoire de la langue française 1880~1914.* Paris: CNRS.

Chaytor, J., 1945. *From Script to Print.* Cambridge: Cambridge University Press.

Chervel, A., 1977. *... Et Il Fallut Apprendre à Ecrire à Tous les Petits Français.* Paris: Payot.

Chevalier, J.-C., 1968. *Histoire de la syntaxe.* Geneva: Droz.

Cicero, 1965. *Pro Archia.* ed. N. H. Watts. London: Heinemann(The Loeb Classical Library).

Citron, S., 1987. *Le Mythe national.* Paris: Editions ouvrières.

Clanchy, M. T., 1979. *From Memory to Written Record: England, 1066~1307.* Cambridge: Cambridge University Press.

Cohen, M., 1953. *L'Ecriture.* Paris: Editions sociales.

Cohen, M., 1987. *Histoire d'une langue: le français.* Paris: Messidor/Editions Sociales.

Colin, J.-P. & Mével, J.-P., 1991. *Dictionnaire de l'argot.* Paris: Larousse.

de Condillac, E., 1746. *Essai sur l'origine des connaissances humaines.* Amsterdam: Mortier.

Conon de Béthune, 1921. *Chansons.* ed. A. Wallensköld. Paris: Classiques français du moyen âge 34.

Coquebert-Montbret, E., 1831. *Mélanges sur les langues, dialectes et patois.* Paris: Bureau de l'Almanach du Commerce.

Corneille, T., 1699. *Dictionnaire des arts et des sciences.* Paris: Coignard.

Cyrano de Bergerac, 1977. *Le Pédant joué.* ed. J. Prévot, In *Œuvres complètes.* Paris: Belin.

Danesi, M., 1991. 'Latin vs Romance in the Middle Ages.' In R. Wright(ed.), *Latin and the Romance Languages in the Early Middle Ages.* London: Routledge.

Dauzat, A., 1929/1956. *Les Argots.* Paris: Delagrave.

Dauzat, A., 1930. *Histoire de la langue française.* Paris: Payot.

Dauzat, A., 1946. *Les Patois.* Paris: Delagrave.

Dauzat, A., 1947. *Dictionnaire étymologique.* Paris: Larousse.

Decrosse, A., 1987. 'Un mythe historique: la langue maternelle.' In G. Vermes & J. Boutet(eds.). *France, pays multilingue,* t. 1. Paris: Logiques Sociales. L'Harmattan.

Dees, A., 1980. *Altas des formes et constructions des chartes françaises du 13e siècle.* Zeitschrift für Romanische Philologie, Beiheft 178. Tübingen: Niemeyer.

Dees, A., 1985. 'Dialectes et scriptae à l'époque de l'ancien français.' *Revue de Linguistique Romane*, 49: 87-117.

Dees, A., 1987. *Altas des formes linguistiques des textes littéraires de l'ancien français*(Zeitschrift für Romanische Philologie, Beiheft 212). Tübingen: Niemeyer.

Delattre, P., 1970. 'Substratum theory.' *Romance Philology*, 23: 480-91.

Delbouille, M., 1962. 'La notion de "bon usage" en ancien français.' *Cahiers de l'Association Internationale des Etudes Françaises*, 14: 10-24.

Delbouille, M., 1970. 'Comment naquit la langue française?' In *Mélanges offerts à M. Georges Straka*, t. 1. Lyon-Strasbourg: Société de linguistique romane.

Deloffre, F. (ed.), 1961. *Agréables Conférences de deux paysans de St Ouen et de Montmorency.* Paris: Les Belles Lettres.

Demaizière, C., 1983. *La Grammaire française au XVIᵉ siècle.* Paris: Didier.

Descimon, R., 1989. 'Paris on the eve of Saint Bartholomew: taxation, privilege and social geography.' In P. Benedict(ed.), *Cities and Social Change in Early Modern France.* London: Routledge.

Desgrouais, M., 1766. *Les Gasconismes corrigés.* Toulouse: Robert.

Désirat, C. & Hordé, T., 1988. *La Langue française au 20ᵉ siècle.* Paris: Bordas.

Deutsch, K. W., 1968. 'The trend of European nationalism — the language aspect.' In: J. A. Fishman(ed.), *Readings in the Sociology of Language.* The Hague/Paris: Mouton.

Diderot, D. & d'Alembert, J., 1765. *Encyclopédie ou Dictionnaire raisonné des sciences, des arts et des métiers.* Paris: Briasson.

Doblhofer, E., 1959. *Le Déchiffrement des écritures.* Paris: Arthaud.

Dollinger, P., 1956. 'Le chiffre de popluation de Paris au XIVᵉ siècle.' *Revue historique.* 216:35-44.

Domergue, U., 1778. *Grammaire générale.* Paris: Houel.

Dorian, N., 1973. 'Grammatical change in a dying dialect.' *Language*, 49:

413-38.

Dottin, G., 1920. *La Langue gauloise*. Paris: Klincksieck.

Drinkwater, J. F., 1983. *Roman Gaul*. London: Croom Helm.

Droixhe, D., 1971. 'L'orientation structurale de la linguistique au XVIIIe siècle.' *Français Moderne*, 39:18-32.

Drosai, J., 1544. *Grammaticae quadrilinguis partitiones*. Paris: Perier.

Dubois, C. G., 1970. *Mythe et langage au XVI siècle*. Bordeaux: Ducros.

Dubois, C. G., 1972. *Le Développement littéraire d'un mythe nationaliste*. Paris: Université de Paris.

Dubois, J., 1531. *In Linguam gallicam isagoge, una cum eiusdem grammatica Latino-Gallica*. Paris: R. Estienne.

Duby, G., 1980. *Histoire de la France urbaine*. 5 vols.. Paris: Seuil.

Dudley, D., 1975. *Roman Society*. Harmondsworth: Penguin.

Duval, P.-M., 1952. *La Vie quotidienne en Gaule pendant la paix romaine*. Paris: Hachette.

Duval, P.-M., 1972. 'De la préhistoire à la Gaule romaine.' In A. François(ed.). *La France et les Français*. Paris: Pléiade.

Eisenstein, E. L., 1979. *The Printing Press as an Agent of Change*. 2 vols. Cambridge: Cambridge University Press.

Elcock, W. D., 1960. *The Romance Languages*. London: Faber & Faber.

Ernest, G., 1985. *Gesprochenes Französisch zu Beginn des 17. Jahrhunderts*. Zeitschrift für Romanische Philologie, Beiheft 204. Tübingen: Niemeyer.

Estienne, H., 1565. *Traicté de la conformité du langage françois avec le grec*. Geneva: H. Estienne.

Estienne, H., 1578a. *Deux Dialogues du nouveau langage françois italianizé*. Geneva: H. Estienne.

Estienne, H., 1578b. *La Précellence du langage françois*. Paris: Mamert Patisson.

Estienne, H., 1582. *Hypomneses de gallica lingua*. Geneva: H. Estienne.

Estienne, R., 1557. *Traicté de la grammaire françoise*. Paris: R. Estienne.

Fabre, P., 1964. *Grammaire catalane*. Paris: Les Belles Lettres.

Falc'hun, F., 1963. *Histoire de la langue bretonne d'après la géographie linguistique*, t. 1 texte. Paris: PUF.

Falc'hun, F., 1977. *Les Origines de la langue bretonne*. Rennes: CRDP.

Falc'hun, F., 1981. *Perspectives nouvelles sur l'histoire de la langue bretonne*. Paris: Union Générale d'Éditions.

Faral, E., 1924. *Les Arts poétiques du XIIe et du XIIIe siècle*. Paris: Champion.

Fasold, R., 1984. *The Sociolinguistics of Society*. Oxford: Blackwell.

Fauchet, C., 1581. *Recueil de l'origine de la langue et poésie françoise, ryme et romans*. 2 vols. Paris: R. Estienne.

Féraud, J.-F., 1761. *Dictionnaire grammatical de la langue françoise*. Paris: Vincent.

Ferguson, C. A., 1959. 'Diglossia.' *Word*, 15: 325-40. P. P. Giglioli(ed.), *Language and Social Context*. 1972. Harmondsworth: Penguin(재수록. 이 판의 쪽수 이용).

Ferguson, C. A., 1968. 'Language development.' In: J. A. Fishman, C. A. Ferguson & J. Das Gupta(eds.), *Language Problems of Developing Nations*. New York: Wiley.

Fierro-Domenech, A., 1986. *Le Pré carré*. Paris: Robert Laffont.

Fiorelli, P., 1950. 'Pour l'interprétation de l'ordonnance de Villers-Cotterêts.' *Français Moderne*, 18:277-88.

Fishman, J., 1967. 'Bilingualism with and without diglossia, diglossia with and without bilingualism.' *Journal of Social Issues*, 32: 29-38.

Fishman, J., 1972. *Language in Sociocultural Change*. Stanford: Stanford University Press.

Fishman, J. A., 1972. *Language and Nationalism: Two Intergrative Essays*. Rowley, Mass.: Newbury House.

Fishman, J. A., 1985. *Sociolinguistics in France*. Berlin/New York: Mouton.

Fleuriot, L., 1982. *Les Origines de la Bretagne*. Paris: Payot.

Foulet, L. & Foulon, C., 1944-1945. 'Les scènes de taverne et les comptes du travernier dans le *Jeu de St. Nicolas* de Jean Bodel.' *Romania*, 68: 422-43.

Fournier, P.-F., 1955. 'La persistance du gaulois au VIᵉ siècle.' In *Recueil de travaux offerts à M. Clovis Brunel*, t. 1. Paris: Société de l'Ecole des Chartes.

Francis, W. N., 1983. *Dialectology: an Introduction*. London: Longman.

François, A.. 1936. 'D'une préfiguration de la langue classique au XVIᵉ siècle.' In *Mélanges offerts à M. Abel Lefranc*. Paris: Droz.

François, A., 1959. *Histoire de la langue française cultivée des origines à nos jours*. 2 vols.. Geneva: A. Jullien.

Furet, F. & Ozouf, J., 1977, *Lire et écrire: l'alphabétisation des Français de Calvin à Jules Ferry*. 2 vols. Paris: Editions de Minuit.

Furetière, A., 1690. *Dictionnaire universel*. Rotterdam: A. et R. Leers.

Gadet, F., 1989. *Le Français ordinaire*. Paris: Colin.

Gal, S., 1979. *Language Shift*. New York: Academic Press.

Gamillscheg, E., 1938. 'Germanische Siedlung in Belgien und Nordfrankreich.' *Abhandlungen der preussischen Akademie der Wissenschaften*, XII.

Gardette, P.. 1983. *Etudes de géographie linguistique*. Paris: Klincksieck.

Gardette, P., 1983a. 'Une grande méconnue: la langue lyonnaise.' In: *Etudes de géographie linguistique*. Paris: Klincksieck.

Gardette, P., 1983b. 'Le francoprovençal, son histoire, ses origines.' In *Etudes de géographie linguistique*. Paris: Klincksieck.

Gardette, P., 1938c. 'La romanisation du domaine franco-provençal.' In *Etudes de géographie linguistique*. Paris: Klincksieck.

Gardner, R., 1965. 'Some observations on syntax and morphology in the *Sottie des rapporteurs*, and the *Sottie des sorts formés de malice*.' In: J. Mahoney & J. E. Keller(eds.), *Medieval Studies in Honor of U. T. Holmes Jr.* Chapel Hill: North Carolina University Press.

Garmadi, J., 1981. *La Sociolinguistique.* Paris: PUF.

Gauchat, L., 1903. 'Gibt es Mundartgrenzen?' *Archiv für das Studium der Neuren Sprachen und Literaturen,* 111: 365–403.

Gazier, A., 1880. *Lettres à Grégoire sur les patois de la France (1790~1794).* Paris: Durand.

Genicot, L.(ed.), 1973. *Histoire de la Wallonie.* Toulouse: Privat.

Giles, H., 1970. 'Evaluative reactions to accents', *Educational Review,* 22:211–27.

Gilliéron, J. & Edmont, E., 1903~1910. *Altas linguistique de la France.* Paris: Champion.

Girault-Duvivier, C. P., 1811. *Grammaire des grammaires.* Paris: Cotelle.

Glatigny, M., 1989. Norme et usage dans le français du XVIe siècle.' In P. Swiggers & W. van Hoeke(eds.), *La Langue française au XVIe siècle.* Louvain: Leuven University Press.

Gonon, M., 1973. 'Etat d'un parler franco-provençal dans un village forézien en 1974.' *Ethnologie Française,* 3:271–86.

Gordon, D. C., 1978. *The French Language and National Identity.* The Hague: Mouton.

de Gorog, R. P., 1958. *The Scandinavian Element in French and Norman.* New York: Bookman.

Gossen, C. -T., 1957. 'Die Einheit der französischen Schriftsprache im 15 und 16 Jahrhundert.' *Zeitschrift für Romanische Philologie,* 73: 427–59.

Gossen, C. -T., 1962. 'Langues écrites du domaine d'oïl. *Revue de Linguistique Romane,* 26: 271–308.

Gossen, C. -T., 1967. *Französischen Skriptastudien.* Vienna: Österreische Akademie der Wissesnschaften.

Gossen, C. -T., 1969. Sprachgrenzen im Poitou. *Vox Romanica,* 29: 59–71.

Grafström, A., 1958. *Etude sur la graphie des plus anciennes chartes langue-dociennes avec un essai d'interprétation phonétique.* Uppsala: Almquist &

Wiksells.

Green, J. N. & Hintze, M. A., 1988. 'A reconsideration of *liaison* and enchâinement.' In C. Slater, J. Durand & M. Bate(eds.), *French Sound Patterns: Changing Perspectives.* AFLS Occasional Papers 2. AFLS and Departement of Language and Linguistics. University of Essex.

Grevisse, M., 1986. *Le Bon Usage.* 12th edn. Gembloux: Duculot.

Grillo, R., 1989. *Dominant Languages.* Cambridge: Cambridge University Press.

Guernes de Pont Sainte-Maxence, 1936. *La Vie de Saint Thomas Becket.* ed. E. Walberg. Paris: Classiques français du moyen âge, 77.

Gueunier, N., Genouvrier, E. & Khomsi, A., 1978. *Les Français devant la norme.* Paris: Champion.

Gueunier, N., Genouvrier, E. & Khomsi, A., 1983. 'Les Français devant la norme.' In E. Bédard & J. Maurais(eds.), *La Norme linguistique.* Quebec: Le Robert.

Guinet, L., 1982. *Les Emprunts gallo-romains au germanique du 1er à la fin du Ve siècle.* Paris: Klincksieck.

Guiraud, P., 1965. *Le Français populaire.* Que sais-je?. Paris: PUF.

Guiraud, P., 1966. *Le Moyen Français.* Que sais-je?. Paris: PUF.

Guiraud, P., 1968. *Le Jargon de Villon.* Paris: Gallimard.

Guiraud, P., 1976. *L'Argot.* Que sais-je?. Paris: PUF.

Gysseling, M., 1962. 'La genèse de la frontière linguistique dans le nord de la Gaule.' *Revue du nord*, 44: 5-37.

Haarhoff, T. J., 1958. *Schools of Gaul.* Johannesburg: Witwatersrand University Press.

Hadjadj, D., 1983. *Parlers en contact aux confins de l'Auvergne et du Forez. Etude Sociolinguistique.* Clermont-Ferrand: Institut d'Etudes du Massif Central.

Hadjadj, D., 1989. 'La survie du parler dialectal.' In D. Hadjadj(ed.), *Pays de*

Thiers. Le regard et la mémoire. Clermont-Ferrand: Institut d'études du Massif Central. ·

Hagège, C., 1987. *Le Français et les siècles.* Paris: Odile Jacob.

Hall, R. A., 1949. 'The linguistic position of Franco-Provençal.' *Language*, 25: 1-14.

Hall, R. A., 1950. 'The reconstruction of Proto-Romance.' *Language*, 26:6-27.

Hall, R. A., 1974. *External History of the Romance Languages.* New York: Elsevier.

Halliday, M. A. K., 1964. 'The users and uses of language.' J. Fishman(ed.), *Readings in the Sociology of Language.* 1968(repr.). The Hague: Mouton.

Harris, M., 1978. *The Evolution of French Syntax.* London: Longman.

Harris, M., & Vincent, N. (eds.), 1988. *The Romance Languages.* London: Croom Helm.

Hatt, J.-J., 1959. *Histoire de la Gaule romaine.* Paris: Payot.

Hatt, J.-J., 1972. *Celtes et Gallo-romains.* Paris: Nagel.

Haugen, E., 1962. 'Schizoglossia and the linguistic norm.' In R. O'Brien(ed.), *Monograph Series on Languages and Linguistics*, vol. 15. Washington: Georgetown University.

Haugen, E., 1966. 'Dialect language, nation.' J. B. Pride & J. Holmes, *Sociolinguistics.* 1972(repr.). Harmondsworth: Penguin.

Haugen, E., 1972. *Ecology of Language.* Stanford: Stanford University Press.

Hausmann, F. J., 1979. 'Wie alt ist das gesprochene Französisch?' *Romanische Forschungen*, 91: 431-44.

Herman, J., 1967. *Le Latin vulgaire.* Que sais-je?. Paris: PUF..

Herman, J., 1978. 'Du latin épigraphique au latin provincial: essai de sociologie linguistique sur la langue des inscriptions.' In *Etrennes de Septanaine: Travaux... offerts à Michel Lejeune.* Paris: Klincksieck.

Herman, J., 1985. 'La différentiation territoriale du latin et la formation des langues romanes.' *Linguistique comparée et typologie des langues romanes.*

Actes du XVIIe Congrès internationale de linguistique et philologie romanes. Aix-en-Provence, 29 août - 3 septembre 1983. Aix-en-Provence. t. 2, pp.13‒62.

Hilty, G., 1968. 'La séquence de Sainte Eulalie et les origines de la langue littéraire française', *Vox Romanica*, 27: 4‒18.

Hilty, G., 1973. 'Les origines de la langue littéraire française.' *Vox Romanica*, 32: 254‒71.

Honey, J., 1989. *Does Accent Matter?* London: Faber and Faber.

Hope, T. E., 1971. *Lexical Borrowing in the Romance language*. 2 vols. Oxford: Blackwell.

Hubschmied, J. U., 1938. 'Sprachliche Zeugen für das späte Aussterben des Gallischen.' *Vox Romanica*, 3: 48‒115.

Huchon, M., 1988. *Le Français de la Renaissance.* Que sais-je?. Paris: PUF.

Hudson, R. A., 1980. *Sociolinguistics*. Cambridge: Cambridge University Press.

Hugo, A., 1835. *La France pittoresque.* Paris: Delloye.

Hugues F., 1969. *Donat proensal.* ed. J. H. Marshall. London: Oxford University Press.

von Humboldt, W., 1836. *Über die Kawi Sprache auf der Insel Java, nebst einer Einleitung über die Verschiedenheit des menschlichen Sprachbaues und ihren Einfluss auf die geistige Entwicklung des Menschengeschlechts.* Berlin: Akademie der Wissenschaften.

Hunnius, K., 1975. 'Archaische Züge des langage populaire.' *Zeitschrift für Französische Sprache und Literatur*, 85: 145‒61.

Hymes, D., 1967. 'Models of the interaction of language and social settings.' *Journal of Social Issues*, 23: 8‒28.

Hymes, D., 1971. 'On communicative competence.' J. B. Pride & J. Holmes (eds.), *Sociolinguistics: Selected Readings.* 1972(repr.). Harmondsworth: Penguin.

Jacob, P. L.(ed.), 1900. *Cyrano de Bergerac: Œuvres comiques.* Paris: Garnier.

James, E., 1982. *The Origins of France, 500-1000.* London: Macmillan.

James, E., 1988. *The Franks.* Oxford: Blackwell.

Jason, T., 1979. *Mechanisms of Language Change in Latin.* Stockholm: Almquist & Wiksells.

Jochnowitz, G., 1973. *Dialect Boundaries and the Question of Franco-Provençal.* The Hague/ Paris: Mouton.

Jofre de Foixa, 1880. *Regles de trobar.* ed. P. Meyer. *Romania* 9: 51-86.

Johnson, J., 1946. *Etude sur les noms de lieu dans lesquels entrent les éléments 'court', 'ville' et 'villiers.'* Paris: Droz.

Joos, M., 1962. *The Five Clocks.* New York: Harcourt.

Joris, A., 1966. 'On the edge of two worlds in the heart of the new empire: the Romance regions of northern Gaul during the Merovingian period.' *Studies in Medieval and Renaissance History*, 3: 3-52.

Jouin, N., 1730. *Harangues des habitants de la paroisse de Sarcelles.* Aix: Girand.

Keller, H.-E., 1964a. 'Survivances de l'ancien saxon en Normandie.' In *Mélanges de linguistique romane offerts à M. Delbouille*, t. 1. Gembloux: Duculot.

Keller, R. E., 1964b. 'The language of the Franks.' *Bulletin of the John Rylands Library.* 47: 101-22.

Krepinsky, M., 1958. 'La naissance des langues romanes et l'existence d'une période de leur évolution commune.' *Rozpravy CSAV.* Série SV. 13: 1-55.

La Ramée, P. de, 1562. *Gramère.* Paris: Wéchel.

Labov, W., 1970. 'The study of language in its social context.' J. B. Pride & J. Holmes(eds.), *Sociolinguistics.* 1972(repr.). Harmondsworth: Penguin.

Labov, W., 1973. *Sociolinguistic Patterns.* Pennsylvania: Pennsylvania University Press.

Lambley, K. R., 1920. *The Teaching and Cultivation of the French Language in England during Tudor and Stuart Times.* Manchester: Manchester University Press.

Lapierre, J.-W., 1988. *Le Pouvoir politique et les langues.* Paris: PUF.

La Ruc, A. & Casciani, C., 1986. *Dictionnaire d'argot.* Paris: Flammarion.

Lefèbvre, A., 1988. 'Les langues du domaine d'oïl.' In G. Vermes(ed.), *Vingt-cinq communautés linguistiques de la France.* Paris: Logiques Sociales. L'Hamarttan.

Leith, D., 1983. *A Social History of English.* London: Routledge & Kegan Paul.

Lemaire des Belges, J., 1611. *Concorde des deux langaiges.* Paris: Marnef et Viant.

Léon, P. R., 1973. 'Modèle standard et système vocalique du français populaire des jeunes Parisiens.' In G. Rondeau(ed.), *Current Trends in Applied Linguisticts.* Montreal: GEC.

Le Page, R. B. & Tabouret-Keller, A., 1985. *Acts of Identity.* Cambridge: Cambridge University Press.

Lévy, P., 1929. *Histoire linguistique d'Alsace et de Lorraine,* t. 1: *Des origines à la Révolution française;* t. 2: *De la Révolution à 1918.* Paris: Les Belles Lettres.

Lewicka, H., 1971. 'Langue d'oïl et langue d'oc dans le théâtre du midi de la France.' In I. Cluzel & F. Pirot(eds.), *Mélanges de philologie romane dédiés à la mémoire de Jean Boutière(1899~1967),* t.1. Liège: Soledi.

Lewicka, H., 1974. *Etudes sur l'ancienne farce française.* Paris: Klincksieck.

Leys d'Amor, 1919. ed. J. Anglade. Toulouse: Bibliothèque Méridionale.

Lhomond, Ch.-F., 1780. *Éléments de la grammaire françoise.* Paris: Colas.

Livet, Ch.-L., 1858. *Histoire de l'Académie française.* 2 vols. Paris: Didier.

Lloyd, P., 1979. 'On the definition of Vulgar Latin.' *Neuphilologische Mitteilungen,* 80: 110‒22.

Lloyd, P., 1991. 'On the names of languages (and other things)' In R.

Wright(ed.), 1991, *Latin and the Romance Languages in the Early Middle Ages*. London: Routledge.

Lodge, R. A., 1979. *Etienne de Fougères: Le Livre des Manières*. Geneva: Droz.

Lodge, R. A., 1985. *Le Plus Ancien Registre de comptes des consuls de Montferrand en provençal auvergnat 1259-72*. t. 49. Clermont-Ferrand: Mémoires de l'Académie.

Lodge, R. A., 1989. 'Speakers' perceptions of non-standard vocabulary in French.' *Zeitschrift für Romanische Philologie*, 105: 427-44.

Lodge, R. A., 1991. 'Molière's peasants and the norms of spoken French.' *Neuphilologische Mitteilungen*, 92: 485-99.

Lodge, R. A. & Varty, K., 1989. *The Earliest Branches of the Roman de Renart*. Perthshire: Lochee Publications.

Löfstedt, E., 1959. *Late Latin*. Oslo: Aschebourg.

Lorian, A., 1967. 'Les latinisme de syntaxe en français.' *Zeitschrift für Romanische Philologie*, 77: 155-69.

Loriot, R., 1967. *La Frontière dialectale moderne en Haute-Normandie*. Amiens: Musée de la Picardie.

Lot, F., 1929. 'L'état des paroisses et des faux en 1328.' *Bibliothèque de l'Ecole des Chartes*, 90: 51-107, 256-315.

Lot, F., 1931. 'A quelle époque a-t-on cessé de parler latin?' *Archivum Latinitatis Medii Aevi (Bulletin du Cange)*, 6: 97-159.

Loyseau, C., 1614. *Traité des ordres et simples dignitez*. Paris: L'Angelier.

Lüdtke, H., 1962. 'Die Verkehrswege des Römanischen Reiches und die Herausbildung der romanischen Dialekte.' In: *Actes du Xe Congrès international de linguistique et philologie romanes. Strasbourg 1962*. t. II. Paris.

Lugge, M., 1960. *'Gallia' und 'Francia' in Mittelater*. Bonn: Röhrscheid.

Lusignan, S., 1987. *Parler vulgairement. Les Intellectuels et la langue française* *aux XIIIe et XIVe siècles.* Paris/Montreal: Vrin.

Malherbe, F. de., 1630. *Les Œuvres de M. de Malherbe.* Paris: Chappellain.

Marchello-Nizia, C., 1979. *Histoire de la langue française aux XIVe et XVe siècles.* Paris: Bordas.

Marot, C., 1533. *Les Œuvres des François Villon de Paris.* Paris: du Pré.

Martinet, A., 1945. *La Prononciation du français contemporain.* Geneva: Droz.

Martinet, A., 1969. *Le Français sans fard.* Paris: PUF.

Marzys, Z., 1974. 'La formation de la norme du français cultivé.' *Kwartalnik Neofilologiczny*, 21: 315-32.

Matoré, G., 1968. *Histoire des dictionnaires français.* Paris: Larousse.

Mauger, C., 1706. *Nouvelle Grammaire françoise.* Rouen: Besogne.

Maurand, G., 1981. 'Situation linguistique d'une communauté rurale en domaine occitan.' *International Journal of the Sociology of Language.* 29: 99-119.

Meigret, L., 1550. *Le Trętté de la grammęre françoęze.* Paris: Wéchel.

Meillet, A., 1928. *Esquisse d'une histoire de la langue latine.* Paris: Hachette.

Merle, P., 1986. *Dictionnaire du français branché.* Paris: Seuil.

Meyer, P., 1875. Review of G. T. Ascoli, *Schizzi franco-provenzali. Romania*, 4: 294-96.

Meyer, P., 1889. 'La langue romane du midi de la Frnace et ses différents noms.' *Annales du Midi*, 1: 11.

Millardet, G., 1922. 'Linguistique et dialectologie romanes.' *Revue des langues romanes*, 61: 1-160, 193-386, 62: 1-157.

Milroy, J. & Milroy, L., 1985a. *Authority in Language.* London: Routledge & Kegan Paul.

Milroy, J. & Milroy, L., 1985b. 'Linguistic change, social network and speaker innovation.' *Journal of Linguistics*, 21: 339-84.

Milroy, L., 1987. *Language and Social Networks.* (2nd edn.). Oxford: Blackwell.

Molière, J. P. de, 1971. *Les Précieuses ridicules*, ed. G. Couton. In *Œuvres complètes*. Paris: Gallimard.

Monfrin, J., 1963. 'Humanisme et traduction au moyen âge. *Journal des Savants*, 161-90.

Monfrin, J., 1964. 'Les traducteurs et leur public en France au moyen âge.' *Journal des Savants*, 5-20.

Monfrin, J., 1968. 'Le mode de tradition des actes écrites et les études en dialectologie.' *Revue de Linguistique Romane*, 32: 17-47.

Monfrin, J., 1972. 'Les parlers en France.' In A. François(ed.), *La France et les Français*. Paris: Pléiade.

de Montaigne, M., 1967. *Essais*. ed. R. Barral. Paris: Seuil.

Moore, A. P., 1935. *The 'Genre poissard' and the French Stage of the Eighteenth Century*. New York: Columbia University Press.

Mounin, G., 1975. 'La répression linguistique dans les groupes humains.' *Archivum Liguisticum*, 6: 65-70.

Müller, B., 1971. 'La bi-partition linguistique de la France.' *Revue de Linguistique Romane*, 35: 17-30.

Müller, B., 1974. 'La structure linguistique de la France et la romanisation.' *Travaux de Langue et de Littérature de Strasbourg*, 12: 7-29.

Müller, B., 1985. *Le Français d'aujourd'hui*. Paris: Klincksieck.

Muller, H. F., 1921. 'When did Latin cease to be a spoken language in France?' *Romanic Review*, 12: 318.

Muller, H. F., 1929. *A chronology of Vulgar Latin*. Zeitschrift für Romanische Philologie, Beiheft 78. Tübingen: Niemeyer.

Musset, L., 1975. *The Germanic Invasions*, trans. E. & C. James. London: Paul Elek.

Nezirovic, M., 1980. *Le Vocabulaire dans deux versions du Roman de Thèbes*. Clermont-Ferrand: Association des Publications de la Faculté des Lettres de Clermont-Ferrand.

Nicot, J., 1606. *Trésor de la langue françoise.* Paris: Douceur.

Nisard, C., 1872. *Etude sur le langage populaire ou patois de Paris et de sa banlieue.* Paris: Frank.

Norberg, D., 1966. 'A quelle époque a-t-on cessé de parler latin en Gaule?' *Annales ESC*, 2: 346-56.

Nouguier, E., 1987. *Dictionnaire d'argot.* Paris: Even.

Offord, M., 1990. *Varieties of Contemporary French.* London: Macmillan.

Padley, G. A., 1976. *Grammatical Theory in Western Europe 1500~1700: the Latin Tradition.* Cambridge: Cambridge University Press.

Padley, G. A., 1983. 'La norme dans la tradition des grammairiens.' In E. Bédard and J. Maurais(eds.), *La Norme linguistique.* Quebec: Le Robert.

Palsgrave, J., 1530. *Lesclarcissement de la Langue Francoyse.* London: Hawkins.

Paris, G., 1888. *Les Parlers de France.* Discours prononcé à la réunion des sociétés savantes, le samedi 26 mai. Paris.

Pasturel, J., 1733. *Poésies auvergnates.* Riom: Thomas.

Pei, M. A., 1932. *The Language of 8th Century Texts in Northern France.* New York: Columbia University Press.

Peletier du Mans, J., 1550. *Dialogue de l'ortografe é prononciacion françoese.* Poitiers: J. et E. de Marnef.

Pernoud, R., 1966. *La Formation de la France.* Que sais-je?. Paris: PUF.

Perrenot, T., 1942. *La Toponymie burgonde.* Paris: Payot.

Perrin, O., 1968. *Les Burgondes.* Neuchâtel: Baconnière.

Petit-Dutaillis, C., 1950. *La Monarchie féodale en France et en Angleterre.* Paris: Albin Michel.

Petri, F., 1937. *Germanische Volkserbe in Wallonien und Nordfrankreich. Die fränkische Landnahme in Frankreich und den Niederlanden und die Bildung der westlichen Sprachgrenze.* 2 vols. Bonn: Röhrscheid.

Petri, F., 1973. *Siedlung, Sprache und Bevolkerungstruktur.* Darmstadt:

Wissenschaftliche Buchgesellschaft.

Peyre, H., 1933. *La Royauté et les langues provinçales*. Paris: Presses Modernes.

Pfister, M., 1973a. "La répartition géographique des éléments franciques en gallo-roman." *Revue de Linguistique Romane*, 37: 126-49.

Pfister, M., 1973b. 'Die sprachliche Bedeutung von Paris und der Île-de-France vor dem 13. Jahrhundert.' *Vox Romanica*, 32: 217-53.

Picoche, J. and Marchello-Nizia, C., 1989. *Histoire de la langue française*. Paris: Nathan.

Pignon, J., 1960. *Evolution phonétique des parlers du Poitou*. Paris: Artrey.

Pillot, J., 1550. *Gallicae Linguae institutio*. Paris: Grouleau.

Poerck, G., 1963. 'Les plus anciens textes de la langue française comme témoins d'époque.' *Revue de Linguistique Romane*, 27: 1-34.

Polomé, E. C.. 1980. 'Creolization and diachronic linguistics.' In A. Valdman and A. Highfield(eds.), *Theoretical Orientations in Creole Studies*. New York: Academic Press.

Polomé, E. C., 1983. 'The linguistic situation in the western provinces of the Roman Empire.' In H. Temporini and W. Haase(eds.), *Aufstieg und Niedergang der Römischen Welt*. t. 29. Berlin/New York: de Gruyter.

Pope, M. K., 1952. *From Latin to Modern French*. Manchester: Manchester University Press.

Pottier, B., 1968. 'La situation linguistique en France.' In A. Martinet(ed.), *Le Langage*. Paris: Pléiade.

Price, G., 1984. *The Languages of Britain*. London: Arnold.

Pride, J. B. and Holmes, J.(eds.), 1972. *Sociolinguistics: Selected Readings*. Harmondsworth: Penguin.

Pulgram, A., 1950 'Spoken and written Latin.' *Language*, 26: 458-66.

Quemada, B., 1968. *Les Dictionnaires du français moderne, 1539~1863*. Paris: Didier.

Quemada, B., 1972. *Matériaux pour l'histoire du vocabulaire français*. Paris: Didier.

Quéré, L., 1987. 'Le statut duel de la langue dans l'état-nation.' In G. Vermes et J. Boulet(eds.), *France, pays multilingue*. Paris: Logiques Sociales. L'Hamarttan.

Rabelais, F., 1533. *Pantagruel*, ed. P. Jourda. 1962. Paris: Garnier.

Ramon Vidal de Besalu, 1878, *Razos de trobar*. ed. E. Stengel. Marburg: Marburg University Press.

Rauhut, F., 1963 'Warum wurde Paris die Hauptstadt Frankreichs?' In: H. Bihler & A. Noyer-Weidner(eds.), *Medium Aevum Romanicum Festschrift für H. Reinfelder*. Munich: Hüber.

Reichenkron, G., 1965. *Historische latein-altromanische Grammatik*. Wiesbaden: Harrassowitz.

Reichstein, R., 1960. 'Etude des variations sociales et géographiques des faits linguistiques.' *Word*, 16: 55–99.

Reid, T. B. W., 1958. *Twelve fabliaux*. Manchester: Manchester University Press.

Remacle, L., 1948. *Le Problème de l'ancien wallon*. Liège: Bibliothèque de la Faculté de Philosophie et Lettres.

Restaut, P., 1730. *Principes généraux et raisonnés de la langue françoise*. Paris: Le Gras.

Richelet, P., 1680. *Dictionnaire françois*. Geneva: J.-H. Widerhold.

Richter, M., 1975. 'A socio-linguistic approach to the Latin Middle Ages.' In D. Baker(ed.), *Materials, Sources and Methods of Ecclesiastical History*. Oxford: Blackwell.

Richter, M., 1983. 'A quelle époque a-t-on cessé de parler latin en Gaule? A propos d'une question mal posée.' *Annales ESC*, 3: 439–48.

Rickard, P., 1968. *La Langue française au 16ᵉ siècle*. Cambridge: Cambridge University Press.

Rickard, P., 1976. *Chrestomathie de la langue française au XVe siècle*. Cambridge: Cambridge University Press.

Rickard, P., 1981. *The Embarrassements of Irregularity: the French Language in the 18th Century*. Cambridge: Cambridge University Press.

Rickard, P., 1989. *A History of the French Language* (2nd edn.). London: Hutchinson.

de Rivarol, A., 1784. *De l'Universalité de la langue française; discours qui a remporté le prix à l'Académie de Berlin*. ed. H. Juin. Paris: Belfond.

Robertson, D. M., 1910. *The French Academy*. London: Fisher Unwin.

Robson, C. A., 1963. 'L'*Appendix Probi et la philologie latine*.' *Le Moyen Age*, 69: 39–54.

Rohlfs, G., 1970. *Le Gascon, études de philologie pyrénéenne*. Zeitschrift für Romanische Philogie, Beiheft 85. Tübingen: Niemeyer.

Romaine, S. & Reid, E., 1976. 'Glottal sloppiness? — a sociolinguistic view of urban speech un Scotland.' *Teaching English*, 9:3.

de Ronsard, P., 1565. 'Art poétique.' In P. Laumonier(ed.), 1914. *Œuvres complètes*. t. XIV. Paris: Hachette.

de Ronsard, P., 1578. 'Préface sur la Franciade.' In P. Laumonier(ed.), 1914. *Œuvres complètes*. t. XVI. Paris: Hachette.

Rosset, T., 1911. *Les Origines de la prononciation moderne étudiées au XVIIe siècle, d'après les remarques des grammairiens et les textes en patois de la banlieue parisienne*. Paris: Colin.

Rouche, M., 1979. *L'Aquitaine des Wisigoths aux Arabes, 418–781*. Paris: Touzot.

Ryan, E. B., 1979. 'Why do low-prestige language varieties persist?' In H. Giles & R. Sinclair(eds.), *Language and Social Psychology*. Oxford: Blackwell.

Ryan, E. B. & Giles, H., 1982. *Attitudes towards Language Variation*. London: Edward Arnold.

Sainéan, L., 1907, *L'Argot ancien*. Paris: Champion.

Sainéan, L., 1920. *Le Langage parisien au XIXe siècle*. Paris: Boccard.

Sandry, G. & Carrière, M., 1980. *Dictionnaire de l'argot moderne*. Paris: Dophin.

de Saussure, F., 1915. *Cours de linguistique générale*. Paris: Payot.

Sauvageot, A., 1964. *Portrait du vocabulaire français*. Paris: Larousse.

Sauzet, P., 1988. 'L'occitan. Langue immolée.' In G. Vermes(ed.), *Vingt-cinq communautés linguistiques de la France*. t.1. Paris: L'Hamarttan.

Schlieben-Lange, B., 1976. 'L'origine des langues romanes — un cas de créolisation.' In J. M. Meisel(ed.), *Langues en contact. Pidgins, créoles*. Tübingen: Gunter Narr.

Schlieben-Lange, B., 1977. 'The language situation in southern France.' *International Journal of the Sociology of Language*, 12: 101-09.

Schmidt, C., 1974. *Die Sprachlandschaften der Galloromania*. Frankfurt: Lang.

Seguin, J. P., 1972. *La Langue française au XVIIIe siècle*. Paris: Bordas.

Séguy, J., 1950. *Le Français parlé à Toulouse*. Toulouse/Paris: Privat.

Simoni-Aurembou, M.-R., 1989. 'La couverture géolinguistique de l'Empire Français: l'enquête de la Parabole de l'Enfant Prodigue.' In: *Espaces romanes. Etudes de dialectologie et de géolinguistique offertes à Gaston Tuaillon*. t. II. Grenoble: Ellug.

Steinmeyer, G., 1979. *Historische Aspekte des français avancé*. Geneva: Droz.

Stimm, H., 1980. *Zur Geschichte des gesprochenen Französisch und zur Sprachlenkung im Gegenwartsfranzösischen*. Wiesbaden: Steiner.

Straka, G., 1956. 'La dislocation linguistique de la Romania et la formation des langues romanes à la lumière de la chronologie relative des changements phonétiques.' *Revue de Linguistique Romane*, 20: 249-67.

Swiggers, P., 1987. 'A l'ombre de la clarté française.' *Langue Française*, 75: 5-21.

Swiggers, P. & van Hoecke, W., 1989. *La Langue française au XVIe siècle: usage, enseignement et approches descriptives*. Louvain: Leuven University Press.

Tabouret-Keller, A., 1981. 'Introduction: regional languages in France. Current research in rural situations.' *International Journal of the Sociology of Language*, 29: 5-14.

Thévenot, E., 1948. *Les Gallo-Romains*. Paris: PUF.

Thurot, C., 1881. *De la Prononciation française depuis le commencement du XVIe siècle, d'après les témoignages des grammairiens*, 3 vols. Paris: Imprimerie Nationale Hachette.

Tory, G., 1529. *Champfleury*. facsimile edition. 1931. Paris: Bosse.

Trudeau, D., 1983. 'L'Ordonnance de Villers-Cotterêts, histoire ou interprétation.' In *Bibliothèque d'Humanisme et Renaissance*, 45: 461-72.

Trudgill, P., 1983. *Sociolinguistics*. Hardmondsworth: Pelican.

Trudgill, P., 1986. *Dialects in Contact*. Oxford: Balckwell.

van Uytfranghe, M., 1976. 'Le latin des hagiographes mérovingiens et la protohistoire du français.' *Romanica Gandensia*, 16: 5-89.

Väänänen, V., 1959. *Le Latin vulgaire des inscriptions pompéiennes*, 2nd edn. Berlin: Abhandlungen der Deutschen Akademie der Wissenschaften zu Berlin.

Väänänen, V., 1983. 'Le problème de la diversification du latin.' In W. Haase(ed.), *Aufstieg und Niedergang der römischen Welt*, t.11. Berlin/New York: de Gruyter.

Vadé, J.-J., 1759-60. *Œuvres*. The Hague: Gosse.

Valdman, A., 1976. *Introduction to French Phonology and Morphology*. Rowley, Mass: Newbury House.

Valdman, A. (ed.), 1979. *Le Français hors de France*. Paris: Champion.

Valdman, A., 1988. 'Introduction.' In G. Vermes(ed.), *Vingt-cinq Communautés linguistiques de la France*. t. 1, pp.7-28. Paris: Logiques Sociales.

L'Hamarttan.

Van de Vyver, A., 1939. 'Les traductions du "De Consolatione philosophie,"' *Humanisme et Renaissance*, 6: 247-73.

de Vaugelas, C. V., 1647. *Remarques sur la langue française.* ed. J. Streicher. 1970(reprints). Geneva: Slatkine.

Verlinden, C., 1956. *Les Origines de la frontière linguistique en Belgique et la colonisation franque.* Brussels: Renaissance du Livre.

Vermes, G. (ed.), 1988. *Vingt-cinq communautés linguistiques de la France,* t.1. Paris: Logiques Sociales. L'Hamarttan.

Vermes, G. & Boulet, J.(eds.), 1987. *France, pays multilingue,* t.1.: *Les Langues en France, un enjeu historique et social;* t.2: *Pratiques des langues en France.* Paris: Logiques Sociales. L'Hamarttan.

Vial, E., 1983. *Les Noms de villes et de villages.* Paris: Belin.

Vielliard, J., 1927. *Le Latin des diplômes royaux et chartes privées de l'époque mérovingienne.* Paris: Champion.

Vigier, P., 1979. 'Diffusion d'une langue nationale et résistance des patois en France au XIXe siècle,' *Romantisme*, 25-26: 191-208.

Wacker, G., 1916. *Über das Verhältnis von Dialekt und Schriftsprache.* Halle: Niemeyer.

Walter, H., 1982. *Enquête phonologique et variétés régionales du français.* Paris: PUF.

Walter, H., 1984a. 'Patois ou français régional?' *Français Moderne*, 52: 183-90.

Walter, H., 1984b. 'L'innovation lexicale chez les jeunes Parisiens.' *La Linguistique*, 20: 69-84.

Walter, H., 1987. 'Toponymie, histoire et linguistique: l'invasion franque en Gaule.' In *Actes du XIIIe Colloque international de linguistique fonctionnelle.* Corfou, 1986. Paris: PUF.

Walter, H., 1988. *Le Français dans tous les sens.* Paris: Laffont.

Wardhaugh, R., 1986. *An Introduction to Sociolinguistics.* Oxford: Blackwell.

Wardhaugh, R., 1987. *Languages in Competition.* Oxford: Blackwell.

Warnant, L., 1973. 'Dialectes ou français régionaux.' *Langue Française,* 18: 100–25.

von Wartburg, W., 1939. *Die Entstehung der romanischen Völker.* Halle Saale: Niemeyer.

von Wartburg, W., 1951. *Ausgliederung der romanischen Sprachräume.* Berne: Francke.

von Wartburg, W., 1962. *Evolution et structure de la langue française.* 6th ed.. Berne: Francke.

von Wartburg, W., 1967. *La Fragmentation linguistique de la Romania.* Paris: Klincksieck.

Weber, E., 1977. *Peasants into Frenchmen. The Modernization of Rural France, 1870–1914.* London: Chatto and Windus.

Weinreich, U., 1968. *Languages in Contact.* Paris: Mouton.

Weinreich, U., Labov, W. & Herzog, M., 1968. 'Empirical foundations for a theory of language change.' In U. Lehmann & Y. Malkiel(eds.), *Directions for Historical Linguistics.* Austin: Texas University Press.

Whatmough, J., 1970. *The Dialects of Ancient Gaul.* Harvard: Harvard University Press.

Williamson, R. C. & van Eerde, J. A.(eds.), 1980. 'Language maintenance and language shift.' *International Journal of the Sociology of Language,* 25.

Woledge, B., 1970. 'Un scribe champenois devant un texte normand: Guiot copiste de Wace.' In: *Mélanges offerts à Jean Frappier.* t. 2. Geneva: Droz.

Wolf, L., 1983. 'La normalisation du langage en France. De Malherbe à Grevisse.' In E. Bédard & J. Maurais(eds.), *La Norme linguistique.* Quebec: Le Robert.

Wolff, P., 1971. *Western Languages AD 100–1500.* trans. F. Patridge. London:

Weidenfeld and Nicolson.

Wright, R., 1982. *Late Latin and Early Romance*. London: Francis Cairns.

Wright, R. (ed.), 1991. *Latin and the Romance Languages in the Early Middle Ages*. London: Routledge.

Wüest, J., 1969. 'Sprachgrenzen im Poitou.' *Vox Romanica*, 29: 14–58.

Wüest, J., 1979. *La Dialectalisation de la Gallo-Romania*. Berne: Francke.

Wüest, J., 1985. 'Le patois de Paris et l'histoire du français.' *Vox Romanica*, 44: 234–58.

Wyld, H. C., 1920. *A History of Modern Colloquial English*. Oxford: Oxford University Press.

Yaguello, M., 1978. *Les Mots et les femmes*. Paris: Payot.

Yaguello, M., 1988. *Catalogue des idées reçues sur la langue*. Paris: Seuil.

Yates, F. A., 1947. *The French Academies of the Sixteenth Century*. London: Warburg Institute.

Zinc, M., 1976. *La Prédication en langue romane avant 1300*. Paris: Champion.

찾아보기

ㄱ

가밀셰크   71
가스코뉴 방언   82
갈로로망어   51, 71, 77, 158
갈리아   48
갈리아 벨기카   60
갈리아족   49
개인어   190
게르마니아   61
경쟁언어   251
계획적 담화   303
고대 프랑스어   13
고전 라틴어   39
고전 작가   163
공간적 연속체   19~20
공동체 규범   280, 298
공식어   22
공용어   157
공통 로망어   106
공통어   134, 137
공통어(koine)   133
구어 프랑스어사   10
국가어   22, 229, 261
국가 정체성   272
규범   114, 188~189
규범의 선택   140, 143
규범화   187

그레구아르   241~242
근대 프랑스어   234
기능의 세련화   30, 143
기능의 최대 변동   187, 280
기능적 확산   231
기술   188
기술 규칙   188
기층   24
기층어   37, 68, 94

ㄴ

나르보넨시스   56
내재적 속성   162
내적 결속   258
내적 언어사   4
노르베르크   107
논리성   6, 220, 223

ㄷ

단일 규범이론   111
대중 라틴어   42~43
덱손법   262
도자   246
두 규범이론   107
뒤부아   198

ㄹ

라틴어 113
라틴어화 과정 51
랑슬로 220
레이봅 114, 287
로망어 37
루그두넨시스 59
리바롤 222
리슐레 217
리슐리외 194

ㅁ

마르셀로-니지아 33
마르텔, 샤를 81
마이어 93
마토레 196
말레르브 210
명료성 6, 210, 220, 223
무계획적 담화 303
문법 서적 197
문어 219
문어 라틴어 109
문자화 127
문해력 283
문해력 확산 268
문헌어 137
민중 단어 165
민중 프랑스어 7, 279, 293
밀로이 25

ㅂ

바로 43
바르트부르크 37, 75
바이킹족 78
발화 공동체 182
발화규범 104, 272
방언 7, 14, 19, 103
법률언어 145
보줄라 211
본성 221
부르군트어 84
부르군트족 70
분리주의자 86
분석적 48
분야 301
브르타뉴어 71
비시고트족 70, 80
비신화화 41
비우주의자 204
비표준어 308
비표준 프랑스어 7
빌레르코트레 칙령 201

ㅅ

사회 규범 8, 280~281
사회방언 19
사회성층 173
사회적 과정 29, 103
사회적 네트워크 25, 97, 270, 299
사회적 분산 231

사회적 연속체   20
상위(H) 변이체   16, 308
상위기능   113, 181
상위언어   113, 156, 162
상위 화체   305
상층   24
상층어   37, 68, 94~95
새 라틴어   110
서사체계   126
선택   105
세련된 코드   297
세련 프랑스어   294
세련화   187
속어   175, 240
수용   229, 271
순수 방언   279
스트라스부르 서약   13, 107, 128
시대구분   12
식자어   165
신사 양반   214
실재론적   221
쌍립어   165

아르노   220
아카데미아 델라 크루스카   195
아카데미 프랑세즈   194
아키타니아   49
양식   301
어휘부   306
언어   103

언어간섭   64
언어경계   73
언어계획   260
언어규범   104, 188
언어 다원주의   27
언어목록   16
언어법   284
언어변동   6, 15, 44, 278
언어변이체   15
언어변화   15, 23, 44
언어사멸   18, 232, 271
언어살해   271
언어수렴   232~233
언어 순수주의   5
언어적 과정   29
언어전이   18, 55, 232~233
언어지도   85
언어 처방주의   5
언어통일   135, 273
언어통제   284
언어표준   104
언어표준화   4, 277, 299
언어혁신   288
에르망   62
에티엔, 로베르   196
에티엔, 앙리   161, 174
연속주의자   86
오일어   86, 92, 95, 115, 116, 125,
    128
오일어권   251
오일어 지역   237
오크어   86, 90, 92, 95, 115, 125,

135, 150
올바른 용법   172, 205, 208, 212,
    217~218, 231, 238, 240, 260
완성   163, 216
왕의 프랑스어   156, 158~159,
    172, 180, 252
외적 사회언어사   4
외적 차별   258
우아함   220
우주의자   204
유명론적   221
이념   201
이데올로기   29, 190, 281
이상화   11
이성적   209
이층어상황   16, 17, 113, 139, 180
이층어상황의 정의   309
인접층   24
일드프랑스   116
일드프랑스어   10
일상발화   169
1음절어   299

적절성   300
전문어   299
정확성   210
제한된 코드   297
중간언어   76
중기 프랑스어   13
지방어   7, 263

지방 프랑스어   7, 279, 290
지역   114
지역 구어   191
지역어   7, 179, 190, 244, 261,
    262~263, 293
지위 계획   253

처방   188
처방 규칙   188
체계적 규범화   30
초규범   188~189, 201, 205, 210
초지방   114
초지역   114
최고의 프랑스어   206
최대 변동   30
최상의 프랑스어   201, 214
최소 변동   30
친밀 프랑스어   279, 294

카페 왕조   125
켈트어 변이체   71
코퍼스 계획   253
퀸틸리아누스   43
키케로   43

토리   158

토착구어　273
토착 로망어　308
토착어　103
통속표현　219
통일성　258
트루아, 크레티앵 드　136
틀린 용법　218
틀린 프랑스어　310

파리 발화　120
파리 어법　240
파리어화　149
파리의 지역구어　202
파리의 프랑스어　181
파상설　96
퍼거슨, 찰스　16, 18, 162
페트리　71
표준어　14, 31, 103, 230, 281~
　282, 308
표준어의 이데올로기　216
표준어의 확산　242
표준 토착 프랑스어　180
표준 프랑스어　8, 179, 234, 283
표준 프랑스어 이데올로기　310
표준화　27
표준화의 이데올기　190
푸줏간말　299
품위　210
프랑스 모어　151
프랑스어　123, 144, 151~152,

155, 217
프랑스어의 옹호　284
프랑스어의 위기　310
프랑치아어　116
프랑코프로방스어　86, 92
프랑크　77
프랑크어　77
프랑크족　70, 75
프로방스　82
프로윈키아　83
피시먼　18
피코슈　33

하우겐　29, 31, 143, 229, 307
하위(L) 변이체　16, 308
하위기능　113
하위언어　162
하위 화체　305
행정　145
형식성　304
형태의 최소 변동　280
홀　93
화체　16, 304, 307
화체 변동　280
후기 라틴어　107
훌륭한 언어　283
훌륭한 프랑스어　5
훔볼트　12